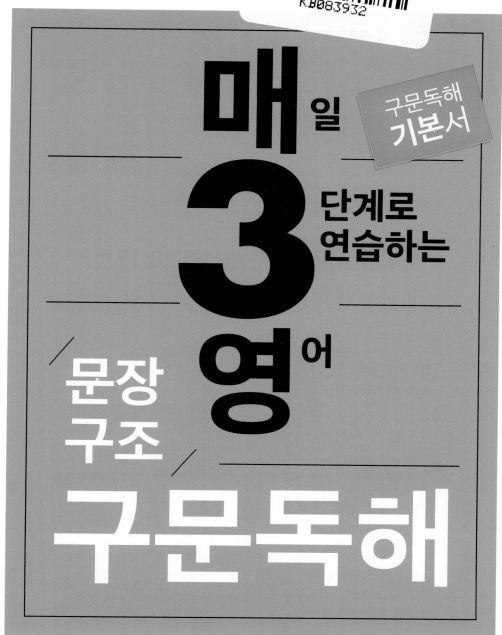

구문독해
기본서

매일 3단계로 연습하는

문장 구조

매3영어

구문독해

수능 영어의 60%는 독해력에 좌우되며, 독해력의 근간은 바로 **정확한 문장 해석**입니다. 아무리 단어를 많이 외워도 문장이 구성되는 원리를 모른다면 정확히 해석할 수 없고, 단락 독해와는 더욱 멀어집니다. 따라서 수능 영어의 기본기를 기르고자 한다면 문장 독해 연습이 그 출발이어야 합니다.

「매3영 구문독해」는 최신 5개년 고1~고3 기출 문장 분석 데이터를 토대로 실패하지 않는 구문 학습의 로드맵을 제시합니다. 수능에 자주 나오는 구문을 엄선된 예문과 함께 체계적으로 학습하면 영어 독해의 기본기는 물론, 실전에 대한 자신감도 기를 수 있습니다. **「매3영 구문독해」와 함께 지금 바로 수능 영어 대비를 시작하세요!**

체계적인 **3단계** 학습으로
수능 필수 구문을 마스터하는
구성 및 특징

STEP 1

아무리 좋은 문장도 해석해봐야 내 것!
해석 공식 & 손독해 연습

❶ Day별로 익히는 4개의 해석 공식
기출에 자주 나오는 문장 패턴과 해석 공식을
핵심 위주로 정리합니다.

❸ 손독해 연습
공식별로 5개의 문장을 끊어읽기 표시에 따라
직접 손으로 해석합니다.

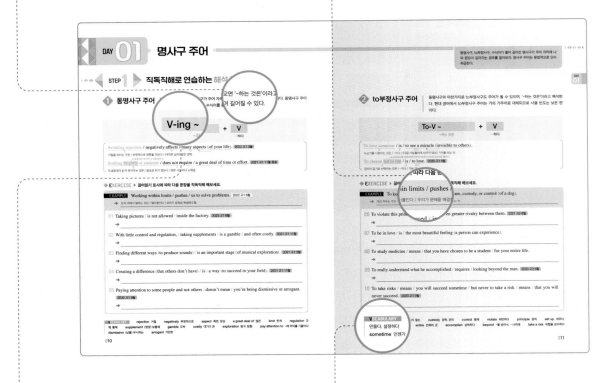

❷ 패턴 도식 & 대표예문
문장 패턴을 그림으로 쉽게 정리하고, 패턴 적용을
가장 잘 보여주는 예문을 확인합니다.

❹ 주요 어휘 LIST
정확한 문장독해를 위해 꼭 알아야 하는
어휘 목록을 정리하고 암기합니다.

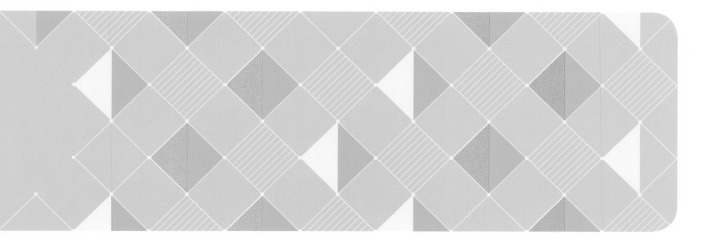

사소한 문법 사항도 놓치지 말자!
어법 변형 문제풀이

❶ 어법 변형 문제풀이

앞에서 손독해한 문장을 문법 문제로 복습합니다.

❸ 정답 & 해설

풀어본 문제의 정답을 바로 확인해보고,
해설을 통해 중요 문법 포인트를 점검합니다.

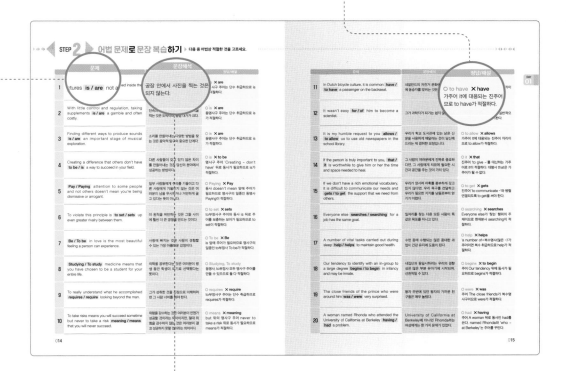

❷ 문장해석

앞서 읽은 문장의 자연스러운 의미를
한 번 더 확인합니다.

구성 및 특징

◀ STEP 3 ▶ 단락 속에서 문맥적 의미까지 확인!
독해 기출 문제풀이

❶ 실전 기출 문제풀이

앞서 읽은 문장이 단락 속에서 갖는 의미를
파악하며 3개의 기출 문제를 풀어봅니다.

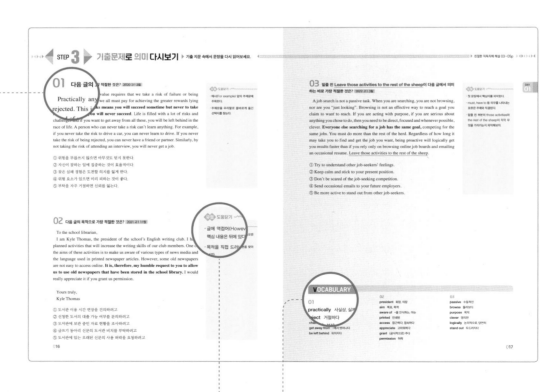

❷ 유형 도움닫기

문장독해 ▶ 단락독해로의 확장을 도와주는
문제풀이 Tip도 참고합니다.

❸ 기출 어휘 LIST

문제풀이에 중요한 어휘 목록을 확인하고,
STEP 1에서 익힌 단어와 함께 암기합니다.

EXTRA STEP

마무리 복습까지 확실하게!
DAILY REVIEW & 정답 및 해설

❶ 복습용 어휘 TEST
하루 동안 외운 단어를 TEST로 점검하고,
놓친 어휘는 다시 한번 암기합니다.

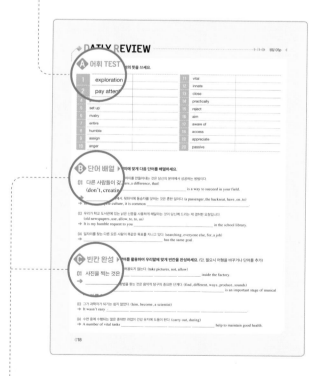

❸ STEP 1: 직독직해 상세 해설
손독해한 문장의 직독직해와 의역을 확인하고,
나의 해석과 비교해봅니다.

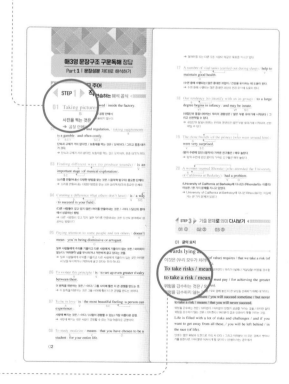

❷ 내신 잡는 영작 TEST
하루 동안 학습한 구문을 영작해보며
내신 서술형 문항까지 완벽 대비합니다.

❹ STEP 3: 기출 문제 상세 해설
모든 지문에 대한 직독직해, 문제 해설, 구문 분석을
확인하고, 내가 취약한 부분을 정리합니다.

Contents

**단 18일에 완성하는
수능 영어 구문독해**

좋은 기출 문장과
기본기 향상을 확실히 이끄는
영어 공부법의 만남

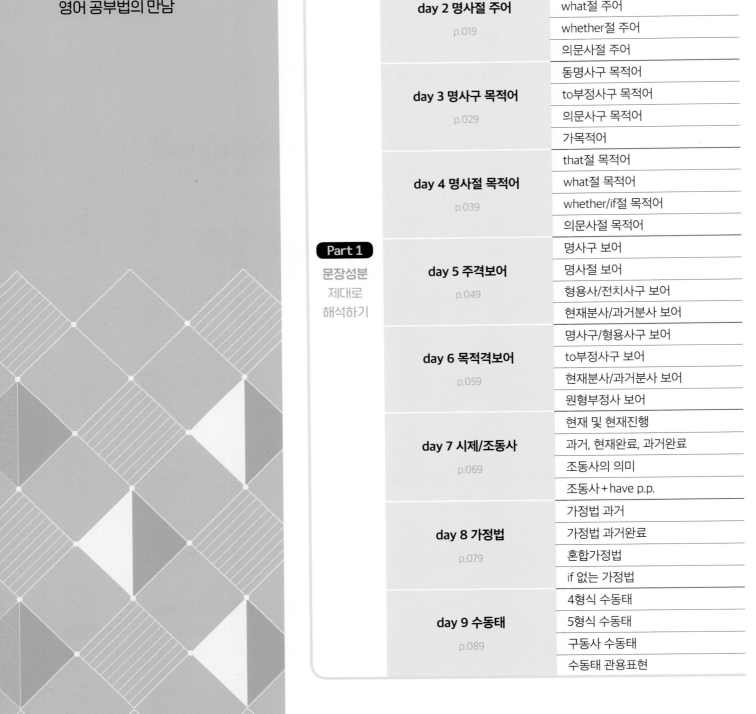

**최신 5개년 고1, 고2,
고3 기출 문장 엄선**

3단계 반복 훈련으로
중요 기출 구문 완벽 마스터

열기 전에: 이 책의 끊어읽기

 Tip 1

/로 끊어진 의미 덩어리는 순서대로 해석합니다.

EXAMPLE

Sometimes / offering help / is a simple matter.

➡ 때때로 / 도움을 제공하는 것은 / 간단한 문제다.

Her first novel / has been translated / into more than eighty languages.

➡ 그녀의 첫 소설은 / 번역되었다 / 80개 이상의 언어로.

 Tip 2

( )로 묶인 의미 덩어리는 앞에 있는 명사를 수식합니다.
이 수식어구는 꾸밈을 받는 명사보다 먼저 해석합니다.

EXAMPLE

Kinetic energy is the energy (associated with motion).

➡ 운동 에너지는 (운동과 관련된) 에너지이다.

One dynamic (that can change dramatically in sport) / is the concept (of the homefield advantage).

➡ (스포츠에서 극적으로 바뀔 수 있는) 한 가지 역학은 / (홈 이점이라는) 개념이다.

 Tip 3

다음의 문장 분석 기호를 숙지해 둡니다.

기호	문장성분	기호	문장성분	기호	문장성분
S	주어	V	동사	S.C.	주격보어
O	목적어	I.O. D.O.	간접목적어 직접목적어	O.C.	목적격보어

DAY

01

명사구 주어

 STEP 1 직독직해로 연습하는 해석 공식

1 동명사구 주어

'V-ing' 형태의 동명사구가 주어 자리에 나오면 '~하는 것은'이라고 해석한다. 동명사구 주어는 자기만의 목적어, 보어, 수식어를 동반하여 길어질 수 있다.

V-ing ~	+	V
~하는 것은		…하다

Avoiding rejection / negatively affects / many aspects (of your life). 2022 고1 3월
　　　S　　　　　　　　　V　　　　　　　　O

거절을 피하는 것은 / 부정적으로 영향을 끼친다 / (여러분 삶의) 많은 면에.

동명사는 부사의 수식을 받는다.
Smiling brightly at students / does not require / a great deal of time or effort. 2021 고1 11월 응용
　　　S　　　　　　　　　　　　V　　　　　　　　　O

학생들에게 밝게 웃어주는 것은 / 필요로 하지 않는다 / 많은 시간이나 노력을.

◆ EXERCISE ▶ 끊어읽기 표시에 따라 다음 문장을 직독직해 해보세요.

> **EXAMPLE** Working within limits / pushes / us to solve problems. 2022 고1 6월
> ➡ 한계 내에서 일하는 것은 / 밀어붙인다 / 우리가 문제를 해결하도록.

01 Taking pictures / is not allowed / inside the factory. 2022 고1 6월
➡ _____

02 With little control and regulation, / taking supplements / is a gamble / and often costly. 2021 고1 11월
➡ _____

03 Finding different ways (to produce sounds) / is an important stage (of musical exploration). 2021 고1 3월
➡ _____

04 Creating a difference (that others don't have) / is / a way (to succeed in your field). 2021 고1 11월
➡ _____

05 Paying attention to some people and not others / doesn't mean / you're being dismissive or arrogant.
2020 고1 3월
➡ _____

VOCABULARY rejection 거절　　negatively 부정적으로　　aspect 측면, 양상　　a great deal of 많은　　limit 한계　　regulation 규제, 통제　　supplement (영양) 보충제　　gamble 도박　　costly 대가가 큰　　exploration 탐구, 탐험　　pay attention to ~에 주의를 기울이다　　dismissive (남을) 무시하는　　arrogant 거만한

동명사구, to부정사구, 수식어가 붙어 길어진 명사구가 주어 자리에 나와 문장이 길어지는 경우를 알아보자. 명사구 주어는 문법적으로 단수 취급한다.

DAY
01

② to부정사구 주어

동명사구와 마찬가지로 to부정사구도 주어가 될 수 있으며, '~하는 것은'이라고 해석한다. 현대 영어에서 to부정사구 주어는 거의 가주어로 대체되므로 사용 빈도는 낮은 편이다.

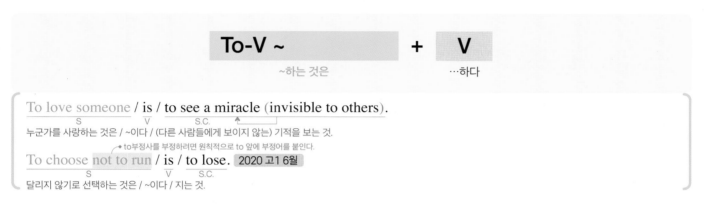

To-V ~	+	V
~하는 것은		…하다

To love someone / is / to see a miracle (invisible to others).
　　　S　　　　　V　　　　S.C.
누군가를 사랑하는 것은 / ~이다 / (다른 사람들에게 보이지 않는) 기적을 보는 것.

↳ to부정사를 부정하려면 원칙적으로 to 앞에 부정어를 붙인다.
To choose not to run / is / to lose. 2020 고1 6월
　　　S　　　　　　V　　S.C.
달리지 않기로 선택하는 것은 / ~이다 / 지는 것.

◆ **EXERCISE** ▶ 끊어읽기 표시에 따라 다음 문장을 직독직해 해보세요.

EXAMPLE　To keep a dog / means / to exercise care, custody, or control (of a dog).

➡ 개를 키우는 것은 / 의미한다 / (개에 대한) 보살핌, 양육, 통제를 행하는 것.

06 To violate this principle / is / to set up even greater rivalry between them. 2021 고2 6월

➡ _____

07 To be in love / is / the most beautiful feeling (a person can experience).

➡ _____

08 To study medicine / means / that you have chosen to be a student / for your entire life.

➡ _____

09 To really understand what he accomplished / requires / looking beyond the man. 2020 고2 6월

➡ _____

10 To take risks / means / you will succeed sometime / but never to take a risk / means / that you will never succeed. 2020 고1 3월

➡ _____

VOCABULARY　　**invisible** 보이지 않는　　**custody** 양육, 관리　　**control** 통제　　**violate** 위반하다　　**principle** 원칙　　**set up** 세우다, 만들다, 설정하다　　**rivalry** 경쟁　　**entire** 전체의, 온　　**accomplish** 성취하다　　**beyond** ~을 넘어서, ~ 너머에　　**take a risk** 위험을 감수하다　　**sometime** 언젠가

③ 가주어

to부정사구, that절 등이 주어로 나와 길어질 때, 주어 자리에 의미 없는 it을 써 넣고 진짜 주어를 뒤로 보내기도 한다. 이때 it을 가주어라고 부르며, '그것'으로 해석하지 않는다.

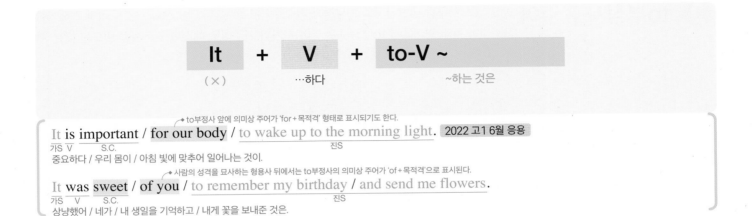

It	+	V	+	to-V ~
(×)		…하다		~하는 것은

◆ to부정사 앞에 의미상 주어가 'for + 목적격' 형태로 표시되기도 한다.

It is important / for our body / to wake up to the morning light. 2022 고1 6월 응용
가S V   S.C.   진S
중요하다 / 우리 몸이 / 아침 빛에 맞추어 일어나는 것이.

◆ 사람의 성격을 묘사하는 형용사 뒤에서는 to부정사의 의미상 주어가 'of + 목적격'으로 표시된다.

It was sweet / of you / to remember my birthday / and send me flowers.
가S V   S.C.   진S
상냥했어 / 네가 / 내 생일을 기억하고 / 내게 꽃을 보내준 것은.

◆ **EXERCISE** ▶ 끊어읽기 표시에 따라 다음 문장을 직독직해 해보세요.

EXAMPLE In today's world, / it is impossible / to run away from distractions. 2020 고1 11월

➡ 요즘 세상에 / 불가능하다 / 주의를 분산시키는 것들로부터 도망치는 것은.

11 In Dutch bicycle culture, / it is common / to have a passenger on the backseat. 2020 고1 9월

➡ _____

12 It wasn't easy / for him / to become a scientist. 2022 고1 3월 응용

➡ _____

13 It is my humble request (to you) / to allow us to use old newspapers (in the school library).
2021 고1 11월 응용

➡ _____

14 If the person is truly important to you, / it is worthwhile / to give him or her / the time and space
(needed to heal). 2020 고1 3월

➡ _____

15 If we don't have a rich emotional vocabulary, / it is difficult / to communicate our needs / and to get
the support (that we need) from others. 2022 고1 3월

➡ _____

VOCABULARY distraction 주의를 분산시키는 것, 머리를 식히게 해주는 것　Dutch 네덜란드의　passenger 동승자, 승객　humble 겸허한, 겸손한　worthwhile 가치 있는　emotional 정서적인　communicate 전달하다　support 지지, 후원

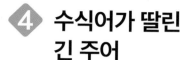

④ 수식어가 딸린 긴 주어

주어를 꾸미는 구 또는 절은 형태에 따라 '~한, ~된, ~할/하려는' 등으로 마무리하고 주어와 연결해준다. 이 경우 동사를 먼저 찾아 수식어 부분을 괄호로 묶으면 구조를 비교적 쉽게 파악할 수 있다.

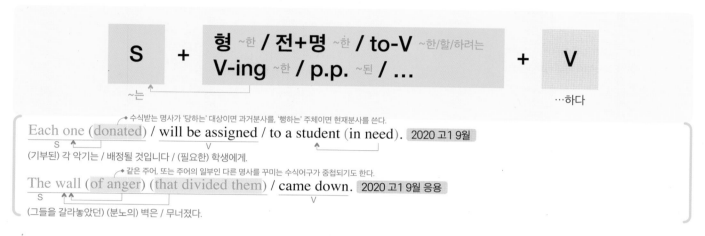

수식받는 명사가 '당하는' 대상이면 과거분사를, '행하는' 주체이면 현재분사를 쓴다.

Each one (donated) / will be assigned / to a student (in need). 2020 고1 9월
　　S　　　　　　　 V
(기부된) 각 악기는 / 배정될 것입니다 / (필요한) 학생에게.

같은 주어, 또는 주어의 일부인 다른 명사를 꾸미는 수식어구가 중첩되기도 한다.

The wall (of anger) (that divided them) / came down. 2020 고1 9월 응용
　　S　　　　　　　　　　　　　　 V
(그들을 갈라놓았던) (분노의) 벽은 / 무너졌다.

◆ **EXERCISE** ▶ 끊어읽기 표시에 따라 다음 문장을 직독직해 해보세요.

EXAMPLE Healthy items (like produce) / are often / the least visible foods at home. 2020 고1 6월

➡ (농산물과 같은) 건강한 식품은 / 흔히 ~이다 / 집에서 가장 눈에 띄지 않는 음식.

---

16 Everyone else (searching for a job) / has the same goal. 2022 고1 3월

➡ _____

17 A number of vital tasks (carried out during sleep) / help to maintain good health. 2022 고1 3월

➡ _____

18 Our tendency (to identify with an in-group) / to a large degree begins in infancy / and may be innate.
2020 고1 11월

➡ _____

19 The close friends (of the prince) (who were around him) / were very surprised. 2021 고1 11월

➡ _____

20 A woman (named Rhonda) (who attended the University of California at Berkeley) / had a problem.
2021 고1 6월

➡ _____

VOCABULARY　　**donate** 기부하다　　**assign** 배정하다　　**anger** 분노　　**divide** 가르다, 나누다　　**produce** 농산물　　**search for** ~을 찾다
vital 중대한, 생명에 필요한　　**maintain** 유지하다　　**identify with** ~와 동일시하다　　**in-group** 내집단(개인이 자신과 동일시하고 소속감을 느끼는 집단)
to a large degree 많은 부분　　**infancy** 유아기　　**innate** 선천적인　　**close** 가까운, 친밀한

	문제	문장해석	정답/해설
1	Taking pictures **is / are** not allowed inside the factory.	공장 안에서 사진을 찍는 것은 허용되지 않는다.	○ is ✗ are 동명사구 주어는 단수 취급하므로 is가 적절하다.
2	With little control and regulation, taking supplements **is / are** a gamble and often costly.	단속과 규제가 거의 없다면, 보충제를 먹는 것은 도박이며, 종종 대가가 크다.	○ is ✗ are 동명사구 주어는 단수 취급하므로 is가 적절하다.
3	Finding different ways to produce sounds **is / are** an important stage of musical exploration.	소리를 만들어내는 다양한 방법을 찾는 것은 음악적 탐구의 중요한 단계다.	○ is ✗ are 동명사구 주어는 단수 취급하므로 is가 적절하다.
4	Creating a difference that others don't have **to be / is** a way to succeed in your field.	다른 사람들이 갖고 있지 않은 차이를 만들어내는 것은 당신의 분야에서 성공하는 방법이다.	○ is ✗ to be 명사구 주어 'Creating ~ don't have' 뒤로 동사가 필요하므로 is가 적절하다.
5	**Pay / Paying** attention to some people and not others doesn't mean you're being dismissive or arrogant.	일부 사람들에게 주의를 기울이고 다른 사람에게 기울이지 않는 것은 여러분이 남을 무시하거나 거만하게 굴고 있다는 뜻이 아니다.	○ Paying ✗ Pay 동사 doesn't mean 앞에 주어가 필요하므로 명사구의 일종인 동명사 Paying이 적절하다.
6	To violate this principle is **to set / sets** up even greater rivalry between them.	이 원칙을 위반하는 것은 그들 사이에 훨씬 더 큰 경쟁을 만드는 것이다.	○ to set ✗ sets to부정사구 주어와 동사 is 뒤로 주어를 보충하는 보어가 필요하므로 to set이 적절하다.
7	**Be / To be** in love is the most beautiful feeling a person can experience.	사랑에 빠지는 것은 사람이 경험할 수 있는 가장 아름다운 감정이다.	○ To be ✗ Be is 앞에 주어가 필요하므로 명사구의 일종인 to부정사 To be가 적절하다.
8	**Studying / To study** medicine means that you have chosen to be a student for your entire life.	의학을 공부한다는 것은 여러분이 평생 동안 학생이 되기로 선택했다는 뜻이다.	○ Studying, To study 동명사, to부정사 모두 명사구 주어를 만들 수 있으므로 둘 다 적절하다.
9	To really understand what he accomplished **requires / require** looking beyond the man.	그가 성취한 것을 진정으로 이해하려면 그 사람 너머를 봐야 한다.	○ requires ✗ require to부정사구 주어는 단수 취급하므로 requires가 적절하다.
10	To take risks means you will succeed sometime but never to take a risk **meaning / means** that you will never succeed.	위험을 감수하는 것은 여러분이 언젠가 성공할 것이라는 의미이지만, 절대 위험을 감수하지 않는 것은 여러분이 결코 성공하지 못할 것이라는 의미이다.	○ means ✗ meaning but 뒤의 명사구 주어 never to take a risk 뒤로 동사가 필요하므로 means가 적절하다.

문제	문장해석	정답/해설
11 In Dutch bicycle culture, it is common **have / to have** a passenger on the backseat.	네덜란드의 자전거 문화에서, 뒷좌석에 동승자를 앉히는 것은 흔하다.	○ to have ✕ have 가주어 it에 대응되는 진주어 자리이므로 to have가 적절하다.
12 It wasn't easy **for / of** him to become a scientist.	그가 과학자가 되기는 쉽지 않았다.	○ for ✕ of to부정사의 의미상 주어는 일반적으로 'for+목적격'으로 표시한다.
13 It is my humble request to you **allows / to allow** us to use old newspapers in the school library.	우리가 학교 도서관에 있는 낡은 신문을 사용하게 해달라는 것이 당신께 드리는 제 겸허한 요청입니다.	○ to allow ✕ allows 가주어 It에 대응되는 진주어 자리이므로 to allow가 적절하다.
14 If the person is truly important to you, **that / it** is worthwhile to give him or her the time and space needed to heal.	그 사람이 여러분에게 진짜로 중요하다면, 그 사람에게 치유에 필요한 시간과 공간을 주는 것이 가치 있다.	○ it ✕ that 진주어 'to give ~'를 대신하는 가주어로 it이 적절하다. 대명사 that은 가주어가 될 수 없다.
15 If we don't have a rich emotional vocabulary, it is difficult to communicate our needs and **gets / to get** the support that we need from others.	우리가 정서적 어휘를 풍부하게 갖고 있지 않다면, 우리 욕구를 전달하고 우리가 필요한 지지를 남들로부터 얻기가 어렵다.	○ to get ✕ gets 진주어 'to communicate ~'와 병렬 연결되도록 to get을 써야 한다.
16 Everyone else **searches / searching** for a job has the same goal.	일자리를 찾는 다른 모든 사람이 똑같은 목표를 지니고 있다.	○ searching ✕ searches Everyone else가 '찾는' 행위의 주체이므로 현재분사 searching이 적절하다.
17 A number of vital tasks carried out during sleep **help / helps** to maintain good health.	수면 중에 수행되는 많은 중대한 과업이 건강 유지에 도움이 된다.	○ help ✕ helps 'a number of+복수명사(많은 ~)'가 주어이면 복수 취급하므로 help가 적절하다.
18 Our tendency to identify with an in-group to a large degree **begins / to begin** in infancy and may be innate.	내집단과 동일시하려는 우리의 경향성은 많은 부분 유아기에 시작되며, 선천적일 수 있다.	○ begins ✕ to begin 주어 Our tendency 뒤에 동사가 필요하므로 begins가 적절하다.
19 The close friends of the prince who were around him **was / were** very surprised.	왕자 주변에 있던 왕자의 가까운 친구들은 매우 놀랐다.	○ were ✕ was 주어 The close friends가 복수명사구이므로 were가 적절하다.
20 A woman named Rhonda who attended the University of California at Berkeley **having / had** a problem.	University of California at Berkeley에 다니던 Rhonda라는 여성에게는 한 가지 문제가 있었다.	○ had ✕ having 주어 A woman 뒤로 동사인 had를 쓴다. named Rhonda와 'who ~ at Berkeley'는 주어를 꾸민다.

01 다음 글의 요지로 가장 적절한 것은? 2020 고1 3월

Practically anything of value requires that we take a risk of failure or being rejected. This is the price we all must pay for achieving the greater rewards lying ahead of us. **To take risks means you will succeed sometime but never to take a risk means that you will never succeed.** Life is filled with a lot of risks and challenges and if you want to get away from all these, you will be left behind in the race of life. A person who can never take a risk can't learn anything. For example, if you never take the risk to drive a car, you can never learn to drive. If you never take the risk of being rejected, you can never have a friend or partner. Similarly, by not taking the risk of attending an interview, you will never get a job.

① 위험을 무릅쓰지 않으면 아무것도 얻지 못한다.
② 자신이 잘하는 일에 집중하는 것이 효율적이다.
③ 잦은 실패 경험은 도전할 의지를 잃게 한다.
④ 위험 요소가 있으면 미리 피하는 것이 좋다.
⑤ 부탁을 자주 거절하면 신뢰를 잃는다.

유형 도움닫기 ∼∼
· 예시(For example) 앞의 주제문에 주목한다.
· 주제문을 우리말로 올바르게 옮긴 선택지를 찾는다.

02 다음 글의 목적으로 가장 적절한 것은? 2021 고1 11월

To the school librarian,

I am Kyle Thomas, the president of the school's English writing club. I have planned activities that will increase the writing skills of our club members. One of the aims of these activities is to make us aware of various types of news media and the language used in printed newspaper articles. However, some old newspapers are not easy to access online. **It is, therefore, my humble request to you to allow us to use old newspapers that have been stored in the school library.** I would really appreciate it if you grant us permission.

Yours truly,
Kyle Thomas

① 도서관 이용 시간 연장을 건의하려고
② 신청한 도서의 대출 가능 여부를 문의하려고
③ 도서관에 보관 중인 자료 현황을 조사하려고
④ 글쓰기 동아리 신문의 도서관 비치를 부탁하려고
⑤ 도서관에 있는 오래된 신문의 사용 허락을 요청하려고

유형 도움닫기 ∼∼
· 글에 역접어(However)가 나오면 핵심 내용은 뒤에 있다.
· 목적을 직접 드러내는 표현을 찾아 보자.

03 밑줄 친 Leave those activities to the rest of the sheep이 다음 글에서 의미하는 바로 가장 적절한 것은? 2022 고1 3월

A job search is not a passive task. When you are searching, you are not browsing, nor are you "just looking". Browsing is not an effective way to reach a goal you claim to want to reach. If you are acting with purpose, if you are serious about anything you chose to do, then you need to be direct, focused and whenever possible, clever. **Everyone else searching for a job has the same goal,** competing for the same jobs. You must do more than the rest of the herd. Regardless of how long it may take you to find and get the job you want, being proactive will logically get you results faster than if you rely only on browsing online job boards and emailing an occasional resume. Leave those activities to the rest of the sheep.

① Try to understand other job-seekers' feelings.
② Keep calm and stick to your present position.
③ Don't be scared of the job-seeking competition.
④ Send occasional emails to your future employers.
⑤ Be more active to stand out from other job-seekers.

유형 도움닫기 ∼

· 첫 문장에서 핵심어를 파악한다.

· must, have to 등 의무를 나타내는 표현은 주제와 직결된다.

· 밑줄 친 부분의 those activities와 the rest of the sheep이 각각 무엇을 가리키는지 파악해보자.

VOCABULARY

01
practically 사실상, 실제로
reject 거절하다
reward 보상
be filled with ~로 가득 차다
challenge 도전
get away from ~에서 벗어나다
be left behind 뒤처지다

02
president 회장, 의장
aim 목표, 목적
aware of ~을 인식하는, 아는
printed 인쇄된
access 접근하다, 접속하다
appreciate 고마워하다
grant (공식적으로) 주다
permission 허락

03
passive 수동적인
browse 둘러보다
purpose 목적
clever 영리한
logically 논리적으로, 당연히
stand out 두드러지다

A 어휘 TEST ▶ 다음 단어의 뜻을 쓰세요.

1	exploration		11	vital	
2	pay attention to		12	innate	
3	violate		13	close	
4	principle		14	practically	
5	set up		15	reject	
6	rivalry		16	aim	
7	entire		17	aware of	
8	humble		18	access	
9	assign		19	appreciate	
10	anger		20	passive	

B 단어 배열 ▶ 주어진 의미에 맞게 다음 단어를 배열하세요.

01 다른 사람들이 갖고 있지 않은 차이를 만들어내는 것은 당신의 분야에서 성공하는 방법이다.
(don't, creating, have, others, a difference, that)

➡ _____ is a way to succeed in your field.

02 네덜란드의 자전거 문화에서, 뒷좌석에 동승자를 앉히는 것은 흔한 일이다. (a passenger, the backseat, have, on, to)
➡ In Dutch bicycle culture, it is common _____.

03 우리가 학교 도서관에 있는 낡은 신문을 사용하게 해달라는 것이 당신께 드리는 제 겸허한 요청입니다.
(old newspapers, use, allow, to, to, us)
➡ It is my humble request to you _____ in the school library.

04 일자리를 찾는 다른 모든 사람이 똑같은 목표를 지니고 있다. (searching, everyone else, for, a job)
➡ _____ has the same goal.

C 빈칸 완성 ▶ 주어진 단어를 활용하여 우리말에 맞게 빈칸을 완성하세요. (단, 필요시 어형을 바꾸거나 단어를 추가)

01 사진을 찍는 것은 공장 안에서 허용되지 않는다. (take pictures, not, allow)
➡ _____ _____ _____ _____ _____ inside the factory.

02 소리를 만들어내는 다양한 방법을 찾는 것은 음악적 탐구의 중요한 단계다. (find, different, ways, produce, sounds)
➡ _____ _____ _____ _____ _____ is an important stage of musical exploration.

03 그가 과학자가 되기는 쉽지 않았다. (him, become, a scientist)
➡ It wasn't easy _____ _____ _____ _____ _____.

04 수면 중에 수행되는 많은 중대한 과업이 건강 유지에 도움이 된다. (carry out, during)
➡ A number of vital tasks _____ _____ _____ _____ help to maintain good health.

DAY

02

명사절 주어

 STEP 1 직독직해로 연습하는 해석 공식

1 **that절 주어** | 명사절 접속사 that이 이끄는 문장이 주어 자리에 나오면 '~가 ~하는 것은'이라고 해석한다.
that절 주어는 가주어 it으로 대체될 때가 더 많다.

That S´ V´	+	V	=	It	+	V	...	that S´ V´
~가 ~하는 것은		...하다		(×)		...하다		~가 ~하는 것은

↱ 명사절 접속사 that 뒤에는 완전한 문장이 나온다.
That nothing is certain / is the only certainty.
　　　S　　　　　　 V　 　　　 S.C.
아무것도 확실하지 않다는 것이 / 유일하게 확실한 것이다.

↱ 진주어절을 이끄는 명사절 접속사 that은 생략할 수 없다.
It is important / that you think independently / and fight for your faith.　2021 고1 9월 응용
가S V　S.C.　　　　　　　　　　　　　　　진S
중요하다 / 여러분이 독립적으로 사고하고 / 여러분의 신념을 위해 싸우는 것은.

◆ **EXERCISE** ▶ 끊어읽기 표시에 따라 다음 문장을 직독직해 해보세요.

EXAMPLE It surprised me / that she was still in bed.

➡ 나를 놀라게 했다 / 그녀가 여전히 침대에 있다는 것은.

01 That all men are created equal / is a self-evident truth.

➡ _____

02 It is obvious / that part of our assessment (of food) / is its visual appearance.　2020 고1 9월

➡ _____

03 That they paused for a second or two / suggests / that something was wrong.　2020 고2 9월 응용

➡ _____

04 It became clear / that when food appeared / as a consequence (of the rat's actions), / this influenced its future behavior.　2021 고2 6월

➡ _____

05 It is a common problem / that quite a few students / do not attend their classes on time / be it either online or physical class.

➡ _____

VOCABULARY　certainty 확실한 것, 확실성　faith 믿음, 신념　self-evident 자명한　obvious 명백한　assessment 평가
appearance (겉)모습, 외관　consequence 결과　be it (either) A or B A이건 B이건

명사구뿐 아니라 '주어+동사'가 포함된 명사절 또한 주어 자리에 나와 문장을 길어지게 할 수 있다. 명사절 주어도 명사구 주어와 마찬가지로 원칙적으로 단수 취급한다.

② what절 주어

선행사를 포함한 관계대명사 what 또한 문장의 주어 역할을 하는 명사절을 이끌 수 있다. what절 주어는 '(~가) ~하는 것은'이라고 해석한다. 문맥상 what이 의문사(무엇)로 해석될 때도 있어 약간의 주의가 필요하다.

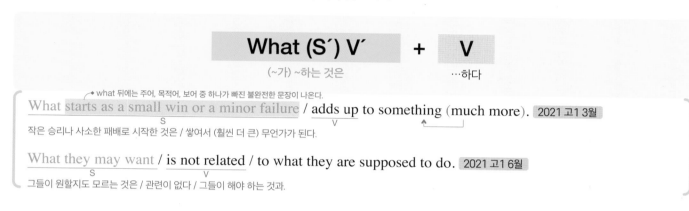

What (S′) V′	+	V
(~가) ~하는 것은		…하다

→ what 뒤에는 주어, 목적어, 보어 중 하나가 빠진 불완전한 문장이 나온다.

What <u>starts as a small win or a minor failure</u> / <u>adds up</u> to something (much more). 2021 고1 3월
S V
작은 승리나 사소한 패배로 시작한 것은 / 쌓여서 (훨씬 더 큰) 무언가가 된다.

<u>What they may want</u> / <u>is not related</u> / to what they are supposed to do. 2021 고1 6월
S V
그들이 원할지도 모르는 것은 / 관련이 없다 / 그들이 해야 하는 것과.

◆ EXERCISE ▶ 끊어읽기 표시에 따라 다음 문장을 직독직해 해보세요.

EXAMPLE What looks good / tastes good as well.

→ 보기 좋은 것은 / 맛도 좋다.

06 What you've written / can have / misspellings, errors (of fact), rude comments, or obvious lies.
2021 고1 3월 응용

→ _____

07 What they see or hear / doesn't match / what they were expecting. 2020 고2 9월

→ _____

08 What we think we know / is the basis (for the decisions) (we make). 2020 고1 9월 응용

→ _____

09 What we are doing / is not being interpreted / in the way (in which it was meant). 2021 고1 9월

→ _____

10 What seems to us to be standing out / may very well be related / to our goals, interests, expectations, past experiences, or current demands (of the situation). 2021 고1 6월

→ _____

③ whether절 주어

> 접속사 whether가 이끄는 절이 주어로 나오면 '~가 ~인지 아닌지는'이라고 해석한다.
> whether절 주어는 가주어 it으로 대체될 수 있다.

$$ \boxed{\textbf{Whether S´ V´}} \;+\; \boxed{\textbf{V}} $$

~가 ~인지 아닌지는   …하다

→ 주어 자리의 whether는 똑같은 뜻의 접속사 if(~인지 아닌지)로 대체될 수 없다.

Whether you will see the sunrise / depends on your luck!
　　　　　 S 　　　　　　　　　　 V
당신이 일출을 볼 것인지 아닌지는 / 당신의 운에 달려 있어요!

It is not certain / whether the global economy will fully recover soon.
가S V 　 S.C. 　　　　　　　　　　　　진S
확실하지 않다 / 세계 경제가 곧 완전히 회복될지 아닌지는.

◆ **EXERCISE** ▶ 끊어읽기 표시에 따라 다음 문장을 직독직해 해보세요.

| EXAMPLE | Whether she lied to us / is not the issue here. |

➡ 그녀가 우리에게 거짓말을 했는지는 / 여기서 문제가 아니다.

11　Whether the car will be ready on time / depends on the mechanic.

➡ _____

12　It doesn't matter / whether the dog is white or black / as long as it protects the house.

➡ _____

13　It is not clear / whether individuals used the writing system / for personal agreement / at its beginning.

　　2021학년도 수능 응용

➡ _____

14　It is doubtful / whether the profits will be much more / than is required to pay expenses.

➡ _____

15　Whether emoticons help Internet users to understand emotions / remains a question.　2020 고1 6월 응용

➡ _____

VOCABULARY　　sunrise 일출　　depend on ~에 달려 있다, 좌우되다　　recover 회복되다　　on time 제시간에　　mechanic 수리공
agreement 합의　　doubtful 의심스러운　　profit 수익　　expense 비용

④ 의문사절 주어

의문사(wh-)로 시작하는 명사절(=간접의문문)도 원칙적으로 주어가 될 수 있으며, 이 경우 의문사 고유의 의미에 '~가 ~한지는'을 붙여서 해석한다. 특히 what(무엇)이나 how(어떻게) 가 이 형태로 많이 쓰인다.

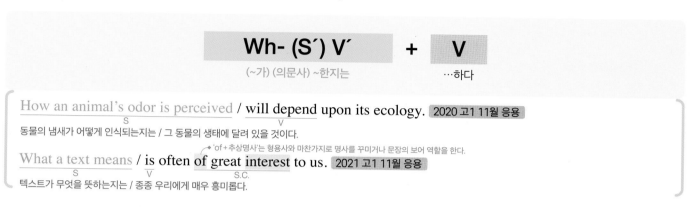

Wh- (S´) V´ + **V**
(~가) (의문사) ~한지는 · · ·하다

How an animal's odor is perceived / will depend upon its ecology. 2020 고1 11월 응용
　　　　　　　S　　　　　　　　　　V
동물의 냄새가 어떻게 인식되는지는 / 그 동물의 생태에 달려 있을 것이다.

↪ 'of + 추상명사'는 형용사와 마찬가지로 명사를 꾸미거나 문장의 보어 역할을 한다.

What a text means / is often of great interest to us. 2021 고1 11월 응용
　　　　S　　　　　V　　　　　　S.C.
텍스트가 무엇을 뜻하는지는 / 종종 우리에게 매우 흥미롭다.

◆ **EXERCISE** ▶ 끊어읽기 표시에 따라 다음 문장을 직독직해 해보세요.

EXAMPLE Why I went there / is anyone's guess.

➡ 내가 왜 그곳에 갔는지는 / 아무도 모를 일이다.

16 How similar the demands (of their job and hobby) are / is the focus (of the study). 2020 고2 9월 응용

➡ _____

17 It is perhaps surprising / how visual input can override taste and smell. 2020 고1 9월

➡ _____

18 In the past, / what was right and wrong / was different within every society.

➡ _____

19 How they have adapted to their way (of life) / will help / you to understand the environment (they live in). 2021 고1 3월 응용

➡ _____

20 How the bandwagon effect occurs / is demonstrated / by the history (of measurements) (of the speed of light). 2021학년도 수능

➡ _____

VOCABULARY odor 냄새　ecology 생태　anyone's guess 아무도 모를 일　focus 초점　override ~에 우선하다, ~보다 중요하다　adapt to ~에 적응하다　way of life 생활 방식　environment 환경　bandwagon effect 편승 효과(우세한 다수에 합류하는 것)　demonstrate 입증하다　measurement 측정

	문제	문장해석	정답/해설
1	**That / What** all men are created equal is a self-evident truth.	모든 사람이 평등하게 태어난다는 것은 자명한 진실이다.	○ That ✕ What is 앞에 수동태 동사가 포함된 완전한 문장이 나오므로, 명사절 접속사 That이 적절하다.
2	**That / It** is obvious that part of our assessment of food is its visual appearance.	음식에 대한 우리 평가의 일부가 음식의 시각적 외관인 것은 분명하다.	○ It ✕ That 진주어인 that절과 대응되는 가주어가 필요하므로 It이 적절하다.
3	**It / That** they paused for a second or two suggests that something was wrong.	그들이 1~2초간 멈추었다는 것은 무언가 잘못되었다는 것을 암시한다.	○ That ✕ It 'they paused ~ two'가 완전한 절이므로 접속사를 사용해 연결해야 한다. 따라서 That이 적절하다.
4	It became clear **that / X** when food appeared as a consequence of the rat's actions, this influenced its future behavior.	쥐의 행동의 결과로 음식이 나타났을 때 이것이 쥐의 향후 행동에 영향을 미쳤다는 것이 분명해졌다.	○ that ✕ X 진주어 역할을 하는 명사절에서 접속사 that은 생략할 수 없다.
5	It is a common problem **that / which** quite a few students do not attend their classes on time be it either online or physical class.	많은 학생들이 온라인 수업이건 실제 수업이건 수업에 제때 출석하지 않는 것은 흔한 문제이다.	○ that ✕ which 가주어 It에 대응되는 진주어로 완전한 명사절이 이어지는 구조이므로 접속사 that이 적절하다.
6	**That / What** you've written can have misspellings, errors of fact, rude comments, or obvious lies.	여러분이 쓴 글에는 잘못 쓴 철자, 사실의 오류, 무례한 말, 또는 명백한 거짓말이 있을 수 있다.	○ What ✕ That 've(have) written의 목적어가 빠진 불완전한 문장이 나오므로 What이 적절하다.
7	**That / What** they see or hear doesn't match what they were expecting.	그들이 보거나 듣는 것은 그들이 기대하고 있던 것과 일치하지 않는다.	○ What ✕ That see or hear의 목적어가 빠진 불완전한 문장이 나오므로 What이 적절하다.
8	**That / What** we think we know is the basis for the decisions we make.	우리가 알고 있다고 생각하는 것은 우리가 내리는 결정의 기초이다.	○ What ✕ That know의 목적어가 빠진 불완전한 문장이 나오므로 What이 적절하다.
9	What we are doing **is / to be** not being interpreted in the way in which it was meant.	우리가 하고 있는 것은 그것이 의도됐던 방식대로 해석되고 있지 않다.	○ is ✕ to be What we are doing이 명사절 주어이므로 단수동사 is가 적절하다.
10	**That / What** seems to us to be standing out may very well be related to our goals, interests, expectations, past experiences, or current demands of the situation.	우리에게 두드러져 보이는 것은 아마 우리의 목표, 관심사, 기대, 과거 경험 또는 상황에 대한 현재의 요구와 매우 관련되어 있을 것이다.	○ What ✕ That 뒤에 주어가 없는 불완전한 절이 이어지므로 What을 쓴다.

	문제	문장해석	정답/해설
11	Whether the car will be ready on time **depend / depends** on the mechanic.	그 차가 제때 준비될 것인지는 수리공에게 달려 있다.	○ depends ✕ depend Whether가 이끄는 명사절이 주어이므로 단수동사 depends를 써야 한다.
12	It doesn't matter **that / whether** the dog is white or black as long as it protects the house.	개가 집을 지켜주는 한 그 개가 흰 개인지 검은 개인지는 중요하지 않다.	○ whether ✕ that 문맥상 '~인지 아닌지는 중요하지 않다'라는 의미의 문장이므로 whether를 써야 한다.
13	**That / It** is not clear whether individuals used the writing system for personal agreement at its beginning.	문자 초기에 개인들이 사적인 합의를 위해 문자 체계를 썼는지 아닌지는 명확하지 않다.	○ It ✕ That 진주어인 whether절을 대신하는 가주어 자리이므로 It을 쓴다.
14	It is doubtful **what / whether** the profits will be much more than is required to pay expenses.	수익이 비용 지불에 필요한 것보다 훨씬 많을지는 의심스럽다.	○ whether ✕ what 'the profits will be ~'가 완전한 2형식 문장이므로 whether를 써야 한다. what은 불완전한 문장 앞에 쓴다.
15	Whether emoticons help Internet users to understand emotions **remains / remaining** a question.	이모티콘이 인터넷 사용자들의 감정 이해에 도움이 되는지는 의문으로 남아 있다.	○ remains ✕ remaining 'Whether ~ emotions'라는 명사절 주어 뒤로 동사가 필요하므로 remains가 적절하다.
16	**What / How** similar the demands of their job and hobby are is the focus of the study.	그들의 직업과 취미의 요구사항이 얼마나 비슷한지가 연구의 초점이다.	○ How ✕ What 뒤에 '형용사+주어+be' 어순의 완전한 2형식 문장이 나오므로 How(얼마나)가 적절하다.
17	It is perhaps surprising **what / how** visual input can override taste and smell.	어떻게 시각적인 입력 정보가 맛과 냄새에 우선할 수 있는지는 아마 놀라울 것이다.	○ how ✕ what 뒤에 완전한 3형식 문장이 연결되는 것으로 보아 how(어떻게)를 써야 한다.
18	In the past, what was right and wrong **was / to be** different within every society.	과거에는 무엇이 옳고 그른지는 사회마다 달랐다.	○ was ✕ to be 주어인 what절 뒤로 동사가 필요하므로 was가 적절하다.
19	**What / How** they have adapted to their way of life will help you to understand the environment they live in.	어떻게 그들이 자신들의 생활 방식에 적응했는지는 그들이 사는 환경을 여러분이 이해하도록 도울 것이다.	○ How ✕ What 'they have adapted to ~ way of life'가 완전한 문장이므로 How(어떻게)가 적절하다.
20	How the bandwagon effect occurs **is / are** demonstrated by the history of measurements of the speed of light.	편승 효과가 어떻게 발생하는지는 빛의 속도 측정의 역사로 입증된다.	○ is ✕ are 'How ~ occurs'가 명사절 주어이므로 단수동사 is가 적절하다.

01 다음 글의 밑줄 친 부분 중, 어법상 틀린 것은? 2020 고1 9월

Although it is obvious that part of our assessment of food is its visual appearance, it is perhaps surprising ① how visual input can override taste and smell. People find it very ② difficult to correctly identify fruit-flavoured drinks if the colour is wrong, for instance an orange drink that is coloured green. Perhaps even more striking ③ is the experience of wine tasters. One study of Bordeaux University students of wine and wine making revealed that they chose tasting notes appropriate for red wines, such as 'prune and chocolate', when they ④ gave white wine coloured with a red dye. Experienced New Zealand wine experts were similarly tricked into thinking ⑤ that the white wine Chardonnay was in fact a red wine, when it had been coloured with a red dye.

* override: ~에 우선하다 ** prune: 자두

유형 도움닫기 ∿

- ②처럼 형용사에 밑줄이 있으면 부사가 쓰일 자리가 아닌지 따져봐야 한다.
- ③, ④처럼 동사에 밑줄이 있으면 태, 수, 시제가 적절한지 점검해야 한다.
- ⑤처럼 that에 밑줄이 있으면 that이 관계대명사인지, 접속사인지를 파악해야 한다.

02 다음 글에서 필자가 주장하는 바로 가장 적절한 것은? 2021 고1 3월

At a publishing house and at a newspaper you learn the following: *It's not a mistake if it doesn't end up in print*. It's the same for email. Nothing bad can happen if you haven't hit the Send key. **What you've written can have misspellings, errors of fact, rude comments, obvious lies**, but it doesn't matter. If you haven't sent it, you still have time to fix it. You can correct any mistake and nobody will ever know the difference. This is easier said than done, of course. Send is your computer's most attractive command. But before you hit the Send key, make sure that you read your document carefully one last time.

① 중요한 이메일은 출력하여 보관해야 한다.
② 글을 쓸 때에는 개요 작성부터 시작해야 한다.
③ 이메일을 전송하기 전에 반드시 검토해야 한다.
④ 업무와 관련된 컴퓨터 기능을 우선 익혀야 한다.
⑤ 업무상 중요한 내용은 이메일보다는 직접 전달해야 한다.

유형 도움닫기 ∿

- 명령문 또는 must, have to, should, need to가 포함된 문장이 주장을 직접 드러낸다.
- 역접어(But) 뒤를 중점적으로 읽어보자.

03 글의 흐름으로 보아, 주어진 문장이 들어가기에 가장 적절한 곳은? 2021 고1 3월

> Before a trip, research how the native inhabitants dress, work, and eat.

DAY 02

The continued survival of the human race can be explained by our ability to adapt to our environment. (①) While we may have lost some of our ancient ancestors' survival skills, we have learned new skills as they have become necessary. (②) Today, the gap between the skills we once had and the skills we now have grows ever wider as we rely more heavily on modern technology. (③) Therefore, when you head off into the wilderness, it is important to fully prepare for the environment. (④) **How they have adapted to their way of life will help you to understand the environment** and allow you to select the best gear and learn the correct skills. (⑤) This is crucial because most survival situations arise as a result of a series of events that could have been avoided.

* inhabitant: 주민

유형 도움닫기

- 주어진 문장의 a trip이 어디로 향하는 여행인지 파악해보자.
- 대명사 they에 주목해보자.

VOCABULARY

01
identify 식별하다
flavour (~한) 맛을 내다
for instance 예를 들어
striking 놀라운
appropriate 적절한
dye 색소, 염료
trick A into B A를 속여 B하게 하다

02
publishing house 출판사
end up 결국 ~하다
in print 인쇄된, 발표된
matter 중요하다, 문제가 되다
correct 고치다
command (컴퓨터) 명령어
make sure 반드시 ~하다

03
native 토착의
continued 지속적인
ancient 고대의
ancestor 조상
gear 장비
arise 발생하다
as a result of ~의 결과로
a series of 일련의

A 어휘 TEST ▶ 다음 단어의 뜻을 쓰세요.

1	certainty		11	doubtful	
2	faith		12	profit	
3	self-evident		13	anyone's guess	
4	assessment		14	measurement	
5	appearance		15	trick A into B	
6	be it A or B		16	end up	
7	add up to		17	in print	
8	misspelling		18	correct	
9	basis		19	arise	
10	stand out		20	a series of	

B 단어 배열 ▶ 주어진 의미에 맞게 다음 단어를 배열하세요.

01 모든 사람이 평등하게 창조된다는 것은 자명한 진실이다. (equal, all men, are, that, created)

➡ _____ is a self-evident truth.

02 그들이 보거나 듣는 것은 그들이 기대하고 있던 것과 일치하지 않는다. (see, hear, they, or, what)

➡ _____ doesn't match what they were expecting.

03 개가 집을 지켜주는 한 그 개가 흰 개인지 검은 개인지는 중요하지 않다. (black, is, white, or, whether, the dog)

➡ It doesn't matter _____ as long as it protects the house.

04 그들의 직업과 취미의 요구사항이 얼마나 비슷한지가 연구의 초점이다. (how, the demands, their job and hobby, of, similar, are)

➡ _____ is the focus of the study.

C 빈칸 완성 ▶ 주어진 단어를 활용하여 우리말에 맞게 빈칸을 완성하세요. (단, 필요시 어형을 바꾸거나 단어를 추가)

01 그들이 1~2초간 멈추었다는 것은 무언가 잘못되었다는 것을 암시한다. (pause, for, a second or two)

➡ _____ _____ _____ _____ _____ suggests that something was wrong.

02 우리가 알고 있다고 생각하는 것은 우리가 내리는 결정의 기초이다. (what, think, know)

➡ _____ _____ _____ _____ is the basis for the decisions we make.

03 수익이 비용 지불에 필요한 것보다 훨씬 많을지 아닐지는 의심스럽다. (the profits, much more)

➡ It is doubtful _____ _____ _____ _____ _____ _____ than is required to pay expenses.

04 과거에는 무엇이 옳고 그른지는 사회마다 달랐다. (right and wrong)

➡ In the past, _____ _____ _____ _____ _____ was different within every society.

03

명사구 목적어

명사구 목적어

STEP 1 직독직해로 연습하는 해석 공식

① 동명사구 목적어

동명사구가 동사 뒤에 나와 문장의 목적어 역할을 하면 '~하는 것을/하기를'이라고 해석한다. 동명사만을 목적어로 취하는 동사들을 기억해 둔다.

*enjoy(즐기다), avoid(피하다), finish(끝내다), quit(그만두다), practice(연습하다), give up(포기하다), deny(부인하다), keep(유지하다) 등

$$\text{S} \quad + \quad \text{V} \quad + \quad \text{V-ing ~}$$
~는　　　…하다　　　~하는 것을/하기를

As a writer, / you should avoid / telling your readers what to think. 2021 고1 9월
　　　　　　S　　　V　　　　　　　O
작가로서, / 여러분은 피해야 한다 / 여러분의 독자에게 무엇을 생각할지 말해주는 것을.

→ 명령문은 주어(You) 없이 바로 동사원형으로 시작한다.
Try / wearing a smile / and see / where it gets you.
V1　　O1　　　　V2　　　O2
시도해보라 / 미소 짓는 것을 / 그리고 보라 / 그것이 여러분을 어디로 데려가는지(어떤 결과가 생기는지).

Tip 주의할 '동사 + 동명사'
remember V-ing ~한 것을 기억하다
forget V-ing ~한 것을 잊다
try V-ing ~하는 것을 시도하다
stop V-ing ~하는 것을 멈추다

◆ EXERCISE ▶ 끊어읽기 표시에 따라 다음 문장을 직독직해 해보세요.

EXAMPLE Try / doing new things / outside of your comfort zone. 2021 고1 6월
→ 시도하라 / 새로운 일을 하는 것을 / 당신의 안전지대를 벗어나서.

01 The sun / will keep / shining on our planet / for billions of years. 2021 고1 9월
→ _____

02 Meanwhile, / children quit / participating in track and field / at the average age (of 13). 2020 고1 11월
→ _____

03 When you put your dreams into words / you begin / putting them into action. 2020 고1 3월
→ _____

04 Using caffeine / to improve alertness and mental performance / doesn't replace / getting a good night's sleep. 2021 고1 9월
→ _____

05 A larger population / doesn't just mean / increasing the size (of everything), / like buying a bigger box of cereal for a larger family. 2020 고2 3월
→ _____

VOCABULARY　billion 10억　　track and field 육상　　put into words 말로 옮기다　　put into action 실행하다　　alertness 각성 (상태), 기민함　　get a good night's sleep 숙면하다　　population 인구 (수)

② to부정사구 목적어

to부정사구 또한 동사의 목적어 자리에 나올 수 있으며, '~하는 것을/하기를'이라고 해석된다. to부정사구는 동명사에 비해 미래지향적 의미를 띠므로, 주로 소망이나 기대의 의미를 가진 동사와 결합한다.

*want(원하다), decide(결정하다), plan(계획하다), hope(소망하다), wish(희망하다), expect(기대하다), learn(배우다), promise(약속하다) 등

S	+	V	+	to-V ~
~는		…하다		~하는 것을/하기를

We are planning / to redesign our brand identity / and launch a new logo. 2021 고1 6월
S   V   O
우리는 계획하고 있습니다 / 우리 브랜드 정체성을 다시 설계하고 / 새로운 로고를 출시하는 것을.

Don't forget / to wear closed-toe shoes. 2020 고1 9월
V   O
잊지 마세요 / 앞이 막힌 신발을 신고 올 것을.

Tip 주의할 '동사+to부정사'
remember to V ~할 것을 기억하다
forget to V ~할 것을 잊다
try to V ~하기 위해 노력하다
stop to V ~하기 위해 멈추다

◆ EXERCISE ▶ 끊어읽기 표시에 따라 다음 문장을 직독직해 해보세요.

EXAMPLE We hope / to give some practical education to our students. 2020 고1 6월

→ 우리는 희망합니다 / 우리 학생들에게 몇 가지 실제적인 교육을 하기를.

06 AI might help / to create new human jobs / in another way. 2020 고1 9월 응용

→ _____

07 You can expect / to find toys (for children) (from birth to teens). 2020 고1 3월

→ _____

08 We continue / to destroy habitats with excess trails, / so the wildlife will stop / using these areas.
2020 고1 11월

→ _____

09 You make a decision (to buy a gym membership) / and decide / to spend an hour at the gym every day. 2021 고2 6월

→ _____

10 Before he died, / he wanted / to give a last blessing / to his final resting place, / so he decided / to create humans. 2020 고1 3월

→ _____

VOCABULARY   redesign 다시 설계하다   launch 출시하다   closed-toe (신발) 앞이 막힌   practical 실제적인   destroy 파괴하다
habitat 서식지   excess 과도한; 과도함   trail 길   wildlife 야생 동물   blessing 축복   resting place 안식처, 휴게소

③ 의문사구 목적어

'의문사+주어+should+동사원형'을 축약한 '의문사+to부정사'구가 목적어로 나오면 의문사 고유의 의미에 '~할지를'을 붙여 해석한다. 단, 'why to-V'는 쓰지 않는다.

S	+	V	+	wh- to-V ~
~는		…하다		(의문사) ~할지를

➜ 의문부사 how, where, when 뒤에는 완전한 구조가 나온다.

If you want to achieve your goals, / you must learn / how to tackle distractions. 2020 고1 11월
                       S   V   O

여러분이 여러분의 목표를 달성하고 싶다면 / 여러분은 배워야 한다 / 집중에 방해가 되는 것들에 어떻게 대처할지를.

➜ 의문대명사 what, which, who(m) 뒤에는 불완전한 구조가 나온다.

When animals know / what to expect, / they can feel more confident and calm. 2021 고1 3월
        S'   V'   O'   S   V   S.C.

동물들이 알고 있을 때 / 무엇을 기대할지를 / 그들은 더 자신 있고 차분한 기분을 느낄 수 있다.

◆ EXERCISE ▶ 끊어읽기 표시에 따라 다음 문장을 직독직해 해보세요.

EXAMPLE You will be told soon / where to go for your appointment.

➜ 당신은 곧 듣게 될 것입니다 / 당신의 약속을 위해 어디로 갈지를.

11 He knew / how to make things out of glass. 2022 고1 3월

➜ _____

12 You often decide / what to do next / based on what you have just finished doing. 2021 고2 6월

➜ _____

13 The participants will know / what to expect from a meeting / by preparing for it in advance.

2022 고1 6월 응용

➜ _____

14 Farmers (in India) know / when the monsoon rains will come next year / and so they know / when to plant the crops. 2022 고1 3월

➜ _____

15 Children learn / how to compete and cooperate with others, / how to lead and follow, / how to make decisions, / and so on. 2020 고1 9월 응용

➜ _____

VOCABULARY   achieve 성취하다   tackle 대처하다, 다루다   confident 자신 있는   make out of ~로부터 만들다   in advance 사전에
monsoon 장마   plant 심다   compete 경쟁하다   and so on 기타 등등

④ 가목적어

make, find, consider, leave, think, call 등이 포함된 5형식 문장에서 to부정사 또는 that절이 목적어인 경우 필히 가목적어 it으로 대체한다. 이때 목적어는 '~하는 것을/~하는 것이'로 해석한다.

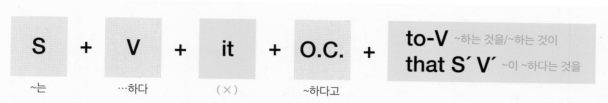

S +	V +	it +	O.C. +	to-V ~하는 것을/~하는 것이 that S´ V´ ~이 ~하다는 것을
~는	…하다	(×)	~하다고	

➔ to부정사 진목적어 앞에 의미상 주어가 표시되기도 한다.

They don't think it appropriate / for us to access the data.
　　S　　 V　 가O O.C.　　　　　　　　진O
그들은 적절하다고 생각지 않는다 / 우리가 데이터에 접근하는 것이.

As a brave man, / he made it clear / that he would not shrink from threat.
　　　　　　　　 S　 V　가O O.C.　　　　　　　 진O
용감한 사람으로서 / 그는 분명히 했다 / 그가 위험으로부터 몸을 사리지 않겠다는 것을.

◆ **EXERCISE** ▶ 끊어읽기 표시에 따라 다음 문장을 직독직해 해보세요.

EXAMPLE They would later find it difficult / to remember the order. 2021 고1 9월

➔ 그들은 나중에는 어렵다고 깨닫곤 했다 / 그 주문을 기억하는 것이.

16 We think it appropriate / to hear from you / about what you think.

➔ _____

17 The change (of Earth's atmosphere) / made it possible / for higher organisms to develop.
2020 고2 11월 응용

➔ _____

18 People find it very difficult / to correctly identify fruit-flavoured drinks / if the colour is wrong.
2020 고1 9월

➔ _____

19 We call it philanthropy / to help people (in need) / at the sacrifice of oneself.

➔ _____

20 The stamp producer made it clear / that if people just moistened the stamps properly, / they would stick to any piece of paper. 2021 고1 9월 응용

➔ _____

VOCABULARY　　**appropriate** 적절한　　**make clear** 분명히 하다　　**shrink from** ~로부터 몸을 사리다　　**atmosphere** (지구의) 대기
fruit-flavoured 과일 맛이 나는　　**philanthropy** 자선 (사업)　　**at the sacrifice of** ~을 희생하여　　**moisten** 적시다　　**stick to** ~에 달라붙다

문제	문장해석	정답/해설
1 The sun will keep **to shine / shining** on our planet for billions of years.	태양은 수십억 년 동안 계속 지구를 비출 것이다.	○ shining ✕ to shine keep은 동명사를 목적어로 취하므로 shining이 적절하다.
2 Meanwhile, children quit **to participate / participating** in track and field at the average age of 13.	한편, 어린이들은 육상경기 참여를 평균 13세에 중단했다.	○ participating ✕ to participate quit은 동명사를 목적어로 취하므로 participating이 적절하다.
3 When you put your dreams into words you begin putting **it / them** into action.	꿈을 말로 옮길 때 여러분은 그것을 실행하기 시작하는 것이다.	○ them ✕ it 문맥상 dreams를 받는 복수대명사가 필요하므로 them이 적절하다.
4 Using caffeine to improve alertness and mental performance doesn't replace **gets / getting** a good night's sleep.	각성과 정신적 수행을 향상시키기 위해 카페인을 사용하는 것은 숙면을 취하는 것을 대체하지 못한다.	○ getting ✕ gets 동사인 doesn't replace 뒤로 목적어가 필요하므로 getting이 적절하다.
5 A larger population doesn't just mean **increasing / increased** the size of everything, like buying a bigger box of cereal for a larger family.	더 많은 인구는 더 큰 가족을 위해 더 큰 시리얼 상자를 사는 것처럼 단순히 모든 것의 규모를 확장하는 것을 의미하지는 않는다.	○ increasing ✕ increased 'mean+동명사(~하는 것을 의미하다)'이므로 increasing이 적절하다.
6 AI might help **creating / to create** new human jobs in another way.	AI는 또 다른 방식으로 인간의 새로운 직업 창출을 도울지도 모른다.	○ to create ✕ creating help는 to부정사 또는 원형부정사를 목적어로 취하므로 to create이 적절하다.
7 You can expect **to find / finding** toys for children from birth to teens.	여러분은 신생아부터 십 대까지의 어린이를 위한 장난감을 찾을 것이라 기대할 수 있습니다.	○ to find ✕ finding expect는 to부정사를 목적어로 취하므로 to find가 적절하다.
8 We continue to destroy habitats with excess trails, so the wildlife will stop **to use / using** these areas.	우리는 계속해서 과도한 길로 서식지를 파괴하므로, 야생 동물들은 이 지역을 그만 이용하게 될 것입니다.	○ using ✕ to use 파괴된 서식지를 '이용하기를 관둘' 것이라는 의미이므로, 'stop+동명사'의 using이 적절하다.
9 You make a decision to buy a gym membership and decide **to spend / spending** an hour at the gym every day.	당신은 헬스장 회원권을 사기로 결정하고 매일 헬스장에서 한 시간을 보내기로 결심한다.	○ to spend ✕ spending decide는 to부정사를 목적어로 취하므로 to spend가 적절하다.
10 Before he died, he wanted to give a last blessing to his final resting place, so he decided **creating / to create** humans.	죽기 전에 그는 최후의 안식처에 마지막 축복을 해주고 싶어서 인간을 창조하기로 결심했다.	○ to create ✕ creating decide는 to부정사를 목적어로 취하므로 to create이 적절하다.

	문제	문장해석	정답/해설
11	He knew **what / how** to make things out of glass.	그는 유리로 물건을 만드는 법을 알고 있었다.	○ how ✕ what 'to make ~ glass'가 완전한 구조이므로 how를 써야 한다.
12	You often decide **how / what** to do next based on what you have just finished doing.	당신은 종종 방금 끝낸 일에 기초하여 다음에 무엇을 할지 결정한다.	○ what ✕ how to do의 목적어가 빠진 불완전한 구조가 뒤에 이어지므로 what을 써야 한다.
13	The participants will know **what / when** to expect from a meeting by preparing for it in advance.	참석자들은 회의를 사전에 준비하며 회의로부터 무엇을 기대할지 알게 된다.	○ what ✕ when to expect의 목적어가 빠진 불완전한 구조가 뒤에 이어지므로 what을 써야 한다.
14	Farmers in India know when the monsoon rains will come next year and so they know **what / when** to plant the crops.	인도의 농부들은 내년에 장마가 언제 올지를 알고, 그리하여 언제 작물을 심을지를 안다.	○ when ✕ what 문맥상 '언제' 식물을 심을지 알게 된다는 뜻의 명사구이므로 when을 써야 한다.
15	Children learn **what / how** to compete and cooperate with others, how to lead and follow, how to make decisions, and so on.	아이들은 다른 사람들과 경쟁하고 협력하는 방식, 이끌고 따르는 방식, 결정하는 방식 등등을 배운다.	○ how ✕ what 3개의 'how+to부정사'가 병렬구조를 이루는 문맥이므로 how를 쓴다.
16	We think **it / that** appropriate to hear from you about what you think.	우리는 네 생각을 듣는 것이 적절하다고 생각해.	○ it ✕ that 뒤에 목적격보어와 진목적어 'to hear ~'가 이어지는 것으로 보아 it이 적절하다.
17	The change of Earth's atmosphere made it possible for higher organisms **develop / to develop** .	지구 대기의 변화로 고등 생물이 발전하는 것이 가능해졌다.	○ to develop ✕ develop 가목적어 it에 대응되는 진목적어가 필요하므로 to develop이 적절하다.
18	People find it very difficult to **correct / correctly** identify fruit-flavoured drinks if the colour is wrong.	사람들은 만일 (음료) 색이 틀리다면 과일 맛 음료를 올바르게 식별하는 것이 매우 어렵다는 것을 알게 된다.	○ correctly ✕ correct 진목적어인 to부정사구는 부사의 수식을 받으므로 correctly가 적절하다.
19	We call **that / it** philanthropy to help people in need at the sacrifice of oneself.	우리는 자기 자신을 희생해 어려운 사람들을 돕는 것을 자선이라고 부른다.	○ it ✕ that 가목적어 자리이므로 it이 적절하다. that은 가목적어로 쓰이지 않는다.
20	The stamp producer made it **clearly / clear** that if people just moistened the stamps properly, they would stick to any piece of paper.	우표 제작자는 만일 사람들이 그저 우표를 적절히 적시기만 하면 그것이 어떤 종이 조각에라도 붙을 것임을 분명히 했다.	○ clear ✕ clearly '~을 …하게 만든다'라는 5형식 동사 made의 목적격보어로 형용사 clear가 적절하다.

01 다음 글에서 전체 흐름과 관계 <u>없는</u> 문장은? 2020 고1 9월

In a single week, the sun delivers more energy to our planet than humanity has used through the burning of coal, oil, and natural gas through *all of human history*. And **the sun will keep shining on our planet for billions of years**. ① Our challenge isn't that we're running out of energy. ② It's that we have been focused on the wrong source — the small, finite one that we're using up. ③ Indeed, all the coal, natural gas, and oil we use today is just solar energy from millions of years ago, a very tiny part of which was preserved deep underground. ④ Our efforts to develop technologies that use fossil fuels have shown meaningful results. ⑤ Our challenge, and our opportunity, is to learn to efficiently and cheaply use the *much more abundant* source that is the new energy striking our planet each day from the sun.

 유형 도움닫기 ∼

· 번호가 시작되기 전 첫 두 문장에서 핵심 소재나 주제를 파악한다.

02 주어진 글 다음에 이어질 글의 순서로 가장 적절한 것은? 2020 고1 3월

> A god called Moinee was defeated by a rival god called Dromerdeener in a terrible battle up in the stars. Moinee fell out of the stars down to Tasmania to die.

(A) He took pity on the people, gave them bendable knees and cut off their inconvenient kangaroo tails so they could all sit down at last. Then they lived happily ever after.

(B) Then he died. The people hated having kangaroo tails and no knees, and they cried out to the heavens for help. Dromerdeener heard their cry and came down to Tasmania to see what the matter was.

(C) **Before he died, he wanted to give a last blessing to his final resting place, so he decided to create humans.** But he was in such a hurry, knowing he was dying, that he forgot to give them knees; and he absent-mindedly gave them big tails like kangaroos, which meant they couldn't sit down.

① (A) — (C) — (B)　　　② (B) — (A) — (C)
③ (B) — (C) — (A)　　　④ (C) — (A) — (B)
⑤ (C) — (B) — (A)

유형 도움닫기 ∼

· 이야기 구조의 글이므로, 사건의 흐름을 잘 짚어야 한다.

· Before, Then 등 사건의 선후 관계를 알려주는 표현과 대명사 he에 주목해보자.

03 다음 빈칸에 들어갈 말로 가장 적절한 것은? 2021 고2 6월

The tendency for one purchase to lead to another one has a name: the Diderot Effect. The Diderot Effect states that obtaining a new possession often creates a spiral of consumption that leads to additional purchases. You can spot this pattern everywhere. You buy a dress and have to get new shoes and earrings to match. You buy a toy for your child and soon find yourself purchasing all of the accessories that go with it. It's a chain reaction of purchases. Many human behaviors follow this cycle. **You often decide what to do next based on what you have just finished doing.** Going to the bathroom leads to washing and drying your hands, which reminds you that you need to put the dirty towels in the laundry, so you add laundry detergent to the shopping list, and so on. No behavior happens in _____. Each action becomes a cue that triggers the next behavior.

① isolation
② comfort
③ observation
④ fairness
⑤ harmony

유형 도움닫기 〰〰〰

・예시로 시작하여 주제를 도출하는 글이므로, 중반부 이후에 주목한다.

・빈칸 앞에 부정어(No behavior)가 있으면, 빈칸에는 주제와 반대되는 말이 들어가야 한다. 그래야 문장이 전체적으로 주제와 같은 의미가 되기 때문이다.

DAY
03

VOCABULARY

01
deliver 전달하다
run out of ~이 다 떨어지다
finite 유한한
use up 다 써버리다
preserve 보존하다
efficiently 효율적으로
abundant 풍부한
strike (광선이) 비추다

02
defeat 패배시키다, 이기다
take pity on ~을 불쌍히 여기다
bendable 구부릴 수 있는
cut off 잘라내다
inconvenient 불편한
matter 문제
absent-mindedly 생각 없이, 건성으로

03
purchase 구매
possession 소유(물)
spiral 소용돌이, 나선
consumption 소비
spot 포착하다
go with ~와 어울리다
remind 상기시키다
detergent 세제
trigger 촉발시키다

A 어휘 TEST ▶ 다음 단어의 뜻을 쓰세요.

1	billion		11	compete	
2	track and field		12	shrink from	
3	alertness		13	philanthropy	
4	population		14	at the sacrifice of	
5	habitat		15	moisten	
6	excess		16	finite	
7	trail		17	defeat	
8	wildlife		18	absent-mindedly	
9	tackle		19	possession	
10	in advance		20	go with	

B 단어 배열 ▶ 주어진 의미에 맞게 다음 단어를 배열하세요.

01 꿈을 말로 옮길 때 여러분은 그것을 실행하기 시작하는 것이다. (them, action, into, putting)
➡ When you put your dreams into words you begin _____.

02 AI는 또 다른 방식으로 인간의 새로운 직업을 창출하는 것을 도울지도 모른다. (new, human jobs, create, to)
➡ AI might help _____ in another way.

03 참석자들은 회의를 사전에 준비하며 회의로부터 무엇을 기대할지 알게 된다. (what, from, to, a meeting, expect)
➡ The participants will know _____ by preparing for it in advance.

04 우리는 자기 자신을 희생해 어려운 사람들을 돕는 것을 자선이라고 부른다. (help, in need, to, people)
➡ We call it philanthropy _____ at the sacrifice of oneself.

C 빈칸 완성 ▶ 주어진 단어를 활용하여 우리말에 맞게 빈칸을 완성하세요. (단, 필요시 어형을 바꾸거나 단어를 추가)

01 한편, 어린이들은 육상경기에 참여하는 것을 평균 13세에 중단했다. (participate in, track and field)
➡ Meanwhile, children quit _____ _____ _____ _____ _____ at the average age of 13.

02 여러분은 신생아부터 십 대까지의 어린이를 위한 장난감을 찾을 수 있을 것이라 기대할 수 있습니다. (find, toys for children)
➡ You can expect _____ _____ _____ _____ _____ from birth to teens.

03 그는 유리로 물건을 만드는 법을 알고 있었다. (how, make, things, out of)
➡ He knew _____ _____ _____ _____ _____ _____.

04 지구 대기의 변화는 고등 생물이 발전하는 것을 가능하게 만들었다. (higher organisms, develop)
➡ The change of Earth's atmosphere made it possible _____ _____ _____ _____ _____.

DAY 04

명사절 목적어

 STEP 1 ▶ **직독직해로 연습하는** 해석 공식

❶ that절 목적어 │ 명사절 접속사 that이 이끄는 문장은 목적어 자리에 흔히 쓰이며, '~가 ~하다는 것을, ~가 ~하다고'라고 해석한다. 이때 that을 생략하여 '주어+동사' 뒤에 또 다른 '주어+동사'가 바로 연결되는 패턴을 자주 볼 수 있다.

$$\boxed{S} \ + \ \boxed{V} \ + \ \boxed{\text{(that) } S' \ V'}$$

~는   …하다   ~가 ~하다는 것을, ~가 ~하다고

We expect / that delivery will take place / within two weeks. 2018 고1 9월
　S　　V　　　　　　　　　　O
우리는 예상합니다 / 그 배송이 이뤄질 것이라고 / 2주 안에.

목적어 자리의 that은 생략 가능하다.
In the past, / the majority of people believed / (that) the world was flat. 2020 고1 9월 응용
　　　　　　　　S　　　　　　　　V　　　　　O
과거에는 / 대다수 사람들이 믿었다 / 세상이 평평하다고.

◆ **EXERCISE** ▶ 끊어읽기 표시에 따라 다음 문장을 직독직해 해보세요.

EXAMPLE Many people do not believe / that life is about getting what you want. 2021 고1 6월
➜ 많은 사람들은 믿지 않는다 / 삶이란 당신이 원하는 바를 얻는 것에 관한 것이라고.

01 Imagine / you're cooking up a special dinner / with a friend. 2021 고2 3월
➜ _____

02 Our reflective brains know / that the fruit salad is better for our health. 2021 고2 3월
➜ _____

03 I felt / that the animal was protecting me, / lifting me toward the surface. 2020 고1 3월
➜ _____

04 An economic theory (of Say's Law) / holds / that everything (that's made) will get sold. 2021 고1 9월
➜ _____

05 Scientists found / that the babies looked at the face-like image more / than they looked at the non-face image. 2021 고1 6월
➜ _____

VOCABULARY　delivery 배송　take place 이뤄지다, 발생하다　majority 대다수　flat 평평한　reflective 숙고하는, 사색적인
lift 들어올리다　surface 수면, 표면　economic 경제(학)의　face-like 얼굴 같은

'주어+동사'를 포함한 명사절이 목적어 자리에 나와 문장을 길어지게 하는 경우를 정리해보자.

② what절 목적어 | 선행사를 포함한 관계대명사 what이 문장의 목적어 자리에 나오면 '~가 ~하는 것을'이라고 해석한다. what이 의문사(무엇)인 경우와 구조적인 차이는 없다.

S **+** V **+** what (S') V'
~는   …하다   (~가) ~하는 것을

The following story illustrates / what I call invisible rules. 2021 고2 6월 응용
　　　　S　　　　　V　　　　　　　　　　O
다음의 이야기는 분명히 보여준다 / 내가 눈에 보이지 않는 규칙이라 부르는 것을.

The boys regretted / what they had done, / but it was too late.
　　S1　　　V1　　　　　　　O　　　　　　　　　S2　V2　　S.C.
　　　　　　　　　　　　　　　　↳ 시간을 나타내는 비인칭주어로, '그것'이라고 해석하지 않는다.
그 소년들은 후회했다 / 자신들이 해버린 것을 / 하지만 때는 너무 늦었다.

◆ **EXERCISE** ▶ 끊어읽기 표시에 따라 다음 문장을 직독직해 해보세요.

EXAMPLE Salespeople have done / what was asked for. 2020학년도 고3 6월

➔ 영업사원들은 했다 / 요청된 것을.

06 Greek artists did not blindly imitate / what they saw in reality. 2021 고2 3월

➔ _____

07 Trade will not occur / unless both parties want / what the other party has to offer. 2018 고1 9월

➔ _____

08 Through transportation, / people can access / what they need and love. 2020 고1 11월 응용

➔ _____

09 Do not do to others / what you would not want others to do to you.

➔ _____

10 One CEO (in one of Silicon Valley's most innovative companies) / has / what would seem like a boring, creativity-killing routine. 2018 고1 9월

➔ _____

VOCABULARY　　illustrate (분명히) 보여주다　　blindly 맹목적으로　　the other party 상대방　　transportation 교통　　access 접근하다
innovative 혁신적인

③ whether/if절 목적어

접속사 whether가 이끄는 절이 문장의 목적어 자리에 나오면 '~가 ~인지 아닌지를'이라고 해석한다. 이때 whether 대신 if를 써도 된다. 자주 함께 나오는 동사를 같이 기억해 두면 좋다.

*see(알아보다), check(확인하다), wonder(궁금해하다), question(의문을 던지다), ask(묻다), decide(결정하다) 등

$$S + V + whether/if\ S´\ V´$$

~는 　　…하다 　　~가 ~인지 아닌지를

whether 바로 뒤 또는 whether절 맨 끝에는 or not을 붙일 수 있다.

You don't even need to question / whether or not using artificial light / was worth it.　2021 고1 3월 응용
　　　　　　　S　　　　　V　　　　　　　　　　　　　　　　　　　O

여러분은 의심할 필요조차 없다 / 인공조명을 사용하는 것이 / 가치가 있는지 아닌지를.

if 바로 뒤에는 or not을 쓰지 않는다.

After we have implemented a strategy, / we should see / if it worked / in the way (we had hoped).
　　　　　　　　　　　　　　　　　　　S　　　V　　　O

우리가 전략을 실행해 본 이후에, / 우리는 확인해야 한다 / 그것이 작동했는지를 / (우리가 바랐던) 방식대로.　2020 고2 6월 응용

◆ EXERCISE ▶ 끊어읽기 표시에 따라 다음 문장을 직독직해 해보세요.

EXAMPLE I still doubted / whether I would win a prize or not.　2020 고2 6월 응용

➡ 나는 여전히 의심했다 / 내가 상을 탈 것인지 아닌지를.

11 Please reconsider / whether the proposed trail is absolutely necessary.　2020 고1 11월

➡ _____

12 We must check / through the blood test / whether the virus has infected you.

➡ _____

13 You should ask / if the scientist or group (conducting the experiment) / was unbiased.　2020 고1 6월 응용

➡ _____

14 When you see a glass (with a clear fluid in it), / you don't have to ask / if it's water.

2021학년도 고3 9월 응용

➡ _____

15 Academics and marketers have debated / whether or not it is ethically correct / to market products / directly to young consumers.　2021 고2 3월 응용

➡ _____

VOCABULARY　artificial light 인공조명　implement 실행하다, 시행하다　reconsider 재고하다　infect 감염시키다　unbiased 선입견이 없는, 편파적이지 않은　fluid 액체, 유체　debate 논쟁하다　ethically 윤리적으로　market 판촉하다, 광고하다

④ 의문사절 목적어

의문사(wh-)로 시작하는 명사절(=간접의문문)도 문장의 목적어 역할을 하며, 이 경우 의문사 고유의 의미에 '~가 ~한지를'을 붙여서 해석한다.

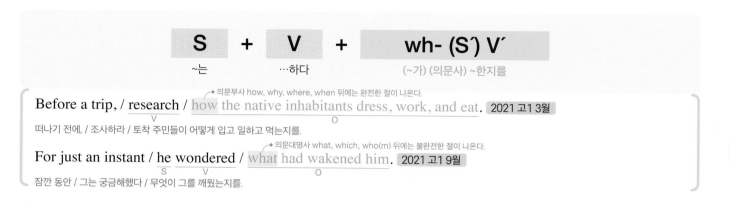

S + V + wh- (S') V'
~는 ...하다 (~가) (의문사) ~한지를

→ 의문부사 how, why, where, when 뒤에는 완전한 절이 나온다.
Before a trip, / research / how the native inhabitants dress, work, and eat. 2021 고1 3월
          V   O
떠나기 전에, / 조사하라 / 토착 주민들이 어떻게 입고 일하고 먹는지를.

→ 의문대명사 what, which, who(m) 뒤에는 불완전한 절이 나온다.
For just an instant / he wondered / what had wakened him. 2021 고1 9월
                      S   V   O
잠깐 동안 / 그는 궁금해했다 / 무엇이 그를 깨웠는지를.

◆ EXERCISE ▶ 끊어읽기 표시에 따라 다음 문장을 직독직해 해보세요.

EXAMPLE After about five years (of doing that), / I realized / how harmful it was.

→ (그렇게 한 지) 대략 5년이 지나서 / 나는 깨달았다 / 얼마나 그것이 해로웠는지를.

16 People all wondered / who would be the next leader (of the country).

→ _____

17 From a model (of an early invention), / scientists can tell us / how old it is / and where it came from.
2020 고2 6월 응용

→ _____

18 In the story, / the fox and the cat / discuss / how many ways they have (to escape their hunters).
2021 고2 6월

→ _____

19 Health and the spread (of disease) / closely concerns / how we live / and how our cities operate.
2021 고1 6월 응용

→ _____

20 We didn't know / how long the light would stay on green / or if the car (in front) would suddenly put on its brakes. 2020 고2 3월

→ _____

VOCABULARY inhabitant 주민 for an instant 잠깐 동안 waken 깨우다 harmful 해로운 invention 발명(품) escape 탈출하다, 벗어나다 spread 확산 operate 작동하다 put on a brake 브레이크를 밟다

문제	문장해석	정답/해설
1 Imagine **which / that** you're cooking up a special dinner with a friend.	여러분이 친구와 함께 특별한 저녁식사를 요리하고 있다고 상상해 보라.	○ that ✕ which 뒤에 완전한 3형식 문장이 나오므로 명사절 접속사 that을 써야 한다.
2 Our reflective brains know **what / that** the fruit salad is better for our health.	우리의 숙고하는 뇌는 과일 샐러드가 우리의 건강에 더 좋다는 것을 안다.	○ that ✕ what 뒤에 완전한 2형식 문장이 나오므로 명사절 접속사 that을 써야 한다.
3 I felt **that / whether** the animal was protecting me, lifting me toward the surface.	나는 그 동물이 나를 수면으로 들어 올려 보호해 주고 있다고 느꼈다.	○ that ✕ whether 문맥상 '~이 ~하다는 것'의 의미가 적절하므로 that을 쓴다.
4 An economic theory of Say's Law holds **which / that** everything that's made will get sold.	경제이론인 Say의 법칙은 만들어진 모든 물품은 팔리기 마련이라고 주장한다.	○ that ✕ which 'get+과거분사' 형태의 수동태가 포함된 완전한 문장이 나오므로 명사절 접속사 that을 쓴다.
5 Scientists found **that / what** the babies looked at the face-like image more than they looked at the non-face image.	과학자들은 아기가 얼굴처럼 보이지 않는 이미지보다는 얼굴처럼 보이는 이미지를 더 바라본다는 것을 발견했다.	○ that ✕ what looked at이 동사인 완전한 3형식 문장이 나오므로 명사절 접속사 that을 써야 한다.
6 Greek artists did not blindly imitate **that / what** they saw in reality.	그리스의 예술가들은 현실에서 본 것을 맹목적으로 모방하지 않았다.	○ what ✕ that 뒤에 saw의 목적어가 없는 불완전한 문장이 나오므로 what을 써야 한다.
7 Trade will not occur unless both parties want **what / how** the other party has to offer.	거래는 두 당사자 모두가 상대방이 제공할 수 있는 것을 원하지 않는 한 일어나지 않을 것이다.	○ what ✕ how 뒤에 to offer의 목적어가 없는 불완전한 문장이 나오므로 what을 써야 한다.
8 Through transportation, people can access **whether / what** they need and love.	교통을 통해 사람들은 필요하고 좋아하는 것에 접근할 수 있다.	○ what ✕ whether 뒤에 need and love의 목적어가 없는 불완전한 문장이 나오므로 what을 써야 한다.
9 Do not do to others **who / what** you would not want others to do to you.	다른 사람들이 당신에게 하지 않았으면 하는 일을 (당신도) 다른 사람에게 하지 말라.	○ what ✕ who 앞의 Do not do와 뒤의 to do의 목적어가 둘 다 필요하므로 what을 쓴다.
10 One CEO in one of Silicon Valley's most innovative companies has **that / what** would seem like a boring, creativity-killing routine.	실리콘 밸리의 가장 혁신적인 회사들 중 한 곳의 최고 경영자에게는 지루하고 창의력을 해치는 루틴처럼 보이는 것이 있다.	○ what ✕ that would seem의 주어가 없는 불완전한 문장이 나오므로 what을 써야 한다.

문제	문장해석	정답/해설
11 Please reconsider **if / whether** the proposed trail is absolutely necessary.	제안된 산책로가 정말로 필요한지 부디 재고해 주세요.	○ if, whether 동사의 목적어 자리에 '~인지 아닌지'라는 절이 나오면 if와 whether를 둘 다 쓸 수 있다.
12 We must check through the blood test **what / whether** the virus has infected you.	우리는 혈액 검사를 통해 당신이 그 바이러스에 감염되었는지 아닌지를 확인해야 합니다.	○ whether × what 'the virus ~ you'가 완전한 문장이므로 whether를 쓴다.
13 You should ask **that / if** the scientist or group conducting the experiment was unbiased.	당신은 실험을 수행한 과학자나 집단이 한쪽으로 치우치지 않았는지 물어야 한다.	○ if × that 문맥상 '~인지 아닌지 물어봐야 한다'는 의미이므로 if를 쓴다.
14 When you see a glass with a clear fluid in it, you don't have to ask **if / that** it's water.	여러분이 투명한 액체가 안에 든 유리잔을 본다면, 여러분은 그것이 물인지 묻지 않아도 된다.	○ if × that 문맥상 '~인지 아닌지 물어볼 필요가 없다'는 의미이므로 if가 적절하다.
15 Academics and marketers have debated **if / whether** or not it is ethically correct to market products directly to young consumers.	대학 교수와 마케팅 담당자들은 상품을 어린 소비자들에게 직접 판촉하는 것이 윤리적으로 옳은지 옳지 않은지를 논쟁해 왔다.	○ whether × if 바로 뒤에 or not이 나올 때에는 if가 아닌 whether를 쓴다.
16 People all wondered **who / whether** would be the next leader of the country.	사람들 모두 누가 국가의 차기 지도자가 될 것인지 궁금해했다.	○ who × whether 뒤에 불완전한 문장을 수반하며 '누가'라는 의미를 나타내는 단어로는 who가 적절하다.
17 From a model of an early invention, scientists can tell us **what / how** old it is and where it came from.	초기 발명품의 모델로부터, 과학자들은 그 발명품이 얼마나 오래되었고 어디에서 기원했는지를 우리에게 말해줄 수 있다.	○ how × what 'how+형/부+주어+동사(얼마나 ~이…한지)'의 어순에 맞춰 how를 써야 한다.
18 In the story, the fox and the cat discuss **whether / how** many ways they have to escape their hunters.	이 이야기에서, 여우와 고양이는 그들이 사냥꾼으로부터 탈출할 방법을 얼마나 가지고 있는지 논의한다.	○ how × whether 'how+형/부+주어+동사(얼마나 ~이…한지)'의 어순에 맞춰 how를 써야 한다.
19 Health and the spread of disease closely concerns **what / how** we live and how our cities operate.	건강과 질병의 확산은 우리의 생활 방식과 도시가 돌아가는 방식에 매우 밀접하게 연관되어 있다.	○ how × what we live가 완전한 문장이므로 how를 쓴다.
20 We didn't know how long the light would stay on green or **whether / if** the car in front would suddenly put on its brakes.	우리는 신호등이 얼마나 오랫동안 녹색일 것인지, 혹은 앞차 운전자가 갑자기 브레이크를 밟을 것인지 아닌지를 몰랐다.	○ whether, if how절과 병렬 연결되는 목적어 자리이므로 whether와 if를 둘 다 쓸 수 있다.

01 다음 빈칸에 들어갈 말로 가장 적절한 것은? 2021 고2 3월

Psychological research has shown that people naturally _____, often without thinking about it. **Imagine you're cooking up a special dinner with a friend**. You're a great cook, but your friend is the wine expert, an amateur sommelier. A neighbor drops by and starts telling you both about the terrific new wines being sold at the liquor store just down the street. There are many new wines, so there's a lot to remember. How hard are you going to try to remember what the neighbor has to say about which wines to buy? Why bother when the information would be better retained by the wine expert sitting next to you? If your friend wasn't around, you might try harder. After all, it would be good to know what a good wine would be for the evening's festivities. But your friend, the wine expert, is likely to remember the information without even trying.

① divide up cognitive labor
② try to avoid disagreements
③ seek people with similar tastes
④ like to share old wisdom
⑤ balance work and leisure

 유형 도움닫기

· Imagine(~을 상상해보라)로 시작되는 예시를 잘 읽고, 그 결론을 정리해보자.

· 빈칸 문장은 이 예시의 결론과 같은 내용을 담는 주제문이다.

02 주어진 글 다음에 이어질 글의 순서로 가장 적절한 것은? 2018 고1 9월

Trade will not occur unless both parties want what the other party has to offer.

(A) However, if the farmer is enterprising and utilizes his network of village friends, he might discover that the baker is in need of some new cast-iron trivets for cooling his bread, and it just so happens that the blacksmith needs a new lamb's wool sweater.

(B) This is referred to as the double coincidence of wants. Suppose a farmer wants to trade eggs with a baker for a loaf of bread. If the baker has no need or desire for eggs, then the farmer is out of luck and does not get any bread.

(C) Upon further investigation, the farmer discovers that the weaver has been wanting an omelet for the past week. The farmer will then trade the eggs for the sweater, the sweater for the trivets, and the trivets for his fresh-baked loaf of bread.

* trivet: 삼각 거치대

① (A) ─ (C) ─ (B)
② (B) ─ (A) ─ (C)
③ (B) ─ (C) ─ (A)
④ (C) ─ (A) ─ (B)
⑤ (C) ─ (B) ─ (A)

유형 도움닫기

· (B)의 대명사 This의 의미와 관사 a가 the로 이어지는 흐름을 잘 파악해야 한다.

03 밑줄 친 creating a buffer가 다음 글에서 의미하는 바로 가장 적절한 것은?

2020 고2 3월

• Similarly는 앞뒤 내용이 서로 '비슷할' 때 쓴다. 즉 밑줄 문장 앞과 밑줄 문장은 같은 논지를 담을 것이다.

On one occasion I was trying to explain the concept of buffers to my children. We were in the car together at the time and I tried to explain the idea using a game. Imagine, I said, that we had to get to our destination three miles away without stopping. We couldn't predict what was going to happen in front of us and around us. **We didn't know how long the light would stay on green or if the car in front would suddenly put on its brakes.** The only way to keep from crashing was to put extra space between our car and the car in front of us. This space acts as a buffer. It gives us time to respond and adapt to any sudden moves by other cars. Similarly, we can reduce the friction of doing the essential in our work and lives simply by creating a buffer.

* friction: 마찰

① knowing that learning is more important than winning
② always being prepared for unexpected events
③ never stopping what we have already started
④ having a definite destination when we drive
⑤ keeping peaceful relationships with others

DAY
04

VOCABULARY

01

psychological 심리학의, 심리적인
expert 전문가
sommelier 소믈리에(와인 전문가)
terrific 멋진, 대단한
liquor 술, 주류
retain 간직하다, 보유하다
festivity 축제 행사, 축제 기분

02

enterprising 사업 수완이 좋은, 진취적인
utilize 사용하다
cast-iron 무쇠로 만든
blacksmith 대장장이
refer to A as B A를 B라고 부르다
coincidence 우연의 일치
trade A for B A를 B로 바꾸다
loaf 덩어리
out of luck 운이 없는
investigation 조사, 수사

03

on one occasion 예전에, 한때
buffer 완충 지대
destination 목적지
predict 예측하다
respond 대응하다
adapt 적응하다
reduce 줄이다
essential 필수적인

DAILY REVIEW

A 어휘 TEST ▶ 다음 단어의 뜻을 쓰세요.

1	flat		11	escape	
2	reflective		12	operate	
3	surface		13	psychological	
4	illustrate		14	expert	
5	blindly		15	terrific	
6	the other party		16	enterprising	
7	transportation		17	coincidence	
8	access		18	out of luck	
9	reconsider		19	destination	
10	waken		20	essential	

B 단어 배열 ▶ 주어진 의미에 맞게 다음 단어를 배열하세요.

01 나는 그 동물이 나를 수면으로 들어 올려 나를 보호해 주고 있다는 것을 느꼈다. (that, protecting, the animal, was, me)
➔ I felt _____, lifting me toward the surface.

02 그리스의 예술가들은 그들이 현실에서 본 것을 맹목적으로 모방하지 않았다. (they, in reality, saw, what)
➔ Greek artists did not blindly imitate _____.

03 우리는 그 바이러스가 당신을 감염시켰는지 아닌지를 확인해야 합니다. (the virus, has, you, infected, whether)
➔ We must check _____.

04 사람들 모두 누가 국가의 차기 지도자가 될 것인지 궁금해했다. (who, the next leader, be, would)
➔ People all wondered _____ of the country.

C 빈칸 완성 ▶ 주어진 단어를 활용하여 우리말에 맞게 빈칸을 완성하세요. (단, 필요시 어형을 바꾸거나 단어를 추가)

01 우리의 숙고하는 뇌는 과일 샐러드가 우리의 건강에 더 좋다는 것을 안다. (the fruit salad, better, for)
➔ Our reflective brains know _____ _____ _____ _____ _____
_____ _____ _____.

02 사람들은 그들이 필요하고 좋아하는 것에 접근할 수 있다. (need, love)
➔ People can access _____ _____ _____ _____ _____.

03 제안된 산책로가 필요한지 아닌지를 부디 재고해 주세요. (the proposed trail, necessary)
➔ Please reconsider _____ _____ _____ _____ _____ _____.

04 과학자들은 그 초기 발명품이 어디에서 기원했는지를 우리에게 말해줄 수 있다. (the early invention, come from)
➔ Scientists can tell us _____ _____ _____ _____ _____ _____.

DAY

05

주격보어

 STEP 1 ▶ **직독직해로 연습하는** 해석 공식

1 명사구 보어 | 동명사구, to부정사구, 수식어가 딸린 긴 명사구 등이 주격보어 자리에 나오면 '~하는 것', '~한/된 (명사)' 등으로 해석한다. 명사구 보어는 주로 be, become과 함께 쓰인다.

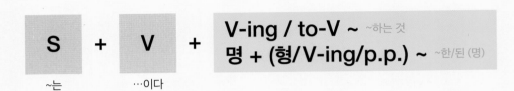

| S | + | V | + | V-ing / to-V ~ ~하는 것
명 + (형/V-ing/p.p.) ~ ~한/된 (명) |

~는 　　　…이다

Antonie van Leeuwenhoek / was / a scientist (well known for his cell research). 2022 고1 3월
　　　　S　　　　　　　 V　　 S.C. ↑
Antonie van Leeuwenhoek은 / ~였다 / (세포 연구로 잘 알려진) 과학자.

　　　　　　　　　　　　　　　　　　　　　　→ 동명사구 주격보어를 현재진행의 ~ing(~하고 있는)와 혼동하지 않도록 주의해야 한다.
For every farmer, / the hard part / is / getting the field prepared. 2020 고2 6월 응용
　　　　　　　　　　　　S　　　　　 V　　　　　S.C.
모든 농부들에게 있어, / 가장 어려운 부분은 / ~이다 / 밭을 준비된 상태로 만드는 것.

◆ **EXERCISE** ▶ 끊어읽기 표시에 따라 다음 문장을 직독직해 해보세요.

EXAMPLE The main purpose (of food labels) / is / to inform you / what is inside the food. 2020 고1 3월
　→ (식품 라벨의) 주된 목적은 / ~이다 / 여러분에게 알려주는 것 / 그 식품 안에 무엇이 들어 있는지를.

01 The first step (to getting rid of expectations) / is / to treat yourself kindly. 2022 고1 6월
　→ _____

02 When a child is upset, / the easiest and quickest way (to calm them down) / is / to give them food.
　2021 고1 3월
　→ _____

03 Introduced species / can often become / a threat (to native species or ecosystem function).
　2021 고2 9월 응용
　→ _____

04 The performer's basic task / is / to try to understand the meaning (of the music), / and then to communicate it honestly to others. 2022 고1 3월
　→ _____

05 As parents, / one (of the dangers) / is / comparing children unfavorably with each other, / since they are always looking for a competitive advantage. 2021 고2 6월
　→ _____

2 명사절 보어

that, what, whether, 의문사가 이끄는 명사절 등도 주어 자리뿐 아니라 주격보어 자리에 나올 수 있다. 명사절 보어는 주로 be동사와 함께 쓰인다.

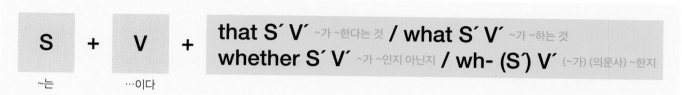

| S | + | V | + | that S´ V´ ~가 ~한다는 것 / what S´ V´ ~가 ~하는 것
whether S´ V´ ~가 ~인지 아닌지 / wh- (S´) V´ (~가) (의문사) ~한지 |
~는   …이다

<u>What we are trying to say here</u> / <u>is</u> / that everyday language is often crucial / for this discovery process.
　　　　　　S　　　　　　　　　V　　　　　　　　　　　　　　　　　　　　　　S.C.
우리가 여기서 하려는 말은 / ~이다 / 일상 언어가 흔히 매우 중요하다는 것 / 이 발달 과정에.　　2020 고2 3월

↱ 2개의 의문사절 보어가 상관접속사 not A but B(A가 아니라 B인)로 병렬 연결되었다.
<u>The issue</u> <u>is</u> / **not** how fast a child can run, / **but** who crosses the finish line first.　2021 고2 6월
　S　　V　　　　　　　　S.C.1　　　　　　　　　　　　S.C.2
문제는 ~이다 / 아이가 얼마나 빨리 달릴 수 있는지가 아니라 / 누가 결승전을 가장 먼저 통과하는지.

◆ EXERCISE ▶ 끊어읽기 표시에 따라 다음 문장을 직독직해 해보세요.

EXAMPLE　The moral (of the story) / is / that good progress is often the herald (of great progress).　2021 고2 6월

➜ (이 이야기의) 교훈은 / ~이다 / 좋은 진보가 흔히 (위대한 진보의) 선구자라는 것.

06 It was / exactly what I had always dreamed of.　2020 고1 11월

➜ _____

07 One important factor (of adolescents' academic success) / is / how they respond to challenges.
2022 고1 6월 응용

➜ _____

08 The critical test (of a good driver) / is / whether they stay calm in an emergency.

➜ _____

09 The real lesson (of the study) / is / that we should all relax a little / and not let our work take over our lives.　2021 고2 3월

➜ _____

10 The law (of demand) / is / that the demand (for goods and services) increases / as prices fall, / and the demand falls / as prices increase.　2022 고1 6월

➜ _____

③ 형용사 / 전치사구 보어

형용사 또는 전치사구가 주격보어로 쓰이면 동사와 함께 묶어 '~이다/되다'라고 해석한다. 혹은 look, smell, taste, sound, feel(~하게 보이다/냄새나다/맛이 나다/들리다/느껴지다) 등 감각동사가 나오면 부사처럼 '~하게'라고 해석한다.

*be(~이다), remain, keep, stay(계속 ~이다), become, get, grow(~하게 되다), seem, appear(~인 것 같다), look, smell, taste, sound, feel(감각동사) 등

$$\boxed{S} \quad + \quad \boxed{V} \quad + \quad \boxed{형 / 전+명 \sim}$$

~는 — ~이다, 되다

While driving, / people become uncooperative, / because they make little eye contact. 2020 고1 3월
　　　　　　　　　　S　　　V　　　S.C.
운전하는 동안, / 사람들은 비협조적이게 되는데 / 왜냐하면 그들이 눈을 거의 맞추지 않기 때문이다.

→ 주어의 상태를 보충 설명하는 분사구문이다.

I finally fell asleep, / exhausted from my grief. 2020 고1 11월
　S　　　V　　S.C.
나는 마침내 잠들었다 / 슬픔에 지친 채로.

> **Tip** 자주 나오는 2형식 표현
> fall asleep / ill(잠들다/아프다), grow old(나이 들다)
> turn pale(창백해지다), lie awake(깨어 있다)
> go bad / mad(상하다/미치다)

◆ EXERCISE ▶ 끊어읽기 표시에 따라 다음 문장을 직독직해 해보세요.

EXAMPLE Genes are under our control / and not something (we must obey). 2020 고2 3월

→ 유전자는 우리의 통제하에 있으며 / (우리가 복종해야 하는) 것이 아니다.

11 He lay awake / for the rest of the night. 2021 고1 9월

→ _____

12 As a habit becomes automatic, / you become less sensitive to feedback. 2020 고2 3월

→ _____

13 When they have eaten / as much as their bellies can take, / they still feel empty. 2020 고1 6월

→ _____

14 Self-handicapping seems like a paradox, / because people are deliberately harming their chances (of success). 2021 고2 6월

→ _____

15 Today, / the gap (between the skills (we once had) / and the skills (we now have)) / grows ever wider / as we rely more heavily on modern technology. 2021 고1 3월

→ _____

VOCABULARY uncooperative 비협조적인　make eye contact 눈을 맞추다　exhausted 지친, 소진된　grief 슬픔　under control 통제하에 있는　obey 복종하다　automatic 자동의　sensitive to ~에 민감한　belly 배　self-handicapping 자기불구화　deliberately 의도적으로　harm 해를 입히다; 해　rely on ~에 의지하다

④ **현재분사 / 과거분사 보어**

형용사처럼 현재분사와 과거분사도 주격보어 자리에 나올 수 있으며, 주어가 행위의 주체이면 현재분사를, 당하는 대상이면 과거분사를 쓴다. 형용사 보어와 마찬가지로 분사 보어 또한 동사와 연결해 '~이다/되다'로 해석한다.

S + V + V-ing / p.p. ~
~는 / ~이다/되다

주어가 '지치게 된' 것이므로 과거분사를 썼다.

After searching for it for a long time, / the old farmer became exhausted. 2022 고1 6월
　　　　　　　　　　　　　　　　　　　　　　S　　　　　　V　　　S.C.

오랜 시간 그것을 찾아본 후에 / 그 나이 든 농부는 지쳐버렸다.

주어인 '느끼는 행위'가 '힘을 주는' 주체이므로 현재분사를 썼다.

It is empowering / to feel / that you are in control of your life.
가S V　　S.C.　　진S

힘을 준다 / 느끼는 것은 / 당신이 당신의 삶을 통제하고 있다고.

DAY 05

◆ **EXERCISE** ▶ 끊어읽기 표시에 따라 다음 문장을 직독직해 해보세요.

EXAMPLE　The boy looked frustrated / but said nothing.

➡ 그 소년은 좌절스러워 보였지만 / 아무 말도 하지 않았다.

16　Most of the roads / remained closed / into the afternoon hours.

➡ _____

17　Isn't it amazing / that animals overcome harsh winters through sleeping? 2018 고1 9월

➡ _____

18　It feels good / for someone / to hear positive comments, / and this feedback will often be encouraging.
2018 고1 9월

➡ _____

19　They don't feel satisfied / with the available information / and think / they still need more data / to perfect their decision. 2021 고2 6월

➡ _____

20　The true potential (of new technologies) / may remain unrealized / because, for many, / starting something (new) is so overwhelming. 2019 고1 9월 응용

➡ _____

VOCABULARY　empowering 힘을 주는　frustrated 좌절한　overcome 이겨내다, 극복하다　harsh 혹독한　encouraging 고무적인
available 이용 가능한　unrealized 실현되지 않은　overwhelming 압도적인, 벅찬

문제	문장해석	정답/해설
1 The first step to getting rid of expectations **is / are** to treat yourself kindly.	기대감을 없애는 첫 단계는 자신을 친절하게 대하는 것이다.	○ is ✕ are 주어가 The first step이라는 단수명사이므로 is가 적절하다. 'to treat ~'이 주격보어이다.
2 When a child is upset, the easiest and quickest way to calm them down is **given / to give** them food.	아이가 화를 낼 때, 아이를 진정시키는 가장 쉽고 빠른 방법은 음식을 주는 것이다.	○ to give ✕ given 동사 is 뒤에서 '~하는 것'이라고 해석될 주격보어가 필요하므로 to give가 적절하다.
3 Introduced species can **often become / become often** a threat to native species or ecosystem function.	외래종은 종종 토종이나 생태계 기능에 위협이 될 수 있다.	○ often become ✕ become often 빈도부사는 조동사 뒤, 일반동사 앞에 위치한다.
4 The performer's basic task is to try to understand the meaning of the music, and then **communicates / to communicate** it honestly to others.	연주자의 기본 임무는 음악의 의미를 이해하려고 노력하고서, 그것을 다른 사람들에게 정직하게 전달하는 것이다.	○ to communicate ✕ communicates 문맥상 to try와 병렬구조를 이루는 to communicate를 쓴다.
5 As parents, one of the dangers is **compare / comparing** children unfavorably with each other, since they are always looking for a competitive advantage.	부모로서, 위험들 중 하나는 아이들을 서로 호의적이지 않게 비교하는 것인데, 그들은 항상 경쟁 우위를 찾기 때문이다.	○ comparing ✕ compare 동사 is 뒤에 주격보어(~하는 것)가 필요하므로 동명사 comparing이 적절하다.
6 It was exactly **that / what** I had always dreamed of.	그것은 바로 내가 항상 꿈꿔왔던 것이었다.	○ what ✕ that had dreamed of의 목적어가 없는 불완전한 문장이 나오므로 what이 적절하다.
7 One important factor of adolescents' academic success is **what / how** they respond to challenges.	청소년들의 학업 성공에 중요한 요인 한 가지는 그들이 어려움에 반응하는 방식이다.	○ how ✕ what respond to(~에 대응하다)가 포함된 완전한 문장이 나오므로 how가 적절하다.
8 The critical test of a good driver is **whether / what** they stay calm in an emergency.	좋은 운전자의 중요한 기준은 그들이 비상 상황에서 침착함을 유지할 수 있는지이다.	○ whether ✕ what 'they stay calm ~'이 완전한 문장이므로 whether를 써야 한다.
9 The real lesson of the study is that we should all relax a little and not **let / to let** our work take over our lives.	이 연구의 진정한 교훈은 우리 모두가 약간의 휴식을 취해야 하고 우리의 일이 우리의 삶을 장악하게 해서는 안 된다는 것이다.	○ let ✕ to let 문맥상 that절의 should relax와 병렬 연결될 동사가 필요하므로 let을 써야 한다.
10 The law of demand is **that / what** the demand for goods and services increases as prices fall, and the demand falls as prices increase.	수요의 법칙은 가격이 하락할수록 상품과 서비스에 대한 수요가 증가하고, 가격이 상승할수록 수요가 감소하는 것이다.	○ that ✕ what 'the demand ~ increases ~ and the demand falls ~'가 완전한 문장이므로 명사절 접속사 that이 적절하다.

문제	문장해석	정답/해설
11 He **lied / lay** awake for the rest of the night.	그는 남은 밤 동안 뜬눈으로 누워 있었다.	○ lay ✕ lied 주격보어를 취하는 자동사 lie(눕다, ~인 채로 있다)의 3단 변화형은 lie-lay-lain이다.
12 As a habit becomes **automatically / automatic** , you become less sensitive to feedback.	습관이 자동화되면서 여러분은 피드백에 덜 민감해지게 된다.	○ automatic ✕ automatically 2형식 동사 becomes의 주격보어로 형용사 automatic을 쓴다.
13 When they have eaten as much as their bellies can take, they still feel **empty / emptily** .	그들은 배에 들어가는 만큼 많이 먹고 나서도 허전함을 느낀다.	○ empty ✕ emptily 2형식 동사 feel 뒤에서 주격보어 역할을 할 수 있는 것은 형용사 empty이다.
14 Self-handicapping seems like **paradoxical / a paradox** , because people are deliberately harming their chances of success.	사람들이 의도적으로 성공의 가능성을 해치고 있다는 점에서, 자기불구화 현상은 역설처럼 보인다.	○ a paradox ✕ paradoxical 2형식 동사 seems 뒤에 'like+명사'가 보어로 나온 것이므로 a paradox가 적절하다.
15 Today, the gap between the skills we once had and the skills we now have **grow / grows** ever wider as we rely more heavily on modern technology.	오늘날, 우리가 현대 기술에 더 크게 의존함에 따라, 한때 우리가 가졌던 기술과 현재 우리가 가진 기술 사이의 간극은 어느 때보다 더 커졌다.	○ grows ✕ grow 주어가 단수명사 the gap이므로 grows가 적절하다. between A and B가 주어를 꾸민다.
16 Most of the roads remained **closing / closed** into the afternoon hours.	대부분의 길이 오후 시간까지 계속 폐쇄되어 있었다.	○ closed ✕ closing 주어 Most of the roads가 '폐쇄된' 대상이므로 과거분사 closed가 적절하다.
17 Isn't it **amazing / amazed** that animals overcome harsh winters through sleeping?	동물들이 잠을 통해 혹독한 겨울을 이겨낸다는 것이 놀랍지 않나요?	○ amazing ✕ amazed '동물들이 겨울잠을 잔다는 것'이 '놀라게 하는' 주체이므로 amazing이 적절하다.
18 It feels good for someone to hear positive comments, and this feedback will often be **encouraging / encouraged** .	누구든 긍정적인 말을 듣는 것은 기분이 좋고, 이런 피드백은 종종 고무적일 것이다.	○ encouraging ✕ encouraged this feedback이 '용기를 주는' 것이므로 encouraging을 쓴다.
19 They don't feel **satisfying / satisfied** with the available information and think they still need more data to perfect their decision.	그들은 이용 가능한 정보에 만족하지 못하고, 결정을 완벽하게 하려면 여전히 더 많은 데이터가 필요하다고 생각한다.	○ satisfied ✕ satisfying 주어 They가 '만족을 느끼게 된' 대상이므로 satisfied를 쓴다.
20 The true potential of new technologies may remain unrealized because, for many, starting something new is so **overwhelming / overwhelmed** .	많은 사람들에게 새로운 무엇인가를 시작하는 것은 그저 너무 벅차기 때문에, 신기술의 진정한 잠재력은 실현되지 않고 남아 있을 수도 있다.	○ overwhelming ✕ overwhelmed '시작하는 것'이 사람들을 '압도하므로' overwhelming을 쓴다.

01 다음 빈칸에 들어갈 말로 가장 적절한 것은? 2022 고1 6월

The law of demand is that the demand for goods and services increases as prices fall, and the demand falls as prices increase. *Giffen goods* are special types of products for which the traditional law of demand does not apply. Instead of switching to cheaper replacements, consumers demand more of giffen goods when the price increases and less of them when the price decreases. Taking an example, rice in China is a giffen good because people tend to purchase less of it when the price falls. The reason for this is, when the price of rice falls, people have more money to spend on other types of products such as meat and dairy and, therefore, change their spending pattern. On the other hand, as rice prices increase, people _____.

① order more meat
② consume more rice
③ try to get new jobs
④ increase their savings
⑤ start to invest overseas

유형 도움닫기

· 기펜재(Giffen goods)의 핵심 특징을 이해한 후, 빈칸 문장의 예시에 적용하는 문제이다.

· 첫 문장의 내용이 기펜재의 특징과 어떻게 연관되는지 파악해보자.

02 다음 글의 상황에 나타난 분위기로 가장 적절한 것은? 2021 고1 9월

In the middle of the night, Matt suddenly awakened. He glanced at his clock. It was 3:23. For just an instant he wondered what had wakened him. Then he remembered. He had heard someone come into his room. Matt sat up in bed, rubbed his eyes, and looked around the small room. "Mom?" he said quietly, hoping he would hear his mother's voice assuring him that everything was all right. But there was no answer. Matt tried to tell himself that he was just hearing things. But he knew he wasn't. There was someone in his room. He could hear rhythmic, scratchy breathing and it wasn't his own. **He lay awake for the rest of the night**.

① humorous and fun
② boring and dull
③ calm and peaceful
④ noisy and exciting
⑤ mysterious and frightening

유형 도움닫기

· 심경 / 분위기 문제는 세부사항에 주목하기보다는 사건을 큰 흐름 위주로 읽어야 한다.

· 마지막 문장에서 필자가 '왜 잠들 수 없었는지' 알 수 있는 표현을 찾아보자.

03 다음 글의 밑줄 친 부분 중, 문맥상 낱말의 쓰임이 적절하지 않은 것은? 2019 고1 9월

Technological development often forces change, and change is uncomfortable. This is one of the main reasons why technology is often resisted and why some perceive it as a ① threat. It is important to understand our natural ② hate of being uncomfortable when we consider the impact of technology on our lives. As a matter of fact, most of us prefer the path of ③ least resistance. This tendency means that **the true potential of new technologies may remain ④ unrealized because, for many, starting something new is just too much of a struggle**. Even our ideas about how new technology can enhance our lives may be ⑤ encouraged by this natural desire for comfort.

유형 도움닫기

• 'It is important ~'에서 드러난 주제에 비추어 각 어휘의 쓰임을 판단해보자.

• 어색한 어휘가 있다면, 반의어를 대신 넣어본다.

DAY
05

VOCABULARY

01
traditional 전통적인
apply for ~에 적용되다
switch to ~로 바꾸다, 전환하다
purchase 구매하다
consume 소비하다, 먹다, 마시다
savings 저축(액)

02
In the middle of the night 한밤중에
sit up 똑바로 앉다, (늦게까지) 안 자다
rub 비비다, 문지르다
assure 확신시키다, (~임을) 확인하다
scratchy 긁는 듯한

03
uncomfortable 불편한
resist 저항하다
perceive A as B A를 B로 인식하다
impact 영향력
as a matter of fact 사실, 실제로
enhance 향상시키다

A 어휘 TEST ▶ 다음 단어의 뜻을 쓰세요.

1	uncooperative		11	overcome	
2	make eye contact		12	harsh	
3	grief		13	unrealized	
4	obey		14	apply for	
5	sensitive to		15	switch to	
6	belly		16	rub	
7	deliberately		17	assure	
8	rely on		18	resist	
9	empowering		19	as a matter of fact	
10	frustrated		20	enhance	

B 단어 배열 ▶ 주어진 의미에 맞게 다음 단어를 배열하세요.

01 기대감을 없애는 첫 단계는 자신을 친절하게 대하는 것이다. (to, kindly, yourself, treat)
➔ The first step to getting rid of expectations is _____.

02 청소년들의 학업 성공에 중요한 요인 한 가지는 그들이 어떻게 어려움에 반응하는지이다. (respond, how, to, challenges, they)
➔ One important factor of adolescents' academic success is _____.

03 그는 남은 밤 동안 깬 상태로 누워 있었다. (lay, for, the night, the rest, of, awake)
➔ He _____.

04 습관이 자동화되면서 여러분은 피드백에 덜 민감해지게 된다. (a habit, automatic, becomes)
➔ As _____, you become less sensitive to feedback.

C 빈칸 완성 ▶ 주어진 단어를 활용하여 우리말에 맞게 빈칸을 완성하세요. (단, 필요시 어형을 바꾸거나 단어를 추가)

01 아이를 진정시키는 가장 쉽고 빠른 방법은 그들에게 음식을 주는 것이다. (give, them, food)
➔ The easiest and quickest way to calm down a child is _____ _____ _____ _____.

02 그것은 바로 내가 항상 꿈꿔왔던 것이었다. (what, always, dream of)
➔ It was exactly _____ _____ _____ _____ _____.

03 부모로서, 위험들 중 하나는 아이들을 서로 호의적이지 않게 비교하는 것이다. (compare, children)
➔ As parents, one of the dangers _____ _____ _____ unfavorably with each other.

04 그들은 이용 가능한 정보에 만족을 느끼지 못한다. (feel, satisfy, the available information)
➔ They don't _____ _____ _____ _____ _____.

DAY

06

목적격보어

STEP 1 직독직해로 연습하는 해석 공식

❶ 명사구 / 형용사구 보어

목적격보어 자리에는 목적어와 동격을 이루는 명사구(~라고)나 목적어의 상태를 보충 설명하는 형용사구(~하다고/하게)가 나올 수 있다. 이 경우 목적어에 '~을'뿐 아니라 '~이'를 붙이면 자연스럽다.

$$S + V + O + 명 \text{~라고} / 형 \text{~하다고/하게}$$

~는 …하다 ~을/이

◆ consider(여기다), call(부르다), name(이름 짓다), elect(선출하다) 등이 명사 보어와 짝을 이룬다.

She considered / the young man / a fine actor (who played his first lead role with naturalness).
S　　V　　　　　O　　　　　　　　O.C.

그녀는 여겼다 / 그 젊은 남자가 / (자신의 첫 주연을 자연스럽게 연기한) 좋은 배우라고.

◆ make(만들다), find(발견하다), consider(여기다), leave(남겨두다), call(부르다) 등이 형용사 보어와 짝을 이룬다.

Your performance would make / the festival / more colorful and splendid. 2020 고2 6월
S　　　　　V　　　　　　O　　　　　O.C.

당신의 연주는 만들어줄 것입니다 / 축제를 / 더 다채롭고 더 멋지게.

◆ **EXERCISE** ▶ 끊어읽기 표시에 따라 다음 문장을 직독직해 해보세요.

> **EXAMPLE** The magazine named / the brilliant scientist / "the person (of the century)."
>
> ➡ 그 잡지는 명명했다 / 그 뛰어난 과학자를 / '(이 세기의) 인물'이라고.
> _____

01 All his works leave / the readers / breathless and deep in thought.

➡ _____

02 We often call / these plants / "living stones" / on account of their rock-like appearance. 2021 고1 6월 응용

➡ _____

03 The students consider / you / the musician (who has influenced them the most). 2020 고2 6월

➡ _____

04 We don't want to find / ourselves without a job or medical insurance / or in a fight (with our partner, family, boss, or coworkers). 2021 고1 9월

➡ _____

05 Mild stimulants (commonly found in tea, coffee, or sodas) / possibly make / you more attentive / and, thus, better able to remember. 2022 고1 3월

➡ _____

VOCABULARY naturalness 자연스러움　splendid 멋진　brilliant 뛰어난　breathless (격한 감정에) 숨막히는　on account of ~ 때문에　influence 영향을 미치다　medical insurance 의료 보험　stimulant 자극제　attentive 집중하는

5형식 문장은 목적어를 보충 설명하는 명사 또는 형용사 보어를 필요로 한다. 목적격보어로 쓰일 수 있는 다양한 구의 형태를 익혀보자.

② to부정사구 보어

to부정사를 목적격보어로 취하는 동사들은 주로 목적어가 어떤 행위를 하게 한다는 의미와 관련되어 있어, '(~이) ~하게/하도록/하는 것을'이라고 해석하면 자연스럽다.

*allow, permit(허락하다), ask, request(요청하다), cause(야기하다), expect(기대하다), encourage(격려하다), force(강요하다), order(명령하다) 등

S	+	V	+	O	+	to-V ~
~는		…하다		~이		~하게/하도록/하는 것을

목적어가 '사진을 찍는' 주체이므로 능동형 부정사 to take가 쓰였다.

A group of friends ask / you to take a picture (of them). 2020 고1 11월
S　　　　　　 V 　O 　　O.C.
한 무리의 친구들이 요청한다 / 당신에게 (그들의) 사진을 찍어달라고.

목적어가 '만들어지는' 대상이므로 수동형 부정사 to be made가 쓰였다.

The proud hunter ordered / a hunting drum / to be made out of the skin (of the deer). 2021 고1 3월
S　　　　　 V 　　　　O 　　　　　O.C.
그 자부심에 찬 사냥꾼은 명령했다 / 사냥용 북이 / (그 사슴의) 가죽으로 만들어지도록.

DAY 06

◆ EXERCISE ▶ 끊어읽기 표시에 따라 다음 문장을 직독직해 해보세요.

EXAMPLE We allow / other people / to influence our choices. 2022 고1 6월

➡ 우리는 허락한다 / 다른 사람들이 / 우리 선택에 영향을 미치도록.

06 I would like to ask / you to check / if my smartphone is on your boat. 2022 고1 6월 응용

➡ _____

07 We request / you to create a logo (that best suits our company's core vision). 2021 고1 6월

➡ _____

08 Mrs. Klein told / her first graders / to draw a picture (of something) (to be thankful for). 2022 고1 6월

➡ _____

09 Unfortunately, / a car accident injury forced / her to end her career / after only eighteen months.
2020 고1 3월

➡ _____

10 During this time, / long hours (of backbreaking labor) and a poor diet / caused / her hair to fall out.
2020 고1 11월

➡ _____

VOCABULARY　　make out of ~로 만들다　　suit ~에 맞다, 적합하다　　core 핵심의　　injury 부상　　backbreaking 몹시 힘든, 고된
labor 노동　　fall out (머리카락 등이) 빠지다

③ 현재분사 / 과거분사 보어

목적어가 목적격보어를 행하는 주체이면 현재분사를, 당하는 객체 또는 대상이면 과거분사를 쓴다. 현재분사는 '(~이) ~하는 것을', 과거분사는 '(~이) ~되는 것을'이라고 해석한다.

S + **V** + **O** + **V-ing** ~하는 것을/하도록
p.p. ~되는 것을/되도록

~는   …하다   ~이

목적어가 '다가오는' 주체이므로 현재분사를 썼다.
Walking around the jungles, / you may see / an animal approaching. 2020 고1 9월
정글을 돌아다니다가, / 여러분은 볼지도 모른다 / 어떤 동물이 다가오는 것을.

목적어가 '속삭여지는' 대상이므로 과거분사를 썼다.
I heard / my name / whispered in my ear / by something (unseen).
나는 들었다 / 내 이름이 / 내 귀에 속삭여지는 것을 / (보이지 않는) 무언가에 의해.

◆ EXERCISE ▶ 끊어읽기 표시에 따라 다음 문장을 직독직해 해보세요.

> **EXAMPLE** Each owner will have / the space renovated / to suit their own needs.
>
> ➡ 각 소유자는 ~할 것이다 / 공간이 수리되게 / 자기 자신의 필요에 맞게.

11 Shirley noticed / a truck / parked in front of the house (across the street). 2021 고1 3월

➡ _____

12 Constant uncertainty and anxiety leave / people feeling helpless and overwhelmed.

➡ _____

13 Many people find / themselves returning to their old habits / after accomplishing a goal. 2020 고1 6월

➡ _____

14 While chatting away on the phone, / Dorothy noticed / a strange light / shining from the kitchen.
2020 고1 3월

➡ _____

15 He had / his son / examined by an eye doctor, / who discovered / that a wrinkle had formed in the boy's eye.

➡ _____

VOCABULARY   **approach** 다가오다   **whisper** 속삭이다   **renovate** 수리하다   **park** 주차하다   **constant** 지속적인
uncertainty 불확실성   **anxiety** 불안   **helpless** 무기력한   **overwhelmed** 압도된   **accomplish** 성취하다   **chat away** 떠들다
wrinkle 주름

④ 원형부정사 보어

지각동사나 사역동사, 또는 help가 포함된 문장에서 목적어와 목적격보어가 능동 관계이면 보어 자리에 원형부정사가 나올 수 있다. 원형부정사 보어는 현재분사 보어와 마찬가지로 '(~이) ~하는 것을/하도록'이라고 해석한다.

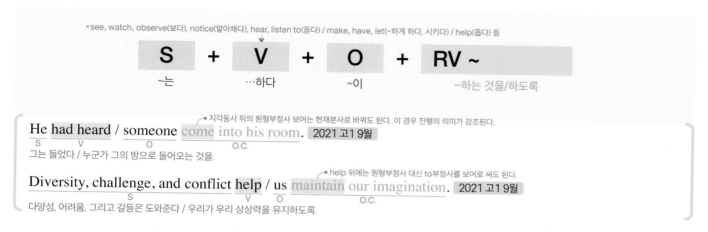

*see, watch, observe(보다), notice(알아채다), hear, listen to(듣다) / make, have, let(~하게 하다, 시키다) / help(돕다) 등

S	+	V	+	O	+	RV ~
~는		…하다		~이		~하는 것을/하도록

◆ 지각동사 뒤의 원형부정사 보어는 현재분사로 바꿔도 된다. 이 경우 진행의 의미가 강조된다.

He had heard / someone come into his room. 2021 고1 9월
S   V   O   O.C.
그는 들었다 / 누군가 그의 방으로 들어오는 것을.

◆ help 뒤에는 원형부정사 대신 to부정사를 보어로 써도 된다.

Diversity, challenge, and conflict help / us maintain our imagination. 2021 고1 9월
                    S   V   O   O.C.
다양성, 어려움, 그리고 갈등은 도와준다 / 우리가 우리 상상력을 유지하도록.

◆ **EXERCISE** ▶ 끊어읽기 표시에 따라 다음 문장을 직독직해 해보세요.

EXAMPLE Every event (that causes you to smile) / makes / you feel happy.

➡ (여러분을 미소 짓게 만드는) 모든 사건은 / ~하게 한다 / 여러분이 행복감을 느끼게.

16 A teenager (riding his bike) / saw / me kick a tire in frustration. 2018 고1 9월

➡ _____

17 All of us watched / him drive off alone / and not stay to celebrate his winning.

➡ _____

18 The researchers had / participants perform stressful tasks / while not smiling or smiling. 2020 고1 6월

➡ _____

19 Translating your ideas into more common, simpler terms / can help / you figure out / what your ideas really are. 2020 고2 3월

➡ _____

20 Similarities make / us relate better to other people / because we think / they'll understand us on a deeper level / than other people. 2022 고1 3월

➡ _____

VOCABULARY diversity 다양성   conflict 갈등   maintain 유지하다   frustration 절망, 좌절   drive off 운전해서 떠나다
celebrate 기념하다   translate 번역하다, 해석하다   term 용어   similarity 유사성   relate to ~와 교감하다, ~에 공감하다

DAY 06

	문제	문장해석	정답/해설
1	All his works leave the readers **breathless / breathlessly** and deep in thought.	그의 모든 작품은 독자를 숨막히게 하고 생각에 깊이 잠기게 한다.	O breathless X breathlessly leave가 형용사 보어를 취하는 5형식 동사이므로 breathless를 써야 한다.
2	We often **call / are called** them "living stones" on account of their unique rock-like appearance.	우리는 그것의 독특한 바위 같은 겉모양 때문에 흔히 그것을 '살아있는 돌'이라고 부른다.	O call X are called 뒤에 목적어와 목적격보어가 모두 나오므로 5형식 능동태인 call이 적절하다.
3	The students **are considered / consider** you the musician who has influenced them the most.	학생들은 당신이 자신들에게 가장 큰 영향을 미친 음악가라고 생각합니다.	O consider X are considered 뒤에 목적어와 목적격보어가 모두 나오므로 consider를 쓴다.
4	We don't want to find **us / ourselves** without a job or medical insurance or in a fight with our partner, family, boss, or coworkers.	우리는 직장 또는 의료보험이 없거나, 배우자, 가족, 직장 상사, 직장 동료들과 다투는 자신의 모습을 보고 싶어 하지 않는다.	O ourselves X us to find의 의미상 주어와 목적어가 모두 We이므로 재귀대명사 ourselves를 쓴다.
5	Mild stimulants commonly found in tea, coffee, or sodas possibly make you more **attentive / attentively** and, thus, better able to remember.	차, 커피 또는 탄산음료에서 흔히 발견되는 가벼운 자극제는 여러분을 더 주의 깊게 만들고, 따라서 더 잘 기억할 수 있게 한다.	O attentive X attentively make가 형용사 보어를 취하는 5형식 동사이므로 attentive를 써야 한다.
6	I would like to ask you **check / to check** if my smartphone is on your boat.	제 스마트폰이 당신의 보트에 있는지 확인해 주시길 부탁드립니다.	O to check X check ask는 to부정사를 목적격보어로 취하는 5형식 동사이므로 to check가 적절하다.
7	We request you **creating / to create** a logo that best suits our company's core vision.	저희 회사의 핵심 비전을 가장 잘 반영한 로고를 만들어주시기를 요청합니다.	O to create X creating request는 to부정사를 목적격보어로 취하는 5형식 동사이므로 to create가 적절하다.
8	Mrs. Klein told her first graders **drawn / to draw** a picture of something to be thankful for.	Klein 선생님은 1학년 학생들에게 감사히 여기는 것을 그려보라고 말했다.	O to draw X drawn 목적어인 her first graders가 '그리는' 주체이므로 능동의 to draw가 적절하다.
9	Unfortunately, a car accident injury forced her **ending / to end** her career after only eighteen months.	불행하게도, 자동차 사고 부상 때문에 그녀는 겨우 18개월 뒤 일을 그만두어야 했다.	O to end X ending force는 to부정사를 목적격보어로 취하는 5형식 동사이므로 to end가 적절하다.
10	During this time, long hours of backbreaking labor and a poor diet caused her hair **fall out / to fall out**.	이 시기 동안 장시간의 고된 노동과 열악한 식사로 인해 그녀의 머리카락이 빠졌다.	O to fall out X fall out cause는 to부정사를 목적격보어로 취하는 5형식 동사이므로 to fall out이 적절하다.

	문제	문장해석	정답/해설
11	Shirley noticed a truck **parking / parked** in front of the house across the street.	Shirley는 트럭 한 대가 길 건너편 집 앞에 주차된 것을 알아차렸다.	○ parked ✗ parking 목적어 a truck이 '주차된' 대상이므로 parked가 적절하다.
12	Constant uncertainty and anxiety leave us **feeling / felt** helpless and overwhelmed.	지속되는 불확실성과 불안은 우리가 무력감과 압도감을 느끼게 만든다.	○ feeling ✗ felt 목적어 us가 '느끼는' 주체이므로 feeling이 적절하다.
13	Many people find themselves **returning / return** to their old habits after accomplishing a goal.	많은 사람들은 목표를 성취한 후 옛 습관으로 되돌아가는 자신을 발견한다.	○ returning ✗ return find는 형용사 또는 현재분사를 목적격보어로 취하는 5형식 동사이므로 returning이 적절하다.
14	While chatting away on the phone, Dorothy noticed a strange light **shining / shine** from the kitchen.	전화로 수다를 떨다가 Dorothy는 이상한 불빛이 부엌에서 비치고 있다는 것을 알아차렸다.	○ shining, shine 지각동사의 목적어와 목적격보어가 능동 관계이면 현재분사나 원형부정사를 보어로 쓴다.
15	He had his son **examining / examined** by an eye doctor, who discovered that a wrinkle had formed in the boy's eye.	그는 아들을 안과 의사에게 검진받게 했고, 의사는 아들의 눈 속에 주름이 생겼다는 것을 발견했다.	○ examined ✗ examining 목적어 his son이 '검진받는' 대상이므로 examined를 쓴다.
16	A teenager riding his bike saw me **kick / to kick** a tire in frustration.	자전거를 탄 십 대 한 명이 내가 절망에 빠져 타이어를 차는 것을 보았다.	○ kick ✗ to kick 지각동사 saw 뒤에 목적격보어로 원형부정사가 필요하므로 kick을 쓴다.
17	All of us watched him drive off alone and not **stay / to stay** to celebrate his winning.	우리 모두는 그가 자기 우승을 축하하기 위해 남지 않고 혼자 운전해 가는 것을 지켜보았다.	○ stay ✗ to stay 지각동사 watched 뒤의 목적격보어인 원형부정사 drive off와 병렬을 이루도록 stay를 써야 한다.
18	The researchers had participants **perform / performed** stressful tasks while not smiling or smiling.	연구자들은 참가자들이 미소를 짓지 않거나 지은 상태에서 스트레스가 따르는 과업을 수행하게 했다.	○ perform ✗ performed participants가 '수행하는' 주체이므로 원형부정사 perform이 적절하다.
19	Translating your ideas into simpler terms can help you **to figure out / figure out** what your ideas really are.	여러분의 생각을 더 간단한 말로 바꿔 보는 것은 실제 여러분의 생각이 무엇인지 알아내도록 도와줄 수 있다.	○ to figure out, figure out help 뒤에는 원형부정사 또는 to부정사가 목적격보어로 나온다.
20	Similarities make us **relate / relating** better to other people.	유사점은 우리가 다른 사람들과 더 잘 교감하게 한다.	○ relate ✗ relating 사역동사 make의 목적격보어이므로 원형부정사 relate를 쓴다.

01 다음 글에서 전체 흐름과 관계 없는 문장은? 2022 고1 3월

Who hasn't used a cup of coffee to help themselves stay awake while studying? **Mild stimulants commonly found in tea, coffee, or sodas possibly make you more attentive and, thus, better able to remember.** ① However, you should know that stimulants are as likely to have negative effects on memory as they are to be beneficial. ② Even if they could improve performance at some level, the ideal doses are currently unknown. ③ If you are wide awake and well-rested, mild stimulation from caffeine can do little to further improve your memory performance. ④ In contrast, many studies have shown that drinking tea is healthier than drinking coffee. ⑤ Indeed, if you have too much of a stimulant, you will become nervous, find it difficult to sleep, and your memory performance will suffer.

* stimulant: 자극제　** dose: 복용량

유형 도움닫기 〜〜〜

· ①에 However가 나오는 것으로 보아 ① 앞보다는 뒤가 중요하다. ① 앞에서는 키워드(coffee, awake) 정도만 파악해 둔다.

· In contrast, Indeed 등 연결어의 쓰임에 주의한다.

02 Sarah Breedlove에 관한 다음 글의 내용과 일치하지 <u>않는</u> 것은? 2020 고1 11월

Born in 1867, Sarah Breedlove was an American businesswoman and social activist. Orphaned at the age of seven, her early life was marked by hardship. In 1888, she moved to St. Louis, where she worked as a washerwoman for more than a decade, earning barely more than a dollar a day. **During this time, long hours of backbreaking labor and a poor diet caused her hair to fall out.** She tried everything that was available but had no success. After working as a maid for a chemist, she invented a successful hair care product and sold it across the country. Not only did she sell, she also recruited and trained lots of women as sales agents for a share of the profits. In the process she became America's first self-made female millionaire and she gave Black women everywhere an opportunity for financial independence.

① 미국인 사업가이자 사회 운동가였다.
② St. Louis에서 10년 넘게 세탁부로 일했다.
③ 장시간의 노동과 열악한 식사로 머리카락이 빠졌다.
④ 모발 관리 제품을 수입하여 전국에 판매했다.
⑤ 흑인 여성들에게 재정적 독립의 기회를 주었다.

유형 도움닫기 〜〜〜

· 내용 불일치 문제에서 선택지는 지문 순서대로 제시된다. 따라서 글을 처음부터 읽기보다, 선택지의 키워드를 분석한 후 필요한 정보를 선택적으로 읽는 것이 도움이 된다.

· ① '사업가이자 사회 운동가', ② 'St. Louis, 세탁부', ③ '머리카락', ④ '모발 관리 제품', ⑤'흑인 여성들, 재정적 독립'과 관련된 문장을 찾아보자.

03 밑줄 친 부분이 가리키는 대상이 나머지 넷과 다른 것은? 2018 고1 9월

Leaving a store, I returned to my car only to find that I'd locked my car key and cell phone inside the vehicle. **A teenager riding his bike saw me kick a tire in frustration.** "What's wrong?" ① he asked. I explained my situation. "But even if I could call my husband," I said, "he can't bring me his car key, since this is our only car." ② He handed me his cell phone. The thoughtful boy said, "Call your husband and tell him I'm coming to get ③ his key." "Are you sure? That's four miles round trip." "Don't worry about it." An hour later, he returned with the key. I offered ④ him some money, but he refused. "Let's just say I needed the exercise," he said. Then, like a cowboy in the movies, ⑤ he rode off into the sunset.

유형 도움닫기

· 지칭 문제는 2019년 이후 단문으로 출제되지 않지만, 장문 독해에는 계속 나오므로 푸는 법을 연습해두어야 한다.

· 대명사는 원칙적으로 가장 가까운 명사를 대신하므로, 인물이 새로 나오거나 다시 언급되는 지점에 주의한다.

DAY
06

VOCABULARY

01
have an effect on ~에 영향을 미치다
beneficial 이로운
improve 개선하다, 향상시키다
ideal 이상적인
currently 현재
well-rested 잘 쉰
stimulation 자극

02
activist 활동가
orphan 고아로 만들다; 고아
hardship 고난, 어려움
barely 겨우, 간신히
chemist 화학자
share 할당, 몫, 공유
millionaire 백만장자
independence 독립

03
vehicle 차량, 탈것
hand 건네주다
thoughtful 사려 깊은
round trip 왕복 여행
sunset 일몰, 석양

DAILY REVIEW

A 어휘 TEST ▸ 다음 단어의 뜻을 쓰세요.

1	naturalness		11	conflict	
2	splendid		12	celebrate	
3	breathless		13	term	
4	on account of		14	relate to	
5	suit		15	beneficial	
6	backbreaking		16	activist	
7	fall out		17	hardship	
8	renovate		18	chemist	
9	anxiety		19	vehicle	
10	helpless		20	thoughtful	

B 단어 배열 ▸ 주어진 의미에 맞게 다음 단어를 배열하세요.

01 그의 모든 작품은 독자를 숨막히게 하고 생각에 깊이 잠기게 한다. (and, breathless, in thought, deep)
➡ All his works leave the readers _____.

02 당신이 저희 회사의 핵심 비전을 가장 잘 반영한 로고를 만들어주시기를 요청합니다. (to, you, a logo, create, request)
➡ We _____ that best suits our company's core vision.

03 많은 사람들은 목표를 성취한 후 옛 습관으로 되돌아가는 자신을 발견한다. (old habits, to, their, returning)
➡ Many people find themselves _____ after accomplishing a goal.

04 연구자들은 참가자들이 스트레스가 따르는 과업을 수행하게 했다. (perform, participants, had, stressful tasks)
➡ The researchers _____.

C 빈칸 완성 ▸ 주어진 단어를 활용하여 우리말에 맞게 빈칸을 완성하세요. (단, 필요시 어형을 바꾸거나 단어를 추가)

01 차, 커피 또는 탄산음료에서 흔히 발견되는 가벼운 자극제는 여러분을 더 주의 깊게 만든다. (make, more attentive)
➡ Mild stimulants commonly found in tea, coffee, or sodas _____ _____ _____.

02 불행하게도, 자동차 사고 부상은 그녀가 어쩔 수 없이 자기 경력을 끝내게 만들었다. (force, end, her career)
➡ Unfortunately, a car accident injury _____ _____ _____ _____
_____.

03 Shirley는 트럭 한 대가 길 건너편 집 앞에 주차된 것을 알아차렸다. (notice, a truck, park)
➡ Shirley _____ _____ _____ _____ in front of the house across the street.

04 우리 모두는 그가 혼자 운전해 가는 것을 지켜보았다. (watch, drive off, alone)
➡ All of us _____ _____ _____ _____.

DAY

07

시제 / 조동사

 STEP **1** 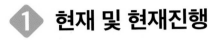 **직독직해로 연습하는** 해석 공식

① **현재 및 현재진행** | 현재시제는 특별한 일이 없는 한 늘 반복되는 사건이나 습관, 또는 항상 통하는 사실을 묘사하는 반면, 현재진행시제는 일시적이거나 진행 중인 일, 혹은 확실히 일어날 가까운 미래를 묘사한다.

V(-s/-es) ~한다
: 습관, 불변의 진리, 과학적 사실 등을 표현

am/are/is V-ing ~하고 있다, ~할 것이다
: 일시적/진행 중인 일 또는 가까운 미래를 표현

> ↑ 불변의 과학적 사실을 묘사하기 위해 현재시제를 썼다.
> The earth rotates / on a tilted axis (of around 23.5 degrees).
>   S   V
> 지구는 돈다 / (약 23.5 정도의) 기울어진 축에서.
>
>   ↑ '내일'이라는 가까운 미래에 비교적 확실히 일어날 일을 묘사하고자 현재진행시제를 썼다.
> Mom told me / that my uncle is coming tomorrow / to stay with us for a few days.
>   S   V I.O.   D.O.
> 엄마는 내게 말해주셨다 / 우리 삼촌이 내일 온다고 / 우리와 며칠 같이 지내기 위해.

◆ **EXERCISE** ▶ **끊어읽기 표시에 따라 다음 문장을 직독직해 해보세요.**

EXAMPLE I am traveling / from the village (in the mountains) / to the village (in the valley). 2022 고1 3월

→ 저는 이동하고 있습니다 / (산속의) 마을로부터 / (골짜기에 있는) 마을까지.

01 I'm thinking of making an English debate club. 2018 고1 11월

→ _____

02 We are planning / to expand the program to 6 days each week. 2022 고2 6월

→ _____

03 Collisions (between aircraft) / usually occur / in the surrounding area (of airports). 2020 고2 3월

→ _____

04 Using mathematics and astronomy, / Galileo proved / that the earth revolves around the sun.

→ _____

05 We always have a lot of bacteria around us, / as they live almost everywhere / — in air, soil, and in different parts (of our bodies). 2019 고1 9월 응용

→ _____

VOCABULARY rotate 회전하다, 돌다   tilted 기울어진   axis 축   debate 토론   expand 확대하다   collision 충돌
aircraft 항공기   surrounding 주변의   astronomy 천문학   revolve 회전하다   soil 땅

② 과거, 현재완료, 과거완료

과거시제(~했다)는 특정 시점에 있었던 일을, 현재완료(~해왔다/해봤다/했다 등)는 언젠가 시작되어 현재까지 영향을 미치는 일을 설명한다. 과거완료(~했었다)는 기준인 과거 사건에 비해 더 먼저 일어난 일을 묘사한다.

V-(e)d ~했다	**have p.p.** ~해왔다/해봤다/했다	**had p.p.** ~했었다
: 연도 등 과거 표현과 함께 사용	: 기간 표현과 함께 사용	: 과거보다 더 이전 과거

↗ '느낀' 시점을 기준으로 볼 때 '걱정이 사라진' 것이 더 먼저 일어났으므로 과거완료 시제가 쓰였다.

She felt / all her concerns had gone away. 2020 고1 6월
　S　　V　　　　　　　O
그녀는 느꼈다 / 자신의 모든 걱정이 사라졌다고.

↗ over/for(~ 동안), since(~한 이후로), so far(지금까지) 등 기간 표현은 현재완료 동사와 흔히 쓰인다.

Over the centuries / they have been struck / by the theatrical quality (of social life). 2020 고2 6월 응용
　　　　　　　　　　S　　　V
수 세기에 걸쳐 / 그들은 부딪쳐왔다 / (사회적 삶의) 연극적 속성에.

◆ **EXERCISE** ▶ 끊어읽기 표시에 따라 다음 문장을 직독직해 해보세요.

EXAMPLE Who hasn't used a cup of coffee / to help themselves stay awake? 2022 고1 3월
➡ 누가 커피 한 잔을 이용해보지 않았겠는가 / 그들 자신이 깨어있도록 돕기 위해?

DAY 07

06 Six years ago, / the researchers collected data (on the sleep patterns) (of 80,000 volunteers). 2022 고1 6월
➡ _____

07 Recently / I was with a client (who had spent almost five hours with me). 2020 고1 6월
➡ _____

08 Since the turn (of the twentieth century) / we've believed in genetic causes (of diagnoses). 2021 고1 11월
➡ _____

09 After the conversations had ended, / the researchers asked the participants / what they thought of each other. 2021 고1 3월
➡ _____

10 We have all been solving problems (of this kind) / since childhood, / usually without awareness (of what we are doing). 2020 고1 6월
➡ _____

VOCABULARY　　**go away** 가시다, 없어지다　　**strike** 처하게 하다, 부딪치다　　**theatrical** 연극적인　　**stay awake** 깨어 있다　　**volunteer** 자원자　　**almost** 거의　　**genetic** 유전의　　**diagnosis (pl. diagnoses)** 진단　　**awareness** 의식, 인식

③ 조동사의 의미

will(~할 것이다), can(~할 수 있다), may(~일지도 모른다), should, must(~해야 한다) 등 기본적인 조동사 외에 다른 조동사의 의미도 잘 정리해 두도록 한다.

would ~하곤 했다	**used to** ~하곤 했다, 한때 ~였다
had['d] better ~하는 것이 낫다(꼭 하라는 뜻)	**may[might] as well** ~해도 좋다, ~하는 것이 낫다
ought to ~해야 한다	**would['d] rather** (…보다 차라리) ~하다

She smiled gently / and hugged me / and told me / I'd better hurry off / so I wouldn't miss my train.
S   V1   V2   O   V3   I.O.   D.O.
그녀는 부드럽게 미소지으며 / 나를 안아주고 / 내게 말해주었다 / 내가 서둘러야겠다고 / 내가 내 기차를 놓치지 않으려면. `2020 고2 9월`

→ be used to-V(~하기 위해 사용되다), be used to V-ing(~에 익숙해지다)와 구별해 둔다.
He used to sit up all night / to count his gold. `2021 고2 3월`
S   V
그는 밤을 새곤 했다 / 자신의 금화를 세기 위해.

◆ **EXERCISE** ▶ 끊어읽기 표시에 따라 다음 문장을 직독직해 해보세요.

EXAMPLE You had better not believe her / because she likes to bluff.

  ➡ 너는 그녀를 믿지 않는 편이 낫다 / 그녀는 허세 부리는 것을 좋아하기 때문에. _____

11 Once every year, / he would go hunting / in the nearby forests. `2021 고1 3월`

  ➡ _____

12 If someone refuses to stand, / he might just as well not be at the game at all. `2020 고1 6월`

  ➡ _____

13 I used to have / a shelf (lined with salty crackers and chips at eye level). `2020 고1 6월`

  ➡ _____

14 I would rather be a poor shoemaker / as I was before / than be rich and lose all my friends. `2021 고2 3월`

  ➡ _____

15 We help others / because we have been socialized to do so, / through norms (that prescribe how we ought to behave). `2020 고2 6월 응용`

  ➡ _____

VOCABULARY   **gently** 부드럽게   **sit up all night** 밤을 새우다   **bluff** 허세 부리다   **go V-ing** ~하러 가다   **refuse** 거부하다   **shelf** 선반   **lined with** ~이 줄줄이 있는   **socialize** 사회화하다   **norm** 규범   **prescribe** 규정하다, 처방하다   **behave** 행동하다

조동사 + have p.p. | 조동사에 have p.p.를 붙이면 과거에 대한 추측의 의미를 나타낼 수 있다. 조동사별 의미와 쓰임을 잘 구별해 두도록 한다.

would have p.p. ~했을 것이다	**may[might] have p.p.** ~했을지도 모른다
could have p.p. ~할 수 있었을 것이다	**cannot have p.p.** ~했을 리가 없다
must have p.p. ~했음에 틀림없다	**should(n't) have p.p.** ~했어야(하지 말았어야) 했다

Most survival situations arise / as a result (of a series of events) (that could have been avoided). 2021 고1 3월
대부분의 생존이 걸린 상황은 발생한다 / (회피될 수도 있었던) (일련의 사건의) 결과로.

Even before language, / primitive humans / would not have simply made / random sounds or gestures.
심지어 언어 이전에도 / 원시인들은 / 그저 만들어내지 않았을 것이다 / 무작위적인 소리나 제스처를. 2020 고1 11월 응용

◆ **EXERCISE** ▶ 끊어읽기 표시에 따라 다음 문장을 직독직해 해보세요.

EXAMPLE You must have worked hard / to decorate this place. 2018 고1 11월
➡ 당신은 틀림없이 열심히 노력했겠군요 / 이 장소를 꾸미기 위해.

16 You might have heard / that many people suffer from dry skin. 2019 고1 11월
➡ _____

17 The case must have fallen off my lap / when I took it off my phone / to clean it. 2022 고1 6월 응용
➡ _____

18 That business deal / would have been nearly impossible / using only gestures and confusing noises.
2021 고1 9월
➡ _____

19 You should have seen the way (the rest of the sales team wanted / the air horn blown for them).
2021 고1 9월
➡ _____

20 It may have appeared / to be an ordinary watch / to others, / but it brought a lot of happy childhood memories / to him. 2022 고1 6월
➡ _____

DAY 07

VOCABULARY   arise 발생하다   **as a result of** ~의 결과로   **primitive** 원시의   **random** 무작위의   **decorate** 꾸미다, 장식하다   **suffer from** ~로 고생하다, 고통받다   **lap** 무릎   **take off** ~을 분리하다, 벗다   **confusing** 혼란스러운   **ordinary** 평범한, 보통의

	문제	문장해석	정답/해설
1	I'm thinking of **making / to make** an English debate club.	나는 영어 토론 동아리를 만들까 생각 중이야.	○ making ✕ to make think of(~에 관해 생각하다)의 of는 전치사이므로 동명사 making을 목적어로 쓴다.
2	We are planning **expanding / to expand** the program to 6 days each week.	우리는 프로그램을 매주 6일로 확대할 계획입니다.	○ to expand ✕ expanding plan은 to부정사를 목적어로 취하므로 to expand를 쓴다.
3	Collisions between aircraft usually **occurs / occur** in the surrounding area of airports.	항공기 간의 충돌은 대개 공항 주변 지역에서 발생한다.	○ occur ✕ occurs 주어 Collisions가 복수명사이므로 occur를 쓴다.
4	Using mathematics and astronomy, Galileo proved that the earth **revolved / revolves** around the sun.	수학과 천문학을 이용하여, 갈릴레오는 지구가 태양 주위를 돈다는 것을 증명했다.	○ revolves ✕ revolved 지구가 태양을 도는 것은 불변의 진리이므로 revolves를 쓴다.
5	We always have a lot of bacteria around us, as they live **most / almost** everywhere — in air, soil, and in different parts of our bodies.	박테리아는 공기 중, 땅속, 그리고 다양한 우리 신체 부위 등 거의 어디에나 살기 때문에, 우리 주변에는 항상 박테리아가 많다.	○ almost ✕ most every-, any- 앞에서 '거의'라는 뜻을 나타내는 말은 almost이다.
6	Six years ago, the researchers **collected / have collected** data on the sleep patterns of 80,000 volunteers.	6년 전, 연구원들은 자원자 8만 명의 수면 패턴 데이터를 수집했다.	○ collected ✕ have collected Six years ago가 과거 표현이므로 collected를 쓴다.
7	Recently I was with a client who **has spent / had spent** almost five hours with me.	최근에 나는 나와 거의 5시간을 보냈던 고객과 함께 있었다.	○ had spent ✕ has spent 고객이 말하는 시점보다 5시간 전부터 함께 있었다는 의미로 had spent를 쓴다.
8	Since the turn of the twentieth century we **believed / have believed** in genetic causes of diagnoses.	20세기로 넘어온 이후로 우리는 진단의 유전적 원인을 믿어왔다.	○ have believed ✕ believed 'since+과거' 표현으로 보아 현재완료 시제인 have believed가 적절하다.
9	After the conversations had ended, the researchers **asked / had asked** them what they thought of each other.	대화가 끝난 후, 연구자들은 그들에게 서로를 어떻게 생각하는지 물었다.	○ asked ✕ had asked '대화가 끝난 후' 더 나중에 있었던 과거 사건을 기술하는 것이므로 asked가 적절하다.
10	We have all been **solving / solved** problems of this kind since childhood, usually without awareness of what we are doing.	우리 모두는 보통 우리가 무엇을 하고 있는지에 관해 의식하지 않은 채 어린 시절부터 이런 종류의 문제들을 해결해오고 있다.	○ solving ✕ solved 문장의 주어 We가 '해결하는' 주체이므로 solving을 쓴다. have been V-ing는 현재완료 진행시제다.

문제	문장해석	정답/해설
11 Once every year, he **would / used to** go hunting in the nearby forests.	해마다 한 번, 그는 근처 숲으로 사냥을 가곤 했다.	○ would, used to 과거의 습관을 나타내는 would, used to를 둘 다 써도 된다.
12 If someone refuses to stand, he might just as well not **be / is** at the game at all.	만일 누군가 일어서기를 거부한다면, 그 사람은 아예 경기장에 없는 것이 낫다.	○ be ✕ is might as well(~하는 것이 낫다) 뒤에 동사원형 be를 쓴다.
13 I used to **have / having** a shelf lined with salty crackers and chips at eye level.	나는 한때 짠 크래커와 칩을 눈높이에 줄지어서 둔 선반을 갖고 있었다.	○ have ✕ having 조동사 used to(~하곤 했다) 뒤에 동사원형인 have를 쓴다.
14 I would rather be a poor shoemaker as I was before than **be / to be** rich and lose all my friends.	나는 부유해지고 친구를 다 잃느니 차라리 그전처럼 가난한 구두 만드는 사람이 되겠어요.	○ be ✕ to be would rather A than B(B하느니 차라리 A하다)에서 A, B는 둘 다 동사원형으로 쓴다.
15 We help others because we have been socialized to do so, through norms that prescribe how we ought to **behave / have behaved**.	우리는 우리가 어떻게 행동해야 하는지를 규정하는 규범들을 통해 그렇게 하도록 사회화되어 왔기에 남들을 돕는다.	○ behave ✕ have behaved 일반적으로 해야 하는 일을 규정하는 것이 규범이므로 ought to 뒤에 behave를 쓴다.
16 You might have **hearing / heard** that many people suffer from dry skin.	여러분은 많은 사람들이 건조한 피부로 고생한다는 것을 들어봤을지도 모른다.	○ heard ✕ hearing 과거에 대한 추측을 나타내기 위해 might have p.p.(~했을지도 모른다)의 heard를 쓴다.
17 The case must **fall / have fallen** off my lap when I took it off my phone to clean it.	제가 케이스를 닦으려고 휴대전화에서 분리했을 때 그것이 제 무릎에서 떨어진 게 틀림없어요.	○ have fallen ✕ fall when절이 과거시제를 나타내므로 must 뒤에 have fallen을 써야 한다.
18 That business deal would have been nearly impossible **using / used** only gestures and confusing noises.	단지 제스처와 혼란스런 소음만을 사용해서는 그 상업 거래는 거의 불가능했을 것이다.	○ using ✕ used 뒤에 목적어 only gestures and confusing noises가 나오므로 능동의 using을 쓴다.
19 You should have seen the way the rest of the sales team wanted the air horn **blow / blown** for them.	당신은 그 판매부서의 나머지 사람들이 자신을 위해 경적이 불리기를 얼마나 바랐는지를 봤어야 했다.	○ blown ✕ blow wanted의 목적어 the air horn이 '불리는' 대상이므로 blown을 쓴다.
20 It may **appear / have appeared** to be an ordinary watch to others, but it brought a lot of happy childhood memories to him.	그것은 남들에게는 평범한 시계로 보일지도 몰랐지만, 그에게는 어린 시절의 많은 행복한 기억을 불러왔다.	○ have appeared ✕ appear 문장의 시제가 과거이므로 may 뒤에 have appeared를 쓴다.

DAY
07

01 주어진 글 다음에 이어질 글의 순서로 가장 적절한 것은? 2019 고1 9월

 유형 도움닫기 ⌐⌐

· (A)와 (C)의 But이 각각 어떤 내용
뒤에서 글의 흐름을 전환시키는지
파악해야 한다.

> **We always have a lot of bacteria around us, as they live almost everywhere — in air, soil, in different parts of our bodies, and even in some of the foods we eat.** But do not worry!

(A) But unfortunately, a few of these wonderful creatures can sometimes make us sick. This is when we need to see a doctor, who may prescribe medicines to control the infection.

(B) Most bacteria are good for us. Some live in our digestive systems and help us digest our food, and some live in the environment and produce oxygen so that we can breathe and live on Earth.

(C) But what exactly are these medicines and how do they fight with bacteria? These medicines are called "antibiotics," which means "against the life of bacteria." Antibiotics either kill bacteria or stop them from growing.

① (A) — (C) — (B)   ② (B) — (A) — (C)

③ (B) — (C) — (A)   ④ (C) — (A) — (B)

⑤ (C) — (B) — (A)

02 다음 빈칸에 들어갈 말로 가장 적절한 것은? 2020 고1 6월

 유형 도움닫기 ⌐⌐

· 앞에 제시된 필자의 일화에서 일반
적인 결론을 끌어내 빈칸을 채워야
하는 문제이다.

· 빈칸 문장의 주어인 His feet이 앞의
일화에서 어떻게 묘사되었는지에 주
목한다.

Recently I was with a client who had spent almost five hours with me. As we were parting for the evening, we reflected on what we had covered that day. Even though our conversation was very collegial, I noticed that my client was holding one leg at a right angle to his body, seemingly wanting to take off on its own. At that point I said, "You really do have to leave now, don't you?" "Yes," he admitted. "I am so sorry. I didn't want to be rude but I have to call London and I only have five minutes!" Here was a case where my client's language and most of his body revealed nothing but positive feelings. His feet, however, were _____, and they clearly told me that as much as he wanted to stay, duty was calling.

*collegial: 평등하게 책임을 지는

① a signal of his politeness

② the subject of the conversation

③ expressing interest in my words

④ the most honest communicators

⑤ stepping excitedly onto the ground

03 글의 흐름으로 보아, 주어진 문장이 들어가기에 가장 적절한 곳은? 2021 고1 9월

 유형 도움닫기 ──◇◇───
· ② 뒤의 The noise가 어떤 소리를 가리키는 것인지 파악해보자.

> The sales director kept an air horn outside his office and would come out and blow the horn every time a salesperson settled a deal.

Rewarding business success doesn't always have to be done in a material way. (①) A software company I once worked for had a great way of recognizing sales success. (②) The noise, of course, interrupted anything and everything happening in the office because it was unbelievably loud. (③) However, it had an amazingly positive impact on everyone. (④) Sometimes rewarding success can be as easy as that, especially when peer recognition is important. (⑤) **You should have seen the way the rest of the sales team wanted the air horn blown for them.**

* air horn: (압축 공기로 작동하는) 경적

DAY
07

VOCABULARY

01
prescribe 처방하다
infection 감염, 염증
digestive 소화의
antibiotic 항생제, 항생 물질
against ~에 대항하여
stop A from B A가 B하지 못하게 막다

02
reflect on ~에 관해 되새기다, 반추하다
right angle 직각
take off 떠나다
admit 인정하다, 시인하다
reveal 드러내다
duty 할 일, 의무

03
blow 불다
settle a deal 거래를 성사시키다
material 물질적인
interrupt 방해하다, 끼어들다
anything and everything 무엇이든지
unbelievably 믿을 수 없이
peer 동료, 또래
recognition 인정

Ⓐ 어휘 TEST ▶ 다음 단어의 뜻을 쓰세요.

1	tilted		11	arise	
2	expand		12	primitive	
3	revolve		13	lap	
4	theatrical		14	ordinary	
5	genetic		15	infection	
6	diagnosis		16	antibiotic	
7	gently		17	reflect on	
8	bluff		18	duty	
9	lined with		19	material	
10	behave		20	recognition	

Ⓑ 단어 배열 ▶ 주어진 의미에 맞게 다음 단어를 배열하세요.

01 나는 영어 토론 동아리를 만들까 생각 중이야. (making, of, thinking)
➜ I'm _____ an English debate club.

02 6년 전, 연구원들은 자원자 8만 명의 수면 패턴 데이터를 수집했다. (on, collected, the sleep patterns, data)
➜ Six years ago, the researchers _____ of 80,000 volunteers.

03 나는 부유해지고 친구를 다 잃느니 차라리 가난한 구두 만드는 사람이 되겠어요. (be, rather, a poor shoemaker, would)
➜ I _____ than be rich and lose all my friends.

04 여러분은 많은 사람들이 건조한 피부로 고생한다는 것을 들어봤을지도 모른다. (might, you, heard, have)
➜ _____ that many people suffer from dry skin.

Ⓒ 빈칸 완성 ▶ 주어진 단어를 활용하여 우리말에 맞게 빈칸을 완성하세요. (단, 필요시 어형을 바꾸거나 단어를 추가)

01 갈릴레오는 지구가 태양 주위를 돈다는 것을 증명했다. (revolve, around)
➜ Galileo proved that _____ _____ _____ _____ _____ _____ .

02 대화가 끝난 후, 연구자들은 참가자들에게 한 가지 질문을 했다. (the conversations, end)
➜ _____ _____ _____ _____ , the researchers asked the participants a question.

03 규범은 우리가 어떻게 행동해야 하는지를 규정한다. (how, ought to, behave)
➜ Norms prescribe _____ _____ _____ _____ _____ .

04 그 케이스는 제가 그것을 닦으려고 휴대전화에서 분리했을 때 제 무릎에서 떨어진 게 틀림없어요. (must, fall, off, my lap)
➜ The case _____ _____ _____ _____ _____ when I took it off my phone to clean it.

DAY

08

가정법

DAY 08 가정법

STEP 1 직독직해로 연습하는 해석 공식

❶ 가정법 과거

가정법 과거는 과거시제를 사용해 현재 사실과 반대되는 내용을 가정하는 것이다. 'if+주어+과거시제 동사 ~, 주어+조동사 과거형+동사원형 …'의 형태이며, '만일 ~하다면 …할 텐데/…할 것이다'라고 해석한다.

If S´ V´-ed ~	+	S would / could / should / might RV …
만일 ~하다면		…할 텐데/…할 것이다

→ 가정법 과거의 if절에 be동사가 나오면 주어에 상관없이 were를 주로 쓴다.

If I were you, / I would apply for the position / just for the experience.
　　　S　　　　　V
내가 너라면 / 나는 그 자리에 지원해볼 텐데 / 단지 경험 삼아.

→ 'what if+주어+과거시제 동사'는 '(실제로 ~하지 않지만) 만일 ~한다면 어떨까?'라는 의미의 가정법 구문이다.

What if we were able to love everything (that gets in our way)? 2022 고1 3월
　　　　S　　　V　　　　　　O
만일 우리가 (우리를 가로막는) 모든 것을 사랑할 수 있다면 어떨까?

◆ EXERCISE ▶ 끊어읽기 표시에 따라 다음 문장을 직독직해 해보세요.

EXAMPLE If I were the boss, / I would fire her immediately.

➡ 내가 사장이라면 / 나는 그녀를 즉시 해고할 것이다.

01 If I were taller, / I would buy that long dress.

➡ _____

02 It would take too long / to write a chemical equation / if we had to spell everything out.

2021 고1 3월 응용

➡ _____

03 If every algorithm stopped working, / it would be the end (of the world). 2022 고1 6월 응용

➡ _____

04 If I lost an arm in an accident / and had it replaced with an artificial arm, / I would still be essentially me. 2021 고1 11월

➡ _____

05 If you didn't know your coworkers / and feel bonded to them / by your shared experiences, / what would you think of them? 2021 고2 3월

➡ _____

VOCABULARY　apply for ~에 지원하다　get in one's way ~을 방해하다　fire 해고하다　spell out 상세히 전부 쓰다, 설명하다
replace 교체하다　artificial 인공의　essentially 본질적으로　feel bonded 유대감을 느끼다

가정법 과거완료

가정법은 사실과 다른 내용을 가정하기 위해 실제 시제와 다른 시제를 사용하는 것이다. 가정법 구문의 종류와 의미를 익혀보자.

가정법 과거완료는 과거완료 시제를 사용해 과거 사실과 반대되는 내용을 가정하는 것이다. 'if+주어+과거완료 시제 동사 ~, 주어+조동사 과거형+have p.p. …'의 형태이며, '~했다면 …했을 텐데/…했을 것이다'라고 해석한다.

If S´ had p.p. ~ + S would/could/should/might have p.p. …
만일 ~했다면   …했을 텐데/…했을 것이다

→ if it were not[had not been] for는 '~이 없다면[없었더라면]'이라는 뜻의 관용표현이다.
If it had not been for Newton, / the law (of gravitation) would not have been discovered.
뉴턴이 없었더라면 / (중력의) 법칙은 발견되지 않았을 것이다.

→ 가정법에서 if가 생략되면 주어와 동사가 의문문 어순으로 도치된다.
Had they followed my order, / they would not have been punished.
그들이 내 명령을 따랐더라면 / 그들은 처벌받지 않았을 것이다.

◆ **EXERCISE** ▶ 끊어읽기 표시에 따라 다음 문장을 직독직해 해보세요.

EXAMPLE If we had told him the truth, / he would have forgiven us.
➡ 우리가 그에게 진실을 말했더라면 / 그는 우리를 용서했을 것이다.

06 If she had been at home yesterday, / I would have visited her.
➡ _____

07 She would have been happy / if you had texted her / right after the date.
➡ _____

08 Had I known / what your intention was, / I would have stopped you.
➡ _____

09 Had he started learning to play the piano earlier, / he would have made a better musician.
➡ _____

10 If the prince had offered the grapes to his friends, / they might have shown their distaste (for the grapes), / and that would have hurt the feelings (of that poor man). 2021 고1 11월 응용
➡ _____

DAY 08

VOCABULARY **gravitation** 만유인력, 중력   **order** 명령   **punish** 처벌하다   **intention** 의도   **musician** 음악가   **distaste** 불쾌감   **hurt** 아프게 하다

③ 혼합가정법

혼합가정법은 과거 상황이나 행동이 달랐다면 현재의 결과 또한 달랐을 것이라는 의미를 나타낸다. 'if+주어+과거완료 시제 동사 ~, 주어+조동사 과거형+동사원형 …'의 형태이며, '(그때) 만일 ~했다면 (지금) …할 텐데'라고 해석한다.

If S´ had p.p. ~	S would/could/should/might RV …
(그때) 만일 ~했다면	(지금) …할 텐데/…할 것이다

If we had looked at the map / we wouldn't be lost.
우리가 지도를 봤더라면 / 우리는 길을 잃지 않았을 텐데.

혼합가정법 문장에는 시제를 나타내는 표현이 흔히 쓰인다.
If she had taken the medicine last night, / she would be better today.
그녀가 어젯밤 약을 먹었더라면 / 오늘 그녀는 나아졌을 텐데.

◆ **EXERCISE** ▶ 끊어읽기 표시에 따라 다음 문장을 직독직해 해보세요.

EXAMPLE If I had woken up earlier, / I would be at work already.

→ 내가 더 일찍 일어났더라면, / 나는 이미 회사에 있을 텐데.

11 If you had crashed the car, / you might be in trouble.

→ _____

12 We would be millionaires now / if we had invested in that property.

→ _____

13 If we had made up with each other back then, / we would still be together.

→ _____

14 Nearly nothing (we have today) / would be possible / if the cost (of artificial light) / had not dropped to almost nothing. 2021 고1 3월

→ _____

15 If she had not learned the effective parenting skills / from the seminars, / she would still be using threatening techniques / with her kids today! 2018학년도 고3 9월

→ _____

VOCABULARY be lost 길을 잃다 take medicine 약을 먹다 crash 충돌하다 in trouble 곤란한 millionaire 백만장자 property 부동산, 건물 make up with ~와 화해하다 drop to ~까지 떨어지다, 하락하다 effective 효과적인 parenting 육아 threaten 위협하다, 협박하다

if 없는 가정법 | I wish(~한다면/했더라면 좋을 텐데), as if(마치 ~한/했던 것처럼) 또한 가정법적 의미를 나타낸다. I wish는 이루지 못했거나 못할 소망에 대한 아쉬움을 나타낼 때 주로 쓰며, as if는 현실이 아닌 상황을 비유할 때 쓴다.

I wish S´ V´-ed ~한다면 좋을 텐데	**~ as if S´ V´-ed** (실제 ~하지 않지만) 마치 ~한 듯이
I wish S´ had p.p. ~했더라면 좋을 텐데	**~ as if S´ had p.p.** (실제 ~하지 않았지만) 마치 ~했던 듯이

`소망하는` 일보다 `해버린` 일이 먼저 일어났다는 의미로 과거완료 동사가 쓰였다.
I wish / I hadn't done that! 2021 고1 3월
　S　　V　　　　O
좋을 텐데 / 내가 그렇게 하지 않았더라면!

`느낀` 시점과 `천국에 있는 것 같았던` 시점이 같으므로 과거 동사가 쓰였다.
Zoe felt / as if she were in heaven. 2022 고1 3월
　S　　V　　　　S.C. (부사절이 보어처럼 쓰임)
Zoe는 느꼈다 / 그녀가 천국에 있는 듯이.

◆ **EXERCISE** ▶ 끊어읽기 표시에 따라 다음 문장을 직독직해 해보세요.

EXAMPLE　He speaks English fluently / as if he were from an English-speaking country.

➡ 그는 영어를 유창하게 한다 / 마치 그가 영어권 국가 출신인 듯이.

16 She felt / as if the counselor were in the room with her. 2022학년도 고3 6월

➡ _____

17 I wish / I had good presentation skills like you. 2018학년도 고3 9월

➡ _____

18 Her voice sounded / as if she had been waiting for a chance (to let off steam).

➡ _____

19 I wish / I had had more time (to review all the data) / before getting on the plane.

➡ _____

20 When your friend wins a critical soccer match, / you take delight in her victory celebrations / as if it were your victory too. 2018학년도 고3 9월 응용

➡ _____

VOCABULARY　fluently 유창하게　counselor 상담사　presentation 발표　let off steam 울분을 토하다　review 검토하다
critical 중요한　take delight in ~을 기뻐하다　celebration 기념, 축하

DAY
08

083

문제	문장해석	정답/해설
1 If I were taller, I would **buy / bought** that long dress.	내가 키가 더 크다면, 나는 저 긴 드레스를 살 텐데.	○ buy ✗ bought 종속절에 were 동사가 나오는 가정법 과거 구문이므로 would 뒤에 buy를 쓴다.
2 It would **have taken / take** too long to write a chemical equation if we had to spell everything out.	우리가 모든 것을 상세히 다 써야 한다면 화학식을 쓰는 데 너무 오래 걸릴 것이다.	○ take ✗ have taken 종속절에 had가 나온 가정법 과거 구문이므로 would 뒤에 take를 쓴다.
3 If every algorithm stopped working, it would **have been / be** the end of the world.	만일 모든 알고리즘이 작동을 멈춘다면, 이는 세상의 끝이 될 것이다.	○ be ✗ have been 종속절에 stopped가 나온 가정법 과거 구문이므로 would 뒤에 be를 쓴다.
4 If I lost an arm in an accident and **have / had** it replaced with an artificial arm, I would still be essentially *me*.	만약 내가 사고로 한 팔을 잃고 그것을 인공 팔로 교체한다 해도 나는 여전히 본질적으로 '나'일 것이다.	○ had ✗ have 가정법 과거 종속절의 과거시제 동사 lost와 병렬 연결되도록 had를 써야 한다.
5 If you **hadn't known / didn't know** your coworkers and feel bonded to them by your shared experiences, what would you think of them?	여러분이 동료를 잘 모르고, 공유된 경험에 의해 유대감을 느끼지 않는다면 그들에 관해 어떻게 생각하겠는가?	○ didn't know ✗ hadn't known would think로 보아 가정법 과거이므로 didn't know를 쓴다.
6 If she had been at home yesterday, I **will / would** have visited her.	그녀가 어제 집에 있었다면, 나는 그녀를 방문했을 텐데.	○ would ✗ will 가정법 주절에는 조동사 과거형을 쓰므로 would가 적절하다.
7 She would have been happy if you **texted / had texted** her right after the date.	네가 데이트 직후에 그녀에게 문자를 보냈더라면, 그녀는 행복해했을 텐데.	○ had texted ✗ texted would have been으로 보아 가정법 과거완료이므로 had texted가 적절하다.
8 **I had / Had I** known what your intention was, I would have stopped you.	내가 네 의도를 알았더라면, 나는 너를 말렸을 텐데.	○ Had I ✗ I had 가정법 과거완료 절에서 if가 생략되면 의문문 어순 도치가 일어나므로 Had I가 적절하다.
9 **If he had / Had he** started learning to play the piano earlier, he would have made a better musician.	그가 피아노를 더 일찍 배우기 시작했더라면, 그는 더 좋은 음악가가 되었을 텐데.	○ If he had, Had he 가정법 과거완료 종속절이므로 If he had를 쓰거나, If 생략 형태로 Had he를 써도 된다.
10 If the prince **offered / had offered** the grapes to his friends, they might have shown their distaste for the grapes.	만약 그 왕자가 자기 친구들에게 그 포도를 주었다면, 그들은 포도에 대한 불쾌감을 드러냈을 것이다.	○ had offered ✗ offered might have shown으로 보아 가정법 과거완료이므로 had offered가 적절하다.

문제	문장해석	정답/해설
11 If you had crashed the car, you **may / might** be in trouble.	네가 자동차 사고를 냈다면, 넌 (지금) 곤란했을 거야.	◯ might ✕ may 가정법 문장에는 조동사 과거형을 쓰므로 might가 적절하다.
12 We would **have been / be** millionaires now if we had invested in that property.	우리가 (그때) 그 부동산에 투자했다면, 지금 백만장자일 텐데.	◯ be ✕ have been 주절의 now로 보아 혼합가정법 문장이므로 would 뒤에 동사원형 be를 쓴다.
13 If we **made / had made** up with each other back then, we would still be together.	우리가 그때 서로 화해했더라면, 여전히 함께일 텐데.	◯ had made ✕ made 과거시제 단서 back then으로 보아 혼합가정법 문장이므로, had made가 적절하다.
14 Nearly nothing we have today would **be / have been** possible if the cost of artificial light had not dropped to almost nothing.	만약 인공조명의 비용이 거의 공짜 수준으로 하락하지 않았더라면 우리가 오늘날 누리는 것 중에 거의 아무 것도 가능하지 않을 것이다.	◯ be ✕ have been 현재시제의 we have today로 보아 혼합가정법이므로 would 뒤에 동사원형 be를 쓴다.
15 If she had not learned the effective parenting skills from the seminars, she would still **be / have been** using threatening techniques with her kids today!	그녀가 세미나에서 효과적인 육아 기술을 배우지 않았더라면, 그녀는 오늘도 자기 아이들에게 여전히 협박 기법을 사용하고 있었을 것이다!	◯ be ✕ have been 주절의 today로 보아 혼합가정법 문장이므로 would 뒤에 동사원형 be를 쓴다.
16 She felt as if the counselor **is / were** in the room with her.	그녀는 상담사가 마치 방에 함께 있는 것 같은 기분이 들었다.	◯ were ✕ is 방에 함께 없는 상황에서 마치 그런 것처럼 느꼈다는 의미로 가정법 과거의 were를 쓴다.
17 I wish I **have / had** good presentation skills like you.	나도 너처럼 발표를 잘하면 좋을 텐데.	◯ had ✕ have '내'가 갖지 못한 발표 능력을 부러워하는 의미가 담기도록 가정법 과거의 had를 쓴다.
18 Her voice sounded as if she **has been / had been** waiting for a chance to let off steam.	그녀의 목소리는 마치 그녀가 (전부터) 울분을 토할 기회를 기다리고 있었던 것처럼 들렸다.	◯ had been ✕ has been 말하기 전부터 울분을 토하고 싶어 했던 것 같았다는 의미가 되도록 had been을 쓴다.
19 I wish I **have had / had had** more time to review all the data before getting on the plane.	비행기에 타기 전에 모든 데이터를 검토할 시간이 더 있었더라면 좋을 텐데.	◯ had had ✕ have had 비행기 탑승 전에 검토할 시간이 더 있었으면 좋았겠다는 아쉬움이 담기도록 had had를 쓴다.
20 When your friend wins a critical soccer match, you take delight in her victory celebrations as if it **is / were** your victory too.	친구가 중요한 축구 경기에서 이기면, 여러분은 마치 그것이 여러분의 승리 이기도 한 듯이 친구의 승리 축하를 기뻐한다.	◯ were ✕ is 자신의 승리가 아니지만 마치 그런 양 기뻐한다는 의미로 가정법 과거의 were를 쓴다.

01 다음 빈칸에 들어갈 말로 가장 적절한 것은? 2021 고1 11월

Not only does memory underlie our ability to think at all, it defines the content of our experiences and how we preserve them for years to come. Memory _____. If I were to suffer from heart failure and depend upon an artificial heart, I would be no less myself. **If I lost an arm in an accident and had it replaced with an artificial arm, I would still be essentially *me*.** As long as my mind and memories remain intact, I will continue to be the same person, no matter which part of my body (other than the brain) is replaced. On the other hand, when someone suffers from advanced Alzheimer's disease and his memories fade, people often say that he "is not himself anymore," or that it is as if the person "is no longer there," though his body remains unchanged.

* intact: 손상되지 않은

① makes us who we are
② has to do with our body
③ reflects what we expect
④ lets us understand others
⑤ helps us learn from the past

유형 도움닫기 ⁓

· 예시를 일반화해 주제를 도출하는 문제이다.

· On the other hand 앞뒤의 예시가 어떤 점에서 서로 다른지를 파악해 보자.

02 다음 글의 밑줄 친 부분 중, 문맥상 낱말의 쓰임이 적절하지 <u>않은</u> 것은? 2021 고1 3월

When the price of something fundamental drops greatly, the whole world can change. Consider light. Chances are you are reading this sentence under some kind of artificial light. Moreover, you probably never thought about whether using artificial light for reading was worth it. Light is so ① cheap that you use it without thinking. But in the early 1800s, it would have cost you four hundred times what you are paying now for the same amount of light. At that price, you would ② notice the cost and would think twice before using artificial light to read a book. The ③ increase in the price of light lit up the world. Not only did it turn night into day, but it allowed us to live and work in big buildings that ④ natural light could not enter. **Nearly nothing we have today would be ⑤ possible if the cost of artificial light had not dropped to almost nothing**.

* artificial: 인공의

유형 도움닫기 ⁓

· 'Consider light.' 이하로 첫 문장의 주제를 뒷받침하는 예를 제시하고 있다.

· 흐름상 어색한 단어에는 반의어를 넣어보자.

03 다음 글에 드러난 Natalie의 심경 변화로 가장 적절한 것은? 2022학년도 고3 6월

As Natalie was logging in to her first online counseling session, she wondered, "How can I open my heart to the counselor through a computer screen?" Since the counseling center was a long drive away, she knew that this would save her a lot of time. Natalie just wasn't sure if it would be as helpful as meeting her counselor in person. Once the session began, however, her concerns went away. She actually started thinking that it was much more convenient than expected. **She felt as if the counselor were in the room with her.** As the session closed, she told him with a smile, "I'll definitely see you online again!"

① doubtful → satisfied

② regretful → confused

③ confident → ashamed

④ bored → excited

⑤ thrilled → disappointed

 유형 도움닫기 ∿

· 심경 변화 문제는 지문 중간에서 반드시 글의 흐름이 반전된다.

· however 앞뒤로 글을 전반부와 후반부로 나눈 후, 각각 어떤 심경 묘사가 두드러지는지 파악해보자.

DAY
08

VOCABULARY

01
underlie ~의 근간이 되다
define 규정하다, 정의하다
content 내용
preserve 보존하다
for years to come 향후 몇 년간
heart failure 심부전
advanced 후기의, 진전된
fade 흐릿해지다, (색이) 바래다
have to do with ~와 관련이 있다

02
fundamental 기본적인
whole 온, 전체의
chances are 아마 ~일 것이다
cost A B A에게 B만큼의 비용이 들게 하다
amount 양
turn A into B A를 B로 바꾸다

03
session 시간, 기간
in person 직접
concern 걱정
go away 사라지다, 가시다
actually 사실, 실제로
convenient 편리한
doubtful 의심스러운
regretful 후회하는
ashamed 수치스러운, 부끄러운

Ⓐ 어휘 TEST ▶ 다음 단어의 뜻을 쓰세요.

1	apply for		11	fluently	
2	spell out		12	let off steam	
3	essentially		13	review	
4	gravitation		14	underlie	
5	intention		15	preserve	
6	distaste		16	advanced	
7	in trouble		17	fundamental	
8	millionaire		18	chances are	
9	make up with		19	go away	
10	threaten		20	doubtful	

Ⓑ 단어 배열 ▶ 주어진 의미에 맞게 다음 단어를 배열하세요.

01 내가 키가 더 크다면, 나는 저 긴 드레스를 살 텐데. (I, if, taller, were)

➡ _____, I would buy that long dress.

02 그녀가 어제 집에 있었다면, 나는 그녀를 방문했을 텐데. (would, her, visited, have)

➡ If she had been at home yesterday, I _____.

03 네가 자동차 사고를 냈다면, 넌 곤란했을 거야. (had, the car, you, crashed)

➡ If _____, you might be in trouble.

04 나도 너처럼 발표를 잘하면 좋을 텐데. (good, I, presentation skills, had)

➡ I wish _____ like you.

Ⓒ 빈칸 완성 ▶ 주어진 단어를 활용하여 우리말에 맞게 빈칸을 완성하세요. (단, 필요시 어형을 바꾸거나 단어를 추가)

01 우리가 모든 것을 상세히 다 써야 한다면 화학식을 쓰는 데 너무 오래 걸릴 것이다. (have to, spell out, everything)

➡ It would take too long to write a chemical equation if we _____ _____ _____ _____
_____.

02 내가 네 의도가 무엇인지 알았더라면, 나는 너를 말렸을 텐데. (know, what, your intention)

➡ _____ _____ _____ _____ _____, I would have
stopped you.

03 우리가 그때 서로 화해했더라면, 여전히 함께일 텐데. (make up with, each other)

➡ If we _____ _____ _____ _____ _____ _____ back then, we would still
be together.

04 그녀는 상담사가 마치 방 안에 자신과 함께 있는 것 같은 기분이 들었다. (the counselor, in the room)

➡ She felt as if _____ _____ _____ _____ _____ with her.

09

수동태

DAY 09 수동태

① **4형식 수동태** | 목적어가 2개인 4형식 문장은 두 목적어 중 하나(간접목적어)를 주어로 삼아 수동태로 만들더라도 동사 뒤에 목적어가 1개 남는다. 이때 목적어는 '~을/를', 동사는 '… 받다'로 해석한다.

S	+	be p.p.	+	O
~는		… 받다		~을

→ be given(받다), be told(듣다), be offered(제공받다), be taught(배우다), be awarded(수상하다) 등을 대표로 기억해 둔다.

World War I <u>was given</u> that name / only after we were deeply embattled in World War II. 2021 고2 6월
    S   V   O

제1차 세계대전은 그 이름을 받았다 / 우리가 제2차 세계대전에 깊이 휘말린 이후에야 비로소.

→ either A or B(A 또는 B 중 하나)로 2개의 명사구가 병렬 연결되었다.

They <u>were offered</u> / the choice (of either a fruit salad or a chocolate cake). 2021 고2 3월
   S   V   O

그들은 제공받았다 / (과일 샐러드 또는 초콜릿 케이크 중 하나라는) 선택권을.

◆ **EXERCISE** ▶ **끊어읽기 표시에 따라 다음 문장을 직독직해 해보세요.**

EXAMPLE He was given / unrivaled access (to rock's biggest artists). 2018학년도 수능

→ 그는 받았다 / (가장 대단한 록 아티스트들에 대한) 독보적 접근 권한을.

01 One winner (of our dinosaur quiz) / will be given a real fossil / as a prize. 2018 고1 11월

→ _____

02 We are taught / from our childhood / that actions have consequences.

→ _____

03 The infants were shown / a screen (with both women) (speaking Spanish). 2020 고1 11월 응용

→ _____

04 I was told / that battery is no longer made / and the phone is no longer manufactured. 2020 고1 9월 응용

→ _____

05 When she was eleven, / she was told / that the Wright brothers had flown their first plane.

2021 고1 11월

→ _____

VOCABULARY   embattle 전투 준비를 하다   offer 제공하다   unrivaled 독보적인   dinosaur 공룡   fossil 화석   consequence 결과   infant 유아   manufacture 생산하다, 제조하다

② 5형식 수동태

목적어 뒤에 보어가 있는 5형식 문장을 수동태로 바꾸면 be p.p. 뒤에 명사, 형용사, to부정사, 분사 등 보어가 그대로 남는다. 이때 보어는 '~라고/하다고/하게/하도록' 정도로 해석한다.

S	＋	be p.p.	＋	S.C.
~는		…되다/당하다		~라고/하다고/하게/하도록

'allow＋목적어＋to부정사'의 5형식 구조에서 목적격보어였던 to부정사가 그대로 주격보어가 되었다.

Participants are not allowed / to receive outside assistance. 2020 고1 11월 응용
   S   V   S.C.
참가자들은 허용되지 않습니다 / 외부의 도움을 받도록.

지각·사역동사의 5형식에서 원형부정사였던 보어는 수동태 문장에서 to부정사로 바뀐다.

She was made / to feel small with her failures / due to his disappointment.
 S   V   S.C.
그녀는 ~하게 되었다 / 자기 실패로 초라한 기분을 느끼게 / 그의 실망 때문에.

◆ EXERCISE ▶ 끊어읽기 표시에 따라 다음 문장을 직독직해 해보세요.

EXAMPLE She was considered / to have tremendous acting talent. 2021 고2 3월 응용
➡ 그녀는 여겨졌다 / 굉장한 연기 재능을 지녔다고.

06 Scientists are allowed / to make mistakes. 2021 고2 3월
➡ _____

07 One group was made intellectually superior / by modifying some genes. 2022 고1 6월 응용
➡ _____

08 Rats are considered pests / in much of Europe and North America / and greatly respected / in some parts (of India). 2020 고1 3월
➡ _____

09 The penguins are often found / strolling in large groups / toward the edge (of the water) / in search of food. 2019 고1 11월 응용
➡ _____

10 As a couple start to form a relationship, / they can be seen / to develop a set of constructs (about their own relationship). 2019학년도 고3 9월
➡ _____

VOCABULARY   assistance 도움, 원조   disappointment 실망   tremendous 굉장한, 엄청난   talent 재능   intellectually 지적으로   superior 우수한   modify 수정하다   pest 유해 동물, 해충   stroll 거닐다   in search of ~을 찾아서   construct 구성 개념

❸ 구동사 수동태

타동사가 전치사/부사와 결합해 만들어진 구동사의 경우, 타동사가 수동태인 be p.p.로 바뀌더라도 전치사/부사는 동사 뒤에 그대로 이어진다. 이때 전치사/부사는 따로 해석하지 않고, 동사와 한 덩어리로 본다.

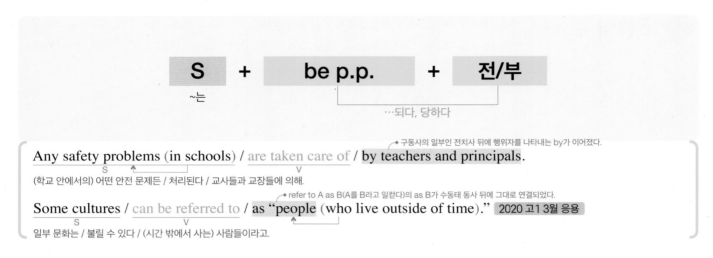

$$S \; + \; \text{be p.p.} \; + \; \text{전/부}$$

~는 ···되다, 당하다

구동사의 일부인 전치사 뒤에 행위자를 나타내는 by가 이어졌다.
Any safety problems (in schools) / are taken care of / by teachers and principals.
  S   V
(학교 안에서의) 어떤 안전 문제든 / 처리된다 / 교사들과 교장들에 의해.

refer to A as B(A를 B라고 일컫다)의 as B가 수동태 동사 뒤에 그대로 연결되었다.
Some cultures / can be referred to / as "people (who live outside of time)." 2020 고1 3월 응용
  S   V
일부 문화는 / 불릴 수 있다 / (시간 밖에서 사는) 사람들이라고.

◆ EXERCISE ▶ 끊어읽기 표시에 따라 다음 문장을 직독직해 해보세요.

EXAMPLE Her request (for a pay raise) / was turned down again.
➡ (임금 인상에 대한) 그녀의 요구는 / 다시금 거절당했다.

11 Eventually / she was brought up / by her uncle and aunt. 2021 고2 3월 응용
➡ _____

12 Musical instruments are not toys / and they must be looked after. 2021 고1 3월 응용
➡ _____

13 If he made the speech, / he must have been laughed at / by his audience.
➡ _____

14 He was looked up to / by many / as a basketball coach and school teacher.
➡ _____

15 Hate crimes, / if charged and prosecuted, / will be dealt with / in the court system.
➡ _____

VOCABULARY   take care of ~을 처리하다, 돌보다   principal 교장   refer to A as B A를 B라고 일컫다   pay raise 임금 인상   bring up ~을 키우다   instrument 악기, 도구   look after ~을 돌보다, 관리하다   laugh at ~을 비웃다   look up to ~을 존경하다   charge 고소하다   prosecute (검사가) 기소하다   deal with ~을 처리하다, 다루다   court system 사법 체계

④ 수동태 관용표현

be p.p. 뒤에 by가 아닌 다른 전치사를 쓰는 대표적인 경우를 외워두자. 이때 be 뒤의 과거분사는 사실상 be의 주격보어로 볼 수 있다.

be covered with	~로 덮이다	**be related to**	~와 연관되다	**be satisfied with**	~에 만족하다
be involved in	~에 관련되다	**be known for**	~로 유명하다	**be surprised at**	~에 놀라다
be filled with	~로 가득 차다	**be exposed to**	~에 노출되다	**be interested in**	~에 관심을 갖다

I was surprised / at how quickly she finished her science report.
S V   S.C.
나는 놀랐다 / 그녀가 얼마나 빨리 과학 보고서를 끝냈는가에.

Many teenagers (of these days) / have been exposed repeatedly / to "background noise". 2020 고1 3월 응용
S   V   S.C.
(오늘날의) 많은 십 대들은 / 반복적으로 노출되어 왔다 / '배경 소음'에.

◆ EXERCISE ▶ 끊어읽기 표시에 따라 다음 문장을 직독직해 해보세요.

EXAMPLE I'm very satisfied / with your cleaning service. 2022학년도 수능

➡ 나는 매우 만족했습니다 / 당신의 청소 서비스에.

16 He is best known / for the design and construction (of the Thames Tunnel). 2021학년도 고3 9월 응용

➡ _____

17 One (of our students) / was unfortunately involved / in a car accident. 2018 고1 9월

➡ _____

18 When he killed the deer / with just one shot (of his arrow), / the king was filled with pride. 2021 고1 3월

➡ _____

19 The process (of labeling emotional experience) / is related / to greater emotion regulation and psychosocial well-being. 2022 고1 3월

➡ _____

20 The author was deeply interested / in expressing the workings (of the human mind) / in symbolic form. 2019 고1 11월 응용

➡ _____

VOCABULARY **repeatedly** 반복적으로 **construction** 건설 **unfortunately** 안타깝게도, 불행히도 **arrow** 화살 **pride** 자부심 **label** (~라고) 부르다, 분류하다 **regulation** 통제 **psychosocial** 심리사회적인 **well-being** 안녕, 행복 **author** 작가, 저자

문제	문장해석	정답/해설
1 One winner of our dinosaur quiz will **give / be given** a real fossil as a prize.	우리 공룡 퀴즈의 우승자는 진짜 화석을 상으로 받습니다.	○ be given ✕ give 주어인 One winner가 상을 '받는' 대상이므로 수동태인 be given이 적절하다.
2 We are taught from our childhood **what / that** actions have consequences.	어린 시절부터 우리는 행동에는 대가가 따른다고 배운다.	○ that ✕ what 4형식 수동태 was taught 뒤에 완전한 문장이 나오므로 명사절 접속사 that을 쓴다.
3 The infants were shown a screen with both women **spoken / speaking** Spanish.	유아들은 스페인어를 말하고 있는 두 여자가 나오는 화면을 보았다.	○ speaking ✕ spoken both women이 스페인어를 '구사하는' 주체이므로 능동을 나타내는 speaking이 적절하다.
4 I was told **what / that** battery is no longer made and the phone is no longer manufactured.	나는 그 배터리가 더 이상 만들어지지 않으며, 그 휴대전화도 더 이상 제조되지 않는다는 말을 들었다.	○ that ✕ what 4형식 수동태 was told 뒤에 완전한 문장이 나오므로 명사절 접속사 that을 쓴다.
5 When she was eleven, she was told **what / that** the Wright brothers had flown their first plane.	그녀가 11살이었을 때 그녀는 Wright 형제가 첫 비행을 했다는 것을 들었다.	○ that ✕ what 4형식 수동태 was told 뒤에 완전한 문장이 나오므로 명사절 접속사 that을 쓴다.
6 Scientists are allowed **making / to make** mistakes.	과학자들은 실수를 저질러도 된다.	○ to make ✕ making 'allow+목적어+to부정사'의 수동태이므로 are allowed 뒤에 to make가 적절하다.
7 One group was made **intellectually / intellectual** superior by modifying some genes.	한 집단은 일부 유전자를 조작하여 지적으로 우월하게 만들어졌다.	○ intellectually ✕ intellectual was made의 보어 superior를 꾸미는 말로 부사인 intellectually가 적절하다.
8 Rats **consider / are considered** pests in much of Europe and North America and greatly respected in some parts of India.	쥐는 유럽과 북아메리카의 많은 지역에서 유해 동물로 여겨지고, 인도의 일부 지역에서는 매우 중시된다.	○ are considered ✕ consider 주어 Rats가 '여겨지는' 대상이므로 수동태인 are considered가 적절하다.
9 The penguins are often found **stroll / strolling** in large groups toward the edge of the water in search of food.	그 펭귄들이 먹이를 찾아 물가를 향해 큰 무리를 지어 거니는 모습이 흔히 발견된다.	○ strolling ✕ stroll 5형식 수동태 are found 뒤로 보어가 필요하므로 현재분사 strolling이 적절하다.
10 As a couple start to form a relationship, they can be seen **develop / to develop** a set of constructs about their own relationship.	커플이 관계를 형성하기 시작할 때, 그들이 자신의 관계에 대해 일련의 구성 개념을 발전시키는 것을 볼 수 있다.	○ to develop ✕ develop 지각동사가 수동태로 바뀌면 원형부정사 보어는 to부정사로 바뀌므로 to develop이 적절하다.

문제	문장해석	정답/해설
11 Eventually she **brought / was brought** up by her uncle and aunt.	결국 그녀는 자기 삼촌과 숙모에 의해 키워졌다.	○ was brought ✗ brought she가 '키워진' 대상이므로 수동태인 was brought (up)이 적절하다.
12 Musical instruments are not toys and they must **look after / be looked after** .	악기는 장난감이 아니며, 반드시 관리되어야 한다.	○ be looked after ✗ look after '악기'인 they가 '관리되는' 대상이므로 be looked after를 쓴다.
13 If he made the speech, he must have been laughed **at / at by** his audience.	만일 그가 연설을 했다면 그는 청중들에 의해 분명 비웃음을 당했을 것이다.	○ at by ✗ at laugh at(~을 비웃다)의 at과 행위자를 표시하는 전치사 by가 둘 다 필요하다.
14 He **was looked up to / was looked up to by** many as a basketball coach and school teacher.	그는 많은 이들에게 농구 코치이자 학교 선생님으로 존경받았다.	○ was looked up to by ✗ was looked up to 수동태인 was looked up to와 행위자 사이에 by가 필요하다.
15 Hate crimes, if charged and prosecuted, will be dealt **with / by** in the court system.	증오 범죄는 만일 고소 및 기소되면 사법 체계 안에서 처리될 것이다.	○ with ✗ by deal with(~을 처리하다, 다루다)의 수동태이므로 be dealt 뒤에 with가 와야 한다.
16 He is best known **for / by** the design and construction of the Thames Tunnel.	그는 Thames 터널의 설계와 건설로 가장 잘 알려져 있다.	○ for ✗ by be known for(~로 유명하다)이므로 for가 적절하다.
17 One of our students was unfortunately involved **in / by** a car accident.	우리 학생 중 한 명이 불행히도 자동차 사고에 연루되었습니다.	○ in ✗ by be involved in(~에 관련되다)이므로 in이 적절하다.
18 When he killed the deer with just one shot of his arrow, the king was filled **with / by** pride.	왕은 단 한 발의 화살로 그 사슴을 잡고서 의기양양해졌다.	○ with ✗ by be filled with(~로 가득 차다)이므로 with가 적절하다.
19 The process of labeling emotional experience is related **by / to** greater emotion regulation and psychosocial well-being.	감정적인 경험에 이름을 붙이는 과정은 더 큰 감정 통제 및 심리사회적인 행복과 관련되어 있다.	○ to ✗ by be related to(~와 연관되다)이므로 to가 적절하다.
20 The author was **interesting / interested** in expressing the workings of the human mind in symbolic form.	그 저자는 기호 형태로 인간 사고방식의 작용을 표현하는 것에 관심이 있었다.	○ interested ✗ interesting 주어 The author가 '흥미를 갖게 된' 것이므로 interested가 적절하다.

DAY
09

01 밑줄 친 have that same scenario가 다음 글에서 의미하는 바로 가장 적절한 것은?

2020 고1 9월

There are more than 700 million cell phones used in the US today and at least 140 million of those cell phone users will abandon their current phone for a new phone every 14-18 months. I'm not one of those people who just "must" have the latest phone. Actually, I use my cell phone until the battery no longer holds a good charge. At that point, it's time. So I figure I'll just get a replacement battery. But **I'm told that battery is no longer made and the phone is no longer manufactured** because there's newer technology and better features in the latest phones. That's a typical justification. The phone wasn't even that old; maybe a little over one year? I'm just one example. Can you imagine how many countless other people have that same scenario? No wonder cell phones take the lead when it comes to "e-waste."

① have frequent trouble updating programs
② cannot afford new technology due to costs
③ spend a lot of money repairing their cell phones
④ are driven to change their still usable cell phones
⑤ are disappointed with newly launched phone models

유형 도움닫기
· 필자 자신의 예를 통해 주제를 이끌어내는 글이다.
· 주제가 직접 제시되지 않으므로, 예시 상황을 정확히 파악하고, 상황에 대한 필자의 태도를 파악하는 것이 관건이다.

02 다음 글의 제목으로 가장 적절한 것은? 2021 고2 3월

Some beginning researchers mistakenly believe that a good hypothesis is one that is guaranteed to be right (e.g., *alcohol will slow down reaction time*). However, if we already know your hypothesis is true before you test it, testing your hypothesis won't tell us anything new. Remember, research is supposed to produce *new* knowledge. To get new knowledge, you, as a researcher-explorer, need to leave the safety of the shore (established facts) and venture into uncharted waters (as Einstein said, "If we knew what we were doing, it would not be called research, would it?"). If your predictions about what will happen in these uncharted waters are wrong, that's okay: **Scientists are allowed to make mistakes** (as Bates said, "Research is the process of going up alleys to see if they are blind"). Indeed, scientists often learn more from predictions that do not turn out than from those that do.

* uncharted waters: 미개척 영역

① Researchers, Don't Be Afraid to Be Wrong
② Hypotheses Are Different from Wild Guesses
③ Why Researchers Are Reluctant to Share Their Data
④ One Small Mistake Can Ruin Your Whole Research
⑤ Why Hard Facts Don't Change Our Minds

유형 도움닫기
· 당위의 need to가 포함된 문장에서 글의 주제를 파악한다.
· 주제를 너무 좁지도 넓지도 않게 함축적으로 잘 담아낸 선택지를 고른다.

03 George Boole에 관한 다음 글의 내용과 일치하지 <u>않는</u> 것은? 2019 고1 11월

George Boole was born in Lincoln, England in 1815. Boole was forced to leave school at the age of sixteen after his father's business collapsed. He taught himself mathematics, natural philosophy and various languages. He began to produce original mathematical research and made important contributions to areas of mathematics. For those contributions, in 1844, he was awarded a gold medal for mathematics by the Royal Society. **Boole was deeply interested in expressing the workings of the human mind in symbolic form**, and his two books on this subject, *The Mathematical Analysis of Logic* and *An Investigation of the Laws of Thought* form the basis of today's computer science. In 1849, he was appointed the first professor of mathematics at Queen's College in Cork, Ireland and taught there until his death in 1864.

① 아버지의 사업 실패 후 학교를 그만두게 되었다.
② 수학, 자연 철학, 여러 언어를 독학했다.
③ Royal Society에서 화학으로 금메달을 받았다.
④ 오늘날 컴퓨터 과학의 기초를 형성한 책들을 저술했다.
⑤ Queen's College의 교수로 임명되었다.

유형 도움닫기 ～～

· 인물의 생애에 관해 묻는 전형적인 내용 불일치 문제이다.

· ① '아버지의 사업 실패,' ② '수학, 자연 철학, 언어', ③ 'Royal Society, 금메달', ④ '컴퓨터 과학', ⑤ 'Queen's College, 교수'와 관련된 문장을 찾아보자.

DAY
09

VOCABULARY

01
abandon 버리다
latest 최신의
charge 충전
replacement 대체, 교체
manufacture 제조하다
feature 기능, 특징
typical 전형적인
justification 정당화
countless 수없이 많은

02
hypothesis 가설
guarantee 보장하다
reaction 반응
be supposed to ~하기로 되어 있다
established 확립된
venture into (위험을 무릅쓰고) ~을 하다
prediction 예측
alley 골목
turn out 드러내다, 나타나다

03
teach oneself 독학하다
natural philosophy 자연 철학
original 독창적인
make a contribution to ~에 공헌하다
basis 기초, 기반
appoint 임명하다, 지명하다

◆ DAILY REVIEW

A 어휘 TEST ▶ 다음 단어의 뜻을 쓰세요.

1	unrivaled		11	regulation	
2	fossil		12	author	
3	consequence		13	abandon	
4	assistance		14	feature	
5	talent		15	countless	
6	superior		16	hypothesis	
7	bring up		17	guarantee	
8	instrument		18	established	
9	look up to		19	original	
10	pride		20	appoint	

B 단어 배열 ▶ 주어진 의미에 맞게 다음 단어를 배열하세요.

01 우리 공룡 퀴즈의 우승자는 진짜 화석을 상으로 받을 것입니다. (given, be, a real fossil, will)
➡ One winner of our dinosaur quiz ＿＿＿＿＿＿＿＿＿＿＿＿＿＿＿＿＿＿ as a prize.

02 과학자들은 실수를 저지르도록 허용되어 있다. (allowed, are, mistakes, make, to)
➡ Scientists ＿＿＿＿＿＿＿＿＿＿＿＿＿＿＿＿＿＿＿＿＿＿＿.

03 악기는 반드시 관리되어야 한다. (looked, be, must, after)
➡ Musical instruments ＿＿＿＿＿＿＿＿＿＿＿＿＿＿＿＿＿＿＿＿.

04 결국 그녀는 자기 삼촌과 숙모에 의해 키워졌다. (was, by, up, brought)
➡ Eventually she ＿＿＿＿＿＿＿＿＿＿＿＿＿＿＿＿＿＿ her uncle and aunt.

C 빈칸 완성 ▶ 주어진 단어를 활용하여 우리말에 맞게 빈칸을 완성하세요. (단, 필요시 어형을 바꾸거나 단어를 추가)

01 어린 시절부터 우리는 행동에는 대가가 따른다고 배운다. (teach, from, our childhood)
➡ We ＿＿＿＿＿ ＿＿＿＿＿ ＿＿＿＿＿ ＿＿＿＿＿ ＿＿＿＿＿ that actions have consequences.

02 쥐는 유럽과 북아메리카의 많은 지역에서 유해 동물로 여겨진다. (rats, consider, pests)
➡ ＿＿＿＿＿ ＿＿＿＿＿ ＿＿＿＿＿ ＿＿＿＿＿ in much of Europe and North America.

03 우리 학생 중 한 명이 불행히도 자동차 사고에 연루되었습니다. (involve, a car accident)
➡ One of our students was unfortunately ＿＿＿＿＿ ＿＿＿＿＿ ＿＿＿＿＿ ＿＿＿＿＿.

04 그는 Thames 터널의 설계와 건설로 가장 잘 알려져 있다. (know)
➡ He ＿＿＿＿＿ best ＿＿＿＿＿ ＿＿＿＿＿ the design and construction of the Thames Tunnel.

DAY

10

형용사적 수식어구

 STEP 1 **직독직해로 연습하는** 해석 공식

① 전치사구 | '전치사+명사' 형태의 전치사구가 명사 뒤에 나오면 '~한/하는'으로 끝맺고, 명사보다 먼저 해석한다.

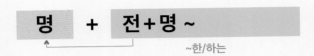

~한/하는

The market's way (of telling a firm about its failures) / is harsh and brief. 2021 고1 9월
S   V   S.C.1   S.C.2
(회사에게 그것의 실패에 관해 말해주는) 시장의 방식은 / 가혹하고 간단하다.

Generalization (without specific examples) (that humanize writing) / is boring to the listener and to the
S   V   S.C.
reader. 2022 고1 3월
(글을 인간미 있게 하는) (구체적인 사례가 없는) 일반화는 / 청자에게도 독자에게도 지루하다.

◆ **EXERCISE** ▶ 끊어읽기 표시에 따라 다음 문장을 직독직해 해보세요.

> **EXAMPLE** Climate change is a summed product (of each person's behavior). 2021 고1 11월
>
> ➡ 기후 변화는 (개인의 행동의) 합쳐진 산물이다.

01 Everyone (around him) / was moved by his thoughtfulness. 2021 고1 11월

➡ _____

02 The search (for the right song) / is associated with considerable effort. 2021 고1 6월 응용

➡ _____

03 Five minutes (of terror) (that felt like a lifetime) / passed / before he was on dry land again. 2021 고2 6월

➡ _____

04 Surprise (in the classroom) / is one (of the most effective ways) (of teaching with brain stimulation in mind). 2021 고2 3월

➡ _____

05 People engage in typical patterns (of interaction) / based on the relationship (between their roles and the roles of others). 2019 고1 11월

➡ _____

VOCABULARY harsh 가혹한   brief 간단한, 짧은   generalization 일반화   humanize 인간답게 만들다   sum 합치다   thoughtfulness 사려
깊음   be associated with ~와 연관되다   considerable 상당한   dry land 육지   stimulation 자극   engage in ~에 참여하다

100

명사 뒤에서 명사를 꾸미거나 보충 설명하는 다양한 수식어구를 살펴보자.

2 to부정사구 | 명사를 꾸미는 to부정사는 미래지향적 의미를 담아 '~할/하는/할 수 있는'이라고 해석한다.
ability, attempt, chance, desire, need, opportunity, way 등이 to부정사의 꾸밈을 받는다.

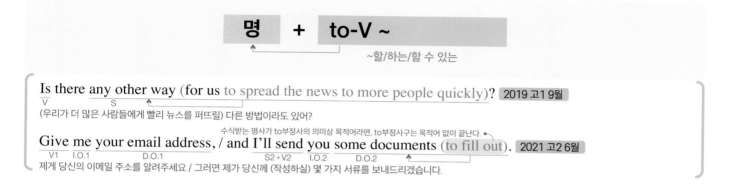

명 + to-V ~

~할/하는/할 수 있는

Is there any other way (for us to spread the news to more people quickly)? 2019 고1 9월
V   S
(우리가 더 많은 사람들에게 빨리 뉴스를 퍼뜨릴) 다른 방법이라도 있어?

수식받는 명사가 to부정사의 의미상 목적어라면, to부정사구는 목적어 없이 끝난다.

Give me your email address, / and I'll send you some documents (to fill out). 2021 고2 6월
V1 I.O.1 D.O.1   S2+V2 I.O.2 D.O.2
제게 당신의 이메일 주소를 알려주세요 / 그러면 제가 당신께 (작성하실) 몇 가지 서류를 보내드리겠습니다.

◆ EXERCISE ▶ 끊어읽기 표시에 따라 다음 문장을 직독직해 해보세요.

EXAMPLE His greatest strength / was his ability (to inspire people to work together). 2020 고2 6월

➡ 그의 가장 큰 강점은 / (사람들이 함께 노력하도록 영감을 줄 수 있는) 그의 능력이었다.

06 The necessary and useful instinct (to generalize) / can distort our world view. 2021 고2 3월

➡ _____

07 Impalas have the ability (to adapt to different environments of the savannas). 2020 고2 6월

➡ _____

08 Fashion contributes to our lives / and provides a medium (for us to develop and exhibit important social virtues). 2022 고1 6월

➡ _____

09 Sometimes, / you feel the need (to avoid something) (that will lead to success) / out of discomfort.
2021 고1 6월

➡ _____

10 Whatever the proportion (of a work's showing to telling), / there is always something (for readers to interpret). 2021 고1 11월

➡ _____

VOCABULARY
spread 퍼뜨리다　　fill out ~을 작성하다, 채우다　　strength 강점, 힘　　inspire 영감을 주다　　instinct 본능
distort 왜곡하다　　medium 수단, 매체　　exhibit 나타내다, 보여주다　　discomfort 불편함　　proportion 비율　　interpret 해석하다

③ 현재분사구

꾸밈을 받는 명사가 행위의 주체인 경우 현재분사를 사용해 명사를 꾸민다. 이때 현재분사는 '~하는/하고 있는'과 같이 능동이나 진행의 의미로 해석한다.

명 + V-ing ~
~하는/하고 있는

Consider the story (of two men) (quarreling in a library). 2021 고2 6월
(도서관에서 싸우는) (두 남자의) 이야기를 생각해보라.

The tired farmer asked / a group of children (playing outside) / to help him. 2022 고1 6월 응용
그 지친 농부는 요청했다 / (밖에서 놀고 있는) 한 무리의 아이들에게 / 자신을 도와달라고.

◆ EXERCISE ▶ 끊어읽기 표시에 따라 다음 문장을 직독직해 해보세요.

EXAMPLE One example was discovered / by ecologists (studying the behavior of toads). 2019 고1 11월 응용
➡ 한 가지 예시는 발견되었다 / (두꺼비의 행동을 연구하는) 생태학자들에 의해서.

11 The number (of children) (looking for the watch) / slowly decreased. 2022 고1 6월
➡ _____

12 On my seventh birthday, / my mom surprised me / with a puppy (waiting on a leash). 2020 고1 11월
➡ _____

13 Throughout her life, / she created art (representing the voices of people) (suffering from social injustice). 2021 고1 3월
➡ _____

14 Sleep clinicians (treating patients) (who can't sleep at night) / will often ask about room temperature.
2020 고1 9월
➡ _____

15 For a chance (to win science goodies), / just submit a selfie (of yourself) (enjoying science outside of school)! 2020 고1 3월
➡ _____

VOCABULARY   quarrel 싸우다   ecologist 생태학자   toad 두꺼비   leash (개 등을 매어둔) 줄, 끈   represent 대표하다, 표현하다
injustice 불평등, 부당함   clinician 임상의(직접 환자를 보는 의사)   goody 매력적인 것, 갖고 싶은 것

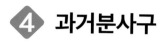 **과거분사구** | 꾸밈을 받는 명사가 행위를 당하는 대상일 때는 과거분사를 사용해 꾸민다. 이때 과거분사는 '~된/진/당한'과 같이 수동이나 완료의 의미로 해석한다.

~된/진/당한

We all know / that tempers are one (of the first things) (lost in many arguments). 2020 고1 3월
　　S　　V　　　　　　O
우리 모두 안다 / 화가 (많은 논쟁에서 저질러지는) (최초의 것들 중의) 하나임을.

Scientists often focus on / only regions (most affected by the climate change). 2022 고1 6월 응용
　　S　　　　V
과학자들은 흔히 ~에 초점을 맞춘다 / (기후 변화에 가장 영향을 많이 받는) 지역에만.

◆ **EXERCISE** ▶ 끊어읽기 표시에 따라 다음 문장을 직독직해 해보세요.

EXAMPLE There are too many forces (working against each other). 2018 고1 11월
➡ (서로 대항해 작용하는) 힘이 너무 많다.

16 Labels (on food) / are like the table of contents (found in books). 2020 고1 3월
➡ _____

17 The natural world provides a rich source (of symbols) (used in art and literature). 2020 고1 3월
➡ _____

18 A spacecraft would need to carry supplies (needed for survival on the long journey). 2020 고1 6월 응용
➡ _____

19 One (of the big questions) (faced this past year) / was how to keep innovation rolling / when people were working entirely virtually. 2022 고1 6월
➡ _____

20 Originally, / the refrigerators (located next to the cash registers in the cafeteria) / were filled with only soda. 2021 고2 6월
➡ _____

VOCABULARY **lose one's temper** 화를 내다　**argument** 논쟁　**affect** 영향을 미치다　**table of contents** 목차, 차례　**literature** 문학　**supplies** 물자, 보급품　**keep A rolling** A가 계속되게 하다　**virtually** 가상으로, 컴퓨터상으로　**cash register** 금전 등록기

	문제	문장해석	정답/해설
1	Everyone around him **was / were** moved by his thoughtfulness.	그의 모든 주변 사람들은 그의 사려 깊음에 감동받았다.	○ was ✕ were 주어 Everyone은 단수 취급하므로 was가 적절하다.
2	The search for the right song **is / are** associated with considerable effort.	적절한 노래를 찾는 것은 상당한 노력과 관련 있다.	○ is ✕ are 주어 The search가 단수명사이므로 is가 적절하다. 'for ~ song'은 주어를 꾸민다.
3	Five minutes of terror **that / what** felt like a lifetime passed before he was on dry land again.	한평생처럼 느껴졌던 공포의 5분이 지난 후, 그는 다시 육지에 도착했다.	○ that ✕ what 앞에 선행사 Five minutes of terror가 있으므로 관계대명사 that이 적절하다.
4	Surprise in the classroom **is / are** one of the most effective ways of teaching with brain stimulation in mind.	교실에서의 놀라움은 뇌 자극을 염두에 두고 가르치는 가장 효과적인 방법 중 하나이다.	○ is ✕ are 주어 Surprise가 불가산명사이므로 단수동사 is가 적절하다.
5	People engage in typical patterns of interaction **based / are based** on the relationship between their roles and the roles of others.	사람들은 자신의 역할과 다른 사람의 역할 사이의 관계에 근거하여 전형적인 양식의 상호 작용에 참여한다.	○ based ✕ are based '~에 근거하여'라는 의미로 주절을 보충 설명하는 분사구문 based를 써야 한다.
6	The necessary and useful instinct **to generalize / generalizes** can distort our world view.	그 필요하고 유용한 일반화 본능은 우리의 세계관을 왜곡할 수 있다.	○ to generalize ✕ generalizes 주어 'The ~ instinct'를 꾸미는 수식어구 자리이므로 to generalize를 쓴다.
7	Impalas have the ability **adapting / to adapt** to different environments of the savannas.	임팔라는 대초원의 다양한 환경에 적응할 수 있는 능력을 지녔다.	○ to adapt ✕ adapting 명사 ability는 to부정사의 수식을 받으므로 to adapt를 쓴다.
8	Fashion contributes to our lives and provides a medium for us to develop and **exhibit / exhibited** important social virtues.	패션은 우리 생활에 기여하며, 우리가 중요한 사회적 가치를 개발하고 나타낼 수 있는 수단을 제공한다.	○ exhibit ✕ exhibited 문맥상 to develop과 병렬을 이뤄 a medium을 꾸미도록 exhibit을 써야 한다.
9	Sometimes, you feel the need to avoid something **that / what** will lead to success out of discomfort.	가끔씩 당신은 불편함 때문에 성공으로 이어질 무언가를 피해야겠다고 느낀다.	○ that ✕ what 앞에 선행사 something이 있으므로 관계대명사 that을 써야 한다.
10	**What / Whatever** the proportion of a work's showing to telling, there is always something for readers to interpret.	작품 속에서 말하기 대 보여주기의 비율이 어떻든 간에, 독자가 해석할 것이 항상 존재한다.	○ Whatever ✕ What 주절과 콤마로 분리된 부사절을 이끌며, '~이 무엇이든 간에'라는 의미를 나타낼 수 있는 말은 Whatever이다.

문제	문장해석	정답/해설
11 The number of children **looked / looking** for the watch slowly decreased.	시계를 찾는 아이들의 숫자가 천천히 줄어들었다.	O looking ✕ looked 꾸밈을 받는 children이 '찾는' 주체이므로 looking (for)이 적절하다.
12 On my seventh birthday, my mom surprised me with a puppy **waiting / waited** on a leash.	나의 일곱 번째 생일에, 엄마는 목줄을 매고 기다리고 있는 강아지로 나를 놀라게 했다.	O waiting ✕ waited a puppy가 '기다리는' 주체이므로 waiting이 적절하다.
13 Throughout her life, she created art **representing / represented** the voices of people suffering from social injustice.	평생 동안 그녀는 사회적 부당함으로 고통받는 사람들의 목소리를 대변하는 예술 작품을 창작했다.	O representing ✕ represented 꾸밈을 받는 art가 '나타내는' 주체이므로 representing이 적절하다.
14 Sleep clinicians **treat / treating** patients who can't sleep at night will often ask about room temperature.	밤에 잠을 못 이루는 환자들을 치료하는 수면 임상의들은 흔히 방 온도에 관해 물어보게 마련이다.	O treating ✕ treat 뒤에 동사구 will often ask가 나오는 것으로 보아 수식어구 자리이므로 treating을 쓴다.
15 For a chance to win science goodies, just submit a selfie of yourself **enjoying / enjoyed** science outside of school!	좋은 과학 용품을 받을 기회를 얻으려면, 학교 밖에서 과학을 즐기는 셀카 사진을 출품하기만 하면 됩니다!	O enjoying ✕ enjoyed yourself가 '즐기는' 주체이므로 enjoying이 적절하다.
16 Labels on food are like the table of contents **finding / found** in books.	식품 라벨은 책에서 볼 수 있는 목차와 같다.	O found ✕ finding the table of contents가 '발견되는' 대상이므로 found가 적절하다.
17 The natural world provides a rich source of symbols **using / used** in art and literature.	자연계는 예술과 문학에서 사용되는 상징의 풍부한 원천을 제공한다.	O used ✕ using symbols가 '사용되는' 대상이므로 used가 적절하다.
18 A spacecraft would need to carry supplies **needing / needed** for survival on the long journey.	우주선은 긴 여정에서 생존하는 데 필요한 물자들을 운반해야 할 것이다.	O needed ✕ needing supplies가 '필요해지는' 대상이므로 needed가 적절하다.
19 One of the big questions **was faced / faced** this past year was how to keep innovation rolling when people were working entirely virtually.	작년에 직면한 가장 큰 질문 중 하나는 사람들이 완전히 가상 공간에서 일할 때 어떻게 혁신을 지속할 것인가 하는 것이었다.	O faced ✕ was faced 뒤에 동사 was가 나오는 것으로 보아 수식어구 자리이므로 과거분사 faced를 쓴다.
20 Originally, the refrigerators **located / locating** next to the cash registers in the cafeteria were filled with only soda.	원래, 구내식당 내의 금전등록기 옆에 있는 냉장고들은 탄산음료로만 채워져 있었다.	O located ✕ locating the refrigerators가 '위치된' 대상이므로 located가 적절하다.

01 다음 글에 드러난 Dave의 심경 변화로 가장 적절한 것은? 2021 고2 6월

Dave sat up on his surfboard and looked around. He was the last person in the water that afternoon. Suddenly something out toward the horizon caught his eye and his heart froze. It was every surfer's worst nightmare — the fin of a shark. And it was no more than 20 meters away! He turned his board toward the beach and started kicking his way to the shore. Shivering, he gripped his board tighter and kicked harder. 'I'm going to be okay,' he thought to himself. 'I need to let go of the fear.' **Five minutes of terror that felt like a lifetime passed before he was on dry land again.** Dave sat on the beach and caught his breath. His mind was at ease. He was safe. He let out a contented sigh as the sun started setting behind the waves.

* fin: 지느러미

① scared → relieved
② indifferent → proud
③ amazed → horrified
④ hopeful → worried
⑤ ashamed → grateful

유형 도움닫기 ⌐⌐⌐

· 'Five minutes of terror ~'을 기점 으로 글을 두 부분으로 나누어, 앞부 분과 뒷부분의 사건 흐름을 파악해 보자.

02 글의 흐름으로 보아, 주어진 문장이 들어가기에 가장 적절한 곳은? 2021 고2 3월

> But **the necessary and useful instinct to generalize can distort our world view.**

Everyone automatically categorizes and generalizes all the time. Unconsciously. It is not a question of being prejudiced or enlightened. Categories are absolutely necessary for us to function. (①) They give structure to our thoughts. (②) Imagine if we saw every item and every scenario as truly unique — we would not even have a language to describe the world around us. (③) It can make us mistakenly group together things, or people, or countries that are actually very different. (④) It can make us assume everything or everyone in one category is similar. (⑤) And, maybe, most unfortunate of all, it can make us jump to conclusions about a whole category based on a few, or even just one, unusual example.

유형 도움닫기 ⌐⌐⌐

· 일반화 능력에 대한 '긍정적 내용 → 부정적 내용'으로 갑자기 전환되어 흐름이 끊기는 지점을 찾는다.

03 다음 글의 내용을 한 문장으로 요약하고자 한다. 빈칸 (A), (B)에 들어갈 말로 가장 적절한 것은? 2021 고2 6월

Anne Thorndike, a primary care physician in Boston, had a crazy idea. She believed she could improve the eating habits of thousands of hospital staff and visitors without changing their willpower or motivation in the slightest way. In fact, she didn't plan on talking to them at all. Thorndike designed a study to alter the "choice architecture" of the hospital cafeteria. She started by changing how drinks were arranged in the room. **Originally, the refrigerators located next to the cash registers in the cafeteria were filled with only soda.** She added water as an option to each one. Additionally, she placed baskets of bottled water next to the food stations throughout the room. Soda was still in the primary refrigerators, but water was now available at all drink locations. Over the next three months, the number of soda sales at the hospital dropped by 11.4 percent. Meanwhile, sales of bottled water increased by 25.8 percent.

The study performed by Thorndike showed that the _____(A)_____ of drinks at the hospital cafeteria influenced the choices people made, which _____(B)_____ the consumption of soda.

	(A)		(B)
①	placement	……	lowered
②	placement	……	boosted
③	price	……	lowered
④	price	……	boosted
⑤	flavor	……	maintained

VOCABULARY

01
horizon 수평선
nightmare 악몽
no more than 고작, 단지 ~인
shiver 떨다
grip 잡다
let go of ~을 떨쳐내다
terror 공포
at ease 편안한
contented 만족한

02
automatically 저절로
unconsciously 무의식적으로
prejudiced 편견이 있는
enlightened 계몽된, 깨우친
unique 고유한, 독특한
mistakenly 잘못, 실수로
jump to a conclusion 성급히 결론 내리다

03
primary care 1차 의료(지역 의원 및 응급 진료)
eating habit 식습관
willpower 의지력
motivation 동기 (부여)
arrange 배치하다
additionally 추가로
drop by ~만큼 떨어지다
boost 증가시키다, 강화하다

DAILY REVIEW

A 어휘 TEST ▶ 다음 단어의 뜻을 쓰세요.

1	harsh		11	lose one's temper	
2	humanize		12	virtually	
3	thoughtfulness		13	nightmare	
4	considerable		14	shiver	
5	strength		15	terror	
6	instinct		16	enlightened	
7	medium		17	mistakenly	
8	proportion		18	willpower	
9	quarrel		19	arrange	
10	toad		20	boost	

B 단어 배열 ▶ 주어진 의미에 맞게 다음 단어를 배열하세요.

01 그의 주변의 모든 사람들은 그의 사려 깊음에 감동받았다. (everyone, him, moved, around, was)
➡ _____ by his thoughtfulness.

02 임팔라는 다양한 환경에 적응할 수 있는 능력을 지녔다. (adapt, different environments, to, to)
➡ Impalas have the ability _____.

03 나의 일곱 번째 생일에, 엄마는 목줄을 매고 기다리고 있는 강아지로 나를 놀라게 했다. (a leash, on, waiting)
➡ On my seventh birthday, my mom surprised me with a puppy _____.

04 우주선은 긴 여정에서의 생존을 위해 요구되는 물자들을 운반해야 할 것이다. (supplies, for, needed, survival)
➡ A spacecraft would need to carry _____ on the long journey.

C 빈칸 완성 ▶ 주어진 단어를 활용하여 우리말에 맞게 빈칸을 완성하세요. (단, 필요시 어형을 바꾸거나 단어를 추가)

01 적절한 노래의 검색은 상당한 노력과 관련 있다. (the search, the right song)
➡ _____ _____ _____ _____ _____ is associated with considerable effort.

02 당신은 가끔 성공으로 이어질 무언가를 피할 필요를 느낀다. (avoid, that, lead to, success)
➡ You sometimes feel the need _____ _____ _____ _____ _____ _____ _____ _____.

03 시계를 찾는 아이들의 숫자가 천천히 줄어들었다. (children, look for, the watch)
➡ The number of _____ _____ _____ _____ _____ slowly decreased.

04 자연계는 예술과 문학에서 사용되는 상징의 풍부한 원천을 제공한다. (use, art and literature)
➡ The natural world provides a rich source of symbols _____ _____ _____ _____.

11

관계대명사

STEP 1 직독직해로 연습하는 해석 공식

1 주격 관계대명사

주격 관계대명사 who, which, that 뒤에는 주어 없이 바로 동사로 시작하는 불완전한 문장이 이어진다. 주격 관계대명사절이 나오면 어미를 '~하는'으로 끝맺고 선행사와 연결해 준다.

명 + who/which/that V´ ~
~하는

Neurons (that fire together) / wire together. 2021 고1 11월
  S   V
(함께 점화하는) 뉴런은 / 함께 연결된다.

목적어가 형용사절의 수식을 받아 길어지면서 부사구 in memory가 목적어보다 앞에 나왔다.

Infants hold in memory / the sound patterns (that occur on a regular basis). 2021 고1 11월 응용
  S   V   O
유아들은 기억 속에 저장한다 / (규칙적으로 발생하는) 소리 패턴을.

◆ **EXERCISE** ▶ 끊어읽기 표시에 따라 다음 문장을 직독직해 해보세요.

EXAMPLE Each action becomes a cue (that triggers the next behavior). 2021 고2 6월

➔ 각 행동은 (다음 행동을 유발하는) 신호가 된다.

01 The man (who brought those grapes to him) / was very pleased and left. 2021 고1 11월

➔ _____

02 Personal blind spots / are areas (that are visible to others but not to you). 2020 고2 6월

➔ _____

03 A problem has recently occurred (that needs your attention). 2021 고2 3월

➔ _____

04 Suppose / you see a friend (who is on a diet / and has been losing a lot of weight). 2018 고1 9월

➔ _____

05 The invention (of the mechanical clock) / was influenced / by monks (who lived in monasteries) (that were the examples of order and routine). 2020 고2 6월

➔ _____

VOCABULARY neuron 뉴런, 신경세포　fire 점화하다　wire 연결하다　pleased 기쁜, 만족한　blind spot 맹점　visible 눈에 보이는　on a diet 다이어트 중인　lose weight 살을 빼다　invention 발명　mechanical 기계의　monk 승려　monastery 수도원　order 질서

110

관계대명사는 명사를 꾸미거나 보충 설명하는 형용사절을 이끄는 '접속사'로, 선행사를 대신하는 '대명사' 역할도 한다. 관계대명사 뒤에는 문법적으로 불완전한 문장이 나온다.

② 목적격 관계대명사

목적격 관계대명사 whom, which, that 뒤에는 목적어가 없는 불완전한 문장이 나온다. 목적격 관계대명사절 또한 '~하는'으로 끝맺고 선행사와 연결해준다. 주격 관계대명사와는 달리, 목적격 관계대명사는 단독으로 생략할 수 있다.

* 현대 영어에서는 whom 대신 who도 많이 쓰인다.

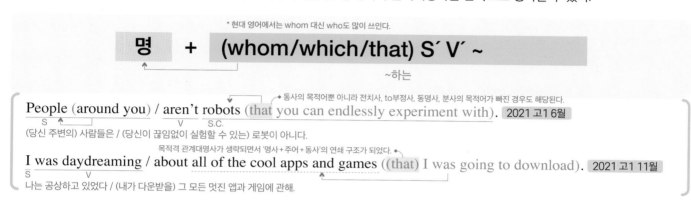

명 + (whom/which/that) S´ V´ ~

~하는

┌ 동사의 목적어뿐 아니라 전치사, to부정사, 동명사, 분사의 목적어가 빠진 경우도 해당된다.

People (around you) / aren't robots (that you can endlessly experiment with). 2021 고1 6월
  S   V   S.C.
(당신 주변의) 사람들은 / (당신이 끊임없이 실험할 수 있는) 로봇이 아니다.

목적격 관계대명사가 생략되면서 '명사+주어+동사'의 연쇄 구조가 되었다.

I was daydreaming / about all of the cool apps and games ((that) I was going to download). 2021 고1 11월
S
나는 공상하고 있었다 / (내가 다운받을) 그 모든 멋진 앱과 게임에 관해.

◆ EXERCISE ▶ 끊어읽기 표시에 따라 다음 문장을 직독직해 해보세요.

EXAMPLE The watch (which she bought him as a wedding gift) / was very expensive.

➡ (그녀가 그에게 결혼 선물로 사준) 손목시계는 / 매우 비쌌다.

06 The images (you see in your head) / are images (of you dropping the ball)! 2020 고1 6월

➡ _____

07 Many of the leaders (I know in the media industry) / are intelligent, capable, and honest. 2020 고2 3월

➡ _____

08 People seek job advancement / even when they are happy / with the jobs (they already have).
2020 고1 6월

➡ _____

09 Outsiders have the perspective (to see problems) (that the insiders are too close to really notice).
2021 고2 3월 응용

➡ _____

10 If the person (they see accepting the new idea) / happens to be a friend, / then social proof has even more power / by exerting peer pressure. 2021 고2 6월

➡ _____

VOCABULARY　　endlessly 끝없이　　experiment 실험하다　　daydream 공상하다　　intelligent 지적인　　job advancement 경력개발
perspective 관점　　happen to 우연히 ~하다　　exert (힘이나 영향력을) 행사하다, 가하다　　peer pressure 또래 압력

③ 소유격 관계대명사

소유격 관계대명사 whose는 선행사에 소유격 '~의'를 붙여 해석하면 된다. whose 뒤에는 관사 없는 명사로 시작하는 완전한 문장이 나오는 것이 특징이다.

완전한 문장

$$명 \quad + \quad whose+명 \; (S') \; V \sim$$

~의 ~이/을 ~하는

관사 없는 명사 nose가 자동사 grows의 주어 역할을 한다.

Pinocchio is a character (whose nose grows / each time he lies).
　　　　　　S　　V　　S.C.
피노키오는 (그의 코가 자라나는 / 그가 거짓말을 할 때마다) 캐릭터이다.

관사 없는 명사 work가 타동사 admire의 목적어 역할을 한다.

Can you name a few artists (whose work you admire the most)?
조V　S　　V　　　O
넌 (네가 그들의 작품을 제일 존경하는) 몇몇 예술가들의 이름을 댈 수 있니?

◆ **EXERCISE** ▶ 끊어읽기 표시에 따라 다음 문장을 직독직해 해보세요.

EXAMPLE He's marrying a girl (whose family don't seem to like him).

➡ 그는 (그녀의 집안이 그를 좋아하는 것 같지 않은) 여자와 결혼을 할 예정이다.

11 So / a patient (whose heart has stopped) / can no longer be regarded as dead. `2018 고1 9월`

➡ _____

12 A book editor is a person (whose job is to prepare manuscripts for publication).

➡ _____

13 Children (whose parents have high expectations of them) / tend to strive to reach them.

➡ _____

14 A child (whose behavior is out of control) / improves / when clear limits (on their behavior) are set and enforced. `2020 고2 6월`

➡ _____

15 The researchers took a bunch of five-month-olds (whose families only spoke English) / and showed the babies two videos. `2020 고1 11월 응용`

➡ _____

VOCABULARY　lie(-lied-lied) 거짓말하다　　admire 존경하다　　patient 환자　　be regarded as ~라고 간주되다　　editor 편집자　manuscript 원고　　publication 출판　　expectation 기대　　strive to ~하려고 애쓰다　　reach (~에) 이르다, 미치다　　out of control 통제 불가한　　limit 한계　　enforce 시행하다　　a bunch of 한 무리의

④ 관계대명사의 계속적 용법

관계대명사의 계속적 용법은 앞의 명사 또는 구나 절을 보충 설명한다. 구, 절이 선행사일 때는 which를 쓰는 것이 특징이다. 계속적 용법은 뒤에서 앞으로 해석하지 않고, '그리고 그 사람은/그것은 ~하다'와 같이 앞 문장에 이어 해석한다.

* that, what은 계속적 용법 X

| S V ~ 명 ~ | , who(m)/whose/which (S') V ~ |

그리고 그 사람은/그것은 ~하다

↱ 사물 명사를 선행사로 받는 which절이 뒤에 연결되었다.
A rat was placed in the box, / which had a special bar (fitted on the inside). 2021 고2 6월 응용
 S   V
쥐 한 마리가 그 상자 안에 넣어졌다 / 그리고 그것은 (안에 끼워 넣어진) 특별한 막대를 갖고 있었다.

↱ 문장 전체를 선행사로 받는 which절이 뒤에 연결되었다.
Plants can't move, / which means / they can't escape the creatures (that feed on them). 2018 고1 11월
 S   V
식물은 움직일 수 없는데, / 이것은 뜻한다 / 그것들이 (자신을 먹고 사는) 생물들을 피하지 못한다는 것을.

◆ **EXERCISE** ▶ 끊어읽기 표시에 따라 다음 문장을 직독직해 해보세요.

EXAMPLE It's snowing heavily, / which means more people are on the subway.

➡ 눈이 많이 오고 있다 / 이것은 지하철에 사람들이 더 많다는 뜻이다.

16 We cannot predict the outcomes (of sporting contests), / which vary from week to week. 2018 고1 11월

➡ _____

17 When bacteria make us sick, / we need to see a doctor, / who may prescribe medicines / to control the infection. 2019 고1 9월

➡ _____

18 Language began in earnest / only with the first conversation, / which is both the source and the goal (of language). 2020 고1 11월 응용

➡ _____

19 Your company took a similar course last year, / which included a lecture (by an Australian lady) (whom you all found inspiring). 2020 고2 3월

➡ _____

20 When herbs increase your blood circulation, / you may feel temporarily high, / which makes it seem / as if your health condition has improved. 2022 고1 9월 응용

➡ _____

VOCABULARY **feed on** ~을 먹고 살다 **predict** 예측하다 **vary** 달라지다 **prescribe** 처방하다 **infection** 감염 **in earnest** 본
격적으로, 진지하게 **inspiring** 고무적인 **blood circulation** 혈액 순환

문제	문장해석	정답/해설
1 The man who brought those grapes to him **was / were** very pleased and left.	그 포도를 그에게 가져다준 남자는 매우 기뻐하며 떠났다.	○ was ✕ were 주어가 The man이라는 단수명사이므로 was를 써야 한다.
2 Personal blind spots are areas that **is / are** visible to others but not to you.	개인의 맹점은 다른 사람들에게는 보이지만 당신에게는 보이지 않는 부분이다.	○ are ✕ is 선행사가 복수명사인 areas이므로 관계대명사절의 동사 또한 복수형인 are로 써야 한다.
3 A problem has recently occurred that **need / needs** your attention.	여러분의 주의가 필요한 문제가 최근 발생했습니다.	○ needs ✕ need A problem이 선행사이므로 단수동사인 needs가 적절하다.
4 Suppose you see a friend **who / whose** is on a diet and has been losing a lot of weight.	여러분이 다이어트 중이고 살을 많이 뺀 친구를 만난다고 가정해보라.	○ who ✕ whose 뒤에 주어 없는 불완전한 문장이 연결되므로 who를 써야 한다.
5 The invention of the mechanical clock was influenced by monks **who / which** lived in monasteries.	기계식 시계의 발명은 수도원에 살았던 승려들에 의해 영향을 받았다.	○ who ✕ which monks가 사람 선행사이므로 who를 써야 한다.
6 The images you see in your head **is / are** images of you dropping the ball!	당신이 머릿속에서 보는 이미지는 당신이 공을 떨어뜨리는 이미지이다!	○ are ✕ is 주어 The images가 복수명사이므로 are가 적절하다.
7 Many of the leaders I know in the media industry **is / are** intelligent, capable, and honest.	내가 미디어 업계에서 아는 많은 지도자들은 지적이고, 유능하고, 정직하다.	○ are ✕ is 주어 Many of the leaders가 복수명사구이므로 are가 적절하다.
8 People seek job advancement even when they are happy with the jobs they already **have / have them**.	사람들은 심지어 이미 가지고 있는 직업에 만족할 때조차도 경력개발을 추구한다.	○ have ✕ have them the jobs 뒤에 목적격 관계대명사가 생략되어 있으므로 have를 목적어 없이 써준다.
9 Outsiders have the perspective to see problems that the insiders are too close to really **notice / notice them**.	외부자들은 내부자가 너무 가깝기에 진정 알아차릴 수 없는 문제들을 볼 수 있는 관점을 지니고 있다.	○ notice ✕ notice them problems를 꾸미는 that이 목적격 관계대명사이므로, notice를 목적어 없이 써준다.
10 If the person they **see / are seen** accepting the new idea happens to be a friend, then social proof has even more power.	만약 그들이 새로운 아이디어를 받아들이고 있다고 보는 그 사람이 우연히도 친구라면, 사회적 증거는 훨씬 더 큰 힘을 갖는다.	○ see ✕ are seen 'they ~ idea'가 목적격 관계대명사절이므로 see를 능동태로 쓰고, 목적어 없이 남겨둔다.

	문제	문장해석	정답/해설
11	So a patient **whose / who** heart has stopped can no longer be regarded as dead.	그래서 심장이 멈춘 환자는 더 이상 죽었다고 여겨질 수 없다.	○ whose ✕ who heart has stopped가 관사 없는 명사로 시작하는 완전한 문장이므로 whose가 적절하다.
12	A book editor is a person whose job is **prepares / to prepare** manuscripts for publication.	책 편집자는 출판용 원고를 준비하는 것이 일인 사람이다.	○ to prepare ✕ prepares 관계대명사절의 동사 is 뒤로 보어가 필요하므로 to prepare가 적절하다.
13	Children whose parents have high expectations of them **tend / tends** to strive to reach them.	부모가 높은 기대를 갖고 있는 아이들은 그 기대에 미치려고 애쓰는 경향이 있다.	○ tend ✕ tends 주어가 Children이라는 복수명사이므로 tend가 적절하다.
14	A child **whose / whom** behavior is out of control improves when clear limits on their behavior are set and enforced.	행동이 통제되지 않는 아이는 행동에 대한 분명한 제한이 설정되고 시행될 때 개선된다.	○ whose ✕ whom 'behavior ~ control'이 관사 없는 명사로 시작하는 완전한 문장이므로 whose를 쓴다.
15	The researchers took a bunch of five-month-olds **whose / that** families only spoke English and showed the babies two videos.	연구자들은 가족들이 영어만 구사하는 5개월 된 아이들 한 무리를 골라 두 개의 영상을 보여주었다.	○ whose ✕ that 선행사 '5개월 된 아이들'의 소유격을 받도록 whose를 쓴다.
16	We cannot predict the outcomes of sporting contests, **that / which** vary from week to week.	우리는 스포츠 경기의 결과를 예측할 수 없는데, 이것은 매주 달라진다.	○ which ✕ that 사물 선행사(the outcomes ~ contests)는 which로 받는다. that은 계속적 용법으로 쓸 수 없다.
17	When bacteria make us sick, we need to see a doctor, **who / which** may prescribe medicines to control the infection.	우리는 박테리아 때문에 아프면 의사에게 진찰을 받아야 하는데, 그는 아마 감염을 다스리기 위해 약을 처방해줄 것이다.	○ who ✕ which 선행사가 a doctor이므로 사람 선행사를 받는 who가 적절하다.
18	Language began in earnest only with the first conversation, which **is / are** both the source and the goal of language.	언어는 최초의 대화와 함께 비로소 본격적으로 시작되었는데, 이는 언어의 근원이자 목적이다.	○ is ✕ are 단수명사인 the first conversation이 선행사이므로 단수동사 is가 적절하다.
19	Your company took a similar course last year, which included a lecture by an Australian lady whom you all found **inspiring / inspired**.	귀사에서 작년에 비슷한 강좌를 들으셨는데, 거기에는 귀사의 모든 분들이 고무적이라고 생각한 호주 여성분의 강의가 포함되어 있었습니다.	○ inspiring ✕ inspired whom의 선행사 an Australian lady가 '영감을 주는' 주체이므로 inspiring이 적절하다.
20	When herbs increase your blood circulation, you may feel temporarily high, which **make / makes** it seem as if your health condition has improved.	허브가 혈액 순환을 증가시킬 때, 여러분은 일시적으로 기분이 좋을 수 있는데, 이것이 여러분의 건강 상태가 나아진 것처럼 보이게 한다.	○ makes ✕ make 문장(you may feel temporarily high)이 선행사면 단수 취급하므로, makes가 적절하다.

01 다음 글의 요지로 가장 적절한 것은? 2020 고2 6월

Personal blind spots are areas that are visible to others but not to you. The developmental challenge of blind spots is that you don't know what you don't know. Like that area in the side mirror of your car where you can't see that truck in the lane next to you, personal blind spots can easily be overlooked because you are completely unaware of their presence. They can be equally dangerous as well. That truck you don't see? It's really there! So are your blind spots. Just because you don't see them, doesn't mean they can't run you over. This is where you need to enlist the help of others. You have to develop a crew of special people, people who are willing to hold up that mirror, who not only know you well enough to see that truck, but who also care enough about you to let you know that it's there.

① 모르는 부분을 인정하고 질문하는 것이 중요하다.
② 폭넓은 인간관계는 성공에 결정적인 영향을 미친다.
③ 자기발전은 실수를 기회로 만드는 능력에서 비롯된다.
④ 주변에 관심을 가지고 타인을 도와주는 것이 바람직하다.
⑤ 자신의 맹점을 인지하도록 도와줄 수 있는 사람이 필요하다.

유형 도움닫기
· 'So are your blind spots.'를 기준으로 글을 두 부분으로 나누고, 앞에서 제시된 비유가 뒤에서 어떤 결론으로 연결되는지 파악해보자.

02 글의 흐름으로 보아, 주어진 문장이 들어가기에 가장 적절한 곳은? 2018 고1 9월

> **So a patient whose heart has stopped can no longer be regarded as dead.**

Traditionally, people were declared dead when their hearts stopped beating, their blood stopped circulating and they stopped breathing. (①) So doctors would listen for a heartbeat, or occasionally conduct the famous mirror test to see if there were any signs of moisture from the potential deceased's breath. (②) It is commonly known that when people's hearts stop and they breathe their last, they are dead. (③) But in the last half-century, doctors have proved time and time again that they can revive many patients whose hearts have stopped beating by various techniques such as cardiopulmonary resuscitation. (④) Instead, the patient is said to be 'clinically dead'. (⑤) Someone who is only clinically dead can often be brought back to life.

* cardiopulmonary resuscitation: 심폐소생술(CPR)

유형 도움닫기
· 주어진 문장의 So는 앞 내용의 결론을 제시하는 연결어이다. '심정지가 곧 죽음으로 여겨지지 않는' 상황이 어떤 일의 결과일지 판단해보자.

03 다음 글의 목적으로 가장 적절한 것은? 2020 고2 3월

유형 도움닫기 ─〰─

· 첫 문장에 언급된 a favour의 내용
  을 알 수 있는 문장을 찾는다.

Dear Tony,

I'm writing to ask if you could possibly do me a favour. For this year's workshop, we would really like to take all our staff on a trip to Bridgend to learn more about new leadership skills in the industry. I remember that **your company took a similar course last year, which included a lecture by an Australian lady whom you all found inspiring.** Are you still in contact with her? If so, do you think that you could possibly let me have a number for her, or an email address? I would really appreciate your assistance.

Kind regards,
Luke Schreider

① 직원 연수 진행을 부탁하려고
② 연수 강사의 연락처를 문의하려고
③ 연수에서 강연할 원고를 의뢰하려고
④ 리더십 개발 연수 참석을 권유하려고
⑤ 연수자 명단을 보내 줄 것을 요청하려고

VOCABULARY

01
developmental 발달상의
overlook 간과하다
unaware 모르는, 인식하지 못한
run over (차로) 치다
enlist (협조나 참여를) 요청하다

02
declare 선언하다
beat (심장이) 뛰다, 때리다
circulate 순환하다
deceased 고인; 사망한
time and time again 거듭, 되풀이해서
clinically 임상적으로
bring back to life 소생시키다

03
do A a favour A의 부탁을 들어주다
in contact with ~와 연락하는
appreciate 감사하다
assistance 도움

A 어휘 TEST ▶ 다음 단어의 뜻을 쓰세요.

1	fire		11	enforce	
2	blind spot		12	feed on	
3	lose weight		13	vary	
4	mechanical		14	prescribe	
5	endlessly		15	in earnest	
6	daydream		16	run over	
7	perspective		17	enlist	
8	be regarded as		18	clinically	
9	manuscript		19	in contact with	
10	strive to		20	appreciate	

B 단어 배열 ▶ 주어진 의미에 맞게 다음 단어를 배열하세요.

01 여러분의 주의를 필요로 하는 문제가 최근 발생했습니다. (your attention, needs, that)
➔ A problem has recently occurred _____.

02 당신이 머릿속에서 보는 이미지는 당신이 공을 떨어뜨리는 이미지이다! (see, your head, in, you)
➔ The images _____ are images of you dropping the ball!

03 책 편집자는 그의 일이 출판을 위해 원고를 준비하는 것인 사람이다. (job, to, is, manuscripts, prepare, whose)
➔ A book editor is a person _____ for publication.

04 우리는 스포츠 경기의 결과를 예측할 수 없는데, 이것은 매주 달라진다. (from week to week, which, vary)
➔ We cannot predict the outcomes of sporting contests, _____.

C 빈칸 완성 ▶ 주어진 단어를 활용하여 우리말에 맞게 빈칸을 완성하세요. (단, 필요시 어형을 바꾸거나 단어를 추가)

01 그 포도를 그에게 가져다준 남자는 매우 기뻐하고 떠났다. (bring, those grapes, to)
➔ The man _____ _____ _____ _____ _____ _____ was very pleased and left.

02 사람들은 심지어 그들이 이미 가진 직업에 만족할 때조차도 경력개발을 추구한다. (the jobs, already)
➔ People seek job advancement even when they are happy with _____ _____ _____ _____ _____.

03 그들의 부모가 그들에 대한 높은 기대를 갖고 있는 아이들은 그 기대에 미치려고 애쓴다. (parents, have, high expectations, of)
➔ Children _____ _____ _____ _____ _____ tend to strive to reach them.

04 언어는 최초의 대화와 함께 비로소 시작되었는데, 이것은 언어의 근원이자 목적이다. (both, the source, the goal)
➔ Language began only with the first conversation, _____ _____ _____ _____ _____ _____ _____ of language.

12

관계부사

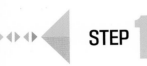 STEP **1** ▶ **직독직해로 연습하는** 해석 공식

① **시간/장소의 관계부사** | 관계부사 when은 시간 명사(the time, the day 등) 뒤에서, 관계부사 where 는 장소 명사(the place 등) 뒤에서 명사를 꾸미거나 보충 설명한다. when/where가 이끄는 절이 명사 뒤에 나오면 '~하는 (시간/장소)'라고 해석한다.

| the time
the place | + | when
where | S´ V´ ~ |

시간/장소   ~하는

↱ 'not as + 원급 + as(~만큼 …하지 않은)'는 'less + 원급 + than(~보다 덜 …한)'과 같다.

We live / in a society (where gender roles are not as strict / as in prior generations). 2020 고1 9월 응용
　S　 V
우리는 산다 / (성 역할이 그렇게 엄격하지 않은 / 이전 세대만큼) 사회에.

↱ 관계부사는 자유롭게 생략 가능하다.

It was a day ((when) I was due to give a presentation at work). 2021 고2 3월
S　V　S.C.
(내가 직장에서 발표하기로 예정돼 있던) 날이었다.

◆ **E**XERCISE ▶ 끊어읽기 표시에 따라 다음 문장을 직독직해 해보세요.

EXAMPLE Do you remember the moment (when you first decided to be an actor)?

➡ 당신은 (당신이 처음 배우가 되겠다고 결심한) 순간을 기억하나요? _____

01 Maria Sutton was a social worker / in a place (where the average income was very low). 2020 고2 6월

➡ _____

02 There are / parts (of the world) (where, unfortunately, food is still scarce). 2019 고1 9월

➡ _____

03 Many people view sleep / as merely a "down time" (when their brain shuts off). 2022 고1 3월

➡ _____

04 The Barnum Effect / is the phenomenon (where someone reads or hears something very general / but believes that it applies to them). 2020 고1 11월

➡ _____

05 There comes / a time (when it's wiser / to stop fighting for your view / and move on to accepting / what a trustworthy group of people think is best). 2021 고1 9월

➡ _____

VOCABULARY   **gender role** 성 역할   **strict** 엄격한   **social worker** 사회복지사   **scarce** 드문

관계부사는 관계대명사와 마찬가지로 명사를 꾸미거나 보충 설명하는 '접속사'인 동시에 문장에서 '부사'처럼 쓰인다. 즉 관계부사 뒤에는 완전한 문장이 나온다.

2 이유/방법의 관계부사

관계부사 why, how는 각각 the reason, the way와 짝을 이루어 '~하는 (이유/방법)'의 의미를 나타낸다. 특히 방법의 the way와 how는 둘 중 하나를 반드시 생략한다는 문법적 특징이 있다.

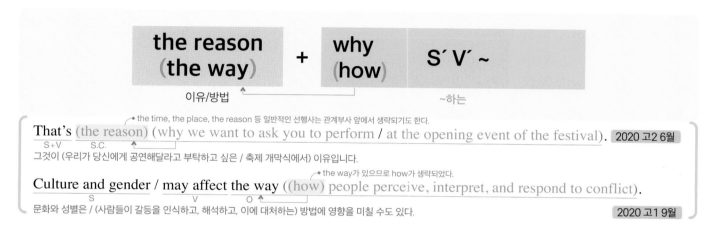

| the reason (the way) | + | why (how) | S´ V´ ~ |

이유/방법 ──────────→   ~하는

→ the time, the place, the reason 등 일반적인 선행사는 관계부사 앞에서 생략되기도 한다.

That's (the reason) (why we want to ask you to perform / at the opening event of the festival). 2020 고2 6월
S+V   S.C.
그것이 (우리가 당신에게 공연해달라고 부탁하고 싶은 / 축제 개막식에서) 이유입니다.

→ the way가 있으므로 how가 생략되었다.

Culture and gender / may affect the way ((how) people perceive, interpret, and respond to conflict).
S   V   O
문화와 성별은 / (사람들이 갈등을 인식하고, 해석하고, 이에 대처하는) 방법에 영향을 미칠 수도 있다.
2020 고1 9월

◆ EXERCISE ▶ 끊어읽기 표시에 따라 다음 문장을 직독직해 해보세요.

EXAMPLE The way (we communicate) / influences our ability (to build communities). 2018 고1 11월 응용

➔ (우리가 의사소통하는) 방식은 / (공동체를 건설하는) 우리 능력에 영향을 미친다.

06 Relationships and the way (you treat others) / determine your real success. 2022 고2 6월

➔ _____

07 There is / a purely logical reason (why science will never be able to explain everything). 2022 고2 3월

➔ _____

08 This blood is the reason (why the eyes look red in the photograph). 2020 고1 11월

➔ _____

09 One reason (we've failed to act on climate change) / is the common belief / that it is far away in time and space. 2022 고1 6월

➔ _____

10 The word 'welfare' has negative connotations, / perhaps because of the way (many politicians and newspapers portray it). 2021 고2 6월

➔ _____

VOCABULARY　　act on ~에 대해 조치를 취하다　　welfare 복지　　connotation 함축적 의미

③ 관계부사의 계속적 용법

관계부사 when, where가 콤마 뒤에서 선행사를 보충 설명하는 계속적 용법으로 쓰이면 '그리고 그때/그곳에서 ~이 ~하다'라고 해석한다. why, how 는 계속적 용법으로 쓰지 않는다.

* why, how는 계속적 용법 X

S V ~ 명 ~ , when/where S´ V´ ~
그리고 그때/그곳에서 ~이 ~하다

In 1888, / she moved to St. Louis, / where she worked as a washerwoman / for more than a decade.
           S   V
1888년에 / 그녀는 St. Louis로 이사했다 / 그리고 그곳에서 그녀는 세탁부로 일했다 / 10년 넘게.　　　2020 고1 11월

Oxygen had risen to almost its present level / by about 370 million years ago, / when animals first spread
  S   V
on to land. 2020 고2 11월

산소는 거의 현재 수치까지 증가했다 / 약 3억 7천만 년 전 무렵 / 그리고 그때 동물들이 처음 육지에 퍼졌다.

◆ **EXERCISE** ▶ 끊어읽기 표시에 따라 다음 문장을 직독직해 해보세요.

EXAMPLE Inactive satellites are dragged back into the atmosphere, / where they will burn up. 2021 고2 9월 응용

➡ 활동하지 않는 위성은 다시 대기로 끌려들어온다 / 그리고 그곳에서 그들은 불타버릴 것이다.

11 World War II began in Europe / on September 1, 1939, / when Germany invaded Poland.

➡ _____

12 Seven years later, / he moved to Duke University, / where he developed a psychology department.
　　2021학년도 고3 6월

➡ _____

13 He developed his passion (for photography) in his teens, / when he became a staff photographer (for his high school paper). 2018 고1 9월

➡ _____

14 At the age (of 23), / Coleman moved to Chicago, / where she worked at a restaurant / to save money for flying lessons. 2021 고1 11월

➡ _____

15 We set up a so-called "filter-bubble" around ourselves, / where we are constantly exposed / only to that material (that we agree with). 2021 고1 11월

➡ _____

VOCABULARY　　washerwoman 세탁부　　decade 10년　　inactive 활동하지 않는　　satellite 위성　　drag 당기다, 끌다　　invade 침략하다　　department 학과　　save money 저금하다　　so-called 소위, 이른바　　constantly 끊임없이

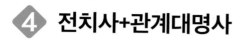 **전치사+관계대명사** | 관계대명사 whom, which가 전치사의 목적어인 경우, 전치사를 관계대명사 앞으로 옮길 수 있다. 이때 '전치사+관계대명사'는 관계부사로 대체되기도 한다. 해석할 때는 전치사의 의미를 신경쓰지 않아도 된다.

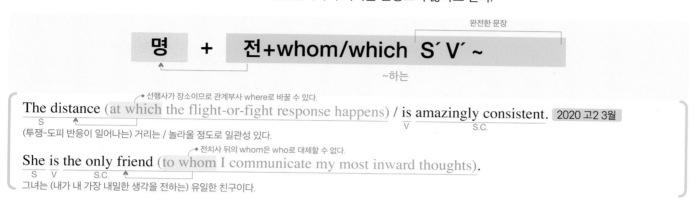

완전한 문장

명 + 전+whom/which S´ V´ ~

~하는

선행사가 장소이므로 관계부사 where로 바꿀 수 있다.

The distance (at which the flight-or-fight response happens) / is amazingly consistent. `2020 고2 3월`
S V S.C.
(투쟁-도피 반응이 일어나는) 거리는 / 놀라울 정도로 일관성 있다.

전치사 뒤의 whom은 who로 대체할 수 없다.

She is the only friend (to whom I communicate my most inward thoughts).
S V S.C.
그녀는 (내가 내 가장 내밀한 생각을 전하는) 유일한 친구이다.

◆ **EXERCISE** ▶ 끊어읽기 표시에 따라 다음 문장을 직독직해 해보세요.

EXAMPLE Don't dwell on the past events (over which you have no control).

➡ (여러분이 통제할 수 없는) 과거 사건에 연연하지 말라.

16 Let's return / to a time (in which photographs were not in living color). `2021 고2 6월`

➡ _____

17 Play is a way (in which children learn / about the world and their place in it). `2020 고1 9월`

➡ _____

18 To get your new toaster, / simply take your receipt and the faulty toaster / to the dealer (from whom you bought it). `2020 고1 3월`

➡ _____

19 Friction always works / in the direction (opposite to the direction) (in which the object is moving, or trying to move). `2022 고1 6월`

➡ _____

20 In his town, / there was / a tradition (in which the leader of the town chose a day) (when James demonstrated his skills). `2020 고1 11월`

➡ _____

VOCABULARY flight-or-fight response 투쟁-도피 반응(스트레스 상황에서 교감 신경이 활성화되는 반응) consistent 일관된 inward 내밀한
dwell on ~에 연연하다, ~을 깊이 생각하다 have control over ~을 통제하다 toaster 토스터기 receipt 영수증 faulty 결함이 있는
dealer 판매인 demonstrate 보여주다, 시연하다

문제	문장해석	정답/해설
1 Maria Sutton was a social worker in a place **when / where** the average income was very low.	Maria Sutton은 평균 소득이 매우 낮은 지역의 사회복지사였다.	○ where ✕ when a place가 장소의 선행사이므로 where를 쓴다.
2 There are parts of the world **which / where** , unfortunately, food is still scarce.	불행하게도 음식이 여전히 부족한 세계의 일부 지역들이 있다.	○ where ✕ which the world가 장소의 선행사이고 뒤에 나오는 문장도 완전하므로 where를 쓴다.
3 Many people view sleep as merely a "down time" **which / when** their brain shuts off.	많은 사람이 수면을 그저 뇌가 멈추는 '비가동 시간'으로 본다.	○ when ✕ which a "down time"이 시간의 선행사이고 뒤에 나오는 문장도 완전하므로 when을 쓴다.
4 The Barnum Effect is the phenomenon **which / where** someone reads or hears something very general but believes that it applies to them.	바넘 효과는 누군가가 매우 일반적인 것을 읽거나 듣고 그것이 자신에게 적용된다고 믿는 현상이다.	○ where ✕ which 뒤에 완전한 문장이 나오므로 where를 쓴다. the phenomenon은 추상적 공간으로 취급되었다.
5 There comes a time **which / when** it's wiser to stop fighting for your view.	자기 생각을 위해 싸우는 것을 중단하는 것이 더 현명할 때가 온다.	○ when ✕ which a time이 시간의 선행사이고 뒤에 나오는 문장도 완전하므로 when을 쓴다.
6 Relationships and **the way / the way how** you treat others determine your real success.	관계, 그리고 당신이 다른 사람들을 대하는 방식이 당신의 진정한 성공을 결정한다.	○ the way ✕ the way how 방법의 선행사 the way는 how와 함께 쓰이지 않는다.
7 There is a purely logical reason **how / why** science will never be able to explain everything.	과학이 결코 모든 것을 설명할 수는 없게 되는 순전히 논리적인 이유가 있다.	○ why ✕ how reason은 이유의 선행사이므로 뒤에 관계부사 why를 써야 한다.
8 This blood is the reason **that / why** the eyes look red in the photograph.	이 피는 눈이 사진 속에서 빨갛게 보이는 이유이다.	○ that, why 이유의 관계부사 why는 that으로 바꿔 써도 무방하다.
9 One reason we've failed to act on climate change **is / are** the common belief that it is far away in time and space.	우리가 기후 변화에 대처하지 못한 한 가지 이유는 그것이 시공간적으로 멀리 떨어져 있다는 통념 때문이다.	○ is ✕ are 주어가 One reason이므로 is를 쓴다. 'we've failed ~ climate change'는 why가 생략된 관계부사 절이다.
10 The word 'welfare' has negative connotations, perhaps because of the way **in which / how** many politicians and newspapers portray it.	'복지'라는 단어는 어쩌면 많은 정치인들과 신문들이 그 단어를 묘사하는 방식 때문에 부정적인 함의를 가지고 있다.	○ in which ✕ how the way는 관계부사 how 대신 in[by] which와 결합한다.

문제	문장해석	정답/해설
11 World War II began in Europe on September 1, 1939, **where / when** Germany invaded Poland.	제2차 세계대전은 1939년 9월 1일 유럽에서 시작됐는데, 이날 독일은 폴란드를 침공했다.	○ when ✕ where September 1, 1939가 시간의 선행사이므로 when을 쓴다.
12 Seven years later, he moved to Duke University, **which / where** he developed a psychology department.	7년 뒤 그는 듀크대학교로 옮겨 가 그곳에서 심리학과를 발전시켰다.	○ where ✕ which Duke University가 장소의 선행사이고 뒤에 나오는 문장도 완전하므로 where를 쓴다.
13 He developed his passion for photography in his teens, **which / when** he became a staff photographer for his high school paper.	그는 십 대 시절에 사진에 대한 열정을 키웠는데, 이때 그는 그가 다닌 고교 신문의 사진 기자가 되었다.	○ when ✕ which his teens가 시간의 선행사이고 뒤에 나오는 문장도 완전하므로 when을 쓴다.
14 At the age of 23, Coleman moved to Chicago, **which / where** she worked at a restaurant to save money for flying lessons.	23살 때 Coleman은 시카고로 이사했고, 그곳에서 그녀는 비행 수업을 들을 돈을 모으려고 식당에서 일했다.	○ where ✕ which Chicago가 장소의 선행사이고 뒤에 나오는 문장도 완전하므로 where를 쓴다.
15 We set up a so-called "filter-bubble" around ourselves, **whom / where** we are constantly exposed only to that material that we agree with.	우리는 자기 자신의 주변에 소위 '필터 버블'을 설치하는데, 여기서 우리는 우리가 동의하는 자료에만 끊임없이 노출된다.	○ where ✕ whom 문맥상 장소인 'a ~ "filter-bubble"'이 선행사이므로 where를 쓴다.
16 Let's return to a time **which / in which** photographs were not in living color.	사진이 생생한 색이 아니던 시기로 돌아가 보자.	○ in which ✕ which 뒤에 완전한 문장이 나오므로 in which를 쓴다. 이 in which는 when으로 바꿀 수 있다.
17 Play is a way **which / in which** children learn about the world and their place in it.	놀이는 아이들이 세상과 그 안에서의 자기 위치를 배우는 하나의 방식이다.	○ in which ✕ which 뒤에 완전한 문장이 나오므로 in which를 쓴다.
18 To get your new toaster, simply take your receipt and the faulty toaster to the dealer **whom / from whom** you bought it.	새 토스터를 받으시려면, 귀하가 토스터를 구매했던 판매인에게 영수증과 고장 난 토스터를 가져가시기만 하면 됩니다.	○ from whom ✕ whom 뒤에 완전한 문장이 나오므로 '전치사+관계대명사' 형태의 from whom을 쓴다.
19 Friction always works in the direction opposite to the direction **which / in which** the object is moving, or trying to move.	마찰은 항상 물체가 움직이거나 움직이려고 하는 방향과 반대쪽으로 작용한다.	○ in which ✕ which 뒤에 완전한 문장이 나오므로 in which를 쓴다. 이 in which는 where로 바꿀 수 있다.
20 In his town, there was a tradition in which the leader of the town chose a day **which / when** James demonstrated his skills.	그의 마을에는 마을의 지도자가 하루를 정해 James가 자신의 기술을 보여주는 전통이 있었다.	○ when ✕ which 뒤에 완전한 문장이 나오므로 시간의 관계부사 when을 쓴다.

01 다음 글에서 전체 흐름과 관계 <u>없는</u> 문장은? 2020 고1 11월

The Barnum Effect is the phenomenon where someone reads or hears something very general but believes that it applies to them. ① These statements appear to be very personal on the surface but in fact, they are true for many. ② Human psychology allows us to want to believe things that we can identify with on a personal level and even seek information where it doesn't necessarily exist, filling in the blanks with our imagination for the rest. ③ This is the principle that horoscopes rely on, offering data that appears to be personal but probably makes sense to countless people. ④ Reading daily horoscopes in the morning is beneficial as they provide predictions about the rest of the day. ⑤ Since the people reading them want to believe the information so badly, they will search for meaning in their lives that make it true.

* horoscope: 별자리 운세

유형 도움닫기 ⌒⌒

- 중심 소재인 Barnum Effect와 관련 없는 부수적 소재만 언급되는 문장을 찾는다.

02 다음 글에서 필자가 주장하는 바로 가장 적절한 것은? 2022 고2 6월

In the rush towards individual achievement and recognition, the majority of those who make it forget their humble beginnings. They often forget those who helped them on their way up. If you forget where you came from, if you neglect those who were there for you when things were tough and slow, then your success is valueless. No one can make it up there without the help of others. There are parents, friends, advisers, and coaches that help. You need to be grateful to all of those who helped you. Gratitude is the glue that keeps you connected to others. It is the bridge that keeps you connected with those who were there for you in the past and who are likely to be there in the end. **Relationships and the way you treat others determine your real success.**

① 원만한 인간관계를 위하여 사고의 유연성을 길러야 한다.
② 성공에 도움을 준 사람들에게 감사하는 마음을 가져야 한다.
③ 자신의 분야에서 성공하기 위해서는 경험의 폭을 넓혀야 한다.
④ 원하는 직업을 갖기 위해서는 다른 사람의 조언을 경청해야 한다.
⑤ 타인의 시선을 의식하지 않고 부단히 새로운 일에 도전해야 한다.

유형 도움닫기 ⌒⌒

- '~해야 한다'는 표현이 직접 제시된 문장을 찾아 답과 연결시킨다.

03 Eddie Adams에 관한 다음 글의 내용과 일치하지 <u>않는</u> 것은? 2018 고1 9월

Eddie Adams was born in New Kensington, Pennsylvania. **He developed his passion for photography in his teens, when he became a staff photographer for his high school paper.** After graduating, he joined the United States Marine Corps, where he captured scenes from the Korean War as a combat photographer. In 1958, he became staff at the *Philadelphia Evening Bulletin*, a daily evening newspaper published in Philadelphia. In 1962, he joined the Associated Press (AP), and after 10 years, he left the AP to work as a freelancer for *Time* magazine. The Saigon Execution photo that he took in Vietnam earned him the Pulitzer Prize for Spot News Photography in 1969. He shot more than 350 covers of magazines with portraits of political leaders such as Deng Xiaoping, Richard Nixon, and George Bush.

① 10대 시절에 사진에 대한 열정을 키웠다.
② 종군 사진 기자로 한국전쟁의 장면을 촬영했다.
③ 1962년부터 *Time* 잡지사에서 일했다.
④ 베트남에서 촬영한 사진으로 퓰리처상을 받았다.
⑤ 정치 지도자들의 잡지 표지용 사진을 촬영했다.

 도움닫기 ∼∼

・①'10대, 사진', ②'한국전쟁', ③'1962년, Time 잡지사', ④'베트남, 퓰리처상', ⑤'정치 지도자'가 언급된 문장을 본문에서 찾아보자.

DAY 12

VOCABULARY

01
statement 진술, 설명
personal 개인적인
on the surface 표면상으로
identify with ~와 동일시하다
fill in the blanks 빈칸을 채우다, 나머지를 상상하다
make sense 일리가 있다
countless 수없이 많은
beneficial 이익이 되는

02
achievement 성취
recognition 인정
humble 변변치 않은, 초라한
neglect 소홀히 하다
valueless 가치 없는
gratitude 감사

03
graduate 졸업하다
the Marine Corps 해병대
capture 포착하다
combat 전투, 전쟁
earn A B A에게 B를 가져다주다
portrait 초상화, 인물 사진

◆ DAILY REVIEW

정답 49p

A 어휘 TEST ▶ 다음 단어의 뜻을 쓰세요.

1	gender role		11	dwell on	
2	strict		12	dealer	
3	social worker		13	countless	
4	scarce		14	beneficial	
5	welfare		15	neglect	
6	connotation		16	gratitude	
7	washerwoman		17	graduate	
8	satellite		18	capture	
9	invade		19	combat	
10	so-called		20	portrait	

B 단어 배열 ▶ 주어진 의미에 맞게 다음 단어를 배열하세요.

01 Maria Sutton은 평균 소득이 매우 낮은 지역의 사회복지사였다. (was, the average income, low, where, very)
➡ Maria Sutton was a social worker in a place _____.

02 우리가 기후 변화에 대처하는 데 실패해온 이유가 있다. (have failed, climate change, we, to act on, why)
➡ There is a reason _____.

03 제2차 세계대전은 1939년 9월 1일 유럽에서 시작됐는데, 이때 독일은 폴란드를 침공했다. (Poland, Germany, invaded, when)
➡ World War II began in Europe on September 1, 1939, _____.

04 사진이 생생한 색이 아니던 시기로 돌아가 보자. (which, were, photographs, in, in, not, living color)
➡ Let's return to a time _____.

C 빈칸 완성 ▶ 주어진 단어를 활용하여 우리말에 맞게 빈칸을 완성하세요. (단, 관계사는 생략하지 말 것)

01 음식이 여전히 부족한 세계의 일부 지역들이 있다. (food, still, scarce)
➡ There are parts of the world _____ _____ _____ _____.

02 이 피는 눈이 사진 속에서 빨갛게 보이는 이유이다. (the eyes, look)
➡ This blood is the reason _____ _____ _____ _____ in the photograph.

03 7년 뒤 그는 듀크대학교로 옮겨 갔고, 그곳에서 그는 심리학과를 발전시켰다. (develop, a psychology department)
➡ Seven years later, he moved to Duke University, _____ _____ _____ _____
_____.

04 놀이는 아이들이 세상에 관해 배우는 방식이다. (in, children, learn about)
➡ Play is a way _____ _____ _____ _____ _____.

DAY

13

부사적 수식어로 쓰이는 to부정사

DAY 13 ▶ 부사적 수식어로 쓰이는 to부정사

 STEP 1 ▶ **직독직해로 연습하는** 해석 공식

1 목적의 to부정사

주절과 콤마로 분리되어 있는 to부정사구는 목적의 의미를 주로 나타낸다. 이는 '~하기 위해, ~하려면' 등으로 해석하면 자연스럽다. 목적의 to부정사구는 주절 앞, 뒤, 중간에 자유롭게 위치할 수 있다.

*주절 앞, 뒤, 중간에 위치 가능

to-V ~	,	S V ...
~하기 위해/하려면		...하다

◆ 문두에 나온 목적의 to부정사구는 주어로 쓰인 to부정사구와 구별해야 한다.

To be effective, / punishment must be brief / and linked directly to a behavior. 2020 고2 6월

효과가 있으려면 / 처벌은 간결해야 하고 / 행동과 직접적으로 관련되어 있어야 한다.

◆ 목적의 to부정사구는 in order to-V, so as to-V로 바꿀 수 있다.

So as not to bias us, / she posed the question / without revealing the artist or title (of the work). 2021 고2 6월 응용

우리에게 편견을 주지 않기 위해, / 그녀는 질문을 제시했다 / (그 작품의) 작가나 제목을 밝히지 않고.

◆ **EXERCISE** ▶ 끊어읽기 표시에 따라 다음 문장을 직독직해 해보세요.

EXAMPLE The children loved to stand around his window / to listen to him sing. 2021 고2 3월 응용

➡ 아이들은 그의 창문 주위에 서 있기를 좋아했다 / 그가 노래하는 것을 듣기 위해.

01 Students work / to get good grades / even when they have no interest in their studies. 2020 고1 6월

➡ _____

02 To regain that passion (for the life) (you want), / you must recover control (of your choices). 2022 고1 6월

➡ _____

03 The plant uses the color (of the fruit) / to signal to predators / that it is ripe. 2020 고2 6월

➡ _____

04 We hold an annual festival / to give our students a chance (to share their music with the community). 2020 고2 6월

➡ _____

05 When gains come quickly / we tend to lose sight of the basic wisdom / that true success, / to really last, / must come through hard work. 2020 고2 6월

➡ _____

VOCABULARY **brief** 간결한　**bias** 편견을 심다; 편견　**pose a question** 질문을 제시하다　**get a good grade** 좋은 성적을 내다
regain 회복하다, 되찾다　**signal** 알리다　**ripe** 익은　**annual** 매년 하는　**lose sight of** ~을 놓치다, 보지 못하다　**last** 지속되다

원인의 to부정사 | 감정 형용사 뒤에서 그 원인을 설명하는 to부정사는 '~해서 (…한)'의 의미로 해석한다.

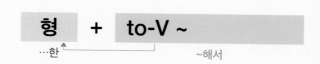

형 + to-V ~
…한 ~해서

He was delighted / to get his watch back / and rewarded the little boy as promised. 2022 고1 6월
S   V1   S.C.   V2   O
그는 기뻤다 / 자기 시계를 되찾아서 / 그리고 약속했던 대로 소년에게 보상해 주었다.

→ '슬퍼하는' 일보다 '그곳을 떠나온' 일이 먼저임을 나타내기 위해 완료부정사(to have p.p.)가 쓰였다.

I am sad / to have left there. 2022 고1 3월
S V S.C.
저는 슬퍼요 / 그곳을 떠나와서.

◆ EXERCISE ▶ 끊어읽기 표시에 따라 다음 문장을 직독직해 해보세요.

EXAMPLE I'm happy / to introduce you / to the first children's library (in our town). 2019 고1 11월

→ 저는 기쁩니다 / 여러분께 소개하게 되어서 / (우리 마을의) 최초의 어린이 도서관을.

06 She was thrilled / to see him in person. 2021 고1 6월

→ _____

07 The old man was overjoyed / to receive the prize money. 2020 고1 9월 응용

→ _____

08 The customer was amazed / to see tears well up / in the eyes (of the man). 2020 고1 9월

→ _____

09 We (at G&D Restaurant) are honored and delighted / to invite you to our annual Fall Dinner.
2021 고1 9월

→ _____

10 Writers are often surprised / to find / that what they end up with on the page / is quite different / from what they thought it would be / when they started. 2020 고2 3월

→ _____

VOCABULARY   **as promised** 약속한 대로   **introduce** 소개하다   **thrilled** 황홀한   **in person** 직접   **overjoyed** 몹시 기쁜
amazed 놀란   **well up** (물이) 차오르다   **delighted** 기쁜   **end up with** 결국 ~하다

131

③ 결과의 to부정사

주절 뒤에서 주절의 결과를 나타내는 to부정사는 '(…해서) ~하다'라고 해석한다. only to-V(결국 ~하다)가 흔히 쓰이는 형태이므로 기억해 둔다.

S V ...	+	(only) to-V ~
…해서		(결국) ~하다

→ only to-V가 '오로지 ~하기 위해서'라는 목적의 의미로 해석되지는 않는지 유의하도록 한다.

I returned to my car / only to find / that I'd locked my car key inside the vehicle. 2018 고1 9월 응용
S　　　V
나는 내 차로 돌아와서 / 발견했다 / 내가 차 키를 차 안에 넣고 문을 잠갔다는 것을.

Thanks to you, / a dreamy little girl grew up / to be a successful businesswoman.
　　　　　　　　　　S　　　　　　　V
당신 덕분에 / 꿈 많은 어린 소녀는 자라서 / 성공적인 여성 사업가가 되었습니다.

◆ **EXERCISE** ▶ 끊어읽기 표시에 따라 다음 문장을 직독직해 해보세요.

EXAMPLE　Kim tried his best / to save his business, / only to fail.

→ Kim은 최선을 다했다 / 자기 사업을 구하려고 / 하지만 결국 실패했다.

11　He woke up / to find himself lying on a hospital bed.

→ _____

12　Samuel Clemens was the real name (of the kid) (who grew up to become Mark Twain).

→ _____

13　He scrapped the conclusion (of the first movement) / because it felt too short, / only to come back to it later. 2020 고2 9월

→ _____

14　You might pick a choice (that looks familiar), / only to find later / that it was something (you had read), / but it wasn't really the best answer (to the question). 2020 고1 6월

→ _____

15　I often check in at a hotel (I've visited frequently), / only for the people (at the front desk) to give no indication / that they recognize me as a customer. 2021 고1 11월

→ _____

VOCABULARY　vehicle 차량, 탈것　　lie(-lay-lain) 눕다　　scrap 폐기하다, 버리다　　conclusion 결론　　movement (음악) 악장
familiar 익숙한　　check in (호텔 등에) 체크인하다　　frequently 자주　　front desk 프런트, 안내 데스크　　indication 조짐, 암시

④ 정도의 to부정사

정도의 to부정사는 '~하기에, ~할 만큼'으로 해석된다. enough to-V(~할 만큼 충분히), too … to-V(~하기에는 너무 …한) 구문이 대표적인 예시이다.

| 형/부 enough to-V ~할 만큼 충분히 …한/하게 | too 형/부 to-V ~하기에는 너무 …한 |

All of that happens / only because you're not tough enough / to handle rejection. 2022 고1 3월 응용
S　　V　　　　　　　　　　　　S'+V'　　　S.C.'
이 모든 일은 일어난다 / 오로지 여러분이 충분히 강하지 않기 때문에 / 거절을 감당할 만큼.

As for singing, / he was too miserable / to utter a note. 2021 고2 3월
　　　　　　　S　V　　S.C.
노래로 말하자면 / 그는 너무 비참했다 / 한 음이라도 노래하기에. (= 너무 비참해서 한 음도 노래할 수 없었다)

◆ **EXERCISE** ▶ 끊어읽기 표시에 따라 다음 문장을 직독직해 해보세요.

EXAMPLE These robots are intelligent enough / to be good team members. 2023학년도 고3 6월 응용

➡ 이 로봇들은 충분히 똑똑하다 / 좋은 팀원이 될 만큼.

16 The trail is flat enough / to hike without equipment. 2021 고2 9월

➡ _____

17 Social situations may not go well enough / for you to sense / that things are under control.
2021 고1 6월 응용

➡ _____

18 If the price is still too expensive / to be paid all at once, / you can choose to pay monthly / over up to six months. 2018 고1 9월

➡ _____

19 The poor man was very excited / to be able to bring a gift for the prince / because he was too poor to afford more. 2022 고1 11월

➡ _____

20 My future meal was coming to me / in the form (of molecules) (drifting through the air), / too small for my eyes to see / but detected by my nose. 2020 고2 3월

➡ _____

VOCABULARY　　tough 강한　　handle 감당하다, 대처하다　　rejection 거절　　as for ~에 관해 말하자면　　miserable 비참한　　utter 소리 내다, 말하다　　note (음악) 음　　flat 평평한　　equipment 장비　　monthly 달마다　　up to 최대 ~까지　　afford ~을 살 여유가 있다　　molecule 분자　　drift 떠다니다　　detect 감지하다

문제	문장해석	정답/해설
1 Students **working / work** to get good grades even when they have no interest in their studies.	학생들은 공부에 관심이 없을 때조차 좋은 성적을 얻으려고 노력한다.	○ work ✗ working 'to get ~'이 목적의 의미로 주절을 설명하는 부사구이므로, 동사 work를 써야 한다.
2 **To regain / Regain** that passion for the life you want, you must recover control of your choices.	원하는 삶에 대한 열정을 되찾으려면, 당신은 선택에 대한 통제력을 회복해야 한다.	○ To regain ✗ Regain 주절과 콤마로 분리된 목적의 부사구이므로, To regain을 쓴다.
3 The plant uses the color of the fruit **to signal / signals** to predators that it is ripe.	식물은 열매의 색깔을 사용해 포식자에게 그것이 익었음을 알려준다.	○ to signal ✗ signals '알리기 위해' 사용한다는 의미가 되도록 to signal을 쓴다.
4 We hold an annual festival to give our students a chance **sharing / to share** their music with the community.	저희는 우리 학생들이 그들의 음악을 지역 사회와 공유할 기회를 주고자 매년 축제를 개최합니다.	○ to share ✗ sharing chance는 to부정사의 꾸밈을 받는 명사이므로 to share를 쓴다.
5 True success, **really lasts / to really last** , must come through hard work.	진정한 성공은 정말로 지속되려면 노력을 통해 와야 한다.	○ to really last ✗ really lasts 목적의 to부정사가 주어와 동사 사이에 삽입되었다.
6 She was **thrilling / thrilled** to see him in person.	그녀는 직접 그를 봐서 황홀했다.	○ thrilled ✗ thrilling 주어 She가 '황홀한 기분을 느끼게 된' 대상이므로 thrilled를 쓴다.
7 The old man was overjoyed **to receive / to be received** the prize money.	노인은 상금을 받게 되어서 매우 기뻤다.	○ to receive ✗ to be received The old man이 '상금을 받는' 주체이므로 to receive를 쓴다.
8 The customer was **amazing / amazed** to see tears well up in the eyes of the man.	손님은 그 남자의 두 눈에 눈물이 차오르는 것을 보고 놀랐다.	○ amazed ✗ amazing 주어 The customer가 '놀람을 느끼게 만들어진' 대상이므로 amazed를 쓴다.
9 We at G&D Restaurant are honored and delighted **to invite / invite** you to our annual Fall Dinner.	우리 G&D 식당은 우리 연례행사인 Fall Dinner에 귀하를 초대하게 되어 영광이고 기쁩니다.	○ to invite ✗ invite 감정 형용사 뒤에서 그 원인을 설명하도록 to invite를 쓴다.
10 Writers are often surprised **to find / to be found** that what they end up with on the page is quite different.	글을 쓰는 사람들은 결국 페이지 위에 적히는 내용이 상당히 다르다는 것을 알고 흔히 놀란다.	○ to find ✗ to be found writers가 '발견하는' 행위의 주체이므로 to find가 적절하다.

문제	문장해석	정답/해설
11 He woke up **found / to find** himself lying on a hospital bed.	그는 깨어나서 자신이 병원 침대에 누워있다는 것을 알았다.	○ to find ✕ found '깨어난' 결과 어디 있는지 '알았다'는 의미로 to find를 쓴다.
12 Samuel Clemens was the real name of the kid who grew up **became / to become** Mark Twain.	Samuel Clemens는 자라서 Mark Twain이 된 소년의 본명이었다.	○ to become ✕ became '자란' 결과 Mark Twain이 '되었다'는 의미로 to become을 쓴다.
13 He scrapped the conclusion of the first movement because it felt too short, only to **coming / come** back to it later.	그는 1악장의 결론이 너무 짧다고 느껴져서 폐기했다가, 결국 나중에 그것으로 돌아왔다.	○ come ✕ coming '폐기했던' 결론부로 '결국 돌아왔다'는 결과를 나타내기 위해 (only to) come을 쓴다.
14 You might pick a choice that looks **familiar / familiarly** , only to find later that it wasn't really the best answer to the question.	여러분은 익숙해 보이는 선택지를 고를지도 모르지만, 결국 그것이 문제에 대한 최선의 답은 아니었다는 것을 나중에 깨닫게 된다.	○ familiar ✕ familiarly 2형식 동사 looks 뒤에 주격보어가 필요하므로 형용사인 familiar가 적절하다.
15 I often check in at a hotel I've visited frequently, only for the people at the front desk **give / to give** no indication that they recognize me as a customer.	나는 내가 자주 방문했던 호텔에 종종 체크인하는데, 결국 프런트에 있는 사람들은 나를 고객으로 알아차린다는 표시를 보여주지 않는다.	○ to give ✕ give 결과의 only to-V이므로 to give를 쓴다. for the people은 의미상 주어이다.
16 The trail is flat enough **hiking / to hike** without equipment.	그 길은 장비 없이 하이킹을 할 만큼 충분히 평지이다.	○ to hike ✕ hiking enough to-V(~할 만큼 충분히) 구문이므로 to hike가 적절하다.
17 Social situations may not go well enough **of / for** you to sense that things are under control.	사회적 상황은 여러분이 상황을 통제하고 있다고 느낄 만큼 충분히 잘 흘러가지 않을 수도 있다.	○ for ✕ of enough to-V의 의미상 주어는 to부정사 앞에 'for+목적격' 형태로 표시한다.
18 If the price is still too expensive **to be / being** paid all at once, you can choose to pay monthly over up to six months.	가격이 여전히 너무 비싸 한 번에 다 지불할 수 없다면, 최대 6개월에 걸쳐 할부로 내셔도 됩니다.	○ to be ✕ being too … to-V(너무 …해서 ~하지 못하다) 구문이므로 to be를 쓴다.
19 The poor man was very **exciting / excited** to be able to bring a gift for the prince because he was too poor to afford more.	그 가난한 남자는 왕자를 위해 선물을 가져올 수 있어 매우 신이 났는데, 그가 너무 가난하여 그 이상 마련할 여유가 없었기 때문이었다.	○ excited ✕ exciting 주어인 The poor man이 '신남을 느끼게 된' 대상이므로 excited가 적절하다.
20 My future meal was coming to me in the form of molecules drifting through the air, too small for my eyes **to see / to be seen** but detected by my nose.	내가 곧 먹을 식사가, 너무 작아서 눈으로는 볼 수 없지만 코로는 감지되는, 공중을 떠다니는 분자 형태로 내게 오고 있었다.	○ to see ✕ to be seen 의미상 주어 my eyes가 '보는' 주체이므로 to see를 쓴다.

01 주어진 글 다음에 이어질 글의 순서로 가장 적절한 것은? 2020 고1 6월

Students work to get good grades even when they have no interest in their studies. People seek job advancement even when they are happy with the jobs they already have.

(A) It's like being in a crowded football stadium, watching the crucial play. A spectator several rows in front stands up to get a better view, and a chain reaction follows.

(B) And if someone refuses to stand, he might just as well not be at the game at all. When people pursue goods that are positional, they can't help being in the rat race. To choose not to run is to lose.

(C) Soon everyone is standing, just to be able to see as well as before. Everyone is on their feet rather than sitting, but no one's position has improved.

* rat race: 치열하고 무의미한 경쟁

① (A) — (C) — (B)　　　② (B) — (A) — (C)

③ (B) — (C) — (A)　　　④ (C) — (A) — (B)

⑤ (C) — (B) — (A)

 유형 도움닫기 ～
· (A)의 a crowded football stadium이 어떤 상황을 비유하는지 파악하면 쉽게 순서를 잡을 수 있다.

02 다음 글에 드러난 Cindy의 심경 변화로 가장 적절한 것은? 2021 고1 6월

One day, Cindy happened to sit next to a famous artist in a café, and **she was thrilled to see him in person**. He was drawing on a used napkin over coffee. She was looking on in awe. After a few moments, the man finished his coffee and was about to throw away the napkin as he left. Cindy stopped him. "Can I have that napkin you drew on?", she asked. "Sure," he replied. "Twenty thousand dollars." She said, with her eyes wide-open, "What? It took you like two minutes to draw that." "No," he said. "It took me over sixty years to draw this." Being at a loss, she stood still rooted to the ground.

① relieved → worried

② indifferent → embarrassed

③ excited → surprised

④ disappointed → satisfied

⑤ jealous → confident

 유형 도움닫기 ～
· 'Cindy stopped him.' 앞뒤로 반전되는 상황을 파악한다.

03 밑줄 친 got "colder"가 다음 글에서 의미하는 바로 가장 적절한 것은? 2020 고2 9월

If creators knew when they were on their way to fashioning a masterpiece, their work would progress only forward: they would halt their idea-generation efforts as they struck gold. But in fact, they backtrack, returning to versions that they had earlier discarded as inadequate. In Beethoven's most celebrated work, the Fifth Symphony, **he scrapped the conclusion of the first movement because it felt too short, only to come back to it later**. Had Beethoven been able to distinguish an extraordinary from an ordinary work, he would have accepted his composition immediately as a hit. When Picasso was painting his famous *Guernica* in protest of fascism, he produced 79 different drawings. Many of the images in the painting were based on his early sketches, not the later variations. If Picasso could judge his creations as he produced them, he would get consistently "warmer" and use the later drawings. But in reality, it was just as common that he got "colder."

① moved away from the desired outcome
② lost his reputation due to public criticism
③ became unwilling to follow new art trends
④ appreciated others' artwork with less enthusiasm
⑤ imitated masters' styles rather than creating his own

유형 도움닫기

• 첫 두 문장에서 요지를 말하고, 세 번째 문장부터 두 예술가(Beethoven, Picasso)의 예를 들고 있다.

• 요지와 첫 번째 예시의 결론을 두 번째 예시에 잘 적용하는 것이 중요하다.

DAY 13

VOCABULARY

01
crowded 붐비는
crucial 아주 중요한
spectator 관중
chain reaction 연쇄 반응
refuse 거부하다
might as well ~하는 것이 낫다
positional 위치와 관련된
can't help V-ing ~하지 않을 수 없다

02
awe 경외심
throw away ~을 버리다
wide-open (눈을) 크게 뜬, 활짝 열린
at a loss 어쩔 줄 모르는
rooted to ~에서 움직이지 못하는

03
fashion 만들다
halt 중단하다
strike gold 금을 캐다, 대성공하다
backtrack 역추적하다
discard 버리다, 폐기하다
inadequate 부적절한, 불충분한
distinguish 구별하다
in protest of ~에 저항하여
fascism 파시즘(전체주의)
unwilling 내키지 않는

137

DAILY REVIEW

A 어휘 TEST ▶ 다음 단어의 뜻을 쓰세요.

1	brief		11	crucial	
2	ripe		12	spectator	
3	as promised		13	positional	
4	well up		14	awe	
5	vehicle		15	fashion	
6	scrap		16	halt	
7	indication		17	strike gold	
8	miserable		18	discard	
9	flat		19	inadequate	
10	drift		20	unwilling	

B 단어 배열 ▶ 주어진 의미에 맞게 다음 단어를 배열하세요.

01 우리는 우리 음악을 지역 사회와 공유하기 위해 매년 열리는 축제를 개최합니다. (share, our music, to, with, the community)
→ We hold an annual festival _____.

02 손님은 그의 두 눈에 눈물이 차오르는 것을 봐서 놀랐다. (to, well up, tears, see)
→ The customer was amazed _____ in his eyes.

03 그는 깨어나서 자신이 병원 침대에 누워있다는 것을 알았다. (find, lying, a hospital bed, on, himself, to)
→ He woke up _____.

04 사회적 상황은 여러분이 상황을 통제하고 있다고 느낄 만큼 충분히 잘 흘러가지 않을 수도 있다. (enough, you, to, for, sense, well)
→ Social situations may not go _____ that things are under control.

C 빈칸 완성 ▶ 주어진 단어를 활용하여 우리말에 맞게 빈칸을 완성하세요. (단, 필요시 어형을 바꾸거나 단어를 추가)

01 당신이 원하는 삶에 대한 그런 열정을 되찾으려면, 당신은 선택에 대한 통제력을 회복해야 한다. (regain, that passion)
→ _____ _____ _____ _____ for the life you want, you must recover control of your choices.

02 노인은 상금을 받게 되어서 매우 기뻤다. (receive, the prize money)
→ The old man was overjoyed _____ _____ _____ _____.

03 Samuel Clemens는 자라서 Mark Twain이 된 소년의 본명이었다. (grow up, become)
→ Samuel Clemens was the real name of the kid who _____ _____ _____ _____ Mark Twain.

04 그 길은 장비 없이 하이킹을 할 만큼 충분히 평평하다. (flat, hike)
→ The trail is _____ _____ _____ _____ without equipment.

DAY

14

부사절

STEP 1 ▶ 직독직해로 연습하는 해석 공식

1 시간의 부사절 | when, as, while, since, before, after, every time, next time, as soon as 등이 이끄는 부사절은 시간과 관련된 의미로 주절을 보충 설명한다.

when/as S´ V´ ~할 때	**before/after S´ V´** ~하기 전에/하고 나서
while S´ V´ ~하는 동안/한편	**every time/next time S´ V´** ~할 때마다/다음에 ~할 때
since S´ V´ ~한 이후로 (계속)	**as soon as S´ V´** ~하자마자

When you see situations more objectively, / you are less likely to have doubt. 2021 고1 3월 응용
S V O S V O
여러분이 상황을 더 객관적으로 볼 때 / 여러분은 의심을 가질 가능성이 더 낮다.

시간 부사절에서는 현재시제가 미래시제를 대신한다.
Bookings will be accepted / up to 2 hours before the tour starts. 2022 고1 3월
S V S´ V´
예약은 접수될 것입니다 / 투어가 시작하기 2시간 전까지.

◆ **EXERCISE** ▶ 끊어읽기 표시에 따라 다음 문장을 직독직해 해보세요.

EXAMPLE The old man said, / "Your shop was closed / when I returned." 2018 고1 11월

➡ 노인은 말했다 / "당신의 가게는 닫혀 있었습니다 / 내가 돌아왔을 때."

01 He let out a contented sigh / as the sun started setting behind the waves. 2021 고2 6월

➡ _____

02 Since I joined your youth sports program several years ago, / I have really enjoyed swimming.
2021학년도 고3 6월

➡ _____

03 Many runners stop training / as soon as they cross the finish line. 2020 고1 6월 응용

➡ _____

04 While other competitors were in awe of this incredible volume, / Henry Ford dared to ask, / "Can we do even better?" 2021 고2 6월

➡ _____

05 Next time you hear a politician say / 'surveys prove that the majority of the people agree with me', / be very wary. 2021 고2 6월

➡ _____

② 조건의 부사절 | if, unless, as long as, once 등이 이끄는 부사절은 주절의 상황과 관련된 조건을 주로 설명한다.

if S´ V´ 만약 ~한다면	**as long as S´ V´** ~하는 한
unless S´ V´ ~하지 않는 한	**once S´ V´** 일단 ~하면

↗ 조건 부사절에서는 현재시제가 미래시제를 대신한다.

If you make your bed every morning, / you will have accomplished the first task (of the day). 2022 고1 3월
S V O S V O
여러분이 매일 아침 침대를 정돈한다면 / 여러분은 (그날의) 첫 번째 과업을 성취한 것이 된다.

Once a vampire bites a person, / that person turns into a vampire (who seeks the blood of others). 2022 고1 6월
S V O S V
일단 흡혈귀가 사람을 물면 / 그 사람은 (다른 사람의 피를 찾아나서는) 흡혈귀로 변한다.

◆ **EXERCISE** ▶ 끊어읽기 표시에 따라 다음 문장을 직독직해 해보세요.

EXAMPLE If you want to protect yourself from colds, / regular exercise will definitely help. 2018 고1 9월 응용

→ 여러분이 자신을 감기로부터 보호하고 싶다면 / 규칙적인 운동이 분명 도움이 될 것이다.

06 Information is worthless / if you never actually use it. 2021 고1 11월

→ _____

07 Please send us your logo design proposal / once you are done with it. 2021 고1 6월

→ _____

08 We do not provide refunds / unless class is cancelled due to low registration. 2020 고2 11월

→ _____

09 We attribute causes to events, / and as long as these cause-and-effect pairings make sense, / we use them / to understand future events. 2018 고1 9월 응용

→ _____

10 If we don't succeed the first time, / or if it feels a little awkward, / we'll tell ourselves it wasn't a success / rather than giving it another shot. 2021 고1 3월

→ _____

VOCABULARY make the bed 잠자리를 정돈하다　accomplish 성취하다　bite 물다　turn into ~로 변하다　seek 찾다, 추구하다
worthless 가치 없는　registration 등록　attribute 귀착시키다, 부여하다　awkward 어색한　give it another shot 다시 한번 해보다

❸ 이유/양보의 부사절

because, as, since, now that 등은 주절의 이유를 설명하는 부사절을 이끈다. 한편, (al)though, even though, even if 등은 '~에도 불구하고' 주절의 상황이 발생한다는 양보의 의미를 나타낸다.

because/as S´ V´ ~ 때문에	**since S´ V´** ~ 때문에	**now that S´ V´** ~하므로
(al)though S´ V´ ~에도 불구하고	**even though S´ V´** 비록 ~하더라도	**even if S´ V´** 설령 ~한다 해도

↪ since 이후 주절에 완료시제가 나오지 않으면 대개 이유의 의미로 해석한다.

Since it was such a small and simple request, / nearly all of them agreed. 2021 고1 9월
그것이 아주 작고 간단한 요청이었기 때문에, / 그들 중 거의 모두가 동의했다.

People (blind at birth) / have similar overall dreaming experiences / even though they do not dream in pictures. 2022 고1 6월
(태어날 때 시각장애가 있는) 사람들은 / 전반적으로 비슷한 꿈 경험을 한다 / 비록 그들이 시각적 장면으로 꿈을 꾸지는 않더라도.

◆ EXERCISE ▶ 끊어읽기 표시에 따라 다음 문장을 직독직해 해보세요.

EXAMPLE Although babies have poor eyesight, / they prefer to look at faces. 2021 고1 6월 응용

➡ 비록 아기들은 시력이 나쁘지만 / 그들은 얼굴을 쳐다보는 것을 선호한다.

11 As the machinery was new, / it continued to produce satisfying results. 2020 고2 6월 응용

➡ _____

12 Though we are all experienced shoppers, / we are still fooled. 2018 고1 11월

➡ _____

13 Chimps quickly overheat; / humans do not, / because they are much better at shedding body heat. 2020 고1 6월

➡ _____

14 Chances are good / that you remember stories, anecdotes, and examples (from the event), / even if you can't think of their exact context. 2018 고1 11월

➡ _____

15 It is so important / for us to identify context (related to information) / because if we fail to do so, / we may judge and react too quickly. 2018 고1 11월

➡ _____

VOCABULARY　　overall 전반적인　　eyesight 시력　　machinery 기계　　satisfying 만족스러운　　experienced 경험 있는　　fool 속이다　　overheat 과열되다　　shed 떨어뜨리다, 없애다, 흘리다　　anecdote 일화　　exact 정확한　　identify 확인하다　　react 반응하다

④ 목적/결과의 부사절 | so that은 목적(~하도록) 또는 결과(…해서 ~하다)의 의미로 해석되는 부사절을 이끈다. so that절은 주로 주절 뒤에 위치하는 것이 특징이다. 한편, 'so ~ that … (너무 ~해서 …하다)' 구문의 that절 또한 결과의 부사절로 본다.

…(,) so that S´ V´ ~하도록, (…해서) ~하다 | **so+형/부+that S´ V´** 너무 ~해서 …하다

↑ so that의 that은 생략되기도 한다.
He did a couple of moves / so (that) no one would suspect / that the competition was fixed. 2020 고1 11월
S V O   S´   V´   O´
그는 몇 가지 동작을 했다 / 아무도 의심하지 않도록 / 시합 결과가 정해졌다고.

Light is so cheap / that you use it without thinking. 2021 고1 3월
S V S.C.   S´ V´ O´
조명은 값이 너무 싸서 / 여러분은 아무 생각 없이 그것을 이용한다.

◆ **EXERCISE** ▶ 끊어읽기 표시에 따라 다음 문장을 직독직해 해보세요.

EXAMPLE You know the simple movements so well / that you can perform them without thinking. 2020 고2 3월
→ 여러분은 그 간단한 동작들을 너무 잘 알아서 / 여러분은 그것들을 아무 생각 없이 수행할 수 있다.

16 You show your mistakes off / so that everybody can learn from them. 2021 고1 9월 응용
→ _____

17 There was so much gold there / that the shoemaker was afraid / to let it out of his sight. 2021 고2 3월
→ _____

18 As he loved to play outside, / he ate his breakfast and got dressed quickly / so they could go.
2022 고1 6월
→ _____

19 The volunteers had to wear a special watch for seven days / so the researchers could collect data (on their sleeping and waking times). 2022 고1 6월
→ _____

20 Many of the manufactured products (made today) / contain so many chemicals / that it is sometimes difficult / to know exactly what is inside them. 2020 고1 3월 응용
→ _____

VOCABULARY suspect 의심하다 | fixed 고정된 | perform 수행하다 | show off ~을 드러내 보여주다, 과시하다 | let A out of B's sight A가 B의 시야에서 벗어나게 하다 | manufacture 제조하다 | chemical 화학물질

DAY 14

143

	문제	문장해석	정답/해설
1	He let out a contented sigh as the sun **starting / started** setting behind the waves.	태양이 파도 뒤로 지기 시작할 때, 그는 만족스러운 한숨을 내쉬었다.	○ started ✕ starting as가 이끄는 부사절에 동사가 필요하므로 started가 적절하다.
2	Since I **join / joined** your youth sports program several years ago, I have really enjoyed swimming.	저는 몇 년 전에 귀하의 청소년 스포츠 프로그램에 합류한 이후 수영을 정말 즐겨왔어요.	○ joined ✕ join several years ago라는 과거 표현으로 보아 joined가 적절하다.
3	Many runners stop **to train / training** as soon as they cross the finish line.	많은 달리기 선수들이 결승선을 통과하자마자 훈련을 중단한다.	○ training ✕ to train 문맥상 '훈련을 멈추다'라는 의미가 되어야 하므로 training이 적절하다.
4	**During / While** other competitors were in awe of this incredible volume, Henry Ford dared to ask, "Can we do even better?"	다른 경쟁사들이 이 놀라운 분량에 감탄하는 동안, Henry Ford는 감히 "우리가 훨씬 더 잘할 수 있을까?"라고 물었다.	○ While ✕ During 'other competitors were ~'가 절이므로 접속사 While이 적절하다.
5	Next time you hear a politician say 'surveys prove that the majority of the people agree with me', **being / be** very wary.	다음번에 한 정치인이 '설문조사가 입증하기로, 대다수의 국민들이 제게 동의합니다'라고 말하는 것을 듣는다면, 매우 조심하라.	○ be ✕ being 콤마와 함께 시간 부사절이 끝나고 주절의 동사가 나와야 하므로 be가 적절하다.
6	Information is worthless **if / unless** you never actually use it.	정보를 실제로 쓰지 않는다면, 그 정보는 가치가 없다.	○ if ✕ unless unless 뒤에는 부정 표현을 쓰지 않으므로 if가 적절하다.
7	Please send us your logo design proposal **unless / once** you are done with it.	일단 다 되시면, 여러분의 로고 디자인 제안서를 저희한테 보내주세요.	○ once ✕ unless 문맥상 '일단 끝내면' 디자인을 보내달라는 의미이므로 once가 적절하다.
8	We do not provide refunds unless class is **cancelled / not cancelled** due to low registration.	등록이 적어 수업이 취소되지 않는 한, 환불은 제공되지 않습니다.	○ cancelled ✕ not cancelled unless 뒤에는 부정 표현을 쓰지 않으므로 cancelled를 쓴다.
9	We attribute causes to events, and as long as these cause-and-effect pairings make sense, we use them **to understand / understand** future events.	우리는 사건에 원인을 귀착시키고, 이러한 인과 짝이 이치에 맞는 한, 이것들을 이용해 미래 사건을 이해한다.	○ to understand ✕ understand '이해하기 위해' 사용한다는 뜻이므로 to understand를 쓴다.
10	If we **won't succeed / don't succeed** the first time, we'll tell ourselves it wasn't a success rather than giving it another shot.	만일 우리가 처음에 성공하지 못하면, 우리는 다시 한번 해보기보다는 성공하지 못했다고 스스로에게 말할 것이다.	○ don't succeed ✕ won't succeed 조건의 부사절에서는 현재시제가 미래시제 대신 쓰인다.

문제	문장해석	정답/해설
11 As the machinery was new, it continued to produce **satisfying / satisfied** results.	그 기계는 새것이었기에 계속해서 만족스러운 결과물을 생산했다.	○ satisfying ✕ satisfied results가 '만족을 주는' 주체이므로 satisfying이 적절하다.
12 **Despite / Though** we are all experienced shoppers, we are still fooled.	우리 모두 경험 많은 쇼핑객임에도 불구하고 여전히 (상술에) 속는다.	○ Though ✕ Despite 뒤에 'we are ~'라는 절이 연결되므로 접속사 Though가 적절하다.
13 Chimps quickly overheat; humans **do / are** not, because they are much better at shedding body heat.	침팬지는 체온이 빨리 오르지만 인간들은 그렇지 않은데, 인간은 체온을 훨씬 잘 떨어뜨리기 때문이다.	○ do ✕ are 앞에 나온 일반동사 overheat를 받을 수 있는 대동사 do가 적절하다.
14 You remember stories, anecdotes, and examples from the event, **in spite of / even if** you can't think of their exact context.	비록 여러분이 사건의 정확한 맥락을 기억하지는 못하더라도, 여러분은 그 사건의 이야기, 일화, 그리고 예시를 기억한다.	○ even if ✕ in spite of 뒤에 'you can't think ~'라는 절이 연결되므로 접속사 even if가 적절하다.
15 It is so important for us to identify context related to information **because / because of** if we fail to do so, we may judge and react too quickly.	우리가 정보와 관련된 맥락을 확인하는 것은 매우 중요한데, 만약 그렇게 하지 못하면 우리는 아마 너무 성급하게 판단하고 반응할 것이기 때문이다.	○ because ✕ because of 뒤에 'we may judge and react ~'라는 절이 연결되므로 접속사 because가 적절하다.
16 You show your mistakes off **unless / so that** everybody can learn from them.	당신은 모두가 실수로부터 배울 수 있도록 실수를 드러내 보여준다.	○ so that ✕ unless '모두가 배울 수 있도록' 실수를 공개한다는 의미이므로 so that을 쓴다.
17 There was so much gold there **that / where** the shoemaker was afraid to let it out of his sight.	거기에 금화가 너무 많아서 구두 만드는 사람은 그것을 자기 눈에 보이지 않게 두기가 겁났다.	○ that ✕ where 'so ~ that …(너무 ~해서 …하다)' 구문이므로 that을 쓴다.
18 As he loved to play outside, he ate his breakfast and got dressed quickly so they **can / could** go.	그는 밖에 나가 노는 것을 좋아했기 때문에, 그들이 나갈 수 있도록 서둘러 아침을 먹고 옷을 입었다.	○ could ✕ can 문장의 시제가 과거이므로 시제일치된 조동사 could가 적절하다.
19 The volunteers had to wear a special watch so the researchers **could collect / to collect** data on their sleeping and waking times.	그 자원자들은 연구원들이 수면 및 기상 시간에 대한 데이터를 수집할 수 있도록 특별한 시계를 착용해야만 했다.	○ could collect ✕ to collect 목적의 접속사 so (that) 뒤로 동사가 필요하므로 could collect가 적절하다.
20 Many of the manufactured products contain so many chemicals **that / which** it is sometimes difficult to know exactly what is inside them.	많은 제조품에는 너무 많은 화학물질이 들어 있어서, 때로 그 안에 무엇이 들어 있는지 정확히 알기 어렵다.	○ that ✕ which 'so ~ that …(너무 ~해서 …하다)' 구문이므로 that을 쓴다.

STEP 3 ▶ 기출문제**로 의미 다시보기** ▶ 기출 지문 속에서 문장을 다시 읽어보세요. ◀

01 글의 흐름으로 보아, 주어진 문장이 들어가기에 가장 적절한 곳은? 2021 고2 6월

· 대명사 He[he]의 사용에 주목한다.

While other competitors were in awe of this incredible volume, Henry Ford dared to ask, "Can we do even better?"

Ransom Olds, the father of the Oldsmobile, could not produce his "horseless carriages" fast enough. In 1901 he had an idea to speed up the manufacturing process — instead of building one car at a time, he created the assembly line. (①) The acceleration in production was unheard-of — from an output of 425 automobiles in 1901 to an impressive 2,500 cars the following year. (②) He was, in fact, able to improve upon Olds's clever idea by introducing conveyor belts to the assembly line. (③) As a result, Ford's production went through the roof. (④) Instead of taking a day and a half to manufacture a Model T, as in the past, he was now able to spit them out at a rate of one car every ninety minutes. (⑤) The moral of the story is that good progress is often the herald of great progress.

* in awe of: ~에 깊은 감명을 받은   ** herald: 선구자

02 다음 글의 요지로 가장 적절한 것은? 2021 고1 11월

· 글의 처음과 마지막에 주제가 반복 제시된다.

Information is worthless if you never actually use it. Far too often, companies collect valuable customer information that ends up buried and never used. They must ensure their data is accessible for use at the appropriate times. For a hotel, one appropriate time for data usage is check-in at the front desk. I often check in at a hotel I've visited frequently, only for the people at the front desk to give no indication that they recognize me as a customer. The hotel must have stored a record of my visits, but they don't make that information accessible to the front desk clerks. They are missing a prime opportunity to utilize data to create a better experience focused on customer loyalty. Whether they have ten customers, ten thousand, or even ten million, the goal is the same: create a delightful customer experience that encourages loyalty.

① 기업 정보의 투명한 공개는 고객 만족도를 향상시킨다.
② 목표 고객층에 대한 분석은 기업의 이익 창출로 이어진다.
③ 고객 충성도를 높이기 위해 고객 정보가 활용될 필요가 있다.
④ 일관성 있는 호텔 서비스 제공을 통해 단골 고객을 확보할 수 있다.
⑤ 사생활 침해에 대한 우려로 고객 정보를 보관하는 데 어려움이 있다.

146

03 다음 빈칸에 들어갈 말로 가장 적절한 것은? 2021 고1 9월

One big difference between science and stage magic is that while magicians hide their mistakes from the audience, in science you make your mistakes in public. **You show them off so that everybody can learn from them.** This way, you get the advantage of everybody else's experience, and not just your own idiosyncratic path through the space of mistakes. This, by the way, is another reason why we humans are so much smarter than every other species. It is not that our brains are bigger or more powerful, or even that we have the ability to reflect on our own past errors, but that we _____ that our individual brains have earned from their individual histories of trial and error.

* idiosyncratic: (개인에게) 특유한

① share the benefits
② overlook the insights
③ develop creative skills
④ exaggerate the achievements
⑤ underestimate the knowledge

 유형 도움닫기 ⟶

· 첫 문장에서 언급된 '차이'를 잘 설명하는 말을 빈칸에 넣으면 주제문이 완성된다.

DAY 14

VOCABULARY

01
horseless carriage 말 없는 마차(자동차 초창기에 자동차를 이르던 표현)
assembly 조립
acceleration 가속
unheard-of 전례 없는
automobile 자동차
go through the roof 치솟다
spit out 뱉다

02
end up 결국 ~하다
bury 묻다, 매장하다
accessible 접근 가능한
appropriate 적절한
frequently 자주
indication 표시, 징후, 조짐
prime 주된, 기본적인
loyalty 충성도
delightful 즐거운

03
in public 공공연하게
advantage 유리한 점, 이점
species (생물) 종
reflect on ~에 대해 성찰하다
trial and error 시행착오
overlook 간과하다
exaggerate 과장하다
underestimate 과소평가하다

◆ DAILY REVIEW

A 어휘 TEST ▶ 다음 단어의 뜻을 쓰세요.

1	make the bed		11	show off	
2	bite		12	manufacture	
3	seek		13	assembly	
4	attribute		14	acceleration	
5	awkward		15	unheard-of	
6	give it another shot		16	automobile	
7	experienced		17	bury	
8	shed		18	appropriate	
9	anecdote		19	in public	
10	suspect		20	exaggerate	

B 단어 배열 ▶ 주어진 의미에 맞게 다음 단어를 배열하세요.

01 태양이 파도 뒤로 지기 시작할 때, 그는 만족스러운 한숨을 내쉬었다. (as, started, the sun, setting)
➜ He let out a contented sigh _____ behind the waves.

02 일단 여러분이 그것을 다 끝내시면, 여러분의 로고 디자인 제안서를 저희한테 보내주세요. (done, with, are, you, once, it)
➜ Please send us your logo design proposal _____.

03 우리 모두 경험 많은 쇼핑객임에도 불구하고 여전히 속는다. (though, all experienced shoppers, we, are)
➜ _____, we are still fooled.

04 그는 그들이 나갈 수 있도록 서둘러 아침을 먹고 옷을 입었다. (so, could, they, go)
➜ He ate his breakfast and got dressed quickly _____.

C 빈칸 완성 ▶ 주어진 단어를 활용하여 우리말에 맞게 빈칸을 완성하세요. (단, 필요시 어형을 바꾸거나 단어를 추가)

01 저는 몇 년 전에 귀하의 수영 프로그램에 합류한 이후 그것을 정말 즐겨왔어요. (join, your swimming program)
➜ _____ _____ _____ _____ _____ _____ several years ago, I have really enjoyed it.

02 수업이 적은 등록으로 인해 취소되지 않는 한, 환불은 제공되지 않습니다. (class, cancel)
➜ We do not provide refunds _____ _____ _____ _____ due to low registration.

03 그 기계는 새것이었기에 계속해서 만족스러운 결과물을 생산했다. (as, the machinery)
➜ _____ _____ _____ _____ _____, it continued to produce satisfying results.

04 거기에 금화가 너무 많아서 구두 만드는 사람은 그것을 자기 눈에 보이지 않게 두기가 겁났다. (much, gold, the shoemaker, afraid)
➜ There was _____ _____ _____ there _____ _____ _____ _____ _____ to let it out of his sight.

15

분사구문

❶ 분사구문의 다양한 의미

부사절의 주어와 주절의 주어가 같을 때, 주어와 접속사를 지우고 동사를 분사로 바꾸면 분사구문이 만들어진다. 분사구문은 시간, 조건, 이유, 양보 등의 의미를 나타내며, 주절 뒤에 위치할 경우 '그리고 ~하다'라고 해석하기도 한다.

*주절 앞, 뒤, 중간에 위치 가능

| V-ing/p.p. ~ | , | S V ... |

~할 때/하면서/하기 때문에/한다면 등   ...하다

의미상 주어인 the entire ballroom이 '박수치는' 주체이므로 현재분사를 썼다.

Now the entire ballroom was standing, / clapping. 2020 고2 3월
　　　　　　　　　　　S　　　　　　 V
이제 강연장의 모든 사람이 일어나 있었다 / 박수를 치면서.

의미상 주어인 '미국의 재고량'이 '뒤따라지는' 대상이므로 과거분사를 썼다.

In 2014, / the electric car stock (of the United States) ranked first, / followed by that (of China).
　　　　　　　　　　S　　　　　　　　　　　　　　 V
2014년에 / (미국의) 전기차 재고량이 1위를 차지했다 / 그리고 (중국의) 재고량이 뒤를 이었다. 2020 고2 6월 응용

◆ **EXERCISE** ▶ **끊어읽기 표시에 따라 다음 문장을 직독직해 해보세요.**

EXAMPLE The lady stared coldly at her, / leaving without saying a word. 2020 고1 6월 응용

➡ 그 여자는 그녀를 차갑게 쳐다보았다 / 아무 말 없이 자리를 뜨면서.

01 Through gossip, / we bond with our friends, / sharing interesting details. 2020 고1 9월

➡ _____

02 She lay there, / sweating, / listening to the empty thunder (that brought no rain). 2018 고1 9월

➡ _____

03 She joined them for a little, / moving with the gentle breeze, / feeling the warm sun feed her.

2020 고1 6월

➡ _____

04 Within minutes, / the plane shakes hard, / and I freeze, / feeling like I'm not in control of anything.

2019 고1 9월

➡ _____

05 Knowing that he was the only person (living in the house), / he was always prepared / in case thieves came to his house. 2021 고1 9월

➡ _____

VOCABULARY　　clap 박수치다　　gossip 가십, 소문　　bond with ~와 유대를 맺다　　sweat 땀을 흘리다; 땀　　gentle 부드러운

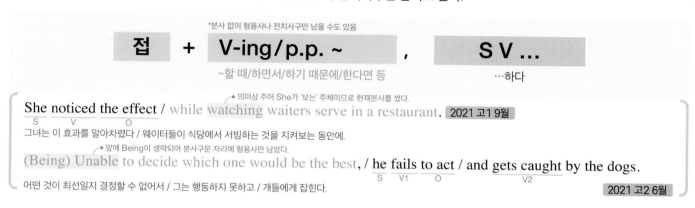

분사구문은 분사를 활용해 부사절을 부사구로 바꾼 것이다. 독해 지문 뿐 아니라 문법에도 자주 출제되므로, 형태와 의미를 모두 확실히 익혀 둔다.

② 분사구문의 응용

분사구문의 의미를 분명히 하고자 분사구문 앞에 접속사를 남기면 '접속사+분사'의 형태 가 된다. 또한, 분사구문의 being은 흔히 생략되는데, 이 경우 분사구문 자리에 being의 보어인 형용사구나 전치사구만 남기도 한다.

*분사 없이 형용사나 전치사구만 남을 수도 있음

접 + **V-ing/p.p. ~** , **S V ...**

~할 때/하면서/하기 때문에/한다면 등 ...하다

↱ 의미상 주어 She가 '보는' 주체이므로 현재분사를 썼다.

She noticed the effect / while watching waiters serve in a restaurant. 2021 고1 9월
  S   V   O

그녀는 이 효과를 알아차렸다 / 웨이터들이 식당에서 서빙하는 것을 지켜보는 동안에.

↱ 앞에 Being이 생략되어 분사구문 자리에 형용사만 남았다.

(Being) Unable to decide which one would be the best, / he fails to act / and gets caught by the dogs.
                                          S   V1 O   V2

어떤 것이 최선일지 결정할 수 없어서 / 그는 행동하지 못하고 / 개들에게 잡힌다. 2021 고2 6월

DAY 15

◆ EXERCISE ▶ 끊어읽기 표시에 따라 다음 문장을 직독직해 해보세요.

EXAMPLE A highly creative personality, / he was fond of innovation.

➡ 매우 창의적인 성격이어서 / 그는 혁신을 좋아했다.

---

06 When assessing results, / think about any biases (that may be present)! 2020 고1 6월

➡ _____

07 While in high school / he edited his high school newspaper. 2021 고1 9월

➡ _____

08 Proud of him, / I wondered / how he had had the courage (to deliver such a speech). 2021 고1 6월 응용

➡ _____

09 Creative and experimental, / he incorporated authentic dialect in his work / and wrote about themes (that reflected elements of lower-class black culture).

➡ _____

10 While reflecting on the needs (of organizations, leaders, and families today), / we realize / that one (of the unique characteristics) is inclusivity. 2021 고2 3월

➡ _____

VOCABULARY   **be fond of** ~을 좋아하다   **courage** 용기   **deliver a speech** 연설하다   **experimental** 실험적인   **incorporate** 포 함시키다   **authentic** 진짜의   **dialect** 방언, 사투리   **characteristic** 특성   **inclusivity** 포용성

③ 독립분사구문

부사절의 주어와 주절의 주어가 다를 때에도 분사구문을 만들 수 있다. 접속사를 지우고 부사절의 동사를 분사로 바꾼 후, 부사절의 주어는 그대로 남겨두는 것이다. 이를 독립분사구문이라고 부르며, 일반 분사구문과 비슷하게 해석한다.

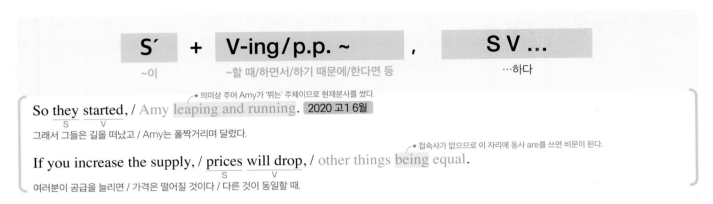

S´	+	V-ing / p.p. ~	,	S V ...
~이		~할 때/하면서/하기 때문에/한다면 등		...하다

◆ 의미상 주어 Amy가 '뛰는' 주체이므로 현재분사를 썼다.

So they started, / Amy leaping and running. 2020 고1 6월
⎯⎯ ⎯⎯⎯⎯
 S   V
그래서 그들은 길을 떠났고 / Amy는 폴짝거리며 달렸다.

◆ 접속사가 없으므로 이 자리에 동사 are를 쓰면 비문이 된다.

If you increase the supply, / prices will drop, / other things being equal.
                            ⎯⎯⎯⎯ ⎯⎯⎯⎯⎯
                              S   V
여러분이 공급을 늘리면 / 가격은 떨어질 것이다 / 다른 것이 동일할 때.

◆ **EXERCISE ▶** 끊어읽기 표시에 따라 다음 문장을 직독직해 해보세요.

EXAMPLE The sun having risen, / they set out on their journey.

➡ 태양이 뜬 후 / 그들은 여행에 나섰다.

11 All things considered, / it's the wrong time (for us to start our own business).

➡ _____

12 No pre-registration necessary, / just show up and have fun! 2020 고2 6월

➡ _____

13 We decided to have our picnic, / the weather being warm and clear.

➡ _____

14 If you hit snooze enough times, / you'll end up being late and racing for the office, / your day and mood ruined. 2020 고1 11월

➡ _____

15 Men tend to have a more limited range of conversation topics, / the most popular being work, sports, jokes, and cars.

➡ _____

VOCABULARY   leap 뛰어오르다   set out on ~에 착수하다   pre-registration 사전 등록   show up 나타나다   picnic 소풍
snooze (더 자려고 누르는) 알람 정지 버튼; 잠깐 졸다   end up V-ing 결국 ~하다   ruin 망치다

④ with+명사+분사

'with+명사+분사'는 독립분사구문의 한 형태로, 주절과 동시에 일어나는 상황을 묘사한다. 해석은 '~이 ~한/된 채로'이며, 분사의 의미상 주어는 문장의 주어가 아닌 with 뒤의 명사이다.

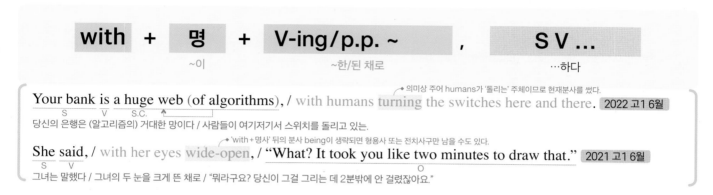

with	+	명	+	V-ing/p.p. ~	,	S V ...
		~이		~한/된 채로		...하다

┌─ 의미상 주어 humans가 '돌리는' 주체이므로 현재분사를 썼다.

Your bank is a huge web (of algorithms), / with humans turning the switches here and there. 2022 고1 6월
　　S　　V　　S.C.
당신의 은행은 (알고리즘의) 거대한 망이다 / 사람들이 여기저기서 스위치를 돌리고 있는.

┌─ 'with+명사' 뒤의 분사 being이 생략되면 형용사 또는 전치사구만 남을 수도 있다.

She said, / with her eyes wide-open, / "What? It took you like two minutes to draw that." 2021 고1 6월
　S　V
그녀는 말했다 / 그녀의 두 눈을 크게 뜬 채로 / "뭐라구요? 당신이 그걸 그리는 데 2분밖에 안 걸렸잖아요."

◆ **E**XERCISE ▶ **끊어읽기 표시에 따라 다음 문장을 직독직해 해보세요.**

DAY
15

EXAMPLE The old man was looking at me / with his arms folded.

➡ 노인은 나를 쳐다보고 있었다 / 그의 팔이 접힌 채로(팔짱을 낀 채로).

---

16 She was sitting / with her back against the trunk (of a fallen tree).

➡ _____

17 With technology advancing rapidly, / networks are becoming more complex and diverse.

➡ _____

18 Finally, / she showed up at the venue / with her right leg bandaged from ankle to thigh.

➡ _____

19 The owner (of the food) will be center stage, / with a group of others around him or her.

　2020 고1 9월 응용

➡ _____

20 She lay spiritless and exhausted, / with her eyes nearly closed, / and her lips slightly moving in secret prayer.

➡ _____

VOCABULARY　　**web** (복잡하게 연결된) 망　　**trunk** (나무의) 몸통　　**venue** (행사, 경기, 회담 등의) 장소　　**ankle** 발목　　**thigh** 허벅지
center stage 주목받는 대상, 주요 위치　　**spiritless** 기운 없는　　**exhausted** 기진맥진한　　**slightly** 약간, 조금

문제	문장해석	정답/해설
1 Through gossip, we bond with our friends, **sharing / shared** interesting details.	가십을 통해 우리는 친구들과 흥미로운 세부사항을 공유하면서 유대를 형성한다.	○ sharing ✕ shared 의미상 주어 we가 '공유하는' 주체이므로 sharing을 쓴다.
2 She lay there, sweating, **listening / listened** to the empty thunder that brought no rain.	그녀는 그곳에 누워 땀을 흘리며 비를 부르지 않는 공허한 천둥소리를 듣고 있었다.	○ listening ✕ listened 의미상 주어 She가 '듣는' 주체이므로 listening을 쓴다.
3 She joined them for a little, moving with the gentle breeze, **feeling / felt** the warm sun feed her.	그녀는 미풍을 따라 움직이면서, 따뜻한 햇살이 자신을 채워주는 것을 느끼며 그것들과 잠시 함께했다.	○ feeling ✕ felt 의미상 주어 She가 '느끼는' 주체이므로 feeling을 쓴다.
4 Within minutes, the plane shakes hard, and I freeze, **feel / feeling** like I'm not in control of anything.	몇 분 만에 비행기는 심하게 흔들리고, 나는 내가 아무것도 통제할 수 없는 것 같은 기분으로 몸이 굳는다.	○ feeling ✕ feel 두 번째 동사인 freeze 뒤로 접속사가 없어 동사를 추가할 수 없으므로, 분사인 feeling을 쓴다.
5 **Known / Knowing** that he was the only person living in the house, he was always prepared in case thieves came to his house.	그는 그 집에 사는 사람이 자기밖에 없다는 것을 알았기 때문에, 자기 집에 도둑이 드는 상황에 항상 대비하고 있었다.	○ Knowing ✕ Known 의미상 주어 he가 '아는' 주체이므로 Knowing을 쓴다.
6 When assessing results, **think / thinking** about any biases that may be present!	결과들을 평가할 때, 있을지도 모르는 편향들에 관해 생각하라!	○ think ✕ thinking 분사구문 뒤에 주절이 나오는 문맥이므로 동사 think를 쓴다.
7 **During / While** in high school he edited his high school newspaper.	고등학교에 다니는 동안 그는 학교 신문을 편집했다.	○ While ✕ During 접속사 뒤에 being이 생략되고 전치사구가 연결되는 구조이므로 While을 쓴다.
8 **Proud / Proudly** of him, I wondered how he had had the courage to deliver such a speech.	그가 자랑스러운 한편 나는 그가 그런 연설을 할 용기를 어떻게 냈었는지 궁금했다.	○ Proud ✕ Proudly 분사구문의 Being이 생략되고 Being의 보어만 남은 구조이므로 형용사 Proud를 쓴다.
9 Creative and experimental, he **incorporated / was incorporated** authentic dialect in his work.	창의적이고 실험적이었던 그는 진짜 사투리를 자기 작품에 포함시켰다.	○ incorporated ✕ was incorporated he가 사투리를 '포함시킨' 주체이므로 incorporated를 쓴다.
10 While **reflecting / reflected** on the needs of organizations, leaders, and families today, we realize that one of the unique characteristics is inclusivity.	오늘날 조직, 지도자, 그리고 가족의 요구에 관해 곰곰이 생각할 때 우리는 독특한 특성 중 하나가 포용성임을 깨닫는다.	○ reflecting ✕ reflected 의미상 주어 we가 요구를 '생각하는' 주체이므로 reflecting을 쓴다.

	문제	문장해석	정답/해설
11	All things **considered / considering** , it's the wrong time for us to start our own business.	모든 것을 고려하면, 우리가 우리 사업을 하기에는 부적절한 시기다.	○ considered ✕ considering 의미상 주어 All things가 '고려되는' 대상이므로 considered를 쓴다.
12	No pre-registration **is necessary / necessary** , just show up and have fun!	사전 등록은 필요하지 않기 때문에, 그냥 오셔서 즐겨주세요.	○ necessary ✕ is necessary 주절 앞의 '의미상 주어+분사구문'에서 being을 생략했으므로 형용사인 necessary만 쓴다.
13	We decided to have our picnic, the weather **being / was** warm and clear.	날씨가 따뜻하고 맑았기 때문에, 우리는 소풍을 가기로 마음 먹었다.	○ being ✕ was 주절 뒤로 접속사 없이 독립분사구문이 이어지는 구조이므로 being을 쓴다.
14	If you hit snooze enough times, you'll end up being late and racing for the office, your day and mood **ruined / will be ruined** .	알람 정지 버튼을 많이 누른다면, 여러분은 결국 늦어서 사무실까지 뛰어갈 것이고, 여러분의 하루와 기분은 망치게 된다.	○ ruined ✕ will be ruined 주절인 'you'll end up ~ the office' 뒤로 접속사 없이 독립분사구문이 이어지는 구조이므로 ruined를 쓴다.
15	Men tend to have a more limited range of conversation topics, the most popular **is / being** work, sports, jokes, and cars.	남자들은 더 제한된 범위의 대화 주제를 갖는데, 가장 인기 있는 것은 일, 스포츠, 농담, 그리고 자동차다.	○ being ✕ is 콤마 앞의 주절 뒤로 접속사 없이 독립분사구문이 이어지는 구조이므로 being을 쓴다.
16	She was sitting **with / while** her back against the trunk of a fallen tree.	그녀는 쓰러진 나무 몸통에 등을 기대고 앉아 있었다.	○ with ✕ while '~이 한 채로'라는 의미의 'with+명사+분사' 구문이므로 with를 쓴다.
17	With technology **advancing / advance** rapidly, networks are becoming more complex and diverse.	기술이 빠르게 발전함에 따라, 네트워크는 점점 복잡하고 다양해지고 있다.	○ advancing ✕ advance 'with+명사+분사' 구문이므로 advancing이 적절하다.
18	Finally, she showed up at the venue with her right leg **bandaging / bandaged** from ankle to thigh.	마침내 그녀는 오른쪽 다리에 발목부터 허벅지까지 붕대를 감은 채로 행사장에 나타났다.	○ bandaged ✕ bandaging 의미상 주어인 her right leg가 '붕대로 감긴' 대상이므로 bandaged를 쓴다.
19	The owner of the food will be center stage, **during / with** a group of others around him or her.	그 음식의 소유자는 한 무리의 다른 개체들에 둘러싸인 채로 주목받는 대상이 될 것이다.	○ with ✕ during 'with+명사+분사' 구문이므로 with를 쓴다. during은 시간 명사 앞에 쓴다.
20	She lay spiritless and exhausted, with her eyes nearly **closing / closed** .	그녀는 눈을 거의 감은 채로 맥없고 기진맥진한 상태로 누워있었다.	○ closed ✕ closing 의미상 주어인 her eyes가 '감기는' 대상이므로 closed를 쓴다.

DAY
15

01 (A), (B), (C)의 각 네모 안에서 문맥에 맞는 낱말로 가장 적절한 것은? 2020 고1 9월

Social connections are so essential for our survival and well-being that we not only cooperate with others to build relationships, we also compete with others for friends. And often we do both at the same time. Take gossip. **Through gossip, we bond with our friends, sharing interesting details.** But at the same time, we are (A) creating / forgiving potential enemies in the targets of our gossip. Or consider rival holiday parties where people compete to see who will attend *their* party. We can even see this (B) harmony / tension in social media as people compete for the most friends and followers. At the same time, competitive exclusion can also (C) generate / prevent cooperation. High school social clubs and country clubs use this formula to great effect: It is through selective inclusion *and exclusion* that they produce loyalty and lasting social bonds.

	(A)	(B)	(C)
①	creating	harmony	prevent
②	creating	tension	generate
③	creating	tension	prevent
④	forgiving	tension	prevent
⑤	forgiving	harmony	generate

▶ 도움닫기 ──

• 네모어휘(양자택일) 유형은 반의어 관계의 두 어휘 중 문맥상 적절한 어휘를 찾는 것이다.

• 주제문인 첫 문장을 근거로 (A)(B)(C)에 들어갈 말을 예상해 보자.

02 다음 빈칸에 들어갈 말로 가장 적절한 것은? 2020 고1 6월

When reading another scientist's findings, think critically about the experiment. Ask yourself: Were observations recorded during or after the experiment? Do the conclusions make sense? Can the results be repeated? Are the sources of information reliable? You should also ask if the scientist or group conducting the experiment was unbiased. Being unbiased means that you have no special interest in the outcome of the experiment. For example, if a drug company pays for an experiment to test how well one of its new products works, there is a special interest involved: The drug company profits if the experiment shows that its product is effective. Therefore, the experimenters aren't _____. They might ensure the conclusion is positive and benefits the drug company. **When assessing results, think about any biases that may be present!**

① inventive   ② objective
③ untrustworthy   ④ unreliable
⑤ decisive

▶ 도움닫기 ──

• 빈칸 문장이 Therefore로 시작하므로, 글의 결론이 곧 빈칸이다.

• 즉, 마지막 문장과 빈칸 문장의 의미는 같을 것이다.

03 Silver Aqua Classes에 관한 다음 안내문의 내용과 일치하지 <u>않는</u> 것은?

2020 고2 6월

유형 도움닫기 ⌇

· 안내문 일치/불일치는 광고나 공지를 읽고 선택지 정보의 적절성을 파악하는 유형이다.

· ① '노인 고객, 일일 강좌', ② '6월 9일 화요일', ③ '오후, 수중 에어로빅', ④ '입장료', ⑤ '사전 참가 등록'이 언급되는 부분을 본문에서 빠르게 찾아 대조한다.

Silver Aqua Classes

Are you bored with your current exercise routine? Parkside Pool will host special one-day water exercise classes for senior customers. Please come and enjoy our senior-friendly pool.

Program
• Date: Tuesday, June 9
• Special Classes
  9:00 a.m. - 10:00 a.m.: water walking
  10:30 a.m. - 11:30 a.m.: recreational swimming
  2:00 p.m. - 3:00 p.m.: water aerobics

Admission Fee
- $5 per person (This includes all classes.)

Notes
- **No pre-registration necessary, just show up and have fun!**
- For more information, please visit our website at www.parksidepool.org.

---

① 노인 고객들을 위한 일일 강좌이다.
② 6월 9일 화요일에 진행된다.
③ 오후에 수중 에어로빅 수업이 있다.
④ 1인당 입장료는 5달러이다.
⑤ 사전 참가 등록이 필요하다.

VOCABULARY

01
well-being 안녕, 행복
cooperate with ~와 협력하다
compete with ~와 경쟁하다
tension 긴장
exclusion 배제
formula 공식
lasting 지속적인

02
critically 비판적으로
observation 관찰
source of information 정보 출처
unbiased 편향되지 않은
interest 이익, 흥미
ensure 보장하다

03
senior 노인, 연장자; 나이 든
recreational 오락의
admission fee 참가비

DAILY REVIEW

A 어휘 TEST ▶ 다음 단어의 뜻을 쓰세요.

1	clap		11	trunk	
2	bond with		12	venue	
3	gentle		13	thigh	
4	courage		14	spiritless	
5	experimental		15	exclusion	
6	incorporate		16	formula	
7	authentic		17	critically	
8	set out on		18	unbiased	
9	snooze		19	recreational	
10	ruin		20	admission fee	

B 단어 배열 ▶ 주어진 의미에 맞게 다음 단어를 배열하세요.

01 그녀는 그곳에 누워 땀을 흘리며 비를 부르지 않는 공허한 천둥소리를 듣고 있었다. (the empty thunder, to, listening)
→ She lay there, sweating, _____ that brought no rain.

02 그를 자랑스러워하며, 나는 그가 그런 연설을 할 용기를 어떻게 냈었는지 궁금했다. (of, him, proud)
→ _____, I wondered how he had had the courage to deliver such a speech.

03 모든 것을 고려하면, 우리가 우리 사업을 하기에는 부적절한 시기다. (things, considered, all)
→ _____, it's the wrong time for us to start our own business.

04 마침내 그녀는 오른쪽 다리가 붕대로 감긴 채로 행사장에 나타났다. (bandaged, right leg, her, with)
→ Finally, she showed up at the venue _____.

C 빈칸 완성 ▶ 주어진 단어를 활용하여 우리말에 맞게 빈칸을 완성하세요. (단, 필요시 어형을 바꾸거나 단어를 추가)

01 그녀는 미풍을 따라 움직이면서 그 풍경을 즐겼다. (move with, the gentle breeze)
→ She enjoyed the scenery, _____ _____ _____ _____ _____.

02 창의적이고 실험적이었던 그는 진짜 사투리를 자기 작품에 포함시켰다. (creative, experimental)
→ _____ _____ _____, he incorporated authentic dialect in his work.

03 날씨가 따뜻하고 맑았기 때문에, 우리는 소풍을 가기로 마음 먹었다. (the weather, warm, clear)
→ We decided to have our picnic, _____ _____ _____ _____ _____.

04 기술이 빠르게 발전함에 따라, 네트워크는 점점 복잡하고 다양해지고 있다. (with, advance, rapidly)
→ _____ _____ _____ _____, networks are becoming more complex and diverse.

16

비교급/최상급

 STEP **1** 직독직해로 연습하는 해석 공식

1 원급 비교 | 원급 비교는 형용사/부사의 원급을 이용한 비교 표현으로, 서로 비슷한 대상을 비교할 때 쓰이기에 동등 비교라고도 불린다. 원급 비교 표현은 '…만큼 (그렇게) ~한/하게'라고 해석한다.

as +	**형/부** +	**as …**
(그렇게)	~한/하게	…만큼

Charity is the bone (shared with the dog), / when you are just as hungry as the dog. 2020 고1 6월
　　S　　V　　S.C.
자선은 (개와 나눈) 뼈이다 / 당신이 딱 그 개만큼 배가 고플 때.

'not as+원급+as'는 'less+원급(…보다 덜 ~한/하게)'과 같은 의미이다.
Even with caffeine, / the group (with little sleep) / did not score as well / as those (with adequate sleep).
　　　　　　　　S　　　　　　　　　　V
카페인이 있어도 / (잠을 거의 못 잔) 집단은 / 그렇게 점수를 잘 받지 못했다 / (충분한 잠을 잔) 사람들만큼. 2021 고1 9월

◆ **EXERCISE** ▶ 끊어읽기 표시에 따라 다음 문장을 직독직해 해보세요.

EXAMPLE Learning how to dive / is not as difficult / as it looks.
→ 다이빙하는 법을 배우는 것은 / 그렇게 어렵지 않다 / 보이는 만큼.

01 We enjoyed the pasta dish as much / as the rice dish.
→

02 Though not as old / as the bridges (of Rome), / it was absolutely a work of art. 2018학년도 고3 6월
→

03 While asleep, / your body is recharged with as much energy / as you spent the previous day. 2018 고1 11월 응용
→

04 In many regions (of the world) / there are as many types of dances / as there are communities (with distinct identities). 2019 고1 11월
→

05 If you did not study as hard / as you should have or wanted to, / accept that / as beyond your control for now. 2021 고2 3월 응용
→

VOCABULARY　charity 자선　adequate 충분한, 적절한　work of art 예술 작품　distinct 뚜렷한, 구별되는

형용사/부사의 원급, 비교급, 최상급은 둘 이상의 대상을 비교하여 서로 비슷한지, 혹은 우열이 있는지 나타낼 때 쓴다. 각 구문의 문법적 특징과 해석 방법에 주의하자.

② 비교급 비교

비교급 비교는 형용사/부사의 비교급을 이용한 비교 표현으로, '…보다 더 ~한/하게'의 의미를 나타낸다. 비교급 자리에 'less+원급'을 쓰면 반대로 '…보다 덜 ~한/하게'의 의미가 된다.

-er / more ~	+	than ...
더 ~한/하게		…보다

비교 대상이 '~의 수'이므로, the number를 대신하는 지시대명사 that을 썼다.

The number (of native speakers of English) / is smaller / than that (of Spanish). 2020 고1 3월
S   V   S.C.
(영어 원어민의) 수는 / 더 작다 / (스페인어의) 그것보다.

far, much, even, a lot, still(훨씬) 등은 비교급 앞에서 비교급을 강조한다.

Computers can process data accurately / at far greater speeds / than people can. 2020 고2 6월
S   V   O
컴퓨터는 데이터를 정확하게 처리할 수 있다 / 훨씬 더 빠른 속도로 / 사람이 할 수 있는 것보다.

◆ EXERCISE ▶ 끊어읽기 표시에 따라 다음 문장을 직독직해 해보세요.

EXAMPLE   The injury rate (of Thursday games) / was lower / than that (of Saturday games). 2020 고2 3월 응용

➡ (목요일 경기의) 부상률은 / 더 낮았다 / (토요일 경기의) 그것보다.

DAY 16

06 All five countries / had more electric car stock in 2016 / than in 2014. 2020 고2 6월

➡ _____

07 Unmanned space explorations are less expensive / than ones (involving astronauts). 2020 고1 6월 응용

➡ _____

08 The influence (of peers), / she argues, / is much stronger / than that (of parents). 2020 고1 6월

➡ _____

09 Disaster-preparation planning is more like training (for a marathon) / than training (for a sprinting event). 2021 고2 3월 응용

➡ _____

10 You are far more likely to purchase items (placed at eye level in the grocery store), / than items (on the bottom shelf). 2020 고1 6월 응용

➡ _____

VOCABULARY   **native speaker** 원어민   **accurately** 정확하게   **injury** 부상   **stock** 재고   **unmanned** 무인의   **exploration** 탐사, 탐험   **astronaut** 우주비행사   **sprinting** 단거리 경주   **grocery store** 슈퍼마켓, 식료품점

❸ 비교급 관용표현

| 'as ~ as possible(최대한 ~한/하게)', '비교급＋and＋비교급(점점 더 ~한/하게)', 'the＋비교급 ~, the＋비교급 …(~할수록 더 …하다)' 등 숙어처럼 쓰이는 표현을 암기해 둔다.

---

as ~ as possible 최대한 ~한/하게   **-er and -er** 점점 더 ~한/하게

the -er (S´ V´) ~, the -er (S V) ... ~할수록 더 …하다 *비교급 뒤 절은 생략 가능

◆is의 보어가 필요하므로 형용사의 비교급을 썼다.
The rougher the surface is, / the more friction is produced. 2022 고1 6월
　S.C.　　　　　　S´　　V´　　　　　　　　　　　S　　　　　　V
표면이 더 거칠수록 / 더 많은 마찰력이 발생한다.

Therefore, / they eat as much as possible / while they can. 2020 고1 6월
　　　　　　　S　　V
그래서 / 그들은 최대한 많이 먹는다 / 그들이 그렇게 할 수 있을 때.

◆ **EXERCISE** ▶ 끊어읽기 표시에 따라 다음 문장을 직독직해 해보세요.

EXAMPLE　The longer I hold it, / the heavier it feels to me. 2022 고1 6월

➡ 내가 그것을 오래 들고 있을수록 / 그것은 내게 더 무겁게 느껴진다.

11　The more you drink energy drinks, / the more you become dependent on them. 2019 고1 11월

➡ _____

12　Score as many points as possible / by answering the puzzles / while moving around the city.
2021 고2 3월

➡ _____

13　Vegetarian eating is moving into the mainstream / as more and more young adults say no to meat,
poultry, and fish. 2021 고1 9월

➡ _____

14　Fast fashion refers to trendy clothes (designed, created, and sold to consumers / as quickly as possible
/ at extremely low prices). 2018 고1 9월

➡ _____

15　The more active you are today, / the more energy you spend today / and the more energy you will
have (to burn tomorrow). 2018 고1 11월

➡ _____

VOCABULARY　rough 거친, 고르지 않은　friction 마찰(력)　dependent on ~에 의존하는　puzzle 수수께끼　vegetarian 채식주의자
mainstream 주류　poultry 가금류　extremely 매우, 극도로

④ 최상급

최상급은 '(…에서) 가장 ~한/하게'라는 의미로 정관사 the와 함께 쓰인다. 최상급 앞뒤에는 in, of, among 등 범위를 한정 짓는 표현이 흔히 나온다.

the -est / most ~   +   in/of/among ...
가장 ~한/하게   …(중)에서

The average length (of participation) (in track and field) / was the shortest among the eight sports.
(육상에의) (참여의) 평균 기간은 / 여덟 개의 스포츠 중에서 가장 짧았다.   2020 고1 11월 응용

문장 중간의 분사구문이 주어를 꾸미는 말처럼 해석된다.

The first sentence, / called the lead, / contains the most essential elements (of the story).   2021 고2 6월
첫 문장은 / 리드라고 불리는 / (이야기의) 가장 본질적인 요소들을 담고 있다.

◆ **EXERCISE** ▶ 끊어읽기 표시에 따라 다음 문장을 직독직해 해보세요.

EXAMPLE   White was the most preferred color (for cars) last year.

➜ 흰색은 작년에 가장 선호되는 (차의) 색상이었다.

16 English is the most spoken language worldwide, / with 1,500 million total speakers.   2020 고1 3월

➜ _____

17 In 2005, / Korea's average class size was the largest (of all the countries), / with more than 30 students in a class.   2021 고2 3월

➜ _____

18 Last year's was the largest (ever held in this area) / with more than 80 employers and over 1,000 job seekers.   2021 고2 3월

➜ _____

19 Of the six listed regions, / Europe was the most visited place for wellness tourism / in both 2015 and 2017, / followed by Asia-Pacific.   2019 고1 11월

➜ _____

20 Advice (from a friend or family member) / is the most well-meaning (of all), / but it's not the best way (to match yourself with a new habit).   2022 고2 3월

➜ _____

VOCABULARY   **track and field** 육상   **essential** 본질적인   **element** 요소   **million** 100만   **job seeker** 구직자   **wellness tourism** 웰니스 관광(여행 중 스파, 요가, 명상 등으로 심신의 건강을 추구하는 관광)   **well-meaning** 선의에서 나오는   **match A with B** A를 B에 맞추다

DAY
16

문제	문장해석	정답/해설
1 We enjoyed the pasta dish as **much / more** as the rice dish.	우리는 파스타 요리를 밥 요리만큼 맛있게 먹었다.	○ much ✕ more 'as ~ as' 사이에는 원급을 써야 하므로 much가 적절하다.
2 Though not **so / as** old as the bridges of Rome, it was absolutely a work of art.	비록 로마의 다리만큼 오래되지는 않았지만, 그것은 확실히 예술 작품이었다.	○ so, as 원급 비교의 부정 표현인 'not as ~ as(…만큼 ~하지 않은)'에서 첫 번째 as는 so로 바꿀 수 있다.
3 While asleep, your body is recharged with as much energy **as / than** you spent the previous day.	잠자는 동안 여러분의 몸은 여러분이 전날 쓴 만큼의 에너지로 재충전된다.	○ as ✕ than 원급 비교에서 '~만큼'을 나타내는 말은 as이다.
4 In many regions of the world there are as **much / many** types of dances as there are communities with distinct identities.	세계 많은 지역에는 뚜렷한 정체성을 가진 지역사회만큼이나 많은 종류의 춤이 있다.	○ many ✕ much types of dances라는 가산 복수명사를 꾸밀 수 있는 말은 many이다.
5 If you did not study as **hard / hardly** as you should have or wanted to, accept that as beyond your control for now.	만약 여러분이 했어야 하거나 원했던 만큼 열심히 공부하지 않았다면, 그것이 여러분이 지금은 어쩌지 못하는 것임을 받아들이라.	○ hard ✕ hardly 문맥상 '~만큼 열심히'라는 의미이므로 hard를 쓴다. hardly는 '거의 ~않다'라는 의미이다.
6 All five countries had more electric car stock in 2016 **as / than** in 2014.	5개국 모두 2014년보다 2016년에 전기차 재고량이 더 많았다.	○ than ✕ as 앞에 비교급 more가 나오므로 than을 써야 한다.
7 Unmanned space explorations are less expensive than **ones / them** involving astronauts.	무인 우주 탐사는 우주비행사를 포함한 탐사보다 비용이 덜 든다.	○ ones ✕ them 뒤에 수식어구가 나오므로 부정대명사 ones가 적절하다. them은 수식어구와 함께 쓰지 않는다.
8 The influence of peers, she argues, is **very / much** stronger than that of parents.	그녀가 주장하기로, 또래들의 영향은 부모의 영향보다 훨씬 더 강하다.	○ much ✕ very 비교급을 강조하는 부사 자리이므로 much가 적절하다. very는 비교급을 수식하지 않는다.
9 Disaster-preparation planning is more like training for a marathon **as / than** training for a sprinting event.	재난 대비 계획 세우기는 단거리 경주 훈련보다는 마라톤 훈련과 더 비슷하다.	○ than ✕ as 앞에 비교급 more가 나오므로 than을 써야 한다.
10 You are far **likely / more likely** to purchase items placed at eye level in the grocery store, than items on the bottom shelf.	식료품점에서 아래쪽 선반에 있는 상품보다 눈높이에 배치된 상품을 구매할 가능성이 훨씬 더 크다.	○ more likely ✕ likely 뒤에 than이 나오므로 비교급인 more likely가 적절하다.

문제	문장해석	정답/해설
11 The more you drink energy drinks, the **much / more** you become dependent on them.	네가 에너지 드링크를 더 많이 마실수록, 너는 그것에 더 의존하게 돼.	○ more ✕ much 'the+비교급 ~, the+비교급 …(~할수록 더 …하다)' 구문이므로 more가 적절하다.
12 Score as **many / more** points as possible by answering the puzzles while moving around the city.	도시 이곳저곳을 다니는 동안 수수께끼에 응답하여 최대한 많은 점수를 얻으세요.	○ many ✕ more 'as ~ as possible(최대한 ~한/하게)'에는 원급을 쓰므로 many가 적절하다.
13 Vegetarian eating is moving into the mainstream **as / than** more and more young adults say no to meat, poultry, and fish.	채식은 점점 더 많은 젊은이들이 고기, 가금류, 생선을 거부함에 따라 주류가 되어가고 있다.	○ as ✕ than 여기서 as는 '~함에 따라'라는 접속사이다.
14 Fast fashion refers to trendy clothes designed, created, and sold to consumers as **quickly / most quickly** as possible at extremely low prices.	패스트 패션은 매우 낮은 가격에 가급적 빨리 디자인되고 제작되어 소비자에게 판매되는 유행 의류를 가리킨다.	○ quickly ✕ most quickly 'as ~ as possible(최대한 ~한/하게)'에는 원급을 쓰므로 quickly가 적절하다.
15 The more **active / actively** you are today, the more energy you spend today and the more energy you will have to burn tomorrow.	오늘 더 활동적일수록 여러분은 오늘 더 많은 에너지를 소비하고, 내일 태울 수 있는 에너지가 더 많아질 것이다.	○ active ✕ actively 동사 are의 주격보어가 필요하므로 형용사인 active가 적절하다.
16 English is **a / the** most spoken language worldwide, with 1,500 million total speakers.	영어는 전 세계에서 가장 많이 사용되는 언어로, 총 사용자가 15억 명이다.	○ the ✕ a '가장 ~한' 대상은 여럿 중 하나로 항상 지정되므로 최상급 앞에는 the를 쓴다.
17 In 2005, Korea's average class size was the **large / largest** of all the countries, with more than 30 students in a class.	2005년에 한국의 평균 학급 크기는 모든 나라 중 최대로, 한 학급에 30명이 넘는 학생이 있었다.	○ largest ✕ large 앞에 정관사가 있고 뒤에 범위 표현(of ~)이 나오므로 최상급인 largest를 쓴다.
18 Last year's was the **large / largest** ever held in this area with more than 80 employers and over 1,000 job seekers.	작년 행사는 여지껏 이 지역에서 열린 가장 큰 행사로, 80명이 넘는 고용주와 1,000명이 넘는 구직자가 참가했다.	○ largest ✕ large ever는 비교급 또는 최상급을 강조하는 부사이므로 largest를 쓴다. 앞의 정관사 the도 힌트이다.
19 Of the six listed regions, Europe was the most **visited / visiting** place for wellness tourism in both 2015 and 2017.	열거된 여섯 지역 중, 유럽은 2015년과 2017년 두 해에 모두 웰니스 관광 목적으로 가장 많이 방문된 장소였다.	○ visited ✕ visiting place가 '방문되는' 대상이므로 과거분사 visited가 적절하다.
20 Advice from a friend or family member is the **more well-meaning / most well-meaning** of all.	친구나 가족의 조언은 모든 것 중 가장 선의에서 나오는 말이다.	○ most well-meaning ✕ more well-meaning 앞에 정관사가 있고 뒤에 범위 표현(of ~)이 나오므로 최상급 most well-meaning을 쓴다.

DAY
16

165

01-02 다음 글을 읽고, 물음에 답하시오. 2020 고1 6월

Marketers have known for decades that you buy what you see first. **You are far more likely to purchase items placed at eye level in the grocery store, for example, than items on the bottom shelf.** There is an entire body of research about the way "product placement" in stores influences your buying behavior. This gives you a chance to use product placement to your advantage. Healthy items like produce are often the (a) <u>least</u> visible foods at home. You won't think to eat what you don't see. This may be part of the reason why 85 percent of Americans do not eat enough fruits and vegetables.

If produce is (b) <u>hidden</u> in a drawer at the bottom of your refrigerator, these good foods are out of sight and mind. The same holds true for your pantry. I used to have a shelf lined with salty crackers and chips at eye level. When these were the first things I noticed, they were my (c) <u>primary</u> snack foods. That same shelf is now filled with healthy snacks, which makes good decisions (d) <u>easy</u>. Foods that sit out on tables are even more critical. When you see food every time you walk by, you are likely to (e) <u>avoid</u> it. So to improve your choices, leave good foods like apples and pistachios sitting out instead of crackers and candy.

* produce: 농산물

유형 도움닫기 ~~~~~~

· 장문 독해는 1지문 2~3문항으로 출제되는데, 보통 2문항짜리 지문이 더 어렵다. 긴 글의 요지를 빠르게 파악하는 한편, 밑줄 앞뒤를 살피며 단어의 쓰임까지 검토해야 하기에 시간 안배에 주의해야 한다.

· 먼저 글 처음과 마지막에서 중심 내용을 파악하여 제목과 연결시킨다. 글 중간에서 연구(research) 또는 필자 본인(I)이 언급되는 부분은 모두 예시이다.

· 어휘의 경우, 어색하게 느껴지는 부분에 반의어를 대입해 본다.

01 윗글의 제목으로 가장 적절한 것은?

① Why We Need to Consider Food Placement
② Pleasure Does Not Come from What You Buy
③ Which Do You Believe, Visible or Invisible?
④ A Secret for Health: Eat Less, Move More
⑤ Three Effective Ways to Tidy Things Up

02 밑줄 친 (a)~(e) 중에서 문맥상 낱말의 쓰임이 적절하지 않은 것은?

① (a)　　　② (b)　　　③ (c)　　　④ (d)　　　⑤ (e)

03 다음 글의 요지로 가장 적절한 것은? 2018 고1 11월

Imagine that your body is a battery and the more energy this battery can store, the more energy you will be able to have within a day. **Every night when you sleep, this battery is recharged with as much energy as you spent during the previous day.** If you want to have a lot of energy tomorrow, you need to spend a lot of energy today. Our brain consumes only 20% of our energy, so it's a must to supplement thinking activities with walking and exercises that spend a lot of energy, so that your internal battery has more energy tomorrow. Your body stores as much energy as you need: for thinking, for moving, for doing exercises. **The more active you are today, the more energy you spend today and the more energy you will have to burn tomorrow.** Exercising gives you more energy and keeps you from feeling exhausted.

* supplement: 보충하다

① 많은 에너지를 얻기 위해 적극적인 신체 활동이 필요하다.
② 가벼운 산책을 통해 창의적 사고력을 증진할 수 있다.
③ 에너지의 소비와 회복의 불균형은 건강을 해친다.
④ 과도한 운동은 효율적인 두뇌 활동을 방해할 수 있다.
⑤ 원활한 에너지 충전을 위해서는 충분한 수면이 중요하다.

 유형 도움닫기

• 'the+비교급 ~, the+비교급 …' 구문이 포함된 문장은 주제문일 확률이 높다.

DAY
16

VOCABULARY

01~02

be likely to-V ~할 가능성이 크다
a body of 많은, 일련의, 다수의
placement 배치
refrigerator 냉장고
out of sight 시야에서 벗어난
out of mind 마음에서 멀어진, 제정신이 아닌

hold true 진실이다, 유효하다
pantry 식료품 저장실
primary 주된
critical 중요한
avoid 피하다
tidy up ~을 깔끔하게 정리하다

03

store 저장하다
consume 소비하다
must 필수(품)
internal 내부의
keep A from B A가 B하지 못하게 하다

A 어휘 TEST ▶ 다음 단어의 뜻을 쓰세요.

1	adequate		11	mainstream
2	work of art		12	job seeker
3	distinct		13	well-meaning
4	injury		14	a body of
5	unmanned		15	placement
6	exploration		16	pantry
7	astronaut		17	critical
8	rough		18	tidy up
9	puzzle		19	store
10	vegetarian		20	internal

B 단어 배열 ▶ 주어진 의미에 맞게 다음 단어를 배열하세요.

01 비록 로마의 다리만큼 오래되지는 않았지만, 그것은 확실히 예술 작품이었다. (as, not, old, the bridges, as)
➜ Though _____ of Rome, it was absolutely a work of art.

02 무인 우주 탐사는 우주비행사를 포함한 탐사보다 비용이 덜 든다. (less, than, expensive, are)
➜ Unmanned space explorations _____ ones involving astronauts.

03 네가 에너지 드링크를 더 많이 마실수록, 너는 그것에 더 의존하게 돼. (more, you, drink, the)
➜ _____ energy drinks, the more you become dependent on them.

04 작년 취업 박람회는 여지껏 이 지역에서 열린 가장 큰 행사였다. (the, ever, was, largest, held)
➜ Last year's job fair _____ in this area.

C 빈칸 완성 ▶ 주어진 단어를 활용하여 우리말에 맞게 빈칸을 완성하세요. (단, 필요시 어형을 바꾸거나 단어를 추가)

01 너는 네가 했어야 하는 만큼 열심히 공부하지 않았다. (not, study, as, hard)
➜ You _____ _____ _____ _____ _____ _____ you should have.

02 또래들의 영향은 부모의 영향보다 훨씬 더 강하다. (much, strong, that, parents)
➜ The influence of peers is _____ _____ _____ _____ _____ .

03 수수께끼에 응답하여 최대한 많은 점수를 얻으세요. (score, many, points)
➜ _____ _____ _____ _____ _____ by answering the puzzles.

04 친구나 가족의 조언은 모든 것 중 가장 선의에서 나오는 말이다. (well-meaning, of, all)
➜ Advice from a friend or family member is _____ _____ _____ _____ .

17

강조/도치

 STEP 1 직독직해로 연습하는 해석 공식

 1 강조의 do | 동사가 'do+동사원형' 형태로 쓰이면 '정말로 ~하다'라고 강조하여 해석한다. 이때 동사의 수와 시제는 do 동사에 표시하는 것이 특징이다.

do/does/did	+	V
정말로		…하다

주어가 1인칭 복수이고 문장의 시제가 현재이므로 'do+동사원형'을 썼다.
We do know / that work-related diseases and other physical and mental disorders / are on the rise.
 S V   O
우리는 정말로 안다 / 일 관련 질환과 기타 신체적 및 정신적 질환이 / 증가하고 있다는 것을.

과거시제 동사(called)를 강조하는 'did+동사원형'이다.
She did call me / in order to let me know / that she was not in her office.
 S V   O
그녀는 정말로 내게 전화를 걸었다 / 내게 알려주기 위해서 / 자신이 사무실에 없다고.

◆ EXERCISE ▶ 끊어읽기 표시에 따라 다음 문장을 직독직해 해보세요.

EXAMPLE I did learn how to knit / when I was young.

➡ 난 뜨개질하는 법을 정말로 배웠어 / 내가 어렸을 때.

01 I expect / she does love you in her own way.

➡ _____

02 Even if you did see someone, / you can't be sure it was him.

➡ _____

03 Any variation (that does exist) / becomes part of the story itself, / regardless of its origin.
2020학년도 고3 9월

➡ _____

04 If you do say the title by accident, / you have to go outside, / turn around three times, / and come back into the theater. 2020 고2 3월 응용

➡ _____

05 They do, however, / show great care (for each other), / since they view harmony as essential to relationship improvement. 2020 고1 3월

➡ _____

VOCABULARY work-related 일과 관련된   mental 정신의   disorder 질환, 장애   on the rise 증가하는   knit 뜨개질하다
regardless of ~에 상관없이   origin 기원   by accident 우연히   turn around 돌다   harmony 조화   improvement 개선, 향상

특정 단어를 변형하거나 위치를 바꾸어 그 의미를 강조하는 다양한 구문을 익혀보자.

❷ it is that 강조구문

It is that 강조구문은 강조하고 싶은 명사구나 부사구를 it is와 that 사이에 넣어서 강조하는 것이다. 의미는 '~한 것은 바로 …이다'와 같다. that절이 강조어구를 꾸미는 것처럼 해석하는 것이 포인트이다.

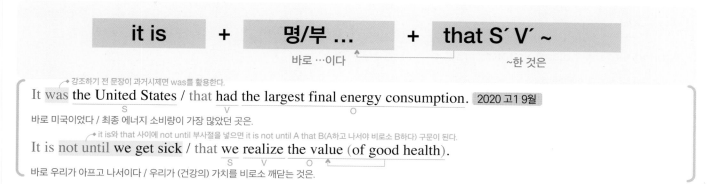

| it is | + | 명/부 … | + | that S´ V´ ~ |

바로 …이다   ~한 것은

→ 강조하기 전 문장이 과거시제면 was를 활용한다.

It was the United States / that had the largest final energy consumption. 2020 고1 9월
     S   V   O

바로 미국이었다 / 최종 에너지 소비량이 가장 많았던 곳은.

→ it is와 that 사이에 not until 부사절을 넣으면 it is not until A that B(A하고 나서야 비로소 B하다) 구문이 된다.

It is not until we get sick / that we realize the value (of good health).
                S   V   O

바로 우리가 아프고 나서이다 / 우리가 (건강의) 가치를 비로소 깨닫는 것은.

◆ EXERCISE ▶ 끊어읽기 표시에 따라 다음 문장을 직독직해 해보세요.

EXAMPLE It is this very fragility (of life) / that opens our hearts. 2020 고2 3월 응용

➡ 바로 (삶의) 이 연약함이다 / 우리 마음을 여는 것은.

06 It is the uncertainty (of the result) / that consumers finds attractive. 2018 고1 11월 응용

➡ _____

07 Sometimes it is the simpler product / that gives a business a competitive advantage. 2021 고1 9월

➡ _____

08 Ultimately, / it is your commitment (to the process) / that will determine your progress. 2020 고1 6월

➡ _____

09 It is through selective inclusion *and exclusion* / that they produce loyalty and lasting social bonds.
2020 고1 9월

➡ _____

10 It was not until that minor detail was revealed / —the world is round— / that behaviors changed on a massive scale. 2020 고1 9월 응용

➡ _____

VOCABULARY   consumption 소비   fragility 연약함, 취약함   uncertainty 불확실성   competitive advantage 비교우위, 경쟁 우위
commitment 헌신   progress 발전   selective 선택적인   loyalty 충성도   round 둥근   massive 거대한, 엄청난

③ 부사구/보어 도치

장소나 방향의 부사구나 주격보어가 문장 맨 앞으로 나와 강조되면 주어와 동사의 위치가 서로 바뀐다. 의미는 도치되지 않았을 때와 같다. 도치된 문장이 문법 문제에 나오면 수 일치에 주의해야 한다.

부 / 전+명 ~에/로 / S.C.	+	V S ~
		~이 있다/…이다

Around into my field of vision / came an eye. 2020 고1 3월
⎽⎽⎽⎽ V ⎽⎽⎽ S
내 시야 주위로 / 눈 한 개가 들어왔다.

주어가 뒤에 나오는 단수명사구인 the document file이므로 동사 또한 단수형으로 썼다.

Attached is the document file (you've requested).
⎯⎯⎯ S.C. V ⎯⎯ S
(당신이 요청하신) 문서 파일이 첨부되어 있습니다.

◆ **EXERCISE** ▶ 끊어읽기 표시에 따라 다음 문장을 직독직해 해보세요.

EXAMPLE Out of the tree / fell the squirrel / and ran away into the forest.

➡ 나무에서 / 다람쥐가 떨어졌다 / 그리고 숲속으로 도망갔다.

11 In front of the main gate / was a woman (in a red dress).

➡ _____

12 Happy are those (who know the pleasure of doing good to others).

➡ _____

13 Once upon a time, / there lived a young king (who had a great passion for hunting). 2021 고1 3월

➡ _____

14 Our parents and families are powerful influences (on us), / but even stronger are our friends.
2020 고1 6월

➡ _____

15 Gone are the days (of musicians) (waiting for some TV show to say / they are worthy of the spotlight). 2021 고1 3월 응용

➡ _____

VOCABULARY field of vision 시야 attach 첨부하다 squirrel 다람쥐 run away 도망치다 pleasure 즐거움, 기쁨 do good 선행하다 passion 열정 worthy of ~을 받을 만한, ~할 가치가 있는

4 부정어구의 도치

never, hardly, under no circumstances, not only 등 부정어구 또는 only가 포함된 부사구가 문장 맨 앞으로 나와 강조되면 주어와 동사가 의문문 어순으로 도치된다. 어순과 수 일치에 모두 주의가 필요하다.

| no/not/never …않다 only 오로지 …하다 | **+** | 조V S V ~ / be S ~ have/has/had S p.p. ~ | * 의문문 어순 |

Under no circumstances / should anyone enter the restricted area.
          조V   S   V   O
어떤 경우에도 안 된다 / 누구도 제한구역에 들어가서는.

↱ not only A but also B(A뿐만 아니라 B도) 구문에서, 도치는 A에만 적용된다.
Not only are complaints less expensive to handle / but they also can cause the seller to improve.
   V1   S1   S.C.   S2   V2   O   O.C.
불평은 다루기에 비용이 덜 들 뿐 아니라 / 그것은 판매자가 향상되도록 만들 수도 있다.   2021 고1 9월

◆ **EXERCISE** ▶ 끊어읽기 표시에 따라 다음 문장을 직독직해 해보세요.

EXAMPLE No longer do we belong to each other / as we used to.

➡ 더 이상 우리는 서로에게 속하지 않는다 / 우리가 과거에 그랬던 것처럼.

16 Never in my life / have I thought / that I could win a game against him.

➡ _____

17 Only after the meeting / did he recognize the seriousness (of the financial crisis).

➡ _____

18 Not only does social science have no exact laws, / but it also has failed to eliminate great social evils.
2018 고1 11월

➡ _____

19 When people think about the development (of cities), / rarely do they consider the critical role (of vertical transportation). 2021 고1 6월

➡ _____

20 Nowhere does the label tell consumers / that more than one-third (of the cereal box) contains added sugar. 2020 고2 3월 응용

➡ _____

VOCABULARY   under no circumstances 어떤 경우에도 ~않다   restricted area 제한구역   handle 대처하다   seriousness 심각성
financial crisis 재정 위기   eliminate 제거하다   social evil 사회악

173

문제	문장해석	정답/해설
1 I expect she **do / does** love you in her own way.	나는 그녀가 자기 나름대로는 너를 정말 좋아한다고 예상해.	○ does ✕ do she가 3인칭 단수 주어이므로 does를 쓴다.
2 Even if you **did / do** see someone, you can't be sure it was him.	네가 누군가 정말 봤더라도 그게 그였다고 확신할 수는 없어.	○ did ✕ do 과거에 사람을 '정말 봤다'고 해도 누구였는지 장담할 수 없다는 의미로 did를 쓴다.
3 Any variation that **do / does** exist becomes part of the story itself, regardless of its origin.	실제로 존재하는 어떤 변형이든, 그것의 기원과 상관없이 그 자체로 이야기의 일부가 된다.	○ does ✕ do 선행사 Any variation이 3인칭 단수 주어이므로 does를 쓴다.
4 If you **do / does** say the title by accident, you have to go outside, turn around three times, and come back into the theater.	우연히 그 제목을 정말 말하게 되면, 여러분은 밖으로 나가 세 바퀴를 돌고 극장으로 돌아와야 한다.	○ do ✕ does you가 2인칭 주어이므로 조동사 do를 쓴다. does는 3인칭 단수 주어 뒤에 쓴다.
5 They do, however, **show / showing** great care for each other, since they view harmony as essential to relationship improvement.	하지만 그들은 조화가 관계 개선에 필수적이라고 여기기 때문에 서로를 진실로 매우 배려한다.	○ show ✕ showing 'do+동사원형'에 맞추어 show를 써야 한다. however가 중간에 삽입된 형태이다.
6 It is the uncertainty of the result that consumers finds **attractive / attractively** .	소비자들이 매력적이라고 여기는 것은 바로 결과의 불확실성이다.	○ attractive ✕ attractively 5형식 문장의 목적어를 강조한 후 동사 뒤에 목적격보어가 이어지는 것이므로 attractive를 쓴다.
7 Sometimes it is the simpler product **that / which** gives a business a competitive advantage.	때때로 기업에게 비교우위를 주는 것은 바로 더 단순한 제품이다.	○ that, which 강조되는 말이 사물이면 that을 which로 바꿀 수 있다.
8 Ultimately, **it / that** is your commitment to the process that will determine your progress.	궁극적으로, 당신의 발전을 결정지을 것은 바로 그 과정에 대한 당신의 헌신이다.	○ it ✕ that 강조구문의 it은 that으로 대체할 수 없다.
9 It is through selective inclusion *and exclusion* **that / which** they produce loyalty and lasting social bonds.	그들이 충성과 지속적인 사회적 유대를 형성하는 것은 바로 선택적인 포함 '그리고 배제'를 통해서이다.	○ that ✕ which 뒤에 완전한 문장이 나오면 앞에 사물 명사가 나와도 강조구문의 that을 which로 바꿀 수 없다.
10 It was not until that minor detail was revealed **that / what** behaviors changed on a massive scale.	바로 그 사소한 세부사항이 드러나고 나서야 행동이 대대적으로 변화했다.	○ that ✕ what it is not until A that B(A하고 나서야 비로소 B하다) 구문이다.

174

문제	문장해석	정답/해설
11 In front of the main gate **was / were** a woman in a red dress.	정문 앞에 빨간 옷을 입은 여자가 있었다.	○ was ✗ were 주어가 동사 뒤의 a woman이므로 단수동사 was가 적절하다.
12 Happy **is / are** those who know the pleasure of doing good to others.	타인에게 선을 행하는 것의 즐거움을 아는 사람들은 행복하다.	○ are ✗ is 주어가 동사 뒤의 복수대명사 those 이므로 복수동사 are가 적절하다.
13 Once upon a time, there **lived a young king / a young king lived** who had a passion for hunting.	옛날 옛적에 사냥에 열정을 가진 젊은 왕이 살았다.	○ lived a young king ✗ a young king lived 'there+동사+주어' 구문이므로 lived a young king을 쓴다.
14 Our parents and families are powerful influences on us, but even **stronger / more strongly** are our friends.	우리의 부모와 가족은 우리에게 강력한 영향을 미치지만, 훨씬 더 강력한 것은 우리의 친구들이다.	○ stronger ✗ more strongly '보어+동사+주어' 구문이므로, 형용사인 stronger를 쓴다.
15 Gone **is / are** the days of musicians waiting for some TV show to say they are worthy of the spotlight.	뮤지션들이 어떤 TV쇼에서 그들이 스포트라이트를 받을 만하다고 말해주기를 기다리던 시대는 지났다.	○ are ✗ is 주어가 동사 뒤의 the days이므로 복수동사 are를 쓴다.
16 Never in my life **I have thought / have I thought** that I could win a game against him.	나는 내가 그를 상대로 경기를 이길 수 있을 거라고 생각해본 적이 살면서 한 번도 없다.	○ have I thought ✗ I have thought 부정어구 뒤에 의문문 어순인 have I thought를 쓴다.
17 Only after the meeting **recognized he / did he recognize** the seriousness of the financial crisis.	회의 이후에야 그는 이 재정 위기의 심각성을 깨달았다.	○ did he recognize ✗ recognized he only 부사구 뒤에 의문문 어순인 did he recognize를 쓴다.
18 Not only does social science have no exact laws, but **it also has failed / has it also failed** to eliminate great social evils.	사회과학에는 정확한 법칙도 없을뿐더러, 이것은 거대한 사회악을 제거하지도 못했다.	○ it also has failed ✗ has it also failed not only A but (also) B 구문에서 도치는 A에만 적용된다.
19 When people think about the development of cities, rarely **do they consider / they consider** the critical role of vertical transportation.	사람들은 도시 발전에 대해 생각할 때 수직 운송 수단의 중요한 역할을 좀처럼 고려하지 않는다.	○ do they consider ✗ they consider 부정어 rarely 뒤에 의문문 어순인 do they consider를 쓴다.
20 Nowhere **do / does** the label tell consumers that more than one-third of the cereal box contains added sugar.	라벨 어디에서도 이 시리얼 박스의 3분의 1 이상에 첨가당이 들었다는 점을 소비자들에게 알려주지 않는다.	○ does ✗ do 주어인 the label이 단수명사이므로 does가 적절하다.

01 다음 글에서 전체 흐름과 관계 <u>없는</u> 문장은? `2020 고2 3월`

There are many superstitions surrounding the world of the theater. ① Superstitions can be anything from not wanting to say the last line of a play before the first audience comes, to not wanting to rehearse the curtain call before the final rehearsal. ② Shakespeare's famous tragedy *Macbeth* is said to be cursed, and to avoid problems actors never say the title of the play out loud when inside a theater or a theatrical space (like a rehearsal room or costume shop). ③ The interaction between the audience and the actors in the play influences the actors' performance. ④ Since the play is set in Scotland, the secret code you say when you need to say the title of the play is "the Scottish play." ⑤ **If you do say the title by accident, legend has it that you have to go outside, turn around three times, and come back into the theater.**

유형 도움닫기 ⌁
• 연극계의 미신(superstitions)을 설명하는 글이므로, '미신'이 언급되지 않는 문장을 찾아보자.

02 다음 글의 내용을 한 문장으로 요약하고자 한다. 빈칸 (A), (B)에 들어갈 말로 가장 적절한 것은? `2018 고1 11월`

We cannot predict the outcomes of sporting contests, which vary from week to week. This heterogeneity is a feature of sport. **It is the uncertainty of the result and the quality of the contest that consumers find attractive.** For the sport marketer, this is problematic, as the quality of the contest cannot be guaranteed, no promises can be made in relations to the result and no assurances can be given in respect of the performance of star players. Unlike consumer products, sport cannot and does not display consistency as a key feature of marketing strategies. The sport marketer therefore must avoid marketing strategies based solely on winning, and must instead focus on developing product extensions such as the facility, parking, merchandise, souvenirs, food and beverages rather than on the core product (that is, the game itself).

* heterogeneity: 이질성(異質性)

↓

Sport has the essential nature of being ＿＿＿(A)＿＿＿, which requires that its marketing strategies ＿＿＿(B)＿＿＿ products and services more than just the sports match.

	(A)	(B)		(A)	(B)
①	unreliable	feature	②	unreliable	exclude
③	risky	ignore	④	consistent	involve
⑤	consistent	promote			

유형 도움닫기 ⌁
• 스포츠의 특성과 스포츠 마케팅 전략이 어떤 연관성을 보이는지에 주목하며 읽어보자.
• 의무의 must가 포함된 문장이 주제를 제시한다.

03 글의 흐름으로 보아, 주어진 문장이 들어가기에 가장 적절한 곳은? 2018 고1 11월

Such critics are usually unaware of the real nature of social science and of its special problems and basic limitations.

유형 도움닫기

・사회과학을 비판하는 이들에 대한 시각이 갑자기 바뀌는 부분을 찾아 본다.

DAY
17

Some people believe that the social sciences are falling behind the natural sciences. (①) They maintain that **not only does social science have no exact laws, but it also has failed to eliminate great social evils** such as racial discrimination, crime, poverty, and war. (②) They suggest that social scientists have failed to accomplish what might reasonably have been expected of them. (③) For example, they forget that the solution to a social problem requires not only knowledge but also the ability to influence people. (④) Even if social scientists discover the procedures that could reasonably be followed to achieve social improvement, they are seldom in a position to control social action. (⑤) For that matter, even dictators find that there are limits to their power to change society.

VOCABULARY

01

superstition 미신
rehearse 리허설하다, 예행연습하다
tragedy 비극
theatrical 극장의
costume shop (무대) 의상 제작실
secret code 암호
Scottish 스코틀랜드의

02

problematic 문제가 있는
in relation to ~에 관하여
assurance 확신, 보장
in respect of ~에 관하여
consistency 일관성
feature 특징; 특징으로 삼다
solely 단지
extension 확장
merchandise 상품
souvenir 기념품

03

be unaware of ~을 모르다
limitation 한계
fall behind ~에 뒤처지다
maintain 주장하다
reasonably 마땅히, 타당하게
procedure 절차
dictator 독재자

DAILY REVIEW

A 어휘 TEST ▶ 다음 단어의 뜻을 쓰세요.

1	work-related		11	do good	
2	on the rise		12	restricted area	
3	knit		13	seriousness	
4	origin		14	eliminate	
5	fragility		15	social evil	
6	commitment		16	superstition	
7	selective		17	secret code	
8	massive		18	merchandise	
9	field of vision		19	reasonably	
10	squirrel		20	dictator	

B 단어 배열 ▶ 주어진 의미에 맞게 다음 단어를 배열하세요.

01 네가 누군가 정말 봤더라도 그게 그였다고 확신할 수는 없어. (you, someone, see, did)

➔ Even if _____, you can't be sure it was him.

02 당신의 발전을 결정지을 것은 바로 그 과정에 대한 당신의 헌신이다. (is, your commitment, the process, that, to, it)

➔ _____ will determine your progress.

03 정문 앞에 빨간 옷을 입은 여자가 있었다. (a red dress, a woman, was, in)

➔ In front of the main gate _____.

04 회의 이후에야 그는 이 재정 위기의 심각성을 깨달았다. (he, the seriousness, did, recognize)

➔ Only after the meeting _____ of the financial crisis.

C 빈칸 완성 ▶ 주어진 단어를 활용하여 우리말에 맞게 빈칸을 완성하세요. (단, 필요시 어형을 바꾸거나 단어를 추가)

01 정말로 존재하는 어떤 변형이든 그 자체로 이야기의 일부가 된다. (any variation, that, do, exist)

➔ _____ _____ _____ _____ _____ becomes part of the story itself.

02 바로 그 사소한 세부사항이 밝혀지고 나서야 행동이 대대적으로 변화했다. (until, that minor detail, reveal)

➔ It was _____ _____ _____ _____ _____ _____ behaviors changed on a massive scale.

03 옛날 옛적에 사냥을 즐기던 젊은 왕이 살았다. (there, a young king)

➔ Once upon a time, _____ _____ _____ _____ _____ who enjoyed hunting.

04 나는 내가 그를 상대로 경기를 이길 수 있을 거라고 생각해본 적이 살면서 한 번도 없다. (have, think)

➔ Never in my life _____ _____ _____ that I could win a game against him.

18

동격/삽입

STEP 1 ▶ 직독직해로 연습하는 해석 공식

1 동격 구문 │ 콤마(,), 콜론(:), 대쉬(—) 앞뒤로 서로 같은 의미의 어구가 함께 나올 때를 가리켜 동격 구문이라고 한다. 이 경우 뒷말 앞에 '즉'을 넣어 해석한다.

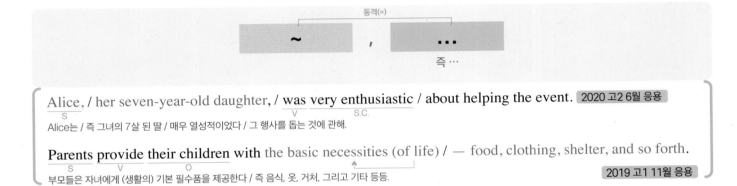

Alice, / her seven-year-old daughter, / was very enthusiastic / about helping the event. 2020 고2 6월 응용
S   V   S.C.
Alice는 / 즉 그녀의 7살 된 딸 / 매우 열성적이었다 / 그 행사를 돕는 것에 관해.

Parents provide their children with the basic necessities (of life) / — food, clothing, shelter, and so forth.
S   V   O
부모들은 자녀에게 (생활의) 기본 필수품을 제공한다 / 즉 음식, 옷, 거처, 그리고 기타 등등.   2019 고1 11월 응용

◆ EXERCISE ▶ 끊어읽기 표시에 따라 다음 문장을 직독직해 해보세요.

EXAMPLE Remember this: / If you choose the safe option, / you will never grow. 2020 고2 3월 응용

→ 이걸 기억해 / 만일 네가 안전한 선택을 내리면 / 너는 결코 성장하지 못할 거야.

---

01 A mouse's heart beats / six hundred times a minute / — ten times a second. 2021 고2 9월 응용

→ _____

02 Pianist, composer, and big band leader, / Claude Bolling, / was born in France in 1930. 2022 고1 6월 응용

→ _____

03 Consider the mind (of a child): / having experienced so little, / the world is a mysterious and fascinating place. 2018 고1 9월

→ _____

04 Every person (who makes us miserable) is like us / — a human being, / most likely doing the best (they can), / deeply loved by their parents, a child, or a friend. 2022 고1 3월

→ _____

05 The color (of a glowing object) is related to its temperature: / as the temperature rises, / the object is first red and then orange, / and finally it gets white, / the "hottest" color. 2022 고2 6월

→ _____

VOCABULARY　enthusiastic 열성적인　basic necessity 기본 필수품　fascinating 매력적인　miserable 비참한　glow 빛나다

180

동격/삽입은 앞말의 의미를 다른 말로 풀어주거나 보충 설명하기 위해서 문장 중간에 어구를 끼워 넣는 것이다. 둘 다 문장의 구조에는 영향을 미치지 않는다.

② 동격의 that절

특정 추상명사 뒤에 그 구체적인 내용을 설명하는 완전한 명사절이 나오면 이를 가리켜 동격의 that절이라고 한다. 동격절은 마치 명사를 꾸미듯이 '~라는, 하다는'으로 해석하고 명사와 연결해준다.

* the fact(사실), the idea, the notion(개념, 생각), the rumor(소문), the belief(믿음), the possibility(가능성), the evidence(증거) 등

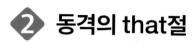

명 + **that S´ V´ ~**

~라는, ~하다는

The notion / that food has a specific influence (on gene expression) / is relatively new. 2020 고2 3월
S · V S.C.
생각은 / 음식이 (유전자 발현에 대한) 특정한 영향을 갖는다는 / 비교적 새로운 것이다.

There is ample evidence / that humans can be cooperative and caring / as well as hostile and uncaring.
V S
충분한 증거가 있다 / 사람들이 협력하고 배려할 수 있다는 / 적대적이고 무정할 뿐 아니라.

◆ **EXERCISE** ▶ 끊어읽기 표시에 따라 다음 문장을 직독직해 해보세요.

EXAMPLE The predator never receives the normal message / that it is full. 2020 고2 6월

➡ 포식자는 그 일반적인 메시지를 결코 받지 못한다 / 자신이 배가 부르다는.

06 Consider the idea / that your brain has a network (of neurons). 2021 고1 3월

➡ _____

07 The police haven't ruled out the possibility / that it was an accident.

➡ _____

08 She had a feeling / that something (she had been waiting for) / was about to happen. 2018 고1 9월 응용

➡ _____

09 A 10-year-old boy decided to learn judo / despite the fact / that he had lost his left arm in a devastating car accident. 2018 고1 9월

➡ _____

10 The belief / that it will rain tomorrow / can be tested for truth / by waiting until tomorrow / and seeing whether it rains or not. 2021 고2 3월

➡ _____

VOCABULARY specific 특정한, 구체적인　gene expression 유전자 발현　relatively 비교적　ample 충분한　caring 배려하는　hostile 적대적인　predator 포식자　rule out ~을 배제하다　be about to 곧 ~하다　judo (운동) 유도　despite ~에도 불구하고　devastating 참담한

❸ 삽입 구문

삽입 구문은 2개의 콤마(,) 또는 대쉬(—) 사이에 단어, 구, 절을 끼워 넣어 앞말을 보충 설명하는 것으로, 전체 문장 구조에 영향을 미치지 않는다. 삽입 구문은 앞뒤 문맥에 맞게 해석해야 한다.

삽입된 단어/구/절

~ , … , ~

To get new knowledge, / you, / as a researcher-explorer, / need to venture into the uncharted waters.
새로운 지식을 얻으려면 / 여러분은 / 연구자이자 탐험가로서 / 미개척 영역으로 모험 삼아 들어갈 필요가 있다.　2021 고2 3월

The reciprocity norm is the expectation / that we should return help, / not harm, / to those (who have helped us). 2020 고2 6월 응용

상호성 규범이란 기대이다 / 즉 우리가 도움을 돌려줘야 한다는 / 해가 아니라 / (우리를 도와줬던) 사람들에게.

◆ **EXERCISE** ▶ 끊어읽기 표시에 따라 다음 문장을 직독직해 해보세요.

EXAMPLE　Life, / he wrote, / is a dangerous situation. 2020 고2 3월

➜ 삶은 / 그는 썼다 / 위험한 상황이라고.

11 There are, / of course, / still millions of people (who equate success with money and power).
2019 고1 9월

➜ _____

12 We forget / — how easily we forget — / that love and loss are intimate companions. 2020 고2 3월

➜ _____

13 A law could be passed (allowing everyone, / if they so wish, / to run a mile in two minutes).
2021 고1 3월

➜ _____

14 It is due, also, to the knowledge / that, in an insecure world, / pleasure is uncertain. 2020 고1 6월

➜ _____

15 We use twenty-seven times more industrial minerals, / such as gold, copper, and rare metals, / than we did just over a century ago. 2022 고1 6월

➜ _____

VOCABULARY　venture into 모험 삼아 ~로 들어가다　reciprocity 상호성　expectation 기대　equate 동일시하다　intimate 친밀한
companion 동반자　insecure 불안정한　uncertain 불확실한　industrial 산업의　mineral 광물　rare 희귀한

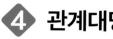
④ 관계대명사 삽입절

명사를 꾸미거나 보충 설명하는 주격 관계대명사와 동사 사이에 생각, 추측, 가정의 의미를 나타내는 '주어+동사'가 삽입될 수 있다. 이 경우 관계대명사절은 '~이 생각/가정/추측하기로 ~한'과 같이 해석된다.

* think(생각하다), feel(느끼다), guess(추측하다), consider(생각하다), suppose(가정하다) 등

명 + **who/which/that (S″ V″) V′ ~**

~이 생각/추측/가정하기로 ~한

We usually get along best / with people (who we think are like us). 2022 고1 3월
 S   V
우리는 보통 가장 잘 지낸다 / (우리가 생각하기로 우리와 비슷한) 사람들과.

Another aspect (that we feel is very important) / is collaboration.
 S   V   S.C.
(우리가 느끼기로 아주 중요한) 또 다른 측면은 / 협업입니다.

◆ **EXERCISE** ▶ 끊어읽기 표시에 따라 다음 문장을 직독직해 해보세요.

EXAMPLE Successes (that we suppose are entirely due to our efforts) / have much to do with luck.

➜ (우리 생각에 전적으로 우리 노력으로 인한) 성공은 / 운과 크게 연관돼 있다.

16 She has become a person (who I think is filled with grievance and anger).

➜ _____

17 Something (which you think is impossible now) / is not impossible in another decade.

➜ _____

18 People may give answers (that they feel are more socially desirable / than their true feelings). 2019학년도 수능

➜ _____

19 Over the past 60 years, / mechanical processes have replicated behaviors and talents (that we thought were unique to humans). 2018학년도 수능 응용

➜ _____

20 In an experiment, / researchers presented participants with two photos (of faces) / and asked participants to choose the photo (that they thought was more attractive). 2019 고1 9월

➜ _____

VOCABULARY   **get along with** ~와 어울리다, 잘 지내다   **collaboration** 협업   **entirely** 전적으로   **have to do with** ~와 연관이 있다
grievance 불만   **decade** 10년   **desirable** 바람직한   **replicate** 복제하다   **attractive** 매력적인

문제	문장해석	정답/해설
1 A mouse's heart **beats / beating** six hundred times a minute — ten times a second.	쥐의 심장은 1분에 100회, 즉 1초에 10회 뛴다.	○ beats ✕ beating 문장에 동사가 필요하므로 beats가 적절하다.
2 Pianist, composer, and big band leader, Claude Bolling, **was / were** born in France in 1930.	피아니스트이자 작곡가이고 빅 밴드 리더인 Claude Bolling은 1930년 프랑스에서 출생했다.	○ was ✕ were 주어 Claude Bolling이 단수명사이므로 was가 적절하다. 주어 앞의 명사구는 동격구이다.
3 Consider the mind of a child: having experienced so little, the world is a mysterious and **fascinating / fascinated** place.	아이의 마음을 생각해보라. 경험한 것이 거의 없기에, 세상은 신비하고 흥미로운 장소이다.	○ fascinating ✕ fascinated 꾸밈을 받는 place가 '매혹시키는' 주체이므로 fascinating이 적절하다.
4 Every person who makes us miserable is like us — a human being, deeply **loving / loved** by their parents, a child, or a friend.	우리를 비참하게 만드는 모든 사람은 우리와 같다. 즉 이들은 아마도 부모나 자녀, 친구로부터 깊이 사랑받고 있는 한 인간일 것이다.	○ loved ✕ loving 꾸밈을 받는 a human being이 '사랑받을' 대상이므로 loved가 적절하다.
5 As the temperature **rises / is risen**, the object is first red and then orange, and finally it gets white, the "hottest" color.	온도가 상승함에 따라 물체는 먼저 빨갛게 되었다가 이후 주황색이 되고, 마침내 '가장 뜨거운' 색인 흰색이 된다.	○ rises ✕ is risen rise는 수동태로 쓸 수 없는 자동사이므로 rises가 적절하다.
6 Consider the idea **that / which** your brain has a network of neurons.	여러분의 뇌가 뉴런의 연결망을 가지고 있다는 개념을 생각해 보라.	○ that ✕ which the idea 뒤에 '개념'의 내용을 설명하는 완전한 문장이 나오므로 that이 적절하다.
7 The police haven't ruled out the possibility **that / what** it was an accident.	경찰은 그것이 사고였다는 가능성을 배제하지 않았다.	○ that ✕ what the possibility 뒤에 '가능성'의 내용을 설명하는 완전한 문장이 나오므로 that이 적절하다.
8 She had a feeling that something she had been waiting for **was / to be** about to happen.	그녀는 자신이 기다려 왔던 것이 곧 일어날 거라고 느꼈다.	○ was ✕ to be 동격의 that절에서 주어 something 뒤에 동사가 필요하므로 was가 적절하다.
9 A 10-year-old boy decided to learn judo **despite / though** the fact he had lost his left arm in a devastating car accident.	어느 열 살짜리 소년이 끔찍한 자동차 사고로 왼팔을 잃었다는 사실에도 불구하고 유도를 배우기로 마음먹었다.	○ despite ✕ though 명사구 the fact 앞에 전치사가 필요하므로 despite가 적절하다.
10 The belief that it will rain tomorrow can be tested for truth by waiting until tomorrow and **see / seeing** whether it rains or not.	내일 비가 올 것이라는 믿음은 내일까지 기다려 비가 오나 안 오나 지켜보면 진실인지 검증할 수 있다.	○ seeing ✕ see 'by+동명사(~함으로써)'의 waiting과 and로 병렬 연결되도록 seeing을 써야 한다.

184

문제	문장해석	정답/해설
11 There are, of course, still millions of people who **equate / equates** success with money and power.	물론, 성공을 돈과 권력과 동일시하는 사람들이 여전히 수백만 명 있다.	O equate X equates 선행사 millions of people이 복수명사이므로 equate를 써야 한다.
12 We forget — how easily we forget — **that / what** love and loss are intimate companions.	우리는 사랑과 상실이 친밀한 동반자라는 것을 잊는다. 그것도 너무나 쉽게.	O that X what 동사 forget의 목적어가 완전한 문장이므로 접속사 that을 쓴다. 줄표 안은 삽입절이다.
13 A law could be passed allowing everyone, if they so wish, **to run / run** a mile in two minutes.	원한다면, 모두가 2분 안에 1마일을 달릴 수 있도록 허용하는 법이 통과될 수도 있다.	O to run X run 'allowing+목적어+to부정사' 구조이므로 to run을 쓴다. if they so wish는 삽입절이다.
14 It is due, also, to the knowledge **which / that**, in an insecure world, pleasure is uncertain.	또한, 그것은 불안정한 세상에서 즐거움이 불확실하다는 인식 때문이다.	O that X which the knowledge 뒤에 '인식'의 내용을 설명하는 완전한 문장이 나오므로 that이 적절하다.
15 We use twenty-seven times more industrial minerals, such as gold, copper, and rare metals, than we **were / did** just over a century ago.	우리는 금, 구리, 희귀 금속과 같은 산업 광물을 불과 한 세기 전에 비해 27배 더 많이 사용한다.	O did X were 앞에 나온 일반동사 use를 과거시제로 받기 위해 did를 쓴다.
16 She has become a person **who / whom** I think is filled with grievance and anger.	그녀는 내가 생각하기로 불만과 화로 가득 찬 사람이 되었다.	O who X whom 삽입절인 I think 뒤에 동사 is가 나오는 것으로 보아 주격 관계대명사인 who를 쓴다.
17 Something **which / whose** you think is impossible now is not impossible in another decade.	당신이 지금 불가능하다고 생각하는 것은 앞으로 10년 뒤에도 가능하지 않다.	O which X whose 삽입절인 you think 뒤에 동사 is가 나오는 것으로 보아 주격 관계대명사인 which를 쓴다.
18 People may give answers that they feel **is / are** more socially desirable than their true feelings.	사람들은 자신의 실제 생각보다 사회적으로 더 바람직하다고 느끼는 답을 줄 수도 있다.	O are X is that의 선행사인 answers가 복수명사이므로 are를 쓴다.
19 Over the past 60 years, mechanical processes have replicated behaviors and talents that we thought **was / were** unique to humans.	지난 60년 동안, 기계식 공정은 우리가 인간에게 고유하다고 생각했던 행동과 재능을 복제해 왔다.	O were X was that의 선행사인 behaviors and talents가 복수명사구이므로 were를 쓴다.
20 In an experiment, researchers asked participants to choose the photo that they thought **was / were** more attractive.	한 실험에서, 연구자들은 참가자들에게 더 매력적이라고 생각하는 사진을 골라 달라고 요청했다.	O was X were 관계대명사 that의 선행사인 the photo가 단수명사이므로 was를 쓴다.

01-02 다음 글을 읽고, 물음에 답하시오. 2022 고1 3월

The longest journey we will make is the eighteen inches between our head and heart. If we take this journey, it can shorten our (a) misery in the world. Impatience, judgment, frustration, and anger reside in our heads. When we live in that place too long, it makes us (b) unhappy. But when we take the journey from our heads to our hearts, something shifts (c) inside. What if we were able to love everything that gets in our way? What if we tried loving the shopper who unknowingly steps in front of us in line, the driver who cuts us off in traffic, the swimmer who splashes us with water during a belly dive, or the reader who pens a bad online review of our writing?

Every person who makes us miserable is (d) like us — a human being, most likely doing the best they can, deeply loved by their parents, a child, or a friend. And how many times have we unknowingly stepped in front of someone in line? Cut someone off in traffic? Splashed someone in a pool? Or made a negative statement about something we've read? It helps to (e) deny that a piece of us resides in every person we meet.

* reside: (어떤 장소에) 있다

유형 도움닫기

· 비유적 표현인 the journey from our heads to our hearts의 의미를 두 번째 문단에서 파악해 본다.

01 윗글의 제목으로 가장 적절한 것은?

① Why It Is So Difficult to Forgive Others
② Even Acts of Kindness Can Hurt Somebody
③ Time Is the Best Healer for a Broken Heart
④ Celebrate the Happy Moments in Your Everyday Life
⑤ Understand Others to Save Yourself from Unhappines

02 밑줄 친 (a)~(e) 중에서 문맥상 낱말의 쓰임이 적절하지 않은 것은?

① (a)   ② (b)   ③ (c)   ④ (d)   ⑤ (e)

03 글의 흐름으로 보아, 주어진 문장이 들어가기에 가장 적절한 곳은? 2021 고2 3월

However, some types of beliefs cannot be tested for truth because we cannot get external evidence in our lifetimes (such as a belief that the Earth will stop spinning on its axis by the year 9999 or that there is life on a planet 100-million light-years away).

Most beliefs — but not all — are open to tests of verification. This means that beliefs can be tested to see if they are correct or false. (①) Beliefs can be verified or falsified with objective criteria external to the person. (②) There are people who believe the Earth is flat and not a sphere. (③) Because we have objective evidence that the Earth is in fact a sphere, the flat Earth belief can be shown to be false. (④) Also, **the belief that it will rain tomorrow can be tested for truth by waiting until tomorrow and seeing whether it rains or not.** (⑤) Also, metaphysical beliefs (such as the existence and nature of a god) present considerable challenges in generating evidence that everyone is willing to use as a truth criterion.

* verification: 검증, 확인   ** falsify: 거짓임을 입증하다

유형 도움닫기

· '믿음을 검증하는' 것에 대해 관점이 갑자기 달라지는 부분을 찾아본다.

DAY
18

VOCABULARY

01~02

take a journey 여행, 여정
misery 비참함
impatience 조급함
frustration 좌절
shift 변화하다, 바뀌다
get in one's way ~을 방해하다
unknowingly 무의식중에, 자기도 모르게
in line 줄을 선

cut off ~을 차단하다, 가로막다
splash 물을 튀기다
belly 배, 복부
make a statement 진술하다
negative 부정적인
deny 부정하다

03

external 외부의
spin on ~을 중심으로 돌다
axis 축
false 틀린, 잘못된
objective 객관적인
metaphysical 형이상학의(사물의 본질이나 존재의 근본 원리를 탐구하는 학문)
criterion 기준

A 어휘 TEST ▶ 다음 단어의 뜻을 쓰세요.

1	enthusiastic		11	insecure	
2	basic necessity		12	grievance	
3	fascinating		13	replicate	
4	glow		14	impatience	
5	ample		15	in line	
6	hostile		16	splash	
7	rule out		17	belly	
8	devastating		18	spin on	
9	reciprocity		19	metaphysical	
10	equate		20	criterion	

B 단어 배열 ▶ 주어진 의미에 맞게 다음 단어를 배열하세요.

01 쥐의 심장은 1분에 100회, 즉 1초에 10회 뛴다. (times, ten, a second)
➜ A mouse's heart beats six hundred times a minute — _____.

02 그녀는 뭔가 곧 일어날 것이라는 느낌이 들었다. (was about to, something, happen, a feeling, that)
➜ She had _____.

03 사람들은 그들이 느끼기로 사회적으로 더 바람직한 답을 줄 수도 있다. (that, more, feel, are, socially desirable, they)
➜ People may give answers _____.

04 당신이 생각하기로 지금 불가능한 것은 앞으로 10년 뒤에도 가능하지 않다. (which, think, is, you, now, impossible)
➜ Something _____ is not impossible in another decade.

C 빈칸 완성 ▶ 주어진 단어를 활용하여 우리말에 맞게 빈칸을 완성하세요. (단, 필요시 어형을 바꾸거나 단어를 추가)

01 마침내 그것은 흰색, 즉 가장 뜨거운 색이 된다. (hot, color)
➜ Finally it gets white, _____ _____ _____.

02 경찰은 그것이 사고였을 가능성을 배제하지 않고 있다. (the possibility, an accident)
➜ The police haven't ruled out _____ _____ _____ _____ _____
_____.

03 우리는 사랑과 상실이 친밀한 동반자라는 것을 잊는다. 그것도 우리는 얼마나 쉽게 잊는가. (how, easily)
➜ We forget — _____ _____ _____ _____ — that love and loss are intimate companions.

04 그녀는 내가 생각하기로 불만과 화로 가득 찬 사람이 되었다. (think, be filled with)
➜ She has become a person _____ _____ _____ _____
grievance and anger.

Memo

Memo

구문독해
기본서

매일
3 단계로
연습하는

영어

문장
구조

구문 그림으로 익히는 해석 공식
손으로 직접 해석하며 체화

문법 문법 변형 문제로 문장 복습
수능·내신 문법 전격 공략

독해 독해 지문 속에서 문장 복습
문장독해 ▶ 단락독해로 확장

구문독해

정답 및 해설

교육 R&D에 앞서가는
Key 키출판사

매일 3단계로 연습하는 영어 문장구조

구문독해

구문독해 기본서

문장구조

정답 및 해설

DAY 01 명사구 주어

STEP 1 직독직해로 연습하는 **해석 공식**

01 Taking pictures / is not allowed / inside the factory.
　　　S　　　　　　V

사진을 찍는 것은 / 허용되지 않는다 / 공장 안에서.
→ 공장 안에서 사진을 찍는 것은 허용되지 않는다.

02 With little control and regulation, / taking supplements /
　　　　　　　　　　　　　　　　　　　　　　S
is a gamble / and often costly.
V　S.C.1　　　　　　S.C.2

단속과 규제가 거의 없다면, / 보충제를 먹는 것은 / 도박이다 / 그리고 종종 대가가 크다.
→ 단속과 규제가 거의 없다면, 보충제를 먹는 것은 도박이며, 종종 대가가 크다.

03 Finding different ways (to produce sounds) / is an
　　　　　　　　　　　S　　　　　　　　　　　　　V
important stage (of musical exploration).
S.C.

(소리를 만들어내는) 다양한 방법을 찾는 것은 / (음악적 탐구의) 중요한 단계다.
→ 소리를 만들어내는 다양한 방법을 찾는 것은 음악적 탐구의 중요한 단계다.

04 Creating a difference (that others don't have) / is / a way
　　　　　　　　　　S　　　　　　　　　　　　　　V　　S.C.
(to succeed in your field).

(다른 사람들이 갖고 있지 않은) 차이를 만들어내는 것은 / ~이다 / (당신의 분야에서 성공하는) 방법.
→ 다른 사람들이 갖고 있지 않은 차이를 만들어내는 것은 당신의 분야에서 성공하는 방법이다.

05 Paying attention to some people and not others / doesn't
　　　　　　　　　　　　S　　　　　　　　　　　　　　　V
mean / you're being dismissive or arrogant.
　　　　　　　　　O

일부 사람들에게 주의를 기울이고 다른 사람에게 기울이지 않는 것은 / 의미하지 않는다 / 여러분이 남을 무시하거나 거만하게 굴고 있다는 것.
→ 일부 사람들에게 주의를 기울이고 다른 사람에게 기울이지 않는 것은 여러분이 남을 무시하거나 거만하게 굴고 있다는 뜻이 아니다.

06 To violate this principle / is / to set up even greater rivalry
　　　　　　S　　　　　　　　V　　　　　　　　　S.C.
between them.

이 원칙을 위반하는 것은 / ~이다 / 그들 사이에 훨씬 더 큰 경쟁을 만드는 것.
→ 이 원칙을 위반하는 것은 그들 사이에 훨씬 더 큰 경쟁을 만드는 것이다.

07 To be in love / is / the most beautiful feeling (a person can
　　　　S　　　　　V　　　　　　　　　S.C.
experience).

사랑에 빠지는 것은 / ~이다 / (사람이 경험할 수 있는) 가장 아름다운 감정.
→ 사랑에 빠지는 것은 사람이 경험할 수 있는 가장 아름다운 감정이다.

08 To study medicine / means / that you have chosen to be a
　　　　S　　　　　　　V　　　　　　　　O
student / for your entire life.

의학을 공부하는 것은 / 의미한다 / 여러분이 학생이 되기로 선택했다는 것 / 당신의 평생 동안.
→ 의학을 공부한다는 것은 여러분이 평생 동안 학생이 되기로 선택했다는 뜻이다.

09 To really understand what he accomplished / requires /
　　　　　　　　　　　S　　　　　　　　　　　　　　V
looking beyond the man.
O

그가 성취한 것을 진정으로 이해하는 것은 / 요구한다 / 그 사람 너머를 보는 것을.
→ 그가 성취한 것을 진정으로 이해하려면 그 사람 너머를 봐야 한다.

10 To take risks / means / you will succeed sometime / but
　　　S1　　　　　V1　　　　　O1
never to take a risk / means / that you will never succeed.
　　　S2　　　　　　　V2　　　　　　　O2

위험을 감수하는 것은 / 의미한다 / 여러분이 언젠가 성공할 거라는 것을 / 하지만 절대 위험을 감수하지 않는 것은 / 의미한다 / 여러분이 결코 성공하지 못할 거라는 것을.
→ 위험을 감수하는 것은 여러분이 언젠가 성공할 것이라는 의미이지만, 절대 위험을 감수하지 않는 것은 여러분이 결코 성공하지 못할 것이라는 의미이다.

11 In Dutch bicycle culture, / it is common / to have a
　　　　　　　　　　　　　　가S V　　S.C.　　　진S
passenger on the backseat.

네덜란드의 자전거 문화에서, / 흔하다 / 뒷좌석에 동승자를 앉히는 것은.
→ 네덜란드의 자전거 문화에서, 뒷좌석에 동승자를 앉히는 것은 흔하다.

12 It wasn't easy / for him / to become a scientist.
　　가S　V　　S.C.　　　　　　진S

쉽지 않았다 / 그가 / 과학자가 되는 것은.
→ 그가 과학자가 되기는 쉽지 않았다.

13 It is my humble request (to you) / to allow us to use old
　　가S V　　　S.C.　　　　　　　　　　　진S
newspapers (in the school library).

(당신께 드리는) 제 겸허한 요청입니다 / 우리가 (학교 도서관에 있는) 낡은 신문을 사용하도록 허락해 달라는 것.
→ 우리가 학교 도서관에 있는 낡은 신문을 사용하게 해달라는 것이 당신께 드리는 제 겸허한 요청입니다.

14 If the person is truly important to you, / it is worthwhile /
　　　　　　　　　　　　　　　　　　　　　　　가S　　S.C.
to give him or her / the time and space (needed to heal).
　　진S

그 사람이 여러분에게 진짜로 중요하다면 / 가치 있다 / 그 사람에게 주는 것이 / (치유에 필요한) 시간과 공간을.
→ 그 사람이 여러분에게 진짜로 중요하다면, 그 사람에게 치유에 필요한 시간과 공간을 주는 것이 가치 있다.

15 If we don't have a rich emotional vocabulary, / it is
　　　　　　　　　　　　　　　　　　　　　　　　　가S V
difficult / to communicate our needs / and to get the
S.C.　　　　　진S1　　　　　　　　　　　　　진S2
support (that we need) from others.

우리가 풍부한 정서적 어휘를 갖고 있지 않다면 / 어렵다 / 우리의 욕구를 전달하는 것이 / 그리고 남들로부터 (우리가 필요로 하는) 지지를 얻는 것이.
→ 우리가 정서적 어휘를 풍부하게 갖고 있지 않다면, 우리의 욕구를 전달하고 우리가 필요한 지지를 남들로부터 얻기가 어렵다.

16 Everyone else (searching for a job) / has the same goal.
　　　　　　S　　　　　　　　　　　　　　　V　　O

(일자리를 찾는) 다른 모든 사람이 / 똑같은 목표를 지니고 있다.

→ 일자리를 찾는 다른 모든 사람이 똑같은 목표를 지니고 있다.

17 A number of vital tasks (carried out during sleep) / help to
<u>S</u>   <u>V</u>
maintain good health.
<u>O</u>

(수면 중에 수행되는) 많은 중대한 과업이 / 건강을 유지하는 데 도움이 된다.

→ 수면 중에 수행되는 많은 중대한 과업이 건강 유지에 도움이 된다.

18 Our tendency (to identify with an in-group) / to a large
<u>S</u>
degree begins in infancy / and may be innate.
<u>V1</u>   <u>V2</u>   <u>S.C.</u>

(내집단과 동일시하려는) 우리의 경향성은 / 많은 부분 유아기에 시작된다 / 그
리고 선천적일 수 있다.

→ 내집단과 동일시하려는 우리의 경향성은 많은 부분 유아기에 시작되며, 선천
적일 수 있다.

19 The close friends (of the prince) (who were around him) /
<u>S</u>
were very surprised.
<u>V</u>   <u>S.C.</u>

(왕자 주변에 있던) (왕자의) 가까운 친구들은 / 매우 놀랐다.

→ 왕자 주변에 있던 왕자의 가까운 친구들은 매우 놀랐다.

20 A woman (named Rhonda) (who attended the University
<u>S</u>
of California at Berkeley) / had a problem.
<u>V</u>   <u>O</u>

(University of California at Berkeley에 다니던) (Rhonda라는 이름의)
여성은 / 한 가지 문제를 지니고 있었다.

→ University of California at Berkeley에 다니던 Rhonda라는 여성에
게는 한 가지 문제가 있었다.

◀ **STEP 3** ▶ 기출 문제로 의미 다시보기 ◀ ●●●●●●●●●

01 ①   **02** ⑤   **03** ⑤

01 글의 요지

직독직해

Practically / anything (of value) requires / that we take a risk (of
failure or being rejected).

사실상 / (가치 있는) 어떤 것이든 요구한다 / 우리가 (실패나 거절당할) 위험을 감수할
것을.

This is the price (we all must pay / for achieving the greater
rewards lying ahead of us).

이것은 (우리 모두가 치러야 할 / 우리 앞에 놓인 더 큰 보상을 성취하기 위해) 대가이다.

To take risks / means / you will succeed sometime / but never
to take a risk / means / that you will never succeed.

위험을 감수하는 것은 / 의미한다 / 여러분이 언젠가 성공할 거라는 것을 / 하지만 절대
위험을 감수하지 않는 것은 / 의미한다 / 여러분이 결코 성공하지 못할 거라는 것을.

Life is filled with a lot of risks and challenges / and if you
want to get away from all these, / you will be left behind / in
the race (of life).

인생은 많은 위험과 도전으로 가득 차 있다 / 그리고 여러분이 이 모든 것에서 벗어나
기를 원한다면 / 여러분은 뒤처지게 될 것이다 / (인생이라는) 경주에서.

A person (who can never take a risk) / can't learn anything.

(결코 위험을 무릅쓰지 못하는) 사람은 / 아무것도 배울 수 없다.

For example, / if you never take the risk (to drive a car), / you
can never learn to drive.

예를 들어, / 여러분이 만약 (차를 운전하는) 위험을 결코 무릅쓰지 않는다면, / 여러분
은 결코 운전을 배울 수 없다.

If you never take the risk (of being rejected), / you can never
have a friend or partner.

여러분이 (거절당할) 위험을 결코 무릅쓰지 않는다면 / 여러분은 친구나 파트너를 절대
얻을 수 없다.

Similarly, / by not taking the risk (of attending an interview), /
you will never get a job.

마찬가지로 / (면접에 참석하는) 위험을 무릅쓰지 않음으로써 / 여러분은 결코 일자리
를 얻지 못할 것이다.

전문해석

사실상 가치 있는 것은 어떤 것이든 우리가 실패나 거절당할 위험을 감수할
것을 요구한다. 이것은 우리 앞에 놓인 더 큰 보상을 성취하기 위해 우리 모
두가 치러야 할 대가이다. 위험을 감수하는 것은 여러분이 언젠가 성공할 것
이라는 의미이지만, 절대 위험을 감수하지 않는 것은 여러분이 결코 성공하
지 못할 것이라는 의미이다. 인생은 많은 위험과 도전으로 가득 차 있으며,
이 모든 것에서 벗어나기를 원한다면 인생이라는 경주에서 뒤처지게 될 것이
다. 결코 위험을 무릅쓰지 못하는 사람은 아무것도 배울 수 없다. 예를 들
어, 만약 차를 운전하는 위험을 결코 무릅쓰지 않는다면, 여러분은 결코 운
전을 배울 수 없다. 거절당할 위험을 결코 무릅쓰지 않는다면, 친구나 파트
너를 절대 얻을 수 없다. 마찬가지로 면접에 참석하는 위험을 무릅쓰지 않으
면 여러분은 결코 일자리를 얻지 못할 것이다.

해설

For example 앞의 'A person who can never take a risk can't
learn anything.'에서 위험을 전혀 감수하지 않는 사람은 아무것도 배우
지 못한다는 요지를 제시하므로, 답으로 가장 적절한 것은 ① '위험을 무릅
쓰지 않으면 아무것도 얻지 못한다.'이다.

구문풀이

Practically anything of value **requires that** we **(should)**
take a risk of failure or being rejected.

→ 요구의 동사 requires 뒤로 that이 이끄는 명사절이 목적어로 연결된다. 이때
that절은 문맥상 당위(~해야 한다)의 의미를 나타내므로, 동사 자리에
「(should)+동사원형」 형태를 쓴다.

02 글의 목적

직독직해

To the school librarian,

학교 사서 선생님께,

I am Kyle Thomas, / the president (of the school's English
writing club).

저는 Kyle Thomas입니다 / (학교 영어 글쓰기 동아리의) 회장인.

I have planned activities (that will increase the writing skills
of our club members).

저는 (저희 동아리 회원들의 글쓰기 실력을 늘릴) 활동들을 계획해 왔습니다.

One (of the aims) (of these activities) / is / to make us aware of / various types of news media / and the language (used in printed newspaper articles).

(이러한 활동들의) (목표 중) 하나는 ~입니다 / 저희가 ~을 인식하게 만드는 것 / 다양한 유형의 뉴스 미디어를 / 그리고 (인쇄된 신문 기사에 사용된) 언어.

However, / some old newspapers / are not easy to access online.

그러나 / 일부 오래된 신문은 / 온라인으로 접근하는 것이 쉽지 않습니다.

It is, therefore, my humble request (to you) / to allow / us to use old newspapers (that have been stored in the school library).

그래서, (선생님께 드리는) 제 겸허한 요청입니다 / 허락해달라는 것이 / 저희가 (학교 도서관에 보관되어 온) 오래된 신문을 사용하도록.

I would really appreciate it / if you grant us permission.

저는 그것을 정말 감사히 여기겠습니다 / 만약 선생님께서 저희에게 허락해 주시면.

Yours truly, / Kyle Thomas

Kyle Thomas 드림

학교 사서 선생님께,

저는 학교 영어 글쓰기 동아리 회장인 **Kyle Thomas**입니다. 저는 저희 동아리 회원들의 글쓰기 실력을 늘릴 활동들을 계획해 왔습니다. 이러한 활동들의 목표 중 하나는 저희가 다양한 유형의 뉴스 미디어와 인쇄된 신문 기사에 사용된 언어를 인식하게 만드는 것입니다. 그러나 일부 오래된 신문은 온라인으로 접근하는 것이 쉽지 않습니다. 그러므로 학교 도서관에 보관되어 온 오래된 신문을 저희가 사용하게 해달라는 것이 선생님께 드리는 저의 겸허한 요청입니다. 선생님께서 저희에게 허락해 주시면 정말 감사하겠습니다.

Kyle Thomas 드림

해설

However 뒤로 영어 글쓰기 동아리 활동을 위해 도서관에 있는 신문을 이용할 수 있게 허락해달라는 목적이 제시되므로, 답으로 가장 적절한 것은 ⑤ '도서관에 있는 오래된 신문의 사용 허락을 요청하려고'이다. 후반부의 my humble request to you to allow us to use old newspapers가 목적을 직접적으로 드러낸다.

구문풀이

One of the aims of these activities is to make us aware of various types of news media and the language used in printed newspaper articles.

→ 「one of the+복수명사(~ 중 하나)」가 주어로 나오면 단수 취급한다.
→ used in printed newspaper articles는 the language를 꾸미는 과거분사구이다.

03 함축 의미

직독직해

A job search is not a passive task.

구직 활동은 수동적인 일이 아니다.

When you are searching, / you are not browsing, / nor are you "just looking".

여러분이 구직 활동을 할 때, / 여러분은 이것저것 훑어보고 다니지 않으며 / '그냥 구경만 하지'도 않는다.

Browsing is not an effective way (to reach a goal) (you claim to want to reach).

훑어보고 다니는 것은 (여러분이 도달하기를 원한다고 주장하는) (목표에 도달할 수 있는) 효과적인 방법이 아니다.

If you are acting with purpose, / if you are serious about anything (you chose to do), / then you need to be direct, / focused / and whenever possible, clever.

만약 여러분이 목적을 가지고 행동한다면, / 만약 여러분이 (스스로 하기로 선택한) 어떤 것이든 그것에 대해 진지하다면, / 그러면 여러분은 직접적이어야 하고 / 집중해야 하며, / 가능한 한 영리해야 한다.

Everyone else (searching for a job) / has the same goal, / competing for the same jobs.

(일자리를 찾는) 다른 모든 사람이 / 같은 목표를 지니고 있으며, / 같은 일자리를 얻기 위해 경쟁한다.

You must do more / than the rest of the herd.

여러분은 더 많은 것을 해야 한다 / 무리의 나머지 사람들보다.

Regardless of how long it may take you / to find and get the job (you want), / being proactive will logically get you results faster / than if you rely only on browsing online job boards / and emailing an occasional resume.

여러분에게 얼마나 오랜 시간이 걸리든 간에 / (여러분이 원하는) 직업을 찾아서 얻는 데 / 진취적인 것이 당연하게도 여러분에게 더 빨리 결과를 가져다줄 것이다 / 여러분이 온라인 취업 게시판을 검색하는 것에 의존하는 것보다는 / 그리고 가끔 이력서를 이메일로 보내는 것에만.

Leave those activities / to the rest of the sheep.

그런 활동들은 남겨 두라 / 나머지 양들에게.

구직 활동은 수동적인 일이 아니다. 구직 활동을 할 때, 여러분은 이것저것 훑어보고 다니지 않으며 '그냥 구경만 하지'도 않는다. 훑어보고 다니는 것은 여러분이 도달하기를 원한다고 주장하는 목표에 도달할 수 있는 효과적인 방법이 아니다. 만약 여러분이 목적을 가지고 행동하고, 하기로 한 것이 무엇이든 그것에 대해 진지하다면, 여러분은 직접적이고, 집중해야 하며, 가능한 한 영리해야 한다. 일자리를 찾는 다른 모든 사람이 같은 목표를 지니고 있으며, 같은 일자리를 얻기 위해 경쟁한다. 여러분은 무리의 나머지 사람들보다 더 많은 것을 해야 한다. 원하는 직업을 찾아서 얻는 데 얼마나 오랜 시간이 걸리든 간에, 온라인 취업 게시판을 검색하고 가끔 이력서를 이메일로 보내는 것에만 의존하는 것보다는 진취적인 것이 당연하게도 여러분에게 더 빨리 결과를 가져다줄 것이다. 그런 활동들은 나머지 양들이 하도록 남겨 두라.

해설

밑줄 친 부분의 '그런 활동들'이 가리키는 것은 '취업 게시판을 검색하고 가끔 이력서를 이메일로 보내는 것', 즉 '진취적이지' 않은 구직 활동을 가리킨다. 이러한 활동을 나머지 다른 사람들에게 맡기라는 것은 대신에 '진취적인 활동을 하라'는 의미와 같으므로, 답으로 가장 적절한 것은 ⑤ '다른 구직자들보다 두드러지기 위해 더 적극적으로 행동하라.'이다.

① 다른 구직자들의 감정을 이해하려고 노력하라.
② 평정을 유지하고 현재의 위치를 고수하라.
③ 구직 경쟁을 두려워 말라.
④ 미래 고용주에게 가끔 이메일을 보내라.

If you are acting with purpose, **if** you are serious about anything you chose to do, then you need to be <u>direct</u>, <u>focused</u> and **whenever possible**, <u>clever</u>.

→ 2개의 if절이 모두 조건(~한다면)의 의미를 나타낸다.

→ 주절의 동사 need to be의 보어는 「A, B, and C」로 연결된 'direct, focused, and ~ clever'인데, 중간에 whenever possible(가능한 한)이 삽입되었다.

DAILY REVIEW

A 어휘 TEST

exploration	탐구, 탐험	vital	중대한
pay attention to	~에 주의를 기울이다	innate	선천적인
violate	위반하다	close	친밀한
principle	원칙	practically	실제로
set up	세우다	reject	거절하다
rivalry	경쟁	aim	목표, 목적
entire	전체의	aware of	~을 아는
humble	겸허한	access	접근하다
assign	배정하다	appreciate	고마워하다
anger	분노	passive	수동적인

B 단어 배열

01 Creating a difference that others don't have

02 to have a passenger on the backseat

03 to allow us to use old newspapers

04 Everyone else searching for a job

C 빈칸 완성

01 Taking pictures is not allowed

02 Finding different ways to produce sounds

03 for him to become a scientist

04 carried out during sleep

B 단어 배열

01 is 앞의 주어 자리이므로 동명사 Creating을 맨 앞에 쓴다. 이어서 '만들어내는 것'의 목적어인 a difference를 연결하고, a difference를 꾸미는 절은 관계대명사 that을 활용해 that others don't have와 같이 쓴다.

02 가주어 it에 대응되는 진주어 자리이므로, 동사 have 앞에 to를 붙여 to부정사구를 만든다. 이어서 목적어 a passenger를 쓰고, 부사구인 on the back seat를 써주어 마무리한다.

03 가주어 It에 대응되는 진주어 자리이므로 to부정사를 활용한다. '~하게 해달라는 것'에 해당하는 말은 to allow이고, 이어서 목적어 us, 목적격보어 to use old newspapers를 차례로 연결한다.

04 '다른 모든 사람'이 주어이므로 Everyone else를 맨 앞에 써준다. 이어서 주어를 꾸미는 현재분사구 searching for a job을 연결한다.

C 빈칸 완성

01 문장의 주어와 동사를 채우는 문제로, 주어에 해당하는 take pictures는 Taking pictures로, 동사에 해당하는 allow는 '~되지 않는다'라는 수동의 의미를 나타내기 위해 is not allowed로 변형한다.

02 '찾는 것'은 동명사 주어의 해석이므로 find를 Finding으로 변형하고, 동명사의 목적어인 different ways를 이어 써준다. ways는 to부정사의 꾸밈을 받는 명사이므로, 수식어구는 to produce sounds와 같이 쓴다.

03 가주어 It에 대응되는 진주어는 to부정사를 활용해 to become a scientist로 나타내는데, '그가'라는 의미상 주어를 따로 표시해야 하므로 진주어 앞에 for him을 추가로 써준다.

04 많은 중대한 과업은 '수행되는' 대상이므로 과거분사를 활용하면 carried out during sleep이 정답이다.

01 That all men are created equal / is a self-evident truth.
　　　　S　　　　　　　　　　V　　　S.C.

모든 사람이 평등하게 창조된다는 것은 / 자명한 진실이다.

➡ 모든 사람이 평등하게 태어난다는 것은 자명한 진실이다.

02 It is obvious / that part of our assessment (of food) / is its
가S V S.C.　　진S
visual appearance.

분명하다 / (음식에 대한) 우리 평가의 일부가 / 그것의 시각적 외관인 것은.

➡ 음식에 대한 우리 평가의 일부가 음식의 시각적 외관인 것은 분명하다.

03 That they paused for a second or two / suggests / that
　　　　　　　　S　　　　　　　　　　V　　　O
something was wrong.

그들이 1~2초간 멈추었다는 것은 / 암시한다 / 무언가 잘못되었다는 것을.

➡ 그들이 1~2초간 멈추었다는 것은 무언가 잘못되었다는 것을 암시한다.

04 It became clear / that when food appeared / as a
가S V S.C.　　　　　　　　　　　　진S
consequence (of the rat's actions), / this influenced its
future behavior.

분명해졌다 / 음식이 나타났을 때 / (쥐의 행동의) 결과로 / 이것이 그것의 향후 행동에 영향을 미쳤다는 것은.

➡ 쥐의 행동의 결과로 음식이 나타났을 때 이것이 쥐의 향후 행동에 영향을 미쳤다는 것이 분명해졌다.

05 It is a common problem / that quite a few students / do not
가S V S.C.　　　　　　　　　진S
attend their classes on time / be it either online or physical
class.

흔한 문제이다 / 많은 학생들이 / 수업에 제때 출석하지 않는 것은 / 온라인 수업이건 실제 수업이건.

➡ 많은 학생들이 온라인 수업이건 실제 수업이건 수업에 제때 출석하지 않는 것은 흔한 문제이다.

06 What you've written / can have / misspellings, errors (of
　　　S　　　　　　　V　　　O1　　　O2
fact), rude comments, or obvious lies.
　　　　O3　　　　　　O4

여러분이 쓴 것은 / 가지고 있을 수 있다 / 잘못 쓴 철자, (사실의) 오류, 무례한 말, 또는 명백한 거짓말을.

➡ 여러분이 쓴 글에는 잘못 쓴 철자, 사실의 오류, 무례한 말, 또는 명백한 거짓말이 있을 수 있다.

07 What they see or hear / doesn't match / what they were
　　　　S　　　　　　　　V　　　　　　O
expecting.

그들이 보거나 듣는 것은 / 일치하지 않는다 / 그들이 기대하고 있던 것과.

➡ 그들이 보거나 듣는 것은 그들이 기대하고 있던 것과 일치하지 않는다.

08 What we think we know / is the basis (for the decisions)
　　　　S　　　　　　　　V　　S.C.
(we make).

우리가 알고 있다고 생각하는 것은 / (우리가 내리는) (결정의) 기초이다.

➡ 우리가 알고 있다고 생각하는 것은 우리가 내리는 결정의 기초이다.

09 What we are doing / is not being interpreted / in the way (in
　　　S　　　　　　　V
which it was meant).

우리가 하고 있는 것은 / 해석되고 있지 않다 / (그것이 의도됐던) 방식대로.

➡ 우리가 하고 있는 것은 그것이 의도됐던 방식대로 해석되고 있지 않다.

10 What seems to us to be standing out / may very well
　　　　　　　S　　　　　　　　　　　　V
be related / to our goals, interests, expectations, past
experiences, or current demands (of the situation).

우리에게 두드러져 보이는 것은 / 아마 매우 관련되어 있을 것이다 / 우리의 목표, 관심사, 기대, 과거 경험 또는 (상황에 대한) 현재의 요구와.

➡ 우리에게 두드러져 보이는 것은 아마 우리의 목표, 관심사, 기대, 과거 경험 또는 상황에 대한 현재의 요구와 매우 관련되어 있을 것이다.

11 Whether the car will be ready on time / depends on the
　　　　　　　　S　　　　　　　　　　V
mechanic.

그 차가 제때 준비될 것인지는 / 수리공에게 달려 있다.

➡ 그 차가 제때 준비될 것인지는 수리공에게 달려 있다.

12 It doesn't matter / whether the dog is white or black / as
가S V 　　　　　　　　진S
long as it protects the house.

중요하지 않다 / 흰 개인지 검은 개인지는 / 그것이 집을 지켜주는 한.

➡ 개가 집을 지켜주는 한 그 개가 흰 개인지 검은 개인지는 중요하지 않다.

13 It is not clear / whether individuals used the writing
가S V S.C.　　　　　　　　　진S
system / for personal agreement / at its beginning.

명확하지 않다 / 개인들이 문자 체계를 썼는지 아닌지는 / 사적인 합의를 위해 / 그것의 시작 시기에.

➡ 문자 초기에 개인들이 사적인 합의를 위해 문자 체계를 썼는지 아닌지는 명확하지 않다.

14 It is doubtful / whether the profits will be much more /
가S V S.C.　　　　　　　　　진S
than is required to pay expenses.

의심스럽다 / 수익이 훨씬 많을지는 / 비용을 지불하기 위해 필요한 것보다.

➡ 수익이 비용 지불에 필요한 것보다 훨씬 많을지는 의심스럽다.

15 Whether emoticons help Internet users to understand
emotions / remains a question.
　　S　　　V　　S.C.

이모티콘이 인터넷 사용자들이 감정을 이해하도록 도와주는지는 / 의문으로 남아 있다.

➡ 이모티콘이 인터넷 사용자들의 감정 이해에 도움이 되는지는 의문으로 남아 있다.

16 How similar the demands (of their job and hobby) are / is
　　　　　　　　　　　S　　　　　　　　　　　　　　　V
the focus (of the study).
S.C.

(그들의 직업과 취미의) 요구사항이 얼마나 비슷한지가 / (연구의) 초점이다.

➡ 그들의 직업과 취미의 요구사항이 얼마나 비슷한지가 연구의 초점이다.

17 It is perhaps surprising / how visual input can override
가S V S.C.　　　　　　　　　진S
taste and smell.

아마 놀라울 것이다 / 어떻게 시각적인 입력 정보가 맛과 냄새에 우선할 수 있는지는.

→ 어떻게 시각적인 입력 정보가 맛과 냄새에 우선할 수 있는지는 아마 놀라울 것이다.

18 In the past, / <u>what was right and wrong</u> / <u>was</u> <u>different</u>
S V S.C.
within every society.

과거에는 / 무엇이 옳고 그른지는 / 사회마다 달랐다.

→ 과거에는 무엇이 옳고 그른지는 사회마다 달랐다.

19 <u>How they have adapted to their way (of life)</u> / <u>will help</u> /
S V
<u>you</u> <u>to understand the environment (they live in).</u>
O O.C.

어떻게 그들이 자신들의 (삶의) 방식에 적응했는지는 / 도울 것이다 / 여러분이
(그들이 사는) 환경을 이해하도록.

→ 어떻게 그들이 자신들의 생활 방식에 적응했는지는 그들이 사는 환경을 여러
분이 이해하도록 도울 것이다.

20 <u>How the bandwagon effect occurs</u> / <u>is demonstrated</u> / by
S V
the history (of measurements) (of the speed of light).

편승 효과가 어떻게 발생하는지는 / 입증된다 / (빛의 속도의) (측정의) 역사에
의해.

→ 편승 효과가 어떻게 발생하는지는 빛의 속도 측정의 역사로 입증된다.

◀ **STEP 3** ▶ 기출 문제로 의미 **다시보기** ◀ ▪▪▪▪▪▪▪▪▪▪

01 ④ **02** ③ **03** ④

01 어법성 판단

▶ **직독**직해

Although it is obvious / that part of our assessment (of food) / is its visual appearance, / it is perhaps surprising / how visual input can override taste and smell.

비록 분명하지만 / (음식에 대한) 우리 평가의 일부가 / 그것의 시각적 외관인 것은 / 아마도 놀라울 것이다 어떻게 시각적인 입력 정보가 맛과 냄새에 우선할 수 있는가.

People find it very difficult / to correctly identify fruit-flavoured drinks / if the colour is wrong, / for instance an orange drink (that is coloured green).

사람들은 매우 어렵다는 것을 알게 된다 / 과일 맛이 나는 음료를 정확하게 식별하는 것이 / 만약 색깔이 잘못되어 있다면 / 예를 들어 (초록색 빛깔의) 오렌지 음료와 같이.

Perhaps even more striking / is / the experience (of wine tasters).

훨씬 더 놀라운 것은 / ~이다 / (포도주 맛을 감정하는 사람들의) 경험.

One study (of Bordeaux University students) (of wine and wine making) / revealed / that they chose tasting notes (appropriate for red wines), / such as 'prune and chocolate', / when they <u>were given</u> white wine (coloured with a red dye).

(포도주와 포도주 제조에 관해 공부하는) (Bordeaux University 학생들을 대상으로 한) 연구는 / 보여주었다 / 그들이 (적포도주에 적합한) 시음표를 선택했다는 것을 / '자두와 초콜릿'과 같은 / 그들이 (붉은색 색소로 물들인) 백포도주를 받았을 때.

Experienced New Zealand wine experts / were similarly tricked into thinking / that the white wine Chardonnay was in fact a red wine, / when it had been coloured with a red dye.

숙련된 뉴질랜드 포도주 전문가들도 / 마찬가지로 속아서 생각하게 되었다 / 백포도주 Chardonnay가 실제로 적포도주라고 / 그것이 붉은색 색소로 물들여졌을 때.

▶ **전문**해석

비록 음식에 대한 우리 평가의 일부가 음식의 시각적 외관인 것은 분명하지만, 어떻게 시각적인 입력 정보가 맛과 냄새에 우선할 수 있는가는 놀라울 것이다. 만약 예를 들어 초록색 빛깔의 오렌지 음료와 같이 색깔이 잘못되어 있다면, 사람들은 과일 맛이 나는 음료를 정확하게 식별하는 것이 매우 어렵다는 것을 알게 된다. 포도주 맛을 감정하는 사람들의 경험은 훨씬 더 놀라울 것이다. 포도주와 포도주 제조에 관해 공부하는 Bordeaux University 학생들을 대상으로 한 연구는 그들이 붉은색 색소로 물들인 백포도주를 받았을 때, '자두와 초콜릿'과 같은 적포도주에 적합한 시음표를 선택했다는 것을 보여주었다. 마찬가지로 숙련된 뉴질랜드 포도주 전문가들도 백포도주 Chardonnay를 붉은색 색소로 물들였을 때 속아서 그것이 실제로 적포도주라고 생각하게 되었다.

▶ **해설**

문맥상 ④ 앞의 주어 they(=Bordeaux University students)는 붉은색으로 물들인 백포도주를 '준' 주체가 아니라 '받은' 대상이므로, gave 대신 were given이라는 수동태 동사를 써야 한다.
① 뒤에 완전한 3형식 문장이 나오고 문맥상 '어떻게'라는 해석이 적절하므로 의문부사 how가 알맞게 쓰였다.
② find 5형식 구문으로, 가목적어 it 뒤에 목적격보어 역할을 하는 형용사 difficult가 바르게 쓰였다. 'to correctly identify ~'가 진목적어이다.
③ 「보어+동사+주어」 어순의 도치 구문이다. 즉 주어가 단수명사인 the experience이므로 is가 알맞게 쓰였다.
⑤ 뒤에 완전한 2형식 문장이 나오므로 접속사 that(~것)이 알맞게 쓰였다.

▶ **구문풀이**

Perhaps even more striking **is the experience** of wine tasters.

→ 2형식 문장의 보어가 문장 맨 앞에 나와 주어(the experience)와 동사(is)의 어순이 뒤바뀌었다. 형용사가 문두에 나오면 도치 구문을 의심하도록 한다.

02 필자의 주장

▶ **직독**직해

At a publishing house and at a newspaper / you learn the following: / *It's not a mistake / if it doesn't end up in print.*

출판사와 신문사에서 / 여러분은 다음을 알게 된다 / '그것은 실수가 아니다 / 만일 그것이 결국 인쇄되지 않으면.'

It's the same for email.

그것은 이메일에서도 마찬가지다.

Nothing (bad) can happen / if you haven't hit the Send key.

어떤 (나쁜) 일도 일어날 수 없다 / 만일 여러분이 '전송' 버튼을 누르지 않았다면.

What you've written / can have / misspellings, errors (of fact), rude comments, obvious lies, / but it doesn't matter.

여러분이 쓴 것은 / 가지고 있을 수 있다 / 잘못 쓴 철자, (사실의) 오류, 무례한 말, 명백한 거짓말을 / 하지만 그것은 문제가 되지 않는다.

If you haven't sent it, / you still have time (to fix it).

여러분이 그것을 전송하지 않았다면, / 여러분에게는 아직 (그것을 고칠) 시간이 있다.

You can correct any mistake / and nobody will ever know the difference.

여러분은 어떤 실수라도 수정할 수 있고 / 누구도 결코 그 변화를 모를 것이다.

This is easier said than done, / of course.

이것은 행동보다 말로 하기가 더 쉽다 / 물론.

Send is your computer's most attractive command.

'전송'은 여러분 컴퓨터의 가장 매력적인 명령어이다.

But before you hit the Send key, / make sure / that you read your document carefully / one last time.

그러나 여러분이 '전송' 버튼을 누르기 전에, / 반드시 ~하라 / 여러분이 여러분의 문서를 주의 깊게 읽어보는 것을 / 마지막으로 한 번.

전문해석

출판사와 신문사에서 다음과 같이 알게 된다. '결국 인쇄물로 나오지 않으면 그것은 실수가 아니다.' 그것은 이메일에서도 마찬가지다. '전송' 버튼을 누르지 않았다면 어떤 나쁜 일도 일어날 수 없다. 여러분이 쓴 글에는 잘못 쓴 철자, 사실의 오류, 무례한 말, 명백한 거짓말이 있을 수 있지만, 그것은 문제가 되지 않는다. 그것을 전송하지 않았다면, 아직 그것을 고칠 시간이 있다. 어떤 실수라도 수정할 수 있고 누구도 결코 그 변화를 모를 것이다. 물론, 이것은 말로 하기는 쉽지만 행동으로 하기는 어렵다. '전송'은 여러분 컴퓨터의 가장 매력적인 명령어이다. 그러나 '전송' 버튼을 누르기 전에, 반드시 문서를 마지막으로 한 번 주의 깊게 읽어 보라.

해설

명령문 형태로 주장을 직접 제시하는 마지막 문장에서 이메일을 보내기 전에 한 번 더 주의 깊게 읽어보라고 하므로, 필자의 주장으로 가장 적절한 것은 ③ '이메일을 전송하기 전에 반드시 검토해야 한다.'이다.

구문풀이

If you haven't sent it, you still have time **to fix it**.

➡ to fix it은 time을 꾸미는 수식어구이다.

---

03 주어진 문장 넣기

직독직해

The continued survival (of the human race) / can be explained / by our ability (to adapt to our environment).

(인류의) 지속적인 생존은 / 설명될 수 있을 것이다 / (환경에 적응하는) 우리의 능력에 의해.

(①) While we may have lost some of our ancient ancestors' survival skills, / we have learned new skills / as they have become necessary.

우리가 고대 조상들의 일부 생존 기술을 잃어버렸을지도 모르지만, / 우리는 새로운 기술을 배웠다 / 그것들이 필요해지면서.

(②) Today, / the gap (between the skills (we once had) / and the skills (we now have)) / grows ever wider / as we rely more heavily on modern technology.

오늘날 / ((한때 우리가 가졌던) 기술과 / (현재 우리가 가진) 기술 사이의) 간극이 / 어느 때보다 더 커졌다 / 우리가 현대 기술에 더 크게 의존함에 따라.

(③) Therefore, / when you head off into the wilderness, / it is important / to fully prepare for the environment.

그러므로, / 여러분이 미지의 땅으로 향할 때에는 / 중요하다 / 그 환경에 대해 충분히 준비하는 것이.

Before a trip, / research / how the native inhabitants dress, work, and eat.

떠나기 전에, / 조사하라 / 토착 주민들이 어떻게 입고 일하고 먹는지를.

(④) How they have adapted to their way (of life) / will help you to understand the environment / and allow / you to select the best gear and learn the correct skills.

그들이 어떻게 자신들의 (삶의) 방식에 적응했는지는 / 도울 것이다 / 여러분이 그 환경을 이해하도록 / 그리고 허용할 것이다 / 여러분이 최선의 장비를 선별하고 적절한 기술을 배우게.

(⑤) This is crucial / because most survival situations arise / as a result (of a series of events) (that could have been avoided).

이것은 중요하다 / 대부분의 생존 상황이 발생하기 때문에 / (피해질 수도 있었던) (일련의 사건의) 결과로.

전문해석

인류의 지속적인 생존은 환경에 적응하는 우리의 능력으로 설명될 수 있을 것이다. 우리가 고대 조상들의 일부 생존 기술을 잃어버렸을지도 모르지만, 새로운 기술이 필요해지면서 우리는 새로운 기술을 배웠다. 오늘날 우리가 현대 기술에 더 크게 의존함에 따라 한때 우리가 가졌던 기술과 현재 우리가 가진 기술 사이의 간극이 어느 때보다 더 커졌다. 그러므로, 미지의 땅으로 향할 때에는 그 환경에 대해 충분히 준비하는 것이 중요하다. 떠나기 전에, 토착 주민들이 어떻게 입고 일하고 먹는지를 조사하라. 어떻게 그들이 자신의 생활 방식에 적응했는지는 여러분이 그 환경을 이해하는 데 도움이 될 것이고, 여러분이 최선의 장비를 선별하고 적절한 기술을 배우게 해줄 것이다. 이것은 대부분의 생존 상황이 피할 수도 있었던 일련의 사건의 결과로 발생하기 때문에 중요하다.

해설

④ 앞에서 미지의 땅으로 나아갈 때 환경을 충분히 조사할 필요가 있다고 언급한 데 이어, ④ 뒤의 문장은 갑자기 '그들(they)'을 언급한다. 문맥상 이 '그들'은 주어진 문장에 나오는 the native inhabitants이므로, 주어진 문장이 들어가기에 가장 적절한 곳은 ④이다. 참고로 주어진 문장의 a trip은 ④ 앞의 '미지의 땅으로 향하는(head off into the wilderness)' 행위를 다르게 표현한 말이다.

구문풀이

While we **may have lost** some of our ancient ancestors' survival skills, we have learned new skills **as** they have become necessary.

➡ 「may have p.p.」는 '~했을지도 모른다'라는 뜻으로, 과거에 대한 추측을 나타낸다.

➡ 접속사 as는 '~함에 따라'라는 뜻이다.

Ⓐ 어휘 TEST

certainty	확실한 것	doubtful	의심스러운
faith	믿음, 신념	profit	수익
self-evident	자명한	anyone's guess	아무도 모를 일
assessment	평가	measurement	측정
appearance	겉모습	trick A into B	A를 속여 B하게 하다
be it A or B	A이건 B이건	end up	결국 ~하다
add up to	합계가 ~이다	in print	인쇄된
misspelling	잘못된 철자	correct	고치다
basis	기반, 기초	arise	발생하다
stand out	두드러지다	a series of	일련의

Ⓑ 단어 배열

01 That all men are created equal

02 What they see or hear

03 whether the dog is white or black

04 How similar the demands of their job and hobby are

Ⓒ 빈칸 완성

01 That they paused for a second or two

02 What we think we know

03 whether the profits will be much more

04 what was right and wrong

Ⓑ 단어 배열

01 is 앞의 명사절 주어를 완성하는 문제로, 접속사 That 뒤로 완전한 문장을 완성해 준다. that절의 주어는 all men, 동사는 '창조된다'라는 수동의 의미에 맞게 are created로 써 준다. 마지막으로 equal은 주어를 보충 설명하는 보어이므로 동사 뒤에 연결해준다.

02 '~것'에 해당하는 말은 What이며, what절의 주어는 '그들'인 they, 동사는 see or hear이다.

03 가주어 It에 대응되는 진주어절을 완성하는 문제로, 접속사 whether를 먼저 써준다. whether절의 주어는 the dog, 동사는 is, 보어는 white or black이다.

04 '얼마나 ~한지'는 「how+형/부+주어+동사」의 해석이다. 따라서 How similar를 먼저 써준 뒤, 주어 the demands, 주어를 꾸미는 of their job and hobby, 주어에 연결되는 복수동사 are를 차례로 써서 마무리한다.

Ⓒ 빈칸 완성

01 문장의 주어 자리이므로 접속사 That부터 써준다. that절의 주어는

they이며, 동사는 pause를 활용해 써야 하는데 문장의 시제가 과거이므로 paused로 써준다. 이어서 '~ 동안'에 해당하는 전치사 for 뒤에 a second or two를 연결해 마무리한다.

02 '~것'은 선행사를 포함한 관계대명사 What의 해석이다. what절 전체는 크게 보아 '우리가 ~한다고 생각하는 것'이므로, 우선 주어와 동사로 we think를 연결한다. 이어서 '(우리가) ~한다고'는 think의 목적어에 해당하는 명사절의 해석이므로 we know와 같이 써준다.

03 가주어 It에 대응되는 진주어절이 '~인지 아닌지'라고 해석되므로 접속사 whether를 먼저 써준다. whether절의 주어는 the profits이며, 보어는 much more이다. 주어와 보어 사이에는 '~일 것이다'라는 의미의 연결동사가 필요하므로 will be를 써준다.

04 '무엇'에 해당하는 말은 의문사 what이며, '옳고 그른지'에 해당하는 말은 right and wrong이다. 둘 사이에는 '~이다'에 해당하는 연결동사가 필요한데, 문장의 시제가 과거이므로 was를 써준다.

01 The sun / will keep / shining on our planet / for billions of
　　S　　　 V　　　 O
years.

태양은 / 계속할 것이다 / 우리 지구를 비추는 것을 / 수십억 년 동안.

➔ 태양은 수십억 년 동안 계속 지구를 비출 것이다.

02 Meanwhile, / children quit / participating in track and
　　　　　　　　 S　　 V　　　 O
field / at the average age (of 13).

한편, / 어린이들은 중단했다 / 육상경기에 참여하는 것을 / (13세라는) 평균 나이에.

➔ 한편, 어린이들은 육상경기 참여를 평균 13세에 중단했다.

03 When you put your dreams into words / you begin /
　　　　　　　　　　　　　　　　　　　　　　 S　　 V
putting them into action.
　　　　 O

여러분이 꿈을 말로 옮길 때 / 여러분은 시작한다 / 그것을 실행하는 것을.

➔ 꿈을 말로 옮길 때 여러분은 그것을 실행하기 시작하는 것이다.

04 Using caffeine / to improve alertness and mental
　　　　 S
performance / doesn't replace / getting a good night's
　　　　　　　　　 V　　　　　 O
sleep.

카페인을 사용하는 것은 / 각성과 정신적 수행을 향상시키기 위해 / 대체하지 못한다 / 숙면을 취하는 것을.

➔ 각성과 정신적 수행을 향상시키기 위해 카페인을 사용하는 것은 숙면을 취하는 것을 대체하지 못한다.

05 A larger population / doesn't just mean / increasing the
　　 S　　　　　　　　　　 V　　　　　　 O
size (of everything), / like buying a bigger box of cereal
for a larger family.

더 많은 인구는 / 단순히 의미하지는 않는다 / (모든 것의) 규모를 확장하는 것을 / 더 큰 가족을 위해 더 큰 시리얼 상자를 사는 것처럼.

➔ 더 많은 인구는 더 큰 가족을 위해 더 큰 시리얼 상자를 사는 것처럼 단순히 모든 것의 규모를 확장하는 것을 의미하지는 않는다.

06 AI might help / to create new human jobs / in another
　 S　　 V　　　　 O
way.

AI는 도울지도 모른다 / 인간의 새로운 직업을 만드는 것을 / 또 다른 방식으로.

➔ AI는 또 다른 방식으로 인간의 새로운 직업 창출을 도울지도 모른다.

07 You can expect / to find toys (for children) (from birth to
　 S　　 V　　　　 O
teens).

여러분은 기대할 수 있습니다 / (신생아부터 십 대까지의) (어린이를 위한) 장난감을 찾는 것을.

➔ 여러분은 신생아부터 십 대까지의 어린이를 위한 장난감을 찾을 것이라 기대할 수 있습니다.

08 We continue / to destroy habitats with excess trails, / so
　 S1　 V1　　　 O1
the wildlife will stop / using these areas.
　 S2　　 V2　　　 O2

우리는 계속합니다 / 과도한 길로 서식지를 파괴하는 것을 / 따라서 야생 동물들은 멈출 것입니다 / 이 지역을 이용하는 것을.

➔ 우리는 계속해서 과도한 길로 서식지를 파괴하므로, 야생 동물들은 이 지역을 그만 이용하게 될 것입니다.

09 You make a decision (to buy a gym membership) / and
　 S　 V1　 O1
decide / to spend an hour at the gym every day.
　 V2　　　 O2

당신은 (헬스장 회원권을 사겠다는) 결정을 내리고 / 결심한다 / 매일 헬스장에서 한 시간을 보내는 것을.

➔ 당신은 헬스장 회원권을 사기로 결정하고 매일 헬스장에서 한 시간을 보내기로 결심한다.

10 Before he died, / he wanted / to give a last blessing / to
　　　　　　　　 S1　 V1　　　 O1
his final resting place, / so he decided / to create humans.
　　　　　　　　　　　 S2　 V2　　　 O2

그가 죽기 전에 / 그는 원했다 / 마지막 축복을 해주는 것을 / 자신의 최후의 안식처에 / 그래서 그는 결정했다 / 인간을 창조하는 것을.

➔ 죽기 전에 그는 최후의 안식처에 마지막 축복을 해주고 싶어서 인간을 창조하기로 결심했다.

11 He knew / how to make things out of glass.
　 S　 V　　　 O

그는 알았다 / 어떻게 유리로 물건을 만들지.

➔ 그는 유리로 물건을 만드는 법을 알고 있었다.

12 You often decide / what to do next / based on what you
　 S　　 V　　　 O
have just finished doing.

당신은 종종 결정한다 / 다음에 무엇을 할지 / 당신이 방금 끝낸 것에 근거해.

➔ 당신은 종종 방금 끝낸 일에 근거해 다음에 무엇을 할지 결정한다.

13 The participants will know / what to expect from a
　 S　　　 V　　　　 O
meeting / by preparing for it in advance.

참석자들은 알게 된다 / 회의로부터 무엇을 기대할지 / 그것을 사전에 준비함으로써.

➔ 참석자들은 회의를 사전에 준비하며 회의로부터 무엇을 기대할지 알게 된다.

14 Farmers (in India) know / when the monsoon rains will
　 S1　　　　　 V1
come next year / and so they know / when to plant the
　　　　　　　　　 S2　 V2　　　 O2
crops.

(인도의) 농부들은 안다 / 내년에 장마가 언제 올지를 / 그래서 그들은 안다 / 언제 작물을 심을지를.

➔ 인도의 농부들은 내년에 장마가 언제 올지를 알고, 그리하여 언제 작물을 심을지를 안다.

15 Children learn / how to compete and cooperate with
　 S　 V　　　 O1
others, / how to lead and follow, / how to make decisions,
　　　　　 O2　　　　　　　 O3
/ and so on.

아이들은 배운다 / 어떻게 다른 사람들과 경쟁하고 협력할지 / 어떻게 이끌고 따를지 / 어떻게 결정을 내릴지 / 그리고 기타 등등.

➔ 아이들은 다른 사람들과 경쟁하고 협력하는 방식, 이끌고 따르는 방식, 결정하는 방식 등등을 배운다.

16 We think it appropriate / to hear from you / about what
　 S　 V　 가O　 O.C.　　　　　　　 진O
you think.

우리는 적절하다고 생각해 / 네게서 듣는 것이 / 네가 생각하는 것에 관해.

➡ 우리는 네 생각을 듣는 것이 적절하다고 생각해.

17 The change (of Earth's atmosphere) / made it possible /
  S   가O O.C.
for higher organisms to develop.
              진O

(지구 대기의) 변화는 / 가능하게 만들었다 / 고등 생물이 발전하는 것을.

➡ 지구 대기의 변화로 고등 생물이 발전하는 것이 가능해졌다.

18 People find it very difficult / to correctly identify fruit-
  S   V 가O O.C.   진O
flavoured drinks / if the colour is wrong.

사람들은 매우 어렵다는 것을 알게 된다 / 과일 맛이 나는 음료를 올바르게 식별하는 것이 / 만일 색이 틀리다면.

➡ 사람들은 만일 (음료) 색이 틀리다면 과일 맛 음료를 올바르게 식별하는 것이 매우 어렵다는 것을 알게 된다.

19 We call it philanthropy / to help people (in need) / at the
  S   V 가O O.C.   진O
sacrifice of oneself.

우리는 자선이라고 부른다 / (어려운) 사람들을 돕는 것을 / 자기 자신을 희생하여.

➡ 우리는 자기 자신을 희생해 어려운 사람들을 돕는 것을 자선이라고 부른다.

20 The stamp producer made it clear / that if people just
  S   V 가O O.C.   진O
moistened the stamps properly, / they would stick to any
piece of paper.

우표 제작자는 분명히 했다 / 만일 사람들이 그저 우표를 적절히 적시기만 하면 / 그것은 어떤 종이 조각에라도 붙을 거라는 것을.

➡ 우표 제작자는 만일 사람들이 그저 우표를 적절히 적시기만 하면 그것이 어떤 종이 조각에라도 붙을 것임을 분명히 했다.

◀ **STEP 3** ▶ 기출 문제로 의미 다시보기 ◀ ••••••••••

01 ④   **02** ⑤   **03** ①

01 무관한 문장 찾기

▶ **직독직해**

In a single week, / the sun delivers more energy to our planet / than humanity has used / through the burning (of coal, oil, and natural gas) / through *all of human history*.

단 한 주 만에, / 태양은 더 많은 에너지를 지구에 전달한다 / 인간이 사용해 온 것보다 / (석탄, 석유, 그리고 천연가스의) 연소를 통해 / '모든 인간의 역사'에 걸쳐.

And / the sun will keep / shining on our planet / for billions of years.

그리고 / 태양은 계속할 것이다 / 우리 지구를 비추는 것을 / 수십억 년 동안.

① Our challenge isn't / that we're running out of energy.

우리의 당면 과제는 ~이 아니다 / 우리의 에너지가 고갈되고 있다는 것.

② It's that we have been focused on the wrong source / — the small, finite one (that we're using up).

그것은 우리가 잘못된 원천에 집중하고 있다는 것이다 / (우리가 고갈시키고 있는) 양이 적고 유한한 것.

③ Indeed, / all the coal, natural gas, and oil (we use today) / is just solar energy (from millions of years ago), / a very tiny part (of which) was preserved / deep underground.

사실, / (우리가 오늘날 사용하는) 모든 석탄, 천연가스, 그리고 석유는 / (수백만 년 전에 온) 태양에너지일 뿐이며, / (그것의) 극히 일부분만이 보존되어 있었다 / 지하 깊은 곳에.

④ Our efforts (to develop technologies) (that use fossil fuels) / have shown meaningful results.

(화석 연료를 사용하는) (기술을 개발하기 위한) 우리의 노력은 / 의미 있는 결과를 거뒀다.

⑤ Our challenge, and our opportunity, / is to learn / to efficiently and cheaply use the *much more abundant* source (that is the new energy) (striking our planet each day from the sun).

우리의 기회이자 당면 과제는 / 배우는 것이다 / (태양으로부터 매일 우리 지구에 도달하는) (새로운 에너지인) '훨씬 더 풍부한' 원천을 효율적으로 싸게 사용하는 법을.

▶ **전문해석**

단 한 주 만에, 태양은 '모든 인간의 역사'에 걸쳐 인간이 석탄, 석유, 그리고 천연가스의 연소를 통해 사용해 온 것보다 더 많은 에너지를 지구에 전달한다. 그리고 태양은 수십억 년 동안 계속 지구를 비출 것이다. 우리의 당면 과제는 우리의 에너지가 고갈되고 있다는 것이 아니다. 그것은 우리가 잘못된 원천 — 우리가 고갈시키고 있는, 양이 적고 유한한 것 — 에 집중하고 있다는 것이다. 사실, 우리가 오늘날 사용하는 모든 석탄, 천연가스, 그리고 석유는 수백만 년 전에 온 태양에너지일 뿐이며, 그것의 극히 일부분이 지하 깊은 곳에 보존되어 있었다. (화석 연료를 사용하는 기술을 개발하기 위한 우리의 노력은 의미 있는 결과를 거둬왔다.) 우리의 기회이자 당면 과제는 태양으로부터 매일 지구에 도달하는 새로운 에너지인 '훨씬 더 풍부한' 원천을 효율적으로 싸게 사용하는 법을 배우는 것이다.

▶ **해설**

① 앞에서 태양의 에너지원은 그 양이 무궁무진하다고 언급한다. 이어서 ①과 ②에서는 앞을 근거로 볼 때 에너지가 줄고 있다는 것이 문제가 아니라, 우리가 태양을 활용하지 못하고 있는 것이 문제라고 지적한다. ③과 ⑤ 또한 그렇기 때문에 태양 에너지를 싸고 효율적으로 활용할 방법을 알아내는 것이 중요하다는 결론으로 나아가고 있다. 하지만 ④는 태양 에너지가 아닌 화석 연료에 관해서만 언급하기 때문에 흐름상 부자연스럽다. 따라서 전체 흐름과 관계 없는 문장은 ④이다.

▶ **구문풀이**

Our challenge, and our opportunity, is **to learn to efficiently and cheaply use** the *much more abundant* source that is the new energy striking our planet each day from the sun.

➡ 주격보어 자리에 to부정사(~하는 것)가 나왔다.
➡ to learn의 목적어인 'to ~ use'에서, 부정사를 꾸미는 부사구가 'to+동사원형' 사이에 삽입되었다.

02 글의 순서

A god (called Moinee) was defeated / by a rival god (called Dromerdeener) / in a terrible battle up in the stars.

(Moinee라는) 신이 패배했다 / (Dromerdeener라는) 라이벌 신에게 / 하늘 위 별에서 벌어진 끔찍한 전투에서.

Moinee fell out of the stars down / to Tasmania / to die.

Moinee는 별에서 떨어져서 / Tasmania로 / 죽었다.

(C) Before he died, / he wanted / to give a last blessing / to his final resting place, / so he decided / to create humans.

그가 죽기 전에 / 그는 원했다 / 마지막 축복을 해주는 것을 / 자신의 최후의 안식처에 / 그래서 그는 결심했다 / 인간을 창조하기로.

But he was in such a hurry, / knowing he was dying, / that he forgot to give them knees; / and he absent-mindedly gave them big tails like kangaroos, / which meant they couldn't sit down.

그러나 그는 매우 서둘러서 / 자신이 죽어가고 있다는 것을 알고 / 그는 그들에게 무릎을 만들어 주는 것을 잊었다 / 그리고 그는 아무 생각 없이 그들에게 캥거루처럼 큰 꼬리를 주었다 / 이것은 그들이 앉지 못한다는 것을 뜻했다.

(B) Then he died.

그리고 나서 그는 죽었다.

The people hated / having kangaroo tails and no knees, / and they cried out to the heavens for help.

사람들은 싫어했다 / 캥거루 꼬리가 있고 무릎이 없는 것을 / 그리고 그들은 도움을 얻고자 하늘에 외쳤다.

Dromerdeener heard their cry / and came down to Tasmania / to see what the matter was.

Dromerdeener는 그들의 외침을 듣고 / Tasmania로 내려왔다 / 무엇이 문제인지 보려고.

(A) He took pity on the people, / gave them bendable knees / and cut off their inconvenient kangaroo tails / so they could all sit down at last.

그는 사람들을 불쌍히 여겨서 / 그들에게 구부러지는 무릎을 만들어주었고 / 그리고 그들의 불편한 캥거루 꼬리를 잘라 냈다 / 마침내 그들이 앉을 수 있도록.

Then they lived happily ever after.

그 후 그들은 영원히 행복하게 살았다.

전문해석

Moinee라는 신이 하늘 위 별에서 벌어진 끔찍한 전투에서 라이벌 신 Dromerdeener에게 패배했다. Moinee는 별에서 Tasmania로 떨어져 죽었다.
(C) 죽기 전에 그는 최후의 안식처에 마지막 축복을 해주고 싶어서 인간을 창조하기로 결심했다. 그러나 그는 자신이 죽어가고 있다는 것을 알고 매우 서두른 나머지 그들에게 무릎을 만들어주는 것을 잊었고, 아무 생각 없이 캥거루처럼 큰 꼬리를 주었는데, 이는 그들이 앉지 못한다는 뜻이었다.
(B) 그러고 나서 그는 죽었다. 사람들은 캥거루 같은 꼬리가 있고 무릎이 없는 것이 싫어서 하늘에 도움을 외쳤다. Dromerdeener는 그들의 외침을 듣고 Tasmania로 내려와 무엇이 문제인지 살펴보았다.
(A) 그는 사람들을 불쌍히 여겨서 그들에게 구부러지는 무릎을 만들어주고, 마침내 그들이 앉을 수 있도록 불편한 캥거루 같은 꼬리를 잘라 냈다. 그 후 그들은 영원히 행복하게 살았다.

해설

주어진 글에서 Moinee라는 신이 라이벌 신에 패해 죽게 되었다고 하는데, (C)에서는 그(he)가 죽기 전에 사람을 만들기로 결심하고는 무릎이 없고 큰 꼬리가 달린 생명체를 만들었다고 한다. 이어서 그(he)가 죽었다는 내용으로 시작되는 (B)에서는 사람들이 하늘에 불편을 호소하자 Dromerdeener가 내려와 문제 상황을 살펴보았다고 언급한다. (A)에서는 He로 Dromerdeener를 가리키고, 그가 상황을 어떻게 정리했는지 설명한다. 따라서 글의 순서로 가장 적절한 것은 ⑤ '(C)-(B)-(A)'이다.

구문풀이

He took pity on the people, gave them bendable knees and cut off their inconvenient kangaroo tails **so (that)** they could all sit down at last.

➡ 여기서 so (that)는 '~하도록, ~하기 위해서'라는 의미의 부사절이다.

03 빈칸 추론

The tendency (for one purchase to lead to another one) / has a name: / the Diderot Effect.

(한 구매가 또 다른 구매로 이어지는) 경향은 / 이름이 있다 / Diderot 효과.

The Diderot Effect states / that obtaining a new possession / often creates a spiral (of consumption) (that leads to additional purchases).

Diderot 효과는 말한다 / 새로운 소유물을 얻는 것이 / 종종 (추가적인 구매로 이어지는) (소비의) 소용돌이를 만든다고.

You can spot this pattern everywhere.

당신은 이러한 경향을 어디서든지 발견할 수 있다.

You buy a dress / and have to get new shoes and earrings (to match).

당신은 드레스를 사고 / (어울리는) 새 신발과 귀걸이를 사야 한다.

You buy a toy for your child / and soon find / yourself purchasing all of the accessories (that go with it).

당신은 아이에게 장난감을 사주고 / 곧 발견한다 / 당신 자신이 (그것과 어울리는) 모든 액세서리들을 구매하고 있는 것을.

It's a chain reaction (of purchases).

이것은 (구매의) 연쇄 반응이다.

Many human behaviors follow this cycle.

많은 인간 행동은 이 순환을 따른다.

You often decide / what to do next / based on what you have just finished doing.

당신은 종종 결정한다 / 다음에 무엇을 할지 / 당신이 방금 끝낸 것에 근거하여.

Going to the bathroom / leads to washing and drying your hands, / which reminds you / that you need to put the dirty towels in the laundry, / so you add laundry detergent to the shopping list, / and so on.

화장실에 가는 것은 / 당신의 손을 씻고 말리는 것으로 이어지고 / 그것은 당신에게 상기시킨다 / 당신이 더러운 수건을 세탁물 안에 넣어야 한다고 / 그래서 당신은 쇼핑 목록에 세탁 세제를 더한다 / 그리고 기타 등등.

No behavior happens in isolation.

고립되어 일어나는 행동은 없다.

Each action becomes a cue (that triggers the next behavior).

각 행동은 (다음 행동을 유발하는) 신호가 된다.

◆ **전문해석**

한 구매가 또 다른 구매로 이어지는 경향은 Diderot 효과라는 이름이 있다. Diderot 효과는 새로운 소유물을 얻는 것이 종종 추가적인 구매들로 이어지는 소비의 소용돌이를 만든다고 말한다. 당신은 이러한 경향을 어디서든지 발견할 수 있다. 당신은 드레스를 사고 어울리는 새 신발과 귀걸이를 사야 한다. 당신은 아이에게 장난감을 사주고 곧 그것과 어울리는 모든 액세서리들을 구매하는 자신을 발견한다. 이것은 구매의 연쇄 반응이다. 많은 인간 행동은 이 순환을 따른다. 당신은 종종 당신이 방금 끝낸 것에 근거하여 다음에 무엇을 할지 결정한다. 화장실에 가는 것은 손을 씻고 말리는 것으로 이어지고, 이는 당신이 더러운 수건을 세탁물 안에 넣어야겠다고 생각하게 하고, 그래서 당신은 쇼핑 목록에 세탁 세제를 더하고, 기타 등등을 한다. 고립되어 일어나는 행동은 없다. 각 행동은 다음 행동을 유발하는 신호가 된다.

◆ **해설**

소비의 연쇄 반응을 일으키는 Diderot 효과가 많은 일상에서 일어난다는 내용의 글이다. 'You often decide ~' 문장에서 우리는 방금 끝낸 일에 기초하여 다음 일을 결정한다고 언급한 후, 화장실에 갔다가 손을 씻고 사용한 수건을 세탁물에 집어넣다가 세제를 시키게 되는 일상 상황을 예로 든다. 이를 통해, 그 어떤 행위도 '각자' 이루어지지 않는다는 주제를 확인할 수 있다. 따라서 빈칸에 들어갈 말로 가장 적절한 것은 ① '고립'이다.
② 위로 ③ 관찰 ④ 공정성 ⑤ 조화

◆ **구문풀이**

Going to the bathroom leads to washing and drying your hands, **which** reminds you that you need to put the dirty towels in the laundry, so you add laundry detergent to the shopping list, and so on.

➔ which는 washing and drying your hands를 선행사로 받는 계속적 용법의 관계대명사이다.

◆ DAILY REVIEW

Ⓐ 어휘 TEST

billion	10억	compete	경쟁하다
track and field	육상	shrink from	~로부터 몸을 사리다
alertness	각성 (상태)	philanthropy	자선 (사업)
population	인구 (수)	at the sacrifice of	~을 희생하여
habitat	서식지	moisten	적시다
excess	과도한	finite	유한한
trail	길	defeat	패배시키다
wildlife	야생 동물	absent-mindedly	생각 없이
tackle	대처하다	possession	소유(물)
in advance	사전에	go with	~와 어울리다

Ⓑ 단어 배열

01 putting them into action

02 to create new human jobs

03 what to expect from a meeting

04 to help people in need

Ⓒ 빈칸 완성

01 participating in track and field

02 to find toys for children

03 how to make things out of glass

04 for higher organisms to develop

Ⓑ 단어 배열

01 begin의 목적어를 완성하는 문제이므로 동명사 putting을 먼저 써주고, 목적어인 them, '실행하기'에 해당하는 into action을 연결해 준다.

02 help는 to부정사와 원형부정사를 목적어로 취할 수 있는데, 여기서는 to가 주어졌으므로 to create를 목적어로 쓴다. '인간의 새로운 직업'은 new human jobs로 쓴다.

03 '무엇을 ~할지'는 'what+to부정사'의 해석이므로, what to expect를 먼저 써준 후, '회의로부터'에 해당하는 from a meeting을 연결해 준다.

04 가목적어 it에 대응되는 진목적어를 완성하는 문제이므로, to부정사 형태의 to help를 써준다. '어려운 사람들'은 people in need이다.

Ⓒ 빈칸 완성

01 quit은 동명사를 목적어로 취하는 동사이므로, participate in을 participating in으로 변형한다. 이어서 in의 목적어인 track and field를 연결해준다.

02 expect는 to부정사를 목적어로 취하는 동사이므로, find를 to find로 변형한다. 이어서 목적어 toys for children을 써 준다.

03 '~하는 법'은 'how+to부정사'의 해석이므로, how to make를 먼저 써준다. 이어서 to make의 목적어인 things를 연결하고, '유리로(부터)'에 해당하는 out of glass를 써준다.

04 가목적어 it에 대응되는 진목적어는 to부정사구인 to develop이다. 이때 '발전하는' 행위의 의미상 주어가 '고등 생물'이므로, to develop 앞에 'for+목적격' 형태의 for higher organisms를 추가해준다.

01 Imagine / you're cooking up a special dinner / with a
    V   O
friend.

상상해 보라 / 여러분이 특별한 저녁식사를 요리하고 있다고 / 친구와 함께.
→ 여러분이 친구와 함께 특별한 저녁식사를 요리하고 있다고 상상해 보라.

02 Our reflective brains know / that the fruit salad is better
         S   V   O
for our health.

우리의 숙고하는 뇌는 안다 / 과일 샐러드가 우리의 건강에 더 좋다는 것을.
→ 우리의 숙고하는 뇌는 과일 샐러드가 우리의 건강에 더 좋다는 것을 안다.

03 I felt / that the animal was protecting me, / lifting me
 S V   O
toward the surface.

나는 느꼈다 / 그 동물이 나를 보호해 주고 있다고 / 나를 수면 쪽으로 들어 올려.
→ 나는 그 동물이 나를 수면으로 들어 올려 보호해 주고 있다고 느꼈다.

04 An economic theory (of Say's Law) / holds / that
          S   V   O
everything (that's made) will get sold.

(Say의 법칙이라는) 경제이론은 / 주장한다 / (만들어진) 모든 물품은 팔리기 마련이라고.
→ 경제이론인 Say의 법칙은 만들어진 모든 물품은 팔리기 마련이라고 주장한다.

05 Scientists found / that the babies looked at the face-like
    S   V   O
image more / than they looked at the non-face image.

과학자들은 발견했다 / 아기가 얼굴처럼 보이는 이미지를 더 바라본다는 것을 / 그들이 얼굴처럼 보이지 않는 이미지를 보는 것보다.
→ 과학자들은 아기가 얼굴처럼 보이지 않는 이미지보다는 얼굴처럼 보이는 이미지를 더 바라본다는 것을 발견했다.

06 Greek artists did not blindly imitate / what they saw in
       S   V   O
reality.

그리스의 예술가들은 맹목적으로 모방하지 않았다 / 그들이 현실에서 본 것을.
→ 그리스의 예술가들은 현실에서 본 것을 맹목적으로 모방하지 않았다.

07 Trade will not occur / unless both parties want / what the
  S   V   S'   V'   O'
other party has to offer.

거래는 일어나지 않을 것이다 / 두 당사자가 모두 원하지 않는 한 / 상대방이 제공하는 것을.
→ 거래는 두 당사자 모두가 상대방이 제공할 수 있는 것을 원하지 않는 한 일어나지 않을 것이다.

08 Through transportation, / people can access / what they
                           S   V   O
need and love.

교통을 통해 / 사람들은 접근할 수 있다 / 그들이 필요하고 좋아하는 것에.
→ 교통을 통해 사람들은 필요하고 좋아하는 것에 접근할 수 있다.

09 Do not do to others / what you would not want others to
    V   O
do to you.

다른 사람들에게 하지 말라 / 당신이 다른 사람들로 하여금 당신에게 하지 않기를 원하는 것을.
→ 다른 사람들이 당신에게 하지 않았으면 하는 일을 (당신도) 다른 사람에게 하지 말라.

10 One CEO (in one of Silicon Valley's most innovative
    S
companies) / has / what would seem like a boring,
           V   O
creativity-killing routine.

(실리콘 밸리의 가장 혁신적인 회사들 중 한 곳의) 최고 경영자는 / 지니고 있다 / 지루하고 창의력을 해치는 루틴처럼 보이는 것을.
→ 실리콘 밸리의 가장 혁신적인 회사들 중 한 곳의 최고 경영자에게는 지루하고 창의력을 해치는 루틴처럼 보이는 것이 있다.

11 Please reconsider / whether the proposed trail is
                              O
absolutely necessary.

부디 재고해 주세요 / 제안된 산책로가 정말로 필요한지를.
→ 제안된 산책로가 정말로 필요한지 부디 재고해 주세요.

12 We must check / through the blood test / whether the virus
 S   V   O
has infected you or not.

우리는 확인해야 합니다 / 혈액 검사를 통해 / 그 바이러스가 당신을 감염시켰는지 아닌지를.
→ 우리는 혈액 검사를 통해 당신이 그 바이러스에 감염되었는지 아닌지를 확인해야 합니다.

13 You should ask / if the scientist or group (conducting the
  S   V   O
experiment) / was unbiased.

당신은 물어야 한다 / (실험을 수행한) 과학자나 집단이 / 한쪽으로 치우치지 않았는지를.
→ 당신은 실험을 수행한 과학자나 집단이 한쪽으로 치우치지 않았는지 물어야 한다.

14 When you see a glass (with a clear fluid in it), / you don't
                                      S   V
have to ask / if it's water.
               O

여러분이 (투명한 액체가 안에 든) 유리잔을 본다면, / 여러분은 묻지 않아도 된다 / 그것이 물인지를.
→ 여러분이 투명한 액체가 안에 든 유리잔을 본다면, 여러분은 그것이 물인지 묻지 않아도 된다.

15 Academics and marketers have debated / whether or not it
          S   V   O
is ethically correct / to market products / directly to young
consumers.

대학 교수와 마케팅 담당자들은 논쟁해 왔다 / 윤리적으로 옳은지 옳지 않은지를 / 상품을 판촉하는 것이 / 어린 소비자들에게 직접.
→ 대학 교수와 마케팅 담당자들은 상품을 어린 소비자들에게 직접 판촉하는 것이 윤리적으로 옳은지 옳지 않은지를 논쟁해 왔다.

16 People all wondered / who would be the next leader (of
    S   V   O
the country).

사람들 모두 궁금해했다 / 누가 (국가의) 차기 지도자가 될 것인지를.
→ 사람들 모두 누가 국가의 차기 지도자가 될 것인지 궁금해했다.

17 From a model (of an early invention), / scientists can tell
us / how old it is / and where it came from.
I.O.   D.O.1   D.O.2

(초기 발명품의) 모델로부터, / 과학자들은 우리에게 말해줄 수 있다 / 그것이 얼마나 오래된 것인지를 / 그리고 그것이 어디에서 기원했는지를.

➜ 초기 발명품의 모델로부터, 과학자들은 그 발명품이 얼마나 오래되었고 어디에서 기원했는지를 우리에게 말해줄 수 있다.

18 In the story, / the fox and the cat / discuss / how many
S   V   O
ways they have (to escape their hunters).

이 이야기에서 / 여우와 고양이는 / 논의한다 / 그들이 (사냥꾼으로부터 탈출할) 방법을 얼마나 가지고 있는지를.

➜ 이 이야기에서, 여우와 고양이는 그들이 사냥꾼으로부터 탈출할 방법을 얼마나 가지고 있는지 논의한다.

19 Health and the spread (of disease) / closely concerns /
S   V
how we live / and how our cities operate.
O1   O2

건강과 (질병의) 확산은 / 매우 밀접하게 연관시킨다 / 우리가 어떻게 사는지 / 그리고 도시가 어떻게 돌아가는지를.

➜ 건강과 질병의 확산은 우리의 생활 방식과 도시가 돌아가는 방식에 매우 밀접하게 연관되어 있다.

20 We didn't know / how long the light would stay on green
S   V   O1
/ or if the car (in front) would suddenly put on its brakes.
O2

우리는 몰랐다 / 신호등이 얼마나 오랫동안 녹색일 것인지 / 혹은 (앞의) 차가 갑자기 차 브레이크를 밟을 것인지 아닌지를.

➜ 우리는 신호등이 얼마나 오랫동안 녹색일 것인지, 혹은 앞차 운전자가 갑자기 브레이크를 밟을 것인지 아닌지를 몰랐다.

◀ **STEP 3** ▶ 기출 문제로 의미 **다시보기** ◀ ▪▪▪▪▪▪▪▪▪

01 ①   **02** ②   **03** ②

01 빈칸 추론

직독직해

Psychological research has shown / that people naturally
divide up cognitive labor, / often without thinking about it.

심리학 연구는 보여주었다 / 사람들이 자연스럽게 인지 노동을 나눈다는 것을 / 흔히 그것에 관해 별로 의식하지 않고.

Imagine / you're cooking up a special dinner / with a friend.

상상해 보라 / 여러분이 특별한 저녁식사를 요리하고 있다고 / 친구와 함께.

You're a great cook, / but your friend is the wine expert, / an
amateur sommelier.

여러분은 요리를 잘하지만, / 친구는 와인 전문가이다 / 아마추어 소믈리에인.

A neighbor drops by / and starts telling you both / about the
terrific new wines (being sold at the liquor store) (just down
the street).

이웃이 들르더니 / 여러분 두 사람에게 말하기 시작한다 / (거리를 따라가면 바로 있는) (주류 가게에서 팔리고 있는) 기막히게 좋은 새로운 와인에 대해.

There are many new wines, / so there's a lot (to remember).

많은 새로운 와인이 있다 / 그래서 (기억할) 것이 많다.

How hard are you going to try / to remember what the
neighbor has to say / about which wines to buy?

여러분은 얼마나 열심히 노력할까 / 이웃이 할 말을 기억하기 위해 / 어떤 와인을 사야 하는지에 관해?

Why bother / when the information would be better retained /
by the wine expert (sitting next to you)?

왜 굳이 그러겠는가 / 그 정보가 더 잘 기억될 텐데 / (여러분 옆에 앉아 있는) 와인 전문가에 의해?

If your friend wasn't around, / you might try harder.

여러분의 친구가 곁에 없다면 / 여러분은 더 열심히 애쓸지도 모른다.

After all, / it would be good / to know what a good wine
would be / for the evening's festivities.

어쨌든 / 좋은 일일 것이다 / 어떤 것이 괜찮은 와인일지 아는 것은 / 저녁 만찬을 위해.

But / your friend, the wine expert, / is likely to remember the
information / without even trying.

하지만, / 와인 전문가인 여러분의 친구는 / 그 정보를 기억하기가 쉽다 / 심지어 애쓰지 않고.

전문해석

심리학 연구에 따르면, 사람들은 흔히 별로 의식하지 않으며 자연스럽게 인지 노동을 나눈다. 여러분이 친구와 함께 특별한 저녁식사를 요리하고 있다고 상상해 보라. 여러분은 요리를 잘하지만, 친구는 아마추어 소믈리에라고 할 수 있는 와인 전문가이다. 이웃이 들르더니 여러분 두 사람에게 거리를 따라가면 바로 있는 주류 가게에서 파는 기막히게 좋은 새로운 와인에 대해 말하기 시작한다. 새로운 와인이 많아서 기억할 것이 많다. 어떤 와인을 사야 하는지에 관해 이웃이 할 말을 기억하기 위해 여러분은 얼마나 열심히 노력할까? 여러분 옆에 앉아 있는 와인 전문가가 그 정보를 더 잘 기억할 텐데 왜 굳이 그렇게 하겠는가? 여러분의 친구가 곁에 없다면 더 열심히 애쓸지도 모른다. 어쨌든 저녁 만찬을 위해 어떤 와인이 괜찮을지 아는 것은 좋은 일일 것이다. 하지만, 와인 전문가인 여러분의 친구는 애쓰지도 않고 그 정보를 기억하기가 쉽다.

해설

예시의 결론에 따르면, 와인에 관해 잘 아는 친구가 옆에 있을 때 우리는 와인에 관한 정보를 혼자 있을 때에 비해 덜 귀담아 들으려 할 것인데, 친구가 그 정보를 우리보다 더 쉽게 기억할 것이기 때문이다. 즉, 우리는 기억 등 인지적 과업의 부담을 옆 사람과 무의식적으로 나누려 한다는 일반적인 결론을 도출할 수 있으므로, 빈칸에 들어갈 말로 가장 적절한 것은 ① '인지 노동을 나눈다'이다.

② 불화를 피하려 한다
③ 비슷한 취향의 사람들을 찾는다
④ 오랜 지혜를 공유하고자 한다
⑤ 일과 여가의 균형을 맞춘다

구문풀이

How hard are you going to try to remember what the
neighbor has to say about **which wines to buy**?

➜ 전치사 about의 목적어로 '의문사+to부정사'구가 나왔다. 이때 which는 '어떤'이라는 뜻의 의문형용사로, 뒤에 나온 명사 wines를 꾸민다.

02 글의 순서

Trade will not occur / unless both parties want / what the other party has to offer.

거래는 일어나지 않을 것이다 / 두 당사자가 모두 원하지 않는 한 / 상대방이 제공하는 것을.

(B) This is referred to / as the double coincidence (of wants).

이것은 불린다 / (필요의) 이중적 일치라고.

Suppose / a farmer wants to trade eggs with a baker / for a loaf of bread.

가정해보자 / 농부가 제빵사와 계란을 거래하기를 원한다고 / 빵 한 덩이를 얻기 위해.

If the baker has no need or desire (for eggs), / then the farmer is out of luck / and does not get any bread.

만약 제빵사가 (계란에 대한) 필요나 욕구가 없다면, / 그렇다면 농부는 운이 없으며 / 아무 빵도 얻지 못한다.

(A) However, / if the farmer is enterprising / and utilizes his network (of village friends), / he might discover / that the baker is in need of some new cast-iron trivets / for cooling his bread, / and it just so happens / that the blacksmith needs a new lamb's wool sweater.

그러나 / 만약에 농부가 사업성이 좋고 / (마을 친구들의) 네트워크를 활용한다면, / 그는 발견할지도 모르고 / 제빵사가 무쇠 주철 삼각 거치대를 필요로 한다는 것을 / 그의 빵을 식히기 위해 / 딱 때맞춰 / 대장장이는 새로운 양털 스웨터를 필요로 한다.

(C) Upon further investigation, / the farmer discovers / that the weaver has been wanting an omelet / for the past week.

조금 더 조사한다면, / 그 농부는 알아낼 것이다 / 직조공이 오믈렛을 원하고 있었다는 것을 / 지난 주 동안.

The farmer will then trade the eggs for the sweater, / the sweater for the trivets, / and the trivets for his fresh-baked loaf of bread.

그 농부는 그러면 계란을 스웨터로 바꿀 것이다 / 그 스웨터를 삼각 거치대로 / 그리고 그 삼각 거치대를 갓 구운 빵 덩어리로.

거래는 양쪽 모두가 상대방이 제공하는 것을 원하지 않는 한 일어나지 않는다.
(B) 이것은 필요의 이중적 일치라고 불린다. 농부가 빵 한 덩이를 얻기 위해 제빵사와 계란을 거래하기를 원한다고 가정해보자. 만약 제빵사가 계란에 대한 필요나 욕구가 없다면, 농부는 운이 없으며 아무 빵도 얻지 못한다.
(A) 그러나 만약에 농부가 사업성이 좋고 마을 친구들의 네트워크를 활용한다면, 그는 제빵사가 빵을 식히기 위해 새 무쇠 주철 삼각 거치대를 필요로 한다는 것을 발견할지도 모르며, 딱 때맞춰 대장장이는 새로운 양털 스웨터를 필요로 한다.
(C) 조금 더 조사한다면, 그 농부는 직조공이 지난 주 내내 오믈렛을 원하고 있었다는 것을 알아낼 것이다. 그 농부는 그러면 계란을 스웨터로, 그 스웨터를 삼각 거치대로, 그 삼각 거치대를 갓 구운 빵 한 덩이로 바꿀 것이다.

주어진 글에서 무역은 두 당사자가 서로 가진 물건을 서로 원하지 않는 한 발생하지 않는다는 일반론을 제시한다. (B)는 이 일반론을 This로 가리키며, 이것을 '필요의 이중적 일치'라는 용어로 정리할 수 있다고 설명하고, 계

란과 빵을 바꾸고 싶어 하는 농부(a farmer)의 상황을 예로 든다. (B) 후반부에서 만일 제빵사가 계란을 원하지 않는 한 농부(the farmer)는 거래를 시작할 수 없다고 하는데, (A)는 However로 흐름을 반전시키며, 농부가 네트워크를 활용해 마을의 다른 사람들이 무엇을 필요로 하는지 알아내는 상황을 설명한다. (C)는 (A)에 제시된 상황을 농부가 잘 이용하여 계란을 다른 것과 바꾸고 바꿔서 결국 빵을 얻게 되는 결론을 제시한다. 따라서 글의 순서로 가장 적절한 것은 ② '(B)-(A)-(C)'이다.

The farmer will then trade the eggs for the sweater, the sweater for the trivets, **and** the trivets for his fresh-baked loaf of bread.

→ trade A for B(A를 B로 교환하다)의 A for B가 and 앞뒤로 병렬 연결되었다.

03 함축 의미

On one occasion / I was trying to explain the concept (of buffers) / to my children.

한때 / 나는 (완충 지대의) 개념을 설명하려고 했다 / 내 아이들에게.

We were in the car together at the time / and I tried to explain the idea / using a game.

우리는 그때 차에 함께 있었고 / 나는 그 개념을 설명하고자 했다 / 게임을 이용하여.

Imagine, / I said, / that we had to get to our destination (three miles away) / without stopping.

상상해 보라고 / 나는 말했다 / 우리가 (3마일 떨어진) 목적지까지 도착해야 한다고 / 멈추지 않고.

We couldn't predict / what was going to happen / in front of us and around us.

우리는 예측할 수 없었다 / 무슨 일이 일어날지를 / 우리 앞과 주위에서.

We didn't know / how long the light would stay on green / or if the car (in front) would suddenly put on its brakes.

우리는 몰랐다 / 신호등이 얼마나 오랫동안 녹색일 것인지 / 혹은 (앞의) 차가 갑자기 차 브레이크를 밟을 것인지 아닌지를.

The only way (to keep from crashing) / was / to put extra space / between our car and the car (in front of us).

(추돌을 막는) 유일한 방법은 / ~이었다 / 여분의 공간을 두는 것 / 우리 차와 (우리 앞에 있는) 차 사이에.

This space acts as a buffer.

이 공간은 완충 지대로 작용한다.

It gives us time (to respond and adapt / to any sudden moves by other cars).

그것은 우리에게 (반응하고 적응할 / 다른 차들의 갑작스러운 움직임에) 시간을 준다.

Similarly, / we can reduce the friction (of doing the essential in our work and lives) / simply by creating a buffer.

마찬가지로, / 우리는 (우리의 일과 삶에서 필수적인 일을 하는 것의) 마찰을 줄일 수 있다 / 단지 완충 지대를 만듦으로써.

나는 한때 우리 아이들에게 완충 지대의 개념을 설명하려고 했다. 우리는 그

때 차에 함께 있었고 나는 게임을 이용하여 그 개념을 설명하고자 했다. 나는 우리가 멈추지 않고 3마일 떨어진 목적지까지 도착해야 한다고 상상해 보라고 말했다. 우리는 우리 앞과 주위에서 무슨 일이 일어날지 예측할 수 없었을 것이다. 우리는 신호등이 얼마나 오랫동안 녹색일지, 아니면 앞차 운전자가 갑자기 브레이크를 밟을 것인지를 몰랐을 것이다. 추돌을 막는 유일한 방법은 우리 차와 우리 앞에 있는 차 사이에 여분의 공간을 두는 거였을 것이다. 이 공간은 완충 지대로 작용한다. 그것은 우리에게 다른 차들의 갑작스러운 움직임에 반응하고 적응할 시간을 준다. 마찬가지로, 우리는 단지 <u>완충 지대를 만듦</u>으로써 우리 일과 삶에서 필수적인 일을 할 때의 마찰을 줄일 수 있다.

해설

Similarly 앞에서 앞차와 안전거리를 두면 이것이 추돌의 '완충 지대'로 작용하여, 우리가 다른 차들의 갑작스러운 움직임에 반응하고 적응할 시간을 준다고 한다. 밑줄이 포함된 문장은 이를 일상에도 적용해서 '예기치 못한 상황에 대응할 장치를 마련해 두자'는 의미로 이해할 수 있다. 따라서 밑줄 친 부분의 의미로 가장 적절한 것은 ② '항상 예기치 못한 사건에 대비함'이다.
① 배움이 승리보다도 더 중요하다는 것을 아는 것
③ 우리가 이미 시작한 것을 결코 멈추지 않는 것
④ 운전할 때 확실한 목적지를 두는 것
⑤ 타인과 평화적 관계를 유지하는 것

구문풀이

Imagine, **I said**, that we had to get to our destination three miles away without stopping.

→ Imagine 뒤로 that절이 목적어로 연결되는 3형식 문장에서 동사와 목적어 사이에 I said라는 절이 삽입되었다. 절이 삽입될 때에는 절 앞뒤로 콤마를 찍어 처리한다.

✦ DAILY REVIEW

Ⓐ 어휘 TEST

flat	평평한	escape	벗어나다
reflective	숙고하는	operate	작동하다
surface	수면, 표면	psychological	심리학의
illustrate	보여주다	expert	전문가
blindly	맹목적으로	terrific	멋진, 대단한
the other party	상대방	enterprising	진취적인
transportation	교통	coincidence	우연의 일치
access	접근하다	out of luck	운이 없는
reconsider	재고하다	destination	목적지
waken	깨우다	essential	필수적인

Ⓑ 단어 배열

01 that the animal was protecting me

02 what they saw in reality

03 whether the virus has infected you

04 who would be the next leader

Ⓒ 빈칸 완성

01 that the fruit salad is better for our health

02 what they need and love

03 whether[if] the proposed trail is necessary

04 where the early invention came from

Ⓑ 단어 배열

01 '~이 ~하다는 것'은 that이 이끄는 명사절의 해석이다. 따라서 접속사 that을 써준 뒤, that절의 주어, 동사, 목적어인 the animal was protecting me를 차례로 연결한다.

02 imitate의 목적어에 해당하는 what절을 배열하는 문제이므로, 우선 what을 써준 뒤, 주어와 동사인 they saw, 부사구인 in reality를 연결한다. 이때 what절은 saw의 목적어가 없는 불완전한 절이다.

03 '~인지 아닌지'는 접속사 whether의 해석이다. whether절의 주어는 the virus, 동사는 현재완료 시제인 has infected, 목적어는 you이다.

04 '누가 ~인지'는 who가 이끄는 의문사절의 해석이다. who절의 동사는 would be이며, 보어는 the next leader이다.

Ⓒ 빈칸 완성

01 '~이 ~하다는 것'은 that이 이끄는 명사절의 해석이므로, 먼저 접속사 that을 써준 뒤, 주어인 the fruit salad와 보어인 better를 동사 is로 연결해준다. 이어서 부사구에 해당하는 for our health를 써주어 마무리한다.

02 '필요하고 좋아하는' 것이 곧 '접근하는' 대상이기도 하므로, access와 need and love의 목적어 역할을 둘 다 할 수 있는 what을 활용해야 한다. 따라서 what they need and love가 정답이다.

03 '~한지 (아닌지)'는 whether 또는 if가 이끄는 명사절의 해석이다. 따라서 whether 또는 if를 먼저 써준 뒤, 주어인 the proposed trail과 보어 necessary를 동사 is로 연결해준다.

04 '어디에서'는 의문부사 where의 해석이다. 이어서 주어는 the early invention이며, 동사는 come from을 활용해 써야 하는데 시제가 과거이므로 came from으로 변형한다.

◀ STEP 1 ▶ **직독직해로 연습하는** 해석 공식 ◀·······

01 The first step (to getting rid of expectations) / is / to treat
  S   V   S.C.
yourself kindly.

(기대감을 없애는) 첫 단계는 / ~이다 / 당신 자신을 친절하게 대하는 것.
➜ 기대감을 없애는 첫 단계는 자신을 친절하게 대하는 것이다.

02 When a child is upset, / the easiest and quickest way (to
                            S
calm them down) / is / to give them food.
                   V   S.C.

아이가 화를 낼 때, / (아이를 진정시키기 위한) 가장 쉽고 빠른 방법은 / ~이다 /
그들에게 음식을 주는 것.
➜ 아이가 화를 낼 때, 아이를 진정시키는 가장 쉽고 빠른 방법은 음식을 주는 것
이다.

03 Introduced species / can often become / a threat (to native
  S   V   S.C.
species or ecosystem function).

도입된 종은 / 종종 될 수 있다 / (토종이나 생태계 기능에 대한) 위협이.
➜ 외래종은 종종 토종이나 생태계 기능에 위협이 될 수 있다.

04 The performer's basic task / is / to try to understand the
  S   V   S.C.1
meaning (of the music), / and then to communicate it
                                    S.C.2
honestly to others.

연주자의 기본 임무는 / ~이다 / (음악의) 의미를 이해하려고 노력하는 것 / 그러
고 나서 그것을 다른 사람들에게 정직하게 전달하는 것.
➜ 연주자의 기본 임무는 음악의 의미를 이해하려고 노력하고서, 그것을 다른
사람들에게 정직하게 전달하는 것이다.

05 As parents, / one (of the dangers) / is / comparing children
                S   V   S.C.
unfavorably with each other, / since they are always
looking for a competitive advantage.

부모로서, / (위험들 중의) 하나는 / ~이다 / 아이들을 서로 호의적이지 않게 비교
하는 것 / 왜냐하면 그들은 항상 경쟁 우위를 찾기 때문이다.
➜ 부모로서, 위험들 중 하나는 아이들을 서로 호의적이지 않게 비교하는 것인
데, 그들은 항상 경쟁 우위를 찾기 때문이다.

06 It was / exactly what I had always dreamed of.
  S   V   S.C.
그것은 ~이었다 / 바로 내가 항상 꿈꿔왔던 것.
➜ 그것은 바로 내가 항상 꿈꿔왔던 것이었다.

07 One important factor (of adolescents' academic success) /
  S
is / how they respond to challenges.
V   S.C.

(청소년들의 학업적 성공의) 한 가지 중요한 요인은 / ~이다 / 그들이 어려움에
어떻게 반응하는지.
➜ 청소년들의 학업 성공에 중요한 요인 한 가지는 그들이 어려움에 반응하는
방식이다.

08 The critical test (of a good driver) / is / whether they stay
  S   V   S.C.
calm in an emergency.

(좋은 운전자의) 중요한 기준은 / ~이다 / 그들이 비상 상황에서 침착함을 유지할
수 있는지.
➜ 좋은 운전자의 중요한 기준은 그들이 비상 상황에서 침착함을 유지할 수 있
는지이다.

09 The real lesson (of the study) / is / that we should all relax
  S   V   S.C.
a little / and not let our work take over our lives.

(이 연구의) 진정한 교훈은 / ~이다 / 우리 모두가 약간의 휴식을 취해야 한다는
것 / 그리고 우리의 일이 우리의 삶을 장악하게 해서는 안 된다는 것.
➜ 이 연구의 진정한 교훈은 우리 모두가 약간의 휴식을 취해야 하고 우리의 일
이 우리의 삶을 장악하게 해서는 안 된다는 것이다.

10 The law (of demand) / is / that the demand (for goods and
  S   V   S.C.
services) increases / as prices fall, / and the demand falls /
as prices increase.

(수요의) 법칙은 / ~이다 / (상품과 서비스에 대한) 수요가 증가한다는 것 / 가격
이 하락할수록 / 그리고 수요가 감소한다는 것 / 가격이 상승할수록.
➜ 수요의 법칙은 가격이 하락할수록 상품과 서비스에 대한 수요가 증가하고,
가격이 상승할수록 수요가 감소하는 것이다.

11 He lay awake / for the rest of the night.
  S   V S.C.
그는 깬 상태로 누워 있었다 / 남은 밤 동안.
➜ 그는 남은 밤 동안 뜬눈으로 누워 있었다.

12 As a habit becomes automatic, / you become less sensitive
     S'   V'   S.C.'   S   V   S.C.
to feedback.

습관이 자동화되면서 / 여러분은 피드백에 덜 민감해지게 된다.
➜ 습관이 자동화되면서 여러분은 피드백에 덜 민감해지게 된다.

13 When they have eaten / as much as their bellies can take, /
they still feel empty.
S   V   S.C.
그들이 먹었을 때 / 그들의 배가 담을 수 있는 만큼 많이 / 그들은 여전히 허전함
을 느낀다.
➜ 그들은 배에 들어가는 대로 먹고 나서도 허전함을 느낀다.

14 Self-handicapping seems like a paradox, / because people
  S   V   S.C.
are deliberately harming their chances (of success).

자기불구화 현상은 역설처럼 보인다 / 사람들이 의도적으로 (성공의) 가능성을
해치고 있기 때문에.
➜ 사람들이 의도적으로 성공의 가능성을 해치고 있다는 점에서, 자기불구화 현
상은 역설처럼 보인다.

15 Today, / the gap (between the skills (we once had) / and
           S
the skills (we now have)) / grows ever wider / as we rely
                            V   S.C.
more heavily on modern technology.

오늘날 / ((우리가 한때 가졌던) 기술과 / (현재 우리가 가진) 기술 사이의) 간극이
/ 어느 때보다 더 커졌다 / 우리가 현대 기술에 더 많이 의존함에 따라.
➜ 오늘날, 우리가 현대 기술에 더 크게 의존함에 따라, 한때 우리가 가졌던 기술
과 현재 우리가 가진 기술 사이의 간극은 어느 때보다 더 커졌다.

16 Most of the roads / remained closed / into the afternoon
  S   V   S.C.
hours.

대부분의 길이 / 폐쇄된 채로 남아 있었다 / 오후 시간까지.

➡ 대부분의 길이 오후 시간까지 계속 폐쇄되어 있었다.

17 Isn't it amazing / that animals overcome harsh winters through sleeping?
V   가S S.C.   진S

놀랍지 않나요 / 동물들이 잠을 통해 혹독한 겨울을 이겨낸다는 것은?

➡ 동물들이 잠을 통해 혹독한 겨울을 이겨낸다는 것이 놀랍지 않나요?

18 It feels good / for someone / to hear positive comments, /
가S V1 S.C.1   진S(S1)
and this feedback will often be encouraging.
S2   V2   S.C.2

기분 좋게 느껴진다 / 누군가가 / 긍정적인 말을 듣는 것은 / 그리고 이런 피드백은 종종 고무적일 것이다.

➡ 누구든 긍정적인 말을 듣는 것은 기분이 좋고, 이런 피드백은 종종 고무적일 것이다.

19 They don't feel satisfied / with the available information
S   V1   S.C.
/ and think / they still need more data / to perfect their
V2   O
decision.

그들은 만족하지 못한다 / 이용 가능한 정보에 / 그리고 생각한다 / 그들은 여전히 더 많은 데이터가 필요하다고 / 그들의 결정을 완벽하게 하기 위해.

➡ 그들은 이용 가능한 정보에 만족하지 못하고, 결정을 완벽하게 하려면 여전히 더 많은 데이터가 필요하다고 생각한다.

20 The true potential (of new technologies) / may remain
S   V
unrealized / because, for many, / starting something (new)
S.C.   S′
is so overwhelming.
V′ S.C.′

(신기술의) 진정한 잠재력은 / 실현되지 않은 채로 남아 있을 수도 있다 / 왜냐하면 많은 사람들에게 / (새로운) 무언가를 시작하는 것은 그저 너무 벅차기 때문에.

➡ 많은 사람들에게 새로운 무언가를 시작하는 것은 그저 너무 벅차기 때문에, 신기술의 진정한 잠재력은 실현되지 않고 남아 있을 수도 있다.

◀ **STEP 3** ▶ 기출 문제로 의미 **다시보기** ◀ ・・・・・・・・・・

01 ② **02** ⑤ **03** ⑤

01 빈칸 추론

▶ **직독직해**

The law (of demand) / is / that the demand (for goods and services) increases / as prices fall, / and the demand falls / as prices increase.

(수요의) 법칙은 / ~이다 / (상품과 서비스에 대한) 수요가 증가하는 것 / 가격이 하락할수록 / 그리고 수요가 감소하는 것 / 가격이 상승할수록.

Giffen goods / are / special types of products (for which the traditional law (of demand) does not apply).

'기펜재'는 / ~이다 / (전통적인 (수요의) 법칙이 적용되지 않는) 특별한 유형의 상품.

Instead of switching to cheaper replacements, / consumers demand more of giffen goods / when the price increases / and less of them / when the price decreases.

더 저렴한 대체품으로 바꾸는 대신 / 소비자들은 더 많은 기펜재를 원한다 / 가격이 상승할 때 / 그리고 더 적은 기펜재를 / 가격이 하락할 때.

Taking an example, / rice (in China) is a giffen good / because people tend to purchase less of it / when the price falls.

예를 들어, / (중국의) 쌀은 기펜재이다 / 사람들이 그것을 덜 구매하는 경향이 있기 때문에 / 가격이 하락할 때.

The reason (for this) is, / when the price (of rice) falls, / people have more money (to spend on other types of products) (such as meat and dairy) / and, therefore, change their spending pattern.

(이것의) 이유는 / (쌀의) 값이 하락하면 / 사람들이 (고기나 유제품 같은) (다른 종류의 상품에 쓸) 돈이 많아지고 / 그 결과 소비 패턴을 바꾼다는 것이다.

On the other hand, / as rice prices increase, / people consume more rice.

반면에, / 쌀값이 상승하면, / 사람들은 더 많은 쌀을 소비한다.

▶ **전문해석**

수요의 법칙은 가격이 하락할수록 상품과 서비스에 대한 수요가 증가하고, 가격이 상승할수록 수요가 감소하는 것이다. '기펜재'는 전통적인 수요 법칙이 적용되지 않는 특별한 유형의 상품이다. 더 저렴한 대체품으로 바꾸는 대신 소비자들은 가격이 상승할 때 기펜재를 더 많이, 가격이 하락할 때 덜 원한다. 예를 들어, 중국의 쌀은 가격이 하락할 때 사람들이 덜 구매하는 경향이 있기 때문에 기펜재이다. 그 이유는, 쌀값이 하락하면, 사람들이 고기나 유제품 같은 다른 종류의 상품에 쓸 돈이 많아지고, 그 결과 소비 패턴을 바꾸기 때문이다. 반면에, 쌀값이 상승하면, 사람들은 더 많은 쌀을 소비한다.

▶ **해설**

첫 문장에서 수요는 가격과 반비례한다는 일반적인 법칙을 설명한 후, 두 번째 문장에서 기펜재는 이 개념이 적용되지 않는, 즉 수요와 가격이 같이 올라가고 내려가는 재화임을 설명한다. 이어서 중국의 쌀이 그 예시에 해당한다고 하고, 빈칸이 있는 문장에서 쌀 가격이 올라갈 때를 가정하고 있으므로, 빈칸에 들어갈 말로 가장 적절한 것은 ② '더 많은 쌀을 소비한다'이다.

① 더 많은 고기를 시킨다
③ 새 직업을 구하려고 한다
④ 저축액을 늘린다
⑤ 해외에 투자하기 시작한다

▶ **구문풀이**

Giffen goods are special types of products **for which the traditional law of demand does not apply**.

➡ for which는 special types of products를 꾸미는 형용사절을 연결한다. '전치사+관계대명사'는 관계부사와 마찬가지로 뒤에 완전한 문장을 연결한다.

02 분위기 파악

▶ **직독직해**

In the middle of the night, / Matt suddenly awakened.

한밤중에, / Matt는 갑자기 잠에서 깼다.

He glanced at his clock. // It was 3:23.

그는 그의 시계를 흘긋 보았다. // 3시 23분이었다.

For just an instant / he wondered / what had wakened him.

잠깐 동안 / 그는 궁금해했다 / 무엇이 그를 깨웠는지를.

Then he remembered.

그때 그는 기억했다.

He had heard / someone come into his room.

그는 들은 것이었다 / 누군가 자기 방에 들어오는 것을.

Matt sat up in bed, / rubbed his eyes, / and looked around the small room.

Matt는 침대에 꼿꼿이 앉아 / 그의 눈을 비비고 / 작은 방을 둘러보았다.

"Mom?" he said quietly, / hoping he would hear his mother's voice (assuring him / that everything was all right).

"엄마?" / 그가 조용히 말했다 / (그에게 확신을 주는 / 모든 것이 괜찮다고) 엄마의 목소리를 듣기를 바라면서.

But there was no answer.

그런데 답이 없었다.

Matt tried to tell himself / that he was just hearing things.

Matt는 스스로에게 말하려 했다 / 그가 방금 물건 소리를 들은 것이라고.

But he knew / he wasn't.

그런데 그는 알았다 / 그가 그렇지 않다는 것을.

There was someone in his room.

그의 방에는 누군가가 있었다.

He could hear rhythmic, scratchy breathing / and it wasn't his own.

그는 규칙적으로 긁는 듯한 숨소리를 들을 수 있었고, / 그것은 그의 것이 아니었다.

He lay awake / for the rest of the night.

그는 누워 있었다 / 남은 밤 동안 깬 상태로.

전문해석

한밤중에, Matt는 갑자기 잠에서 깼다. 그는 그의 시계를 흘긋 보았다. 3시 23분이었다. 잠시 동안 그는 무엇이 그를 깨웠는지 궁금했다. 그때 그는 기억했다. 누군가 방에 들어오는 소리가 들렸다는 것을. Matt는 침대에 꼿꼿이 앉아 그의 눈을 비비고 작은 방을 둘러보았다. "엄마?" 다 괜찮다고 확인해주는 엄마의 목소리를 듣기를 바라며 그가 조용히 말했다. 그런데 답이 없었다. Matt는 방금 물건 소리를 들은 것이라고 스스로에게 말하려 했다. 그런데 그는 그게 아니라는 것을 알았다. 그의 방에는 누군가가 있었다. 그는 규칙적으로 긁는 듯한 숨소리를 들을 수 있었고, 이는 그의 숨소리가 아니었다. 그는 남은 밤 동안 뜬눈으로 누워 있었다.

해설

한밤중 누군가 방에 들어오는 기척에 잠에서 깬 Matt가 자신의 방에서 낯선 숨소리를 듣고(There was someone in his room. He could hear rhythmic, scratchy breathing and it wasn't his own.) 두려움에 잠을 이루지 못했다는 내용의 글이다. 따라서 글의 분위기로 가장 적절한 것은 ⑤ '수상하고 무서운'이다.
① 웃기고 재미있는
② 지겹고 지루한
③ 조용하고 평화로운
④ 시끄럽고 신나는

구문풀이

He **had heard** someone **come** into his room.
→ 지각동사 had heard의 목적격보어로 원형부정사 come이 나왔다. 지각동사는 목적어와 목적격보어가 능동 관계일 때 원형부정사 또는 현재분사를 보어로 취한다.

03 어휘 추론

직독직해

Technological development often forces change, / and change is uncomfortable.

과학기술의 발전은 흔히 변화를 강요하고 / 변화는 불편하다.

This is one (of the main reasons) (why technology is often resisted / and why some perceive it as a threat).

이것은 (과학기술이 흔히 저항을 받는 / 그리고 일부 사람들이 그것을 위협으로 인식하는) (주된 이유 중의) 하나이다.

It is important / to understand our natural hate (of being uncomfortable) / when we consider the impact (of technology) (on our lives).

중요하다 / (불편해지는 것에 대한) 우리의 본능적인 싫음을 이해하는 것이 / 우리가 (우리 삶에 미치는) (과학기술의) 영향력을 고려할 때.

As a matter of fact, / most of us prefer the path (of least resistance).

사실, / 우리 대부분은 (가장 적은 저항의) 길을 선호한다.

This tendency means / that the true potential (of new technologies) / may remain unrealized / because, for many, / starting something (new) / is just too much of a struggle.

이 경향은 의미한다 / (새로운 과학기술의) 진정한 잠재력이 / 실현되지 않은 채로 남아 있을 수도 있다는 것 / 왜냐하면 많은 사람들에게 / (새로운) 무언가를 시작하는 것이 / 그저 너무 큰 고생이기 때문에.

Even our ideas (about how new technology can enhance our lives) / may be encouraged(→ limited) / by this natural desire (for comfort).

심지어 (새로운 과학기술이 어떻게 우리 삶을 향상시킬 수 있는가에 관한) 우리의 생각은 / 장려될(→ 제한될) 수 있다 / (편안함에 대한) 이 타고난 욕구에 의해.

전문해석

과학기술의 발전은 흔히 변화를 강요하는데, 변화는 불편하다. 이것은 과학기술이 흔히 저항을 받고 일부 사람들이 그것을 위협으로 인식하는 주된 이유 중 하나이다. 과학기술이 우리 삶에 끼치는 영향력을 고려할 때 우리가 불편함을 본능적으로 싫어한다는 것을 이해하는 것이 중요하다. 사실, 우리 대부분은 저항이 가장 적은 길을 선호한다. 이 경향은 많은 사람들에게 새로운 무언가를 시작하는 것이 많은 사람들에게 그저 너무 큰 고생일 수 있기 때문에 새로운 과학기술의 진정한 잠재력이 실현되지 않고 남아 있을 수 있다는 의미다. 심지어 새로운 과학기술이 어떻게 우리 삶을 향상시킬 수 있는가에 관한 우리의 생각은 편안함을 추구하는 이 타고난 욕구 때문에 장려될(→ 제한될) 수 있다.

해설

과학기술과 그로 인한 변화가 불편하게 여겨지는 이유에 관한 글이다. As a matter of fact 이하에 따르면 사람들은 대체로 저항이 가장 적은 길을 선호하여, 새로운 무언가를 시작하기를 몹시 고생스럽게 여기기 때문에 신기술의 잠재력을 다 실현하지 못하고 남겨두게 된다고 한다. 즉 변화와 저항 대신 편안과 안정을 추구하는 우리의 욕구로 인해 과학기술의 활용에 '제한'이 따를 수 있다는 것이므로, ⑤의 encouraged를 반의어인 limited로 고쳐야 한다.

구문풀이

This is one of the main reasons **why** technology is often resisted and **why** some perceive it as a threat.

→ 선행사 the main reasons를 꾸미는 관계부사 why가 A and B 형태로 병렬 연결되었다.

◆ DAILY REVIEW

Ⓐ 어휘 TEST

uncooperative	비협조적인	overcome	이겨내다
make eye contact	눈을 맞추다	harsh	혹독한
grief	슬픔	unrealized	실현되지 않은
obey	복종하다	apply for	~에 적용되다
sensitive to	~에 민감한	switch to	~로 바꾸다
belly	배	rub	비비다
deliberately	의도적으로	assure	확신시키다
rely on	~에 의지하다	resist	저항하다
empowering	힘을 주는	as a matter of fact	사실
frustrated	좌절한	enhance	향상시키다

Ⓑ 단어 배열

01 to treat yourself kindly[to kindly treat yourself]

02 how they respond to challenges

03 lay awake for the rest of the night

04 a habit becomes automatic

Ⓒ 빈칸 완성

01 to give them food

02 what I had always dreamed of

03 is comparing children

04 feel satisfied with the available information

Ⓑ 단어 배열

01 '~하는 것'은 to부정사 또는 동명사구 보어의 해석인데, 괄호에 to가 주어졌으므로 to treat을 써준다. 이어서 to treat의 목적어와 수식어구인 yourself와 kindly를 차례로 연결한다. kindly를 to와 treat 사이에 써 주어도 맞다.

02 '어떻게 ~한지'는 how가 이끄는 의문사절의 해석이다. '의문사+주어+동사'에 맞추어 how they respond to challenges를 답으로 쓴다.

03 '깬 채로 누워 있었다'는 lie의 과거형을 활용한 lay awake의 해석이다. 이어서 '남은 밤 동안'에 해당하는 for the rest of the night를 써준다.

04 주어 a habit과 형용사 보어 automatic을 2형식 동사 becomes로 연결해주어 답을 완성한다.

Ⓒ 빈칸 완성

01 '~하는 것'은 명사구 보어의 해석이다. 이때 빈칸이 4개이므로 동명사 giving 대신 to부정사 to give를 활용하여 to give them food를 답으로 쓴다. 참고로 way가 주어로 나오면 동명사보다는 to부정사가 주격보어로 쓰인다.

02 '~것'에 해당하는 말인 what을 먼저 써주고, 주어인 I를 뒤에 써준다. 동사는 dream of를 활용해 써야 하는데, 문장 전체의 시제가 과거이고 '~해왔다'는 완료시제의 해석이므로 과거완료 시제를 활용해야 한다. 빈도부사 always는 완료시제 조동사 had 뒤에 위치해야 하므로, had always dreamed of로 답을 마무리한다.

03 문장의 동사인 is를 써준 후, '~하는 것'이라는 의미의 명사구 보어에 해당하는 comparing과 목적어인 them으로 나머지 빈칸 2개를 채운다.

04 '만족을 느끼다'는 2형식 동사 feel을 활용하여 feel satisfied로 써준다. 주어가 '만족감을 느끼게 만들어지는' 대상이므로 과거분사 satisfied를 활용한다는 점에 주의한다. satisfied는 전치사 with와 어울려 '~에 만족한'이라는 의미를 나타내므로, 나머지 빈칸에는 with the available information을 써준다.

01 All his works leave / the readers / breathless and deep in thought.
S   V   O   O.C.1   O.C.2

그의 모든 작품은 남겨놓는다 / 독자들이 / 숨막히고 생각에 깊이 잠기게.

→ 그의 모든 작품은 독자를 숨막히게 하고 생각에 깊이 잠기게 한다.

02 We often call / these plants / "living stones" / on account of their rock-like appearance.
S   V   O   O.C.

우리는 흔히 부른다 / 이 식물들을 / '살아있는 돌'이라고 / 그것의 바위 같은 모습 때문에.

→ 우리는 이 식물의 독특한 바위 같은 모습 때문에 그것을 '살아있는 돌'이라고 부른다.

03 The students consider / you / the musician (who has influenced them the most).
S   V   O   O.C.

학생들은 생각합니다 / 당신이 / (그들에게 영향을 가장 크게 끼친) 음악가라고.

→ 학생들은 당신이 자신들에게 가장 큰 영향을 미친 음악가라고 생각합니다.

04 We don't want to find / ourselves without a job or medical insurance / or in a fight (with our partner, family, boss, or coworkers).
S   V   O   O.C.1   O.C.2

우리는 발견하고 싶어 하지 않는다 / 우리 자신이 직장 또는 의료보험이 없는 / 혹은 (배우자, 가족, 직장 상사, 또는 직장 동료들과) 다투는 상태라는 것을.

→ 우리는 직장 또는 의료보험이 없거나, 배우자, 가족, 직장 상사, 또는 직장 동료들과 다투는 자신의 모습을 보고 싶어 하지 않는다.

05 Mild stimulants (commonly found in tea, coffee, or sodas) / possibly make / you more attentive / and, thus, better able to remember.
S   V   O   O.C.1   O.C.2

(차, 커피 또는 탄산음료에서 흔히 발견되는) 가벼운 자극제는 / 아마도 만든다 / 여러분을 더 주의 깊게 / 그리고 따라서 더 잘 기억할 수 있게.

→ 차, 커피 또는 탄산음료에서 흔히 발견되는 가벼운 자극제는 여러분을 더 주의 깊게 만들고, 따라서 더 잘 기억할 수 있게 한다.

06 I would like to ask / you to check / if my smartphone is on your boat.
S   V   O   O.C.

저는 부탁하고 싶습니다 / 당신이 확인해주기를 / 제 스마트폰이 당신의 보트에 있는지를.

→ 제 스마트폰이 당신의 보트에 있는지 확인해 주시길 부탁드립니다.

07 We request / you to create a logo (that best suits our company's core vision).
S   V   O   O.C.

저희는 요청합니다 / 당신이 (저희 회사의 핵심 비전에 가장 적합한) 로고를 만들어주시기를.

→ 저희 회사의 핵심 비전을 가장 잘 반영한 로고를 만들어주시기를 요청합니다.

08 Mrs. Klein told / her first graders / to draw a picture (of something) (to be thankful for).
S   V   O   O.C.

Klein 선생님은 말했다 / 그녀의 1학년 학생들에게 / (감사히 여기는) (무언가의) 그림을 그려보라고.

→ Klein 선생님은 1학년 학생들에게 감사히 여기는 것을 그려보라고 말했다.

09 Unfortunately, / a car accident injury forced / her to end her career / after only eighteen months.
    V   O   O.C.

불행하게도, / 자동차 사고 부상은 강요했다 / 그녀가 자기 경력을 끝내도록 / 겨우 18개월 뒤.

→ 불행하게도, 자동차 사고 부상 때문에 그녀는 겨우 18개월 뒤 일을 그만두어야 했다.

10 During this time, / long hours (of backbreaking labor) and a poor diet / caused / her hair to fall out.
S1   S2   V   O   O.C.

이 시기 동안 / (고된 노동의) 장시간과 열악한 식사가 / 야기했다 / 그녀의 머리카락이 빠지게.

→ 이 시기 동안 장시간의 고된 노동과 열악한 식사로 인해 그녀의 머리카락이 빠졌다.

11 Shirley noticed / a truck / parked in front of the house (across the street).
S   V   O   O.C.

Shirley는 알아차렸다 / 트럭이 / (길 건너편의) 집 앞에 주차된 것을.

→ Shirley는 트럭 한 대가 길 건너편 집 앞에 주차된 것을 알아차렸다.

12 Constant uncertainty and anxiety leave / people feeling helpless and overwhelmed.
S   V   O   O.C.

지속되는 불확실성과 불안은 남겨둔다 / 인간이 무력감과 압도감을 느끼게.

→ 지속되는 불확실성과 불안은 우리가 무력감과 압도감을 느끼게 한다.

13 Many people find / themselves returning to their old habits / after accomplishing a goal.
S   V   O   O.C.

많은 사람들은 발견한다 / 자기 자신이 옛 습관으로 되돌아가는 것을 / 목표를 성취한 후에.

→ 많은 사람들은 목표를 성취한 후 옛 습관으로 되돌아가는 자신을 발견한다.

14 While chatting away on the phone, / Dorothy noticed / a strange light / shining from the kitchen.
S   V   O   O.C.

전화로 수다를 떨다가 / Dorothy는 알아차렸다 / 이상한 불빛이 / 부엌에서 비치고 있는 것을.

→ 전화로 수다를 떨다가 Dorothy는 이상한 불빛이 부엌에서 비치고 있다는 것을 알아차렸다.

15 He had / his son / examined by an eye doctor, / who discovered / that a wrinkle had formed in the boy's eye.
S   V   O   O.C.

그는 ~하게 했다 / 자기 아들이 / 안과 의사에게 검진받게 / 그리고 그는 발견했다 / 소년의 눈 속에 주름이 생겼다는 것을.

→ 그는 아들을 안과 의사에게 검진받게 했고, 의사는 아들의 눈 속에 주름이 생겼다는 것을 발견했다.

16 A teenager (riding his bike) / saw / me kick a tire in frustration.
S   V   O   O.C.

(자전거를 탄) 십 대 한 명이 / 보았다 / 내가 절망에 빠져 타이어를 차는 것을.

→ 자전거를 탄 십 대 한 명이 내가 절망에 빠져 타이어를 차는 것을 보았다.

17 All of us watched / him drive off alone / and not stay to
S ~~~~V~~~~ O ~~~~O.C.1~~~~ ~~~~O.C.2~~~~
celebrate his winning.

우리 모두는 지켜보았다 / 그가 혼자 운전해 가는 것을 / 그리고 자기 우승을 축
하하기 위해 남지 않는 것을.

➡ 우리 모두는 그가 자기 우승을 축하하기 위해 남지 않고 혼자 운전해 가는 것
을 지켜보았다.

18 The researchers had / participants perform stressful tasks /
S ~~~~V~~~~ O ~~~~O.C.~~~~
while not smiling or smiling.

연구자들은 ~하게 했다 / 참가자들이 스트레스가 따르는 과업을 수행하게 / 미소
짓지 않거나 미소 지은 상태에서.

➡ 연구자들은 참가자들이 미소를 짓지 않거나 지은 상태에서 스트레스가 따르
는 과업을 수행하게 했다.

19 Translating your ideas into more common, simpler terms /
~~~~S~~~~
can help / you figure out / what your ideas really are.
~~~~V~~~~ O ~~~~O.C.~~~~

여러분의 생각을 더 평범하고 더 간단한 말로 바꿔 보는 것은 / 도와줄 수 있다 /
여러분이 알아내도록 / 여러분의 생각이 실제로 무엇인지.

➡ 여러분의 생각을 더 평범하고 더 간단한 말로 바꿔 보는 것은 실제 여러분의
생각이 무엇인지 알아내도록 도와줄 수 있다.

20 Similarities make / us relate better to other people /
S ~~~~V~~~~ O ~~~~O.C.~~~~
because we think / they'll understand us on a deeper level

/ than other people.

유사점은 ~하게 하는데 / 우리가 다른 사람들과 더 잘 교감하게 / 왜냐하면 우리
는 생각하기 때문이다 / 그들이 더 깊은 수준으로 우리를 이해해줄 것이라고 / 다
른 사람들보다.

➡ 유사점은 우리가 다른 사람들과 더 잘 교감하게 하는데, 왜냐하면 우리는 그
들(비슷한 사람들)이 다른 사람들보다 우리를 더 깊이 이해해줄 것이라 생각
하기 때문이다.

◀ **STEP 3** ▶ 기출 문제로 의미 다시보기 ◀■■■■■■■■■■

01 ④   **02** ④   **03** ③

01 무관한 문장 찾기

직독직해

Who hasn't used a cup of coffee / to help themselves stay
awake / while studying?

누가 커피 한 잔을 이용해보지 않았을까 / 본인이 깨어 있는 것을 돕기 위해 / 공부하는
동안?

Mild stimulants (commonly found in tea, coffee, or sodas) /
possibly make / you more attentive / and, thus, better able to
remember.

(차, 커피 또는 탄산음료에서 흔히 발견되는) 가벼운 자극제는 / 아마도 만든다 / 여러
분을 더 주의 깊게 / 그리고 따라서 더 잘 기억할 수 있게.

① However, / you should know / that stimulants are as likely
/ to have negative effects (on memory) / as they are to be
beneficial.

하지만, / 여러분은 알아야 한다 / 자극제가 그토록 ~할 수도 있다는 것을 / (기억에 대
한) 부정적 영향을 지닐 / 그것이 기억력에 이로울 수 있는 만큼.

② Even if they could improve performance / at some level, /
the ideal doses are currently unknown.

비록 그것이 수행을 향상할 수 있다고 할지라도 / 일정 수준에서 / 이상적인 복용량은
현재 알려지지 않았다.

③ If you are wide awake and well-rested, / mild stimulation
(from caffeine) / can do little / to further improve your
memory performance.

만약 여러분이 완전히 깨어 있고 잘 쉬었다면, / (카페인으로부터의) 가벼운 자극은 /
거의 영향을 주지 못할 수 있다 / 여러분의 기억력을 더욱 향상하기 위해.

④ In contrast, / many studies have shown / that drinking tea is
healthier / than drinking coffee.

반면에, / 많은 연구는 밝혔다 / 차를 마시는 것이 건강에 더 좋다고 / 커피를 마시는 것
보다.

⑤ Indeed, / if you have too much of a stimulant, / you will
become nervous, / find it difficult to sleep, / and your memory
performance will suffer.

실제로 / 만약 여러분이 자극제를 너무 많이 섭취하면, / 여러분은 신경이 과민해지고,
/ 잠을 자기 어려워지며, / 기억력도 저하될 것이다.

◀ **전문해석**

공부하는 동안 깨어 있는 것을 돕기 위해 커피 한 잔을 이용해 보지 않은 사
람이 있을까? 차, 커피 또는 탄산음료에서 흔히 발견되는 가벼운 자극제는
여러분을 더 주의 깊게 만들고, 따라서 더 잘 기억할 수 있게 한다. 하지만,
자극제가 기억력에 이로울 수 있는 만큼 부정적인 영향을 미칠 수도 있다는
것을 여러분은 알아야 한다. 비록 그것이 일정 수준에서 수행을 향상할 수
있다고 할지라도, 이상적인 복용량은 현재 알려지지 않았다. 만약 여러분이
완전히 깨어 있고 잘 쉬었다면, 카페인으로부터의 가벼운 자극은 여러분의
기억력을 더욱 향상하는 데 거의 영향을 주지 못할 수 있다. (반면에, 많은 연
구에서 커피를 마시는 것보다 차를 마시는 것이 건강에 더 좋다는 것이 밝혀
졌다.) 실제로 만약 여러분이 자극제를 너무 많이 섭취하면, 신경이 과민해
지고, 잠을 자기 어려워지며, 기억력도 저하될 것이다.

◀ **해설**

However 뒤의 ①, ②, ③, ⑤는 공통적으로 자극제가 기억에 큰 도움이 되
지 않을 수 있다는 내용을 다루지만, ④는 커피보다 차를 마시는 것이 건강
에 좋을 수 있다는 무관한 내용을 제시한다. 따라서 전체 흐름과 관계없는
문장은 ④이다.

◀ **구문풀이**

However, you should know that stimulants are as likely
to have negative effects on memory as they **are to be
beneficial.**

➡ be동사 뒤의 to부정사가 '~하는 것'의 의미로 해석되지 않으면 가능(~할 수 있
다), 예정(~할 것이다), 의무(~해야 한다) 등 다른 의미를 대입해 보아야 한다. 이
때 be동사와 to부정사를 묶어 be to 용법이라고 한다.

02 내용 불일치

직독직해

Born in 1867, / Sarah Breedlove was an American business-
woman and social activist.

1867년에 태어난 / Sarah Breedlove는 미국인 사업가이자 사회 운동가였다.

Orphaned at the age (of seven), / her early life was marked / by hardship.

(7살의) 나이에 고아가 되고 / 그녀의 어린 시절은 특징지어졌다 / 고난에 의해.

In 1888, / she moved to St. Louis, / where she worked as a washerwoman / for more than a decade, / earning barely more than a dollar a day.

1888년에 / 그녀는 St. Louis로 이사했고, / 그곳에서 그녀는 세탁부로 일했다 / 10년 넘게 / 하루에 겨우 1달러가 넘는 돈을 벌면서.

During this time, / long hours (of backbreaking labor) and a poor diet / caused / her hair to fall out.

이 시기 동안 / (고된 노동의) 장시간과 열악한 식사가 / 야기했다 / 그녀의 머리카락이 빠지게.

She tried everything (that was available) / but had no success.

그녀는 (할 수 있는) 모든 것을 시도했지만 / 성공하지 못했다.

After working as a maid for a chemist, / she invented a successful hair care product / and sold it across the country.

화학자를 위해 가정부로 일한 후 / 그녀는 성공적인 모발 관리 제품을 발명했고 / 그것을 전국에 판매했다.

Not only did she sell, / she also recruited and trained lots of women / as sales agents / for a share (of the profits).

그녀는 판매를 했을 뿐만 아니라, / 그녀는 또한 많은 여성을 모집하여 교육했다 / 판매 대리인으로 / (수익금의) 할당을 위해.

In the process / she became America's first self-made female millionaire / and she gave Black women (everywhere) / an opportunity (for financial independence).

그 과정에서 / 그녀는 미국 최초의 자수성가한 여성 백만장자가 되었고 / 그녀는 (모든 곳의) 흑인 여성들에게 주었다 / (재정적 독립을 위한) 기회를.

전문해석

1867년에 태어난 Sarah Breedlove는 미국인 사업가이자 사회 운동가였다. 7살에 고아가 된 그녀의 어린 시절은 고난으로 점철되었다. 1888년에 그녀는 St. Louis로 이사했고, 그곳에서 10년 넘게 세탁부로 일하면서 하루에 겨우 1달러가 넘는 돈을 벌었다. 이 시기 동안 장시간의 고된 노동과 열악한 식사로 인해 그녀의 머리카락이 빠졌다. 그녀는 할 수 있는 모든 것을 시도했지만 성공하지 못했다. 화학자의 가정부로 일한 후 그녀는 성공적인 모발 관리 제품을 발명해 그것을 전국에 판매했다. 그녀는 판매를 했을 뿐만 아니라, 수익금의 할당을 위해 많은 여성을 판매 대리인으로 모집하여 교육하기도 했다. 그 과정에서 그녀는 미국 최초의 자수성가한 여성 백만장자가 되었고 모든 곳의 흑인 여성들에게 재정적 독립의 기회를 주었다.

해설

'~ she invented a successful hair care product and sold it across the country.'에서 Sarah Breedlove는 모발 관리 제품을 수입하지 않고 직접 개발해서 전국에 판매했다고 하므로, 내용과 일치하지 않는 것은 ④ '모발 관리 제품을 수입하여 전국에 판매했다.'이다.

구문풀이

Not only did she sell, she also recruited and trained lots of women as sales agents for a share of the profits.

➡ 부정어구인 Not only가 문장 앞으로 오면서 '조동사+주어+동사원형' 어순의 도치가 이루어졌다.

03 지칭 추론

직독직해

Leaving a store, / I returned to my car / only to find / that I'd locked my car key and cell phone / inside the vehicle.

가게를 떠난 뒤, / 나는 내 차로 돌아와 / 알게 됐다 / 내가 차 열쇠와 핸드폰을 넣고 차 문을 잠갔다는 것을 / 차 안에.

A teenager (riding his bike) / saw / me kick a tire in frustration.

(자전거를 탄) 십 대 한 명이 / 보았다 / 내가 절망에 빠져 타이어를 차는 것을.

"What's wrong?" / he asked. // I explained my situation.

"무슨 일이죠?"라고 / 그는 물었다. // 나는 내 상황을 설명했다.

"But even if I could call my husband," / I said, / "he can't bring me his car key, / since this is our only car."

"하지만 내가 남편에게 전화할 수 있다고 해도" / 나는 말했다 / "그는 내게 차 열쇠를 가져다줄 수 없어요 / 이것이 우리의 유일한 차이기 때문에."

He handed me his cell phone.

그는 자기 핸드폰을 나에게 건네주었다.

The thoughtful boy said, / "Call your husband / and tell him / I'm coming to get his key."

그 사려 깊은 소년은 말했다 / "남편분께 전화해서 / 그에게 얘기하세요 / 제가 그분의 차 열쇠를 가지러 간다고."

"Are you sure? That's four miles round trip."

"진심이에요? 왕복 4마일 거리예요."

"Don't worry about it."

"그건 걱정 마세요."

An hour later, / he returned with the key.

한 시간 후, / 그는 열쇠를 가지고 돌아왔다.

I offered him some money, / but he refused.

나는 그에게 약간의 돈을 주려 했지만, / 그는 거절했다.

"Let's just say / I needed the exercise," / he said.

"그냥 ~라고 말하죠 / 제가 운동이 필요했다고" / 그는 말했다.

Then, / like a cowboy (in the movies), / he rode off into the sunset.

그러고 나서 / (영화 속의) 카우보이처럼, / 그는 석양 속으로 자전거를 타고 떠났다.

전문해석

가게를 떠난 뒤, 나는 차로 돌아와 내가 차 안에 차 열쇠와 핸드폰을 넣고 차 문을 잠갔다는 것을 알게 됐다. 자전거를 탄 십 대 한 명이 내가 절망에 빠져 타이어를 차는 것을 보았다. "무슨 일이죠?"라고 그는 물었다. 나는 내 상황을 설명했다. "내가 남편에게 전화할 수 있다고 해도 이것이 우리의 유일한 차이기 때문에 그가 내게 차 열쇠를 가져다줄 수 없어요."라고 나는 말했다. 그는 자기 핸드폰을 나에게 건네주었다. 그 사려 깊은 소년은 말했다. "남편분께 전화해서 그분의 차 열쇠를 제가 가지러 간다고 얘기하세요." "진심이에요? 왕복 4마일 거리예요." "그건 걱정 마세요." 한 시간 후, 그는 열쇠를 가지고 돌아왔다. 나는 그에게 약간의 돈을 주려 했지만, 그는 거절했다. "그냥 제가 운동이 필요했다고 하죠."라고 그는 말했다. 그러고 나서 영화 속 카우보이처럼, 그는 석양 속으로 자전거를 타고 떠났다.

해설

①, ②, ④, ⑤는 the boy를 가리키지만, ③은 같은 문장에 언급된 your husband, 즉 필자의 남편을 가리킨다. 따라서 가리키는 대상이 다른 하나

는 ③이다.

구문**풀이**

Leaving a store, I returned to my car **only to find** that I'd locked my car key and cell phone inside the vehicle.

→ 'only to+동사원형'은 to부정사의 부사적 용법 중 결과를 나타내며, 앞의 주절에 이어 '결국 ~하다'라는 의미이다.

◆ DAILY REVIEW

Ⓐ 어휘 TEST

naturalness	자연스러움	conflict	갈등
splendid	멋진	celebrate	기념하다
breathless	숨막히는	term	용어
on account of	~ 때문에	relate to	~에 공감하다
suit	~에 맞다	beneficial	이로운
backbreaking	고된	activist	활동가
fall out	빠지다	hardship	고난, 어려움
renovate	수리하다	chemist	화학자
anxiety	불안	vehicle	차량, 탈것
helpless	무기력한	thoughtful	사려 깊은

Ⓑ 단어 배열

01 breathless and deep in thought

02 request you to create a logo

03 returning to their old habits

04 had participants perform stressful tasks

Ⓒ 빈칸 완성

01 make you more attentive

02 forced her to end her career

03 noticed a truck parked

04 watched him drive[driving] off alone

Ⓑ 단어 배열

01 leave의 목적격보어인 형용사구를 채우는 문제이다. '숨막히는'은 breathless이고, 이어서 접속사 and를 써준 뒤, '생각에 깊이 잠긴'에 해당하는 deep in thought를 쓴다.

02 '~이 ~하기를 요청하다'는 'request+목적어+to부정사'의 해석이다. 따라서 request you to create a logo를 답으로 쓴다.

03 find의 목적격보어인 현재분사구를 채우는 문제이다. '~로 되돌아가는'에 해당하는 말은 returning to이고, 이어서 명사구인 their old habits를 연결한다.

04 '~이 ~하게 하다'는 'have+목적어+원형부정사'의 해석이다. 따라서 had participants perform stressful tasks를 답으로 쓴다.

Ⓒ 빈칸 완성

01 '~이 ~하게 만들다'는 'make+목적어+형용사'의 해석이다. 따라서 make you more attentive를 답으로 쓴다.

02 '~이 ~하도록 강요하다'는 'force+목적어+to부정사'의 해석이다. 이때 문장의 시제가 과거이므로 forced her to end her career를 답으로 쓴다.

03 '~이 ~한 것을 알아차렸다'는 지각동사 notice가 포함된 5형식 문장의 해석이다. 이때 목적어인 a truck이 '주차되는' 대상이므로 park는 과거분사로 바꾸어야 한다. 또한 문장의 시제가 과거이므로, 답은 noticed a truck parked이다.

04 '~이 ~하는 것을 지켜보았다'는 지각동사 watch가 포함된 5형식 문장의 해석이다. 이때 목적어 him이 '운전하는' 주체이므로 원형부정사 또는 현재분사를 목적격보어로 쓸 수 있다. 또한 문장의 시제가 과거이므로, 답은 watched him drive[driving] off alone이다.

◀ **STEP 1** ▶ 직독직해로 연습하는 **해석 공식** ◀ ....

01 I'm thinking of making an English debate club.
   S+V
나는 영어 토론 동아리를 만드는 것에 관해 생각하고 있어.
➔ 나는 영어 토론 동아리를 만들까 생각 중이야.

02 We are planning / to expand the program to 6 days each
   S   V   O
week.
우리는 계획하고 있습니다 / 프로그램을 매주 6일로 확대하기로.
➔ 우리는 프로그램을 매주 6일로 확대할 계획입니다.

03 Collisions (between aircraft) / usually occur / in the
   S   V
surrounding area (of airports).
(항공기 간의) 충돌은 / 대개 발생한다 / (공항의) 주변 지역에서.
➔ 항공기 간의 충돌은 대개 공항 주변 지역에서 발생한다.

04 Using mathematics and astronomy, / Galileo proved / that
                                      S   V   O
the Earth revolves around the sun.
수학과 천문학을 이용하여, / 갈릴레오는 증명했다 / 지구가 태양 주위를 돈다는
것을.
➔ 수학과 천문학을 이용하여, 갈릴레오는 지구가 태양 주위를 돈다는 것을 증
   명했다.

05 We always have a lot of bacteria around us, / as they live
   S   V   O   S'   V'
almost everywhere / — in air, soil, and in different parts (of
our bodies).
우리는 항상 주변에 박테리아가 많다 / 그것들이 거의 어디에나 살기 때문에 / 공
기 중과 땅속에, 그리고 (우리 몸의) 다양한 부분에.
➔ 박테리아는 공기 중, 땅속, 그리고 다양한 우리 신체 부위 등 거의 어디에나
   살기 때문에, 우리 주변에는 항상 박테리아가 많다.

06 Six years ago, / the researchers collected data (on the
                   S   V   O
sleep patterns) (of 80,000 volunteers).
6년 전, / 연구원들은 (8만 명의 자원자들의) (수면 패턴에 관한) 데이터를 수집
했다.
➔ 6년 전, 연구원들은 자원자 8만 명의 수면 패턴 데이터를 수집했다.

07 Recently / I was with a client (who had spent almost five
              S V
hours with me).
최근에 / 나는 (나와 거의 5시간을 보냈던) 고객과 함께 있었다.
➔ 최근에 나는 나와 거의 5시간을 보냈던 고객과 함께 있었다.

08 Since the turn (of the twentieth century) / we've believed
                                                S+V
in genetic causes (of diagnoses).
(20세기로의) 전환 이후로 / 우리는 (진단의) 유전적 원인을 믿어왔다.
➔ 20세기로 넘어온 이후로 우리는 진단의 유전적 원인을 믿어왔다.

09 After the conversations had ended, / the researchers asked
                          S'   V'   S   V

the participants / what they thought of each other.
I.O.   D.O.
대화가 끝난 후, / 연구자들은 참가자들에게 물었다 / 그들이 서로에 대해 어떻게
생각하는지를.
➔ 대화가 끝난 후, 연구자들은 참가자들에게 서로를 어떻게 생각하는지 물었다.

10 We have all been solving problems (of this kind) / since
   S   O
childhood, / usually without awareness (of what we are
doing).
우리 모두는 (이런 종류의) 문제들을 해결해오고 있다 / 어린 시절부터 / 보통 (우
리가 무엇을 하고 있는지에 관한) 의식 없이.
➔ 우리 모두는 보통 우리가 무엇을 하고 있는지에 관해 의식하지 않은 채 어린
   시절부터 이런 종류의 문제들을 해결해오고 있다.

11 Once every year, / he would go hunting / in the nearby
                     S   V
forests.
해마다 한 번 / 그는 사냥을 가곤 했다 / 근처 숲으로.
➔ 해마다 한 번, 그는 근처 숲으로 사냥을 가곤 했다.

12 If someone refuses to stand, / he might just as well not be
                                  S   V
at the game at all.
만일 누군가 일어서기를 거부한다면, / 그 사람은 아예 경기장에 없는 것이 낫다.
➔ 만일 누군가 일어서기를 거부한다면, 그 사람은 아예 경기장에 없는 것이 낫다.

13 I used to have / a shelf (lined with salty crackers and chips
   S   V   V   O
at eye level).
나는 한때 갖고 있었다 / (짠 크래커와 칩이 눈높이에 줄지어 놓인) 선반을.
➔ 나는 한때 짠 크래커와 칩을 눈높이에 줄지어서 둔 선반을 갖고 있었다.

14 I would rather be a poor shoemaker / as I was before /
   S   V   S.C.
than be rich and lose all my friends.
나는 차라리 가난한 구두 만드는 사람이 되겠어요 / 내가 전에 그랬듯이 / 부유해
지고 내 친구를 다 잃느니.
➔ 나는 부유해지고 친구를 다 잃느니 차라리 그전처럼 가난한 구두 만드는 사
   람이 되겠어요.

15 We help others / because we have been socialized to
   S   V O
do so, / through norms (that prescribe how we ought to
behave).
우리는 남들을 돕는다 / 우리가 그렇게 하도록 사회화되어 왔기에 / (우리가 어떻
게 행동해야 하는지를 규정하는) 규범들을 통해.
➔ 우리는 우리가 어떻게 행동해야 하는지를 규정하는 규범들을 통해 그렇게 하
   도록 사회화되어 왔기에 남들을 돕는다.

16 You might have heard / that many people suffer from dry
   S   V   O
skin.
여러분은 들어봤을지도 모른다 / 많은 사람들이 건조한 피부로 고생한다는 것을.
➔ 여러분은 많은 사람들이 건조한 피부로 고생한다는 것을 들어봤을지도 모
   른다.

17 The case must have fallen off my lap / when I took it off
   S   V
my phone / to clean it.

그 케이스는 제 무릎에서 떨어진 게 틀림없어요 / 제가 그것을 휴대전화에서 분리했을 때 / 그것을 닦으려고.

➡ 제가 케이스를 닦으려고 휴대전화에서 분리했을 때 그것이 제 무릎에서 떨어진 게 틀림없어요.

18 That business deal / would have been nearly impossible /
　　　 S　　　　　　　　V　　　　　　　　　　S.C.
using only gestures and confusing noises.

그 상업 거래는 / 거의 불가능했을 것이다 / 단지 제스처와 혼란스런 소음만을 사용해서는.

➡ 단지 제스처와 혼란스런 소음만을 사용해서는 그 상업 거래는 거의 불가능했을 것이다.

19 You should have seen the way (the rest of the sales team
　　　 S　　　V　　　　　O
wanted / the air horn blown for them).

당신은 (그 판매부서의 나머지 사람들이 원했던 / 그들을 위해 경적이 불리기를) 방식을 봤어야 했다.

➡ 당신은 그 판매부서의 나머지 사람들이 자신을 위해 경적이 불리기를 얼마나 바랐는지를 봤어야 했다.

20 It may have appeared / to be an ordinary watch / to others,
　　　 S1　　V1　　　　　　　　　　　　S.C.
/ but it brought a lot of happy childhood memories / to
　　　 S2　V2　　　　　　　O
him.

그것은 보일지도 몰랐다 / 평범한 시계인 것처럼 / 남들에게는 / 하지만 그것은 어린 시절의 많은 행복한 기억을 불러왔다 / 그에게는.

➡ 그것은 남들에게는 평범한 시계로 보일지도 몰랐지만, 그에게는 어린 시절의 많은 행복한 기억을 불러왔다.

◀ **STEP 3** ▶ 기출 문제로 의미 **다시보기** ◀▪▪▪▪▪▪▪▪▪▪▪

01 ②　　**02** ④　　**03** ②

01 글의 순서

〈직독직해〉

We always have a lot of bacteria around us, / as they live almost everywhere / — in air, soil, / in different parts (of our bodies), / and even in some of the foods (we eat).

우리는 항상 주변에 박테리아가 많다 / 그것들이 거의 어디에나 살기 때문에 / 공기 중과 땅속에 / 그리고 (우리 신체의) 다양한 부위에, / 그리고 심지어 (우리가 먹는) 몇몇 음식에.

But do not worry!

하지만 걱정 말라!

(B) Most bacteria are good for us.

대부분의 박테리아는 우리에게 유익하다.

Some live in our digestive systems / and help us digest our food, / and some live in the environment / and produce oxygen / so that we can breathe and live on Earth.

어떤 것은 우리의 소화 기관에 살면서 / 우리가 음식을 소화시키는 것을 도와주고, / 어떤 것은 주변에 살면서 / 산소를 만들어낸다 / 우리가 지구에서 숨 쉬고 살 수 있도록.

(A) But unfortunately, / a few of these wonderful creatures / can sometimes make us sick.

하지만 불행하게도, / 몇몇 이런 훌륭한 생명체들이 / 때로는 우리를 병들게 할 수 있다.

This is when we need to see a doctor, / who may prescribe medicines / to control the infection.

이때가 우리가 의사에게 진찰받아야 하는 때이다 / 이들은 아마 약을 처방해줄 것이다 / 감염을 통제할 수 있도록.

(C) But what exactly are these medicines / and how do they fight with bacteria?

그런데 이런 약은 정확히 무엇이고 / 어떻게 박테리아와 싸울까?

These medicines are called "antibiotics," / which means "against the life (of bacteria)."

이런 약은 '항생제'라고 불리는데 / 이것은 '(박테리아의) 생명에 대항한다'는 뜻이다.

Antibiotics either kill bacteria / or stop them from growing.

항생제는 박테리아를 죽이거나 / 또는 그것이 증식하는 것을 막는다.

〈전문해석〉

박테리아는 공기 중, 땅속, 다양한 우리 신체 부위, 그리고 심지어 우리가 먹는 몇몇 음식 등 거의 어디에나 살기 때문에, 우리 주변에는 항상 박테리아가 많다. 하지만 걱정 말라!

(B) 대부분의 박테리아는 우리에게 유익하다. 어떤 것은 우리의 소화 기관에 살면서 우리가 음식을 소화시키는 것을 도와주고, 어떤 것은 주변에 살면서 우리가 지구에서 숨 쉬고 살 수 있도록 산소를 만들어낸다.

(A) 하지만 불행하게도, 몇몇 이런 훌륭한 생명체들이 때로는 우리를 병들게 할 수 있다. 이때 우리는 의사에게 진찰받을 필요가 있는데, 이들은 감염을 통제할 수 있도록 아마 약을 처방해 줄 것이다.

(C) 그런데 이런 약은 정확히 무엇이고 어떻게 박테리아와 싸울까? 이런 약은 '항생제'라고 불리는데, '박테리아의 생명에 대항한다'는 뜻이다. 항생제는 박테리아를 죽이거나 그것이 증식하지 못하게 한다.

〈해설〉

주어진 글에서 박테리아가 우리 주변에 많아도 걱정 말라고 말한 데 이어, (B)는 대부분의 박테리아가 우리에게 이롭다고 설명한다. 한편 (A)는 But으로 흐름을 반전시키며, 우리가 박테리아로 인해 병들 수도 있으며, 이때 의사에게 가서 진찰을 받아야 한다고 언급한다. (C)는 다시금 But으로 화제를 전환하며, (A)에서 언급된 약들이 어떻게 작용하는 것인지 묻고 답한다. 따라서 글의 순서로 가장 적절한 것은 ② '(B)-(A)-(C)'이다.

〈구문풀이〉

This is (**the time**) when we need to see a <u>doctor</u>, **who** may prescribe medicines to control the infection.

➡ 관계부사 when 앞에 일반적인 시간 선행사 the time이 생략되었다. 따라서 when절은 '~한 때'라고 해석한다.

➡ 콤마 뒤의 who는 a doctor를 보충 설명하는 계속적 용법의 관계절이다.

02 빈칸 추론

〈직독직해〉

Recently / I was with a client (who had spent almost five hours with me).

최근에 / 나는 (나와 거의 5시간을 보냈던) 고객과 함께 있었다.

As we were parting for the evening, / we reflected on / what we had covered that day.

우리가 저녁을 위해 헤어지면서, / 우리는 ~에 관해 되새겼다 / 우리가 그날 다루었던 것을.

Even though our conversation was very collegial, / I noticed / that my client was holding one leg / at a right angle (to his body), / seemingly wanting to take off on its own.

비록 우리의 대화가 매우 평등했음에도 불구하고, / 나는 알아챘다 / 내 고객이 한쪽 다리를 두고 있다는 것을 / (자기 몸에) 직각으로 / 겉으로 보기에 자기 혼자 서둘러 떠나고 싶어 하는 것처럼.

At that point I said, / "You really do have to leave now, don't you?"

그때 나는 말했다 / "지금 정말 가셔야 하죠, 그렇죠?"라고.

"Yes," he admitted.

"네."라고 그는 인정했다.

"I am so sorry. / I didn't want to be rude / but I have to call London / and I only have five minutes!"

"정말 미안합니다. / 전 무례하게 굴고 싶지는 않았어요 / 하지만 저는 런던에 전화해야 합니다 / 그리고 제게는 시간이 5분밖에 없어요!"

Here was a case (where my client's language and most of his body / revealed nothing but positive feelings).

이것은 (내 의뢰인의 언어와 그의 신체 대부분이 / 긍정적인 감정만을 드러냈던) 경우였다.

His feet, however, / were the most honest communicators, / and they clearly told me / that as much as he wanted to stay, / duty was calling.

그러나 그의 발은 / 가장 정직한 의사 전달자였다 / 그리고 그것들은 내게 분명히 알려주었다 / 그가 남고 싶어 하는 만큼이나 / 할 일 때문에 가야 한다는 것을.

전문해석

최근에 나는 나와 거의 5시간을 보냈던 고객과 함께 있었다. 저녁이 되어 헤어지면서, 우리는 그날 다룬 내용을 되새겼다. 비록 우리의 대화가 매우 평등했음에도 불구하고, 나는 나의 고객이 한쪽 다리를 몸과 직각으로 두고 있어, 겉으로 보기에 다리가 혼자 서둘러 떠나고 싶어 하는 것 같다는 점을 알아챘다. 그때 나는 "지금 정말 가셔야 하죠, 그렇죠?"라고 말했다. "네."라고 그는 인정했다. "정말 미안합니다. 무례하게 굴고 싶지는 않았지만 제가 런던에 전화를 해야 하는데 시간이 5분밖에 없어요!" 여기서 내 의뢰인의 언어와 그의 몸의 대부분은 긍정적인 감정만을 드러내고 있었다. 그러나 그의 발은 가장 정직한 의사 전달자로서, 그가 남아 있고 싶어 하는 만큼이나 할 일 때문에 가야 한다는 것을 내게 분명히 알려주었다.

해설

'I noticed that my client was ~' 뒤에서 대화 도중 한쪽 다리를 몸과 직각으로 두고 있던 고객의 모습을 보고 필자는 고객이 빨리 자리를 뜨려는 의중임을 알아챘다고 한다. 즉, 고객의 언어도, 다른 신체 부분도 아닌 '발'이 고객의 의사를 가장 정확히 표현하고 있었다는 결론이 적절하므로, 빈칸에 들어갈 말로 가장 적절한 것은 ④ '가장 정확한 의사 전달자'이다.
① 그의 공손함에 대한 신호
② 대화의 주제
③ 내 말에 관심을 표현하는 것
⑤ 신나게 땅을 밟는 것

구문풀이

As we were parting for the evening, we reflected on what we **had covered** that day.
→ 우리가 '되새겨본' 시점보다 그날 하루에 걸쳐 '다루었던' 시점이 먼저이므로 had covered가 과거완료 시제로 쓰였다.

03 주어진 문장 넣기

직독직해

Rewarding business success / doesn't always have to be done / in a material way.

사업 성공을 보상하는 것은 / 항상 이뤄져야 하는 것은 아니다 / 물질적인 방식으로.

(①) A software company (I once worked for) / had a great way (of recognizing sales success).

(내가 예전에 근무한) 한 소프트웨어 회사는 / (판매 성공을 인정해주는) 멋진 방법을 가지고 있었다.

The sales director / kept an air horn outside his office / and would come out and blow the horn / every time a salesperson settled a deal.

판매부서 관리자는 / 그의 사무실 밖에 경적을 두었다 / 그리고 나와서 경적을 불곤 했다 / 영업직원이 거래를 성사할 때마다.

(②) The noise, of course, / interrupted anything and everything (happening in the office) / because it was unbelievably loud.

물론 그 소리는 / (사무실에서 일어나는) 무슨 일이든 방해했다 / 그것이 믿을 수 없이 시끄러웠기 때문에.

(③) However, / it had an amazingly positive impact (on everyone).

그러나 / 그것은 (모두에 대한) 놀랄 만큼 긍정적인 영향을 지녔다.

(④) Sometimes / rewarding success / can be as easy as that, / especially when peer recognition is important.

때때로, / 성공을 보상하는 것은 / 그만큼 쉬울 수 있는데, / 특히 동료의 인정이 중요할 때 그렇다.

(⑤) You should have seen the way (the rest of the sales team wanted / the air horn blown for them).

당신은 (그 판매부서의 나머지 사람들이 원했던 / 그들을 위해 경적이 불리기를) 방식을 봤어야 했다.

전문해석

사업 성공을 보상하는 것은 항상 물질적인 방식으로 이뤄져야 하는 것은 아니다. 내가 예전에 근무한 한 소프트웨어 회사는 판매 성공을 인정해주는 멋진 방법을 가지고 있었다. 판매부서 관리자는 그의 사무실 밖에 경적을 두었고 영업직원이 거래를 성사할 때마다 나와서 경적을 불곤 했다. 물론, 그 소리는 믿을 수 없이 시끄러웠기 때문에 사무실에서 일어나는 무슨 일이든 방해했다. 그러나 그것은 모두에게 놀랄 만큼 긍정적인 영향을 주었다. 때때로, 성공을 보상하는 것은 그만큼 쉬울 수 있는데, 특히 동료의 인정이 중요할 때 그렇다. 당신은 그 판매부서의 나머지 사람들이 자신을 위해 경적이 불리기를 얼마나 바랐는지를 봤어야 했다.

해설

② 앞에서 필자가 근무했던 소프트웨어 회사의 직원 보상 방식을 언급하는

데, ② 뒤에서는 갑자기 '그 소리(The noise)'를 언급한다. 문맥상 이는 영업부서 관리자가 사무실 밖에 두고 불던 '경적 소리'를 가리키는 것이므로, 주어진 문장이 들어가기에 가장 적절한 곳은 ②이다.

구문풀이

The sales director kept an air horn outside his office and **would** come out and blow the horn ~

➜ 과거의 습관을 나타내는 would(~하곤 했다)이다.

◆ DAILY REVIEW

Ⓐ 어휘 TEST

tilted	기울어진	arise	발생하다
expand	확대하다	primitive	원시의
revolve	회전하다	lap	무릎
theatrical	연극적인	ordinary	평범한
genetic	유전의	infection	감염
diagnosis	진단	antibiotic	항생제
gently	부드럽게	reflect on	되새기다
bluff	허세 부리다	duty	의무
lined with	~이 줄줄이 있는	material	물질적인
behave	행동하다	recognition	인정

Ⓑ 단어 배열

01 thinking of making

02 collected data on the sleep patterns

03 would rather be a poor shoemaker

04 You might have heard

Ⓒ 빈칸 완성

01 the earth revolves around the sun

02 After the conversations had ended

03 how we ought to behave

04 must have fallen off my lap

Ⓑ 단어 배열

01 '생각 중이야'라는 해석으로 보아 think of의 현재진행시제를 완성하는 thinking of를 먼저 써준 뒤, 목적어 making을 연결한다.

02 '수집했다'라는 과거시제 동사는 collected이고, 목적어는 data이다. 이어서 on(~에 관한)을 활용해 on the sleep patterns를 연결해 준다.

03 '(~하느니) 차라리 …하겠다'라는 해석으로 보아, 조동사 would rather를 활용한다. 뒤에는 동사원형이 이어져야 하므로 would rather be a poor shoemaker가 최종 정답이다.

04 '~했을지도 모른다'는 might have p.p.의 해석이므로, 정답은 You might have heard이다.

Ⓒ 빈칸 완성

01 '증명한' 것은 과거이지만 '지구가 태양을 돈다'는 것은 불변의 진리이므로 that절의 동사는 현재시제로 써야 한다. 따라서 정답은 the earth revolves around the sun이다.

02 '대화가 끝난' 것이 '연구자들이 물은' 것보다 더 먼저 있었던 일이므로 과거완료 시제를 활용한다. '~한 후'에 해당하는 접속사 after를 활용해 After the conversations had ended를 정답으로 쓴다.

03 '어떻게 ~하는지'는 how절의 해석이다. 주어는 we이고, '행동해야 한다'는 ought to behave이므로 모두 이어 쓰면 how we ought to behave와 같다.

04 '~한 게 틀림없다'는 must have p.p.의 해석이다. 따라서 must have fallen을 먼저 써주고, '무릎에서 (떨어져)'는 off my lap으로 연결한다.

◀ **STEP 1** ▶ **직독직해로 연습하는** 해석 공식 ◀·······

01 If I were taller, / I would buy that long dress.
　　　　　　　　　　　S　　V　　　O

내가 키가 더 크다면, / 나는 저 긴 드레스를 살 텐데.
➡ 내가 키가 더 크다면, 나는 저 긴 드레스를 살 텐데.

02 *It을 비인칭주어로 보기도 함*
It would take too long / to write a chemical equation / if
가S　V　　　O　　　　　　진S
we had to spell everything out.

너무 오래 걸릴 것이다 / 화학식을 쓰는 데 / 우리가 모든 것을 다 상세히 써야 한다면.
➡ 우리가 모든 것을 상세히 다 써야 한다면 화학식을 쓰는 데 너무 오래 걸릴 것이다.

03 If every algorithm stopped working, / it would be the
　　　　　　　　　　　　　　　　　　S　　V
end (of the world).
S.C.
만일 모든 알고리즘이 작동을 멈춘다면, / 이는 (세상의) 끝이 될 것이다.
➡ 만일 모든 알고리즘이 작동을 멈춘다면, 이는 세상의 끝이 될 것이다.

04 If I lost an arm in an accident / and had it replaced with an
artificial arm, / I would still be essentially *me*.
　　　　　　　　S　　V　　　　S.C.
만약 내가 사고로 한 팔을 잃고 / 그것을 인공 팔로 교체한다 해도 / 나는 여전히 본질적으로 '나'일 것이다.
➡ 만약 내가 사고로 한 팔을 잃고 그것을 인공 팔로 교체한다 해도 나는 여전히 본질적으로 '나'일 것이다.

05 If you didn't know your coworkers / and (didn't) feel
bonded to them / by your shared experiences, / what
　　　　　　　　　　　　　　　　　　　　　　　O
would you think of them?
3S V　S　V
여러분이 여러분의 동료를 잘 모른다면 / 그리고 그들과 유대감을 느끼지 않는다면 / 여러분의 공유된 경험에 의해 / 여러분은 그들에 관해 뭐라고 생각하겠는가?
➡ 여러분이 동료를 잘 모르고, 공유된 경험에 의해 유대감을 느끼지 않는다면 그들에 관해 어떻게 생각하겠는가?

06 If she had been at home yesterday, / I would have visited
　　　　　　　　　　　　　　　　　　S　　V
her.
O
그녀가 어제 집에 있었다면, / 나는 그녀를 방문했을 텐데.
➡ 그녀가 어제 집에 있었다면, 나는 그녀를 방문했을 텐데.

07 She would have been happy / if you had texted her / right
　S　　V　　　　　S.C.
after the date.
그녀는 행복해했을 텐데 / 네가 그녀에게 문자를 보냈더라면 / 데이트 직후에.
➡ 네가 데이트 직후에 그녀에게 문자를 보냈더라면, 그녀는 행복해했을 텐데.

08 Had I known / what your intention was, / I would have
stopped you.
　O
내가 알았더라면 / 네 의도가 무엇인지 / 나는 너를 말렸을 텐데.

➡ 내가 네 의도를 알았더라면, 나는 너를 말렸을 텐데.

09 Had he started learning to play the piano earlier, / he
　　　　　　　　　　　　　　　　　　　　　　　S
would have made a better musician.
　V　　　　S.C.
그가 피아노를 더 일찍 배우기 시작했더라면, / 그는 더 좋은 음악가가 되었을 텐데.
➡ 그가 피아노를 더 일찍 배우기 시작했더라면, 그는 더 좋은 음악가가 되었을 텐데.

10 If the prince had offered the grapes to his friends, / they
　　　　　　　　　　　　　　　　　　　　　　　　　　S1
might have shown their distaste (for the grapes), / and that
　V1　　　　　O1　　　　　　　　　　　　　　　S2
would have hurt the feelings (of that poor man).
　V2　　　　O2
만약 그 왕자가 자기 친구들에게 그 포도를 주었다면, / 그들은 (포도에 대한) 불쾌감을 드러냈을 것이다 / 그리고 그것은 (그 가난한 남자의) 마음을 아프게 했을 것이다.
➡ 만약 그 왕자가 자기 친구들에게 그 포도를 주었다면, 그들은 포도에 대한 불쾌감을 드러냈을 것이고, 그것은 그 가난한 남자의 마음을 아프게 했을 것이다.

11 If you had crashed the car, / you might be in trouble.
　　　　　　　　　　　　　　S　　V　　S.C.
네가 자동차 사고를 냈다면 / 넌 곤란했을 거야.
➡ 네가 자동차 사고를 냈다면, 넌 (지금) 곤란했을 거야.

12 We would be millionaires now / if we had invested in that
　S　V　　S.C.
property.
우리는 지금 백만장자일 텐데 / 우리가 그 부동산에 투자했다면.
➡ 우리가 (그때) 그 부동산에 투자했다면, 지금 백만장자일 텐데.

13 If we had made up with each other back then, / we would
　　　　　　　　　　　　　　　　　　　　　　　S　　V
still be together.
우리가 그때 서로 화해했더라면 / 우리는 여전히 함께일 텐데.
➡ 우리가 그때 서로 화해했더라면, 여전히 함께일 텐데.

14 Nearly nothing (we have today) / would be possible / if
　　　　S　　　　　　　　　　　　　V　　S.C.
the cost (of artificial light) / had not dropped to almost
nothing.
(우리가 오늘날 누리는) 거의 아무것도 / 가능하지 않을 것이다 / 만약 (인공조명의) 비용이 / 거의 공짜 수준으로 하락하지 않았더라면.
➡ 만약 인공조명의 비용이 거의 공짜 수준으로 하락하지 않았더라면 우리가 오늘날 누리는 것 중에 거의 아무것도 가능하지 않을 것이다.

15 If she had not learned the effective parenting skills /
from the seminars, / she would still be using threatening
　　　　　　　　　　S　　　　V　　　　　　　O
techniques / with her kids today!
그녀가 효과적인 육아 기술을 배우지 않았더라면, / 세미나로부터 / 그녀는 여전히 협박 기법을 사용하고 있었을 것이다 / 오늘도 자기 아이들에게!
➡ 그녀가 세미나에서 효과적인 육아 기술을 배우지 않았더라면, 그녀는 오늘도 자기 아이들에게 여전히 협박 기법을 사용하고 있었을 것이다.

16 She felt / as if the counselor were in the room with her.
　S　V　　　　　　　　　S.C. (부사절이 보어처럼 쓰임)
그녀는 느꼈다 / 마치 상담사가 그녀와 함께 방에 있는 듯이.
➡ 그녀는 상담사가 마치 방에 함께 있는 것 같은 기분이 들었다.

17 <u>I wish</u> / <u>I had</u> good <u>presentation skills like you.</u>
　S　　　V　　　　　　　　O

좋을 텐데 / 내가 너처럼 좋은 발표 능력을 갖고 있다면.

➡ 나도 너처럼 발표를 잘하면 좋을 텐데.

18 <u>Her voice</u> <u>sounded</u> / <u>as if she had been waiting for a</u>
　　S　　　　V　　　　　　　　　　　　　　　　S.C.
<u>chance (to let off steam).</u>

그녀의 목소리는 들렸다 / 마치 그녀가 (울분을 토할) 기회를 기다리고 있었던 듯이.

➡ 그녀의 목소리는 마치 그녀가 (전부터) 울분을 토할 기회를 기다리고 있었던 것처럼 들렸다.

19 <u>I wish</u> / <u>I had had</u> more <u>time</u> (to review all the data) /
　S　　　V　　　　　　　O
<u>before getting on the plane.</u>

좋을 텐데 / 내가 (모든 데이터를 검토할) 시간이 더 있었더라면 / 비행기에 타기 전에.

➡ 비행기에 타기 전에 모든 데이터를 검토할 시간이 더 있었더라면 좋을 텐데.

20 When your friend wins a critical soccer match, / <u>you</u> <u>take</u>
　　　　　　　　　　　　　　　　　　　　　　　　　　S　　V
<u>delight</u> in her victory celebrations / as if it were your
　O
victory too.

여러분의 친구가 중요한 축구 경기를 이겼을 때 / 여러분은 그녀의 승리 축하를 기뻐한다 / 마치 그것이 또한 여러분의 승리인 것처럼.

➡ 친구가 중요한 축구 경기에서 이기면, 여러분은 마치 그것이 여러분의 승리이기도 한 듯이 친구의 승리 축하를 기뻐한다.

◀ **STEP 3** ▶ 기출 문제로 의미 **다시보기** ◀▪▪▪▪▪▪▪▪▪

01 ①　　　**02** ③　　　**03** ①

01 빈칸 추론

〈직독**직해**〉

Not only does memory underlie our ability (to think) at all, / it defines the content (of our experiences) / and how we preserve them for years to come.

기억은 어쨌든 (사고하는) 우리의 능력의 기반일 뿐만 아니라 / 그것은 (우리 경험의) 내용을 규정한다 / 그리고 다가올 수년 간 우리가 그것을 보존하는 방식을.

Memory <u>makes us who we are.</u>

기억은 <u>우리를 우리 모습으로 만들어준다.</u>

If I were to suffer from heart failure / and depend upon an artificial heart, / I would be no less myself.

만약 내가 심부전을 앓는다 해도 / 그리고 인공 심장에 의존한다 해도 / 나는 역시 여느 때의 나일 것이다.

If I lost an arm in an accident / and had it replaced with an artificial arm, / I would still be essentially *me*.

만약 내가 사고로 한 팔을 잃고 / 그것을 인공 팔로 교체한다 해도 / 나는 여전히 본질적으로 '나'일 것이다.

As long as my mind and memories remain intact, / I will continue to be the same person, / no matter which part (of my body) / (other than the brain) / is replaced.

나의 정신과 기억이 손상되지 않은 한, / 나는 계속 같은 사람일 것이다 / (내 신체의) 어떤 부분이 (뇌를 제외하고) 교체될지라도.

On the other hand, / when someone suffers from advanced Alzheimer's disease / and his memories fade, / people often say / that he "is not himself anymore," / or that it is as if the person "is no longer there," / though his body remains unchanged.

반면 / 누군가 후기 알츠하이머병을 앓고 / 그의 기억이 흐려진다면 / 사람들은 종종 말한다 / 그는 '여느 때의 그가 아니라'고 / 혹은 그 사람이 '더 이상 존재하지 않는' 것 같다고 / 그의 신체가 변하지 않았음에도 불구하고.

◀ **전문해석** ▶

기억은 어쨌든 우리 사고력의 기반일 뿐만 아니라, 우리 경험의 내용과 다가올 수년 간 우리가 그것을 보존하는 방식을 규정한다. 기억은 <u>우리를 우리 모습으로 만들어준다.</u> 만약 내가 심부전을 앓고 인공 심장에 의존한다 해도 나는 역시 여느 때의 나일 것이다. 만약 내가 사고로 한 팔을 잃고 그것을 인공 팔로 교체한다 해도 나는 여전히 본질적으로 '나'일 것이다. 나의 정신과 기억이 손상되지 않은 한, (뇌를 제외하고) 내 신체의 어떤 부분이 교체될지라도 나는 계속 같은 사람일 것이다. 반면 누군가 후기 알츠하이머병을 앓고 기억이 흐려진다면, 비록 그의 신체는 변하지 않았음에도 불구하고 사람들은 종종 그는 '더 이상 여느 때의 그가 아니라'거나 마치 그 사람이 '더 이상 존재하지 않는' 것 같다고 말한다.

◀ **해설** ▶

주제문에 빈칸이 있으므로, 빈칸 뒤의 예시를 통해 주제를 유추하여 빈칸을 채워야 한다. On the other hand 앞에서 신체의 일부가 변해도 사람의 본질은 변하지 않는다는 예가 나오는데, On the other hand 뒤에서는 '기억'에 변화가 생기면 동일한 인물로 간주되지 않는다고 설명한다. 다시 말해, 사람의 본질을 결정하는 것은 기억이라는 요지를 추론할 수 있으므로, 빈칸에 들어갈 말로 가장 적절한 것은 ① '우리를 우리 모습으로 만들어준다'이다.
② 우리 신체와 관련이 있다
③ 우리의 기대를 반영한다
④ 우리가 다른 사람을 이해하게 해준다
⑤ 우리가 과거로부터 배우게 해준다

◀ **구문풀이** ▶

As long as my mind and memories remain intact, I will continue to be the same person, **no matter which** part of my body ~ is replaced.

➡ 'no matter+의문사'는 '비록 ~할지라도'라는 의미의 양보 부사절을 이끈다. 여기서도 의문형용사 which가 no matter과 만나 '비록 어떤 (~이) ~할지라도'라는 의미를 나타낸다.

02 어휘 추론

〈직독**직해**〉

When the price (of something fundamental) / drops greatly, / the whole world can change.

(기본적인 어떤 것의) 가격이 / 크게 하락할 때, / 온 세상이 바뀔 수 있다.

Consider light. // Chances are / you are reading this sentence / under some kind of artificial light.

조명을 생각해보자. // 아마 ~일 것이다 / 여러분은 이 문장을 읽고 있을 / 일종의 인공 조명 밑에서.

Moreover, / you probably never thought about / whether using artificial light for reading / was worth it.

또한, / 여러분은 아마 ~에 관해 생각해보지 않았을 것이다 / 독서를 위해 인공조명을 이용하는 것이 / 그럴 만한 가치가 있는지 아닌지에.

Light is so cheap / that you use it / without thinking.

조명 값이 너무 싸서 / 여러분은 그것을 이용한다 / 생각 없이.

But in the early 1800s, / it would have cost you four hundred times / what you are paying now / for the same amount (of light).

하지만 1800년대 초반에는, / 여러분에게 400배의 비용이 들었을 것이다 / 오늘날 여러분이 지불하고 있는 것의 / (조명의) 같은 양에 대해.

At that price, / you would notice the cost / and would think twice / before using artificial light / to read a book.

그 가격이면, / 여러분은 비용을 의식할 것이고 / 두 번 생각할 것이다 / 인공조명을 이용하기 전에 / 책을 읽기 위해.

The increase(→ drop) (in the price of light) / lit up the world.

(조명 가격의) 증가(→ 하락)는 / 세상을 밝혔다.

Not only did it turn night into day, / but it allowed / us to live and work / in big buildings (that natural light could not enter).

그것은 밤을 낮으로 바꾸었을 뿐 아니라, / 그것은 ~하게 해주었다 / 우리가 살고 일하게 / (자연광이 들어올 수 없는) 큰 건물에서.

Nearly nothing (we have today) / would be possible / if the cost (of artificial light) / had not dropped to almost nothing.

(우리가 오늘날 누리는) 거의 아무것도 / 가능하지 않을 것이다 / 만약 (인공조명의) 비용이 / 거의 공짜 수준으로 하락하지 않았더라면.

기본적인 어떤 것의 가격이 크게 하락할 때, 온 세상이 바뀔 수 있다. 조명을 생각해보자. 아마 여러분은 일종의 인공조명 밑에서 이 문장을 읽고 있을 것이다. 또한, 여러분은 독서를 위해 인공조명을 이용하는 것이 그럴 만한 가치가 있는지에 관해 아마 생각해보지 않았을 것이다. 조명 값이 너무 싸서 여러분은 생각 없이 그것을 이용한다. 하지만 1800년대 초반에는, 같은 양의 조명에 대해 오늘날 지불하고 있는 것의 400배만큼의 비용이 들었을 것이다. 그 가격이면, 여러분은 비용을 의식할 것이고 책을 읽기 위해 인공조명을 이용하기 전에 다시 한 번 생각할 것이다. 조명 가격의 증가(→ 하락)는 세상을 밝혔다. 그것은 밤을 낮으로 바꾸었을 뿐 아니라, 자연광이 들어올 수 없는 큰 건물에서 우리가 살고 일할 수 있게 해 주었다. 만약 인공조명의 비용이 거의 공짜 수준으로 하락하지 않았더라면 우리가 오늘날 누리는 것 중에 거의 아무것도 가능하지 않을 것이다.

해설

첫 문장에서 기본적인 것의 가격이 크게 떨어질 때 온 세상에 변화가 일어난다고 언급한 후, 조명을 예시로 든다. 즉 Consider 뒤는 인공조명 가격의 '하락'이 세상에 미친 영향을 설명하는 내용이므로, ③의 increase는 반의어인 drop으로 바뀌어야 한다.

구문풀이

But in the early 1800s, it **would have cost** you four hundred times what you are paying now for the same amount of light.
→ cost A B(A에게 B만큼의 비용을 치르게 하다) 구문이다.
→ would have p.p.(~했을 것이다)가 과거에 대한 추측을 나타낸다.

03 심경 변화

직독직해

As Natalie was logging in / to her first online counseling session, / she wondered, / "How can I open my heart / to the counselor / through a computer screen?"

Natalie는 접속하면서 / 첫 온라인 상담 시간에 / 그녀는 궁금해했다 / "내가 어떻게 내 마음을 열 수 있을까 / 상담사에게 / 컴퓨터 화면을 통해?"

Since the counseling center was a long drive away, / she knew / that this would save her a lot of time.

상담 센터가 차로 오래 가야 하는 곳에 있었기 때문에, / 그녀는 알았다 / 이것이 자신에게 많은 시간을 절약해 줄 거라는 것을.

Natalie just wasn't sure / if it would be as helpful / as meeting her counselor in person.

다만 Natalie는 확신할 수 없었다 / 그것이 도움이 될 것인지 아닌지 / 상담사를 직접 만나는 것만큼.

Once the session began, / however, / her concerns went away.

일단 상담 시간이 시작되자, / 하지만 / 그녀의 걱정은 사라졌다.

She actually started thinking / that it was much more convenient / than expected.

그녀는 실제로 생각하기 시작했다 / 그것이 훨씬 더 편리하다고 / 예상했던 것보다.

She felt / as if the counselor were in the room with her.

그녀는 느꼈다 / 마치 상담사가 그녀와 함께 방에 있는 듯이.

As the session closed, / she told him with a smile, / "I'll definitely see you online again!"

상담 시간이 끝났을 때 / 그녀는 미소를 지으며 그에게 말했다 / "온라인에서 꼭 다시 만나요!"

Natalie는 첫 온라인 상담 시간에 접속하면서, "내가 컴퓨터 화면을 통해 어떻게 상담사에게 마음을 열 수 있을까?"라는 의문을 가졌다. 상담 센터가 차로 오래 가야 하는 곳에 있었기 때문에, 그녀는 이것이 자신에게 많은 시간을 절약해 줄 것임을 알고 있었다. 다만 Natalie는 그것이 상담사를 직접 만나는 것만큼 도움이 될지 확신할 수 없었다. 하지만 일단 상담 시간이 시작되자, 그녀의 걱정은 사라졌다. 그녀는 실제로 그것이 예상했던 것보다 훨씬 더 편리하다고 생각하기 시작했다. 그녀는 마치 상담사가 방에 함께 있는 기분이 들었다. 상담 시간이 끝났을 때, 그녀는 미소를 지으며 그에게 말했다. "온라인에서 꼭 다시 만나요!"

해설

글 전반부에서는 Natalie가 온라인 상담을 반신반의했다(wondered, wasn't sure)는 내용이 주를 이루는데, 'Once the session began, however ~' 뒤에서는 Natalie가 온라인 상담의 편리함을 느끼고 상담사를 다시 만나고 싶어 했다는 내용이 주를 이룬다. 따라서 Natalie의 심경 변화로 가장 적절한 것은 ① '의심하는 → 만족한'이다.
② 유감스러운 → 혼란스러운
③ 자신만만한 → 부끄러운
④ 따분한 → 신이 난
⑤ 흥분한 → 실망한

구문풀이

Natalie just wasn't sure **if** it would be **as helpful as** meeting her counselor in person.

→ wasn't sure 뒤로 명사절(~인지 아닌지)이 연결된다.

→ 'as+원급+as(~만큼 ⋯한)' 구문이다.

◆ DAILY REVIEW

Ⓐ 어휘 TEST

apply for	지원하다	fluently	유창하게
spell out	상세히 전부 쓰다	let off steam	울분을 토하다
essentially	본질적으로	review	검토하다
gravitation	만유인력	underlie	근간이 되다
intention	의도	preserve	보존하다
distaste	불쾌감	advanced	후기의
in trouble	곤란한	fundamental	기본적인
millionaire	백만장자	chances are	아마 ~일 것이다
make up with	화해하다	go away	사라지다
threaten	위협하다	doubtful	의심스러운

Ⓑ 단어 배열

01 If I were taller

02 would have visited her

03 you had crashed the car

04 I had good presentation skills

Ⓒ 빈칸 완성

01 had to spell everything out[spell out everything]

02 Had I known what your intention was

03 had made up with each other

04 the counselor were in the room

Ⓑ 단어 배열

01 '현재' 키가 크지 않아 긴 드레스를 못 산다는 의미를 내포한 가정법 과거 문장이다. 이때 if절은 'if+주어+과거시제 동사 ~'의 형태이므로, If I were taller가 정답이다.

02 '어제' 그녀가 집에 있는 줄 몰라서 찾아가보지 못했다는 의미를 내포한 가정법 과거완료 문장이다. 가정법 과거완료 주절의 동사는 '조동사 과거형+have p.p.' 형태이므로, would have visited her가 정답이다.

03 사고를 낼 뻔했던 시점은 과거이고, 곤란했을 수도 있는 시점은 현재이므로 혼합가정법 구문을 쓴다. 이때 종속절은 'if+주어+had p.p. ~'의 형태이므로, you had crashed the car가 정답이다.

04 '~하면 좋을 텐데'는 I wish 가정법 과거의 해석이다. 즉 I wish 뒤에 과거시제 동사가 나와야 하므로, I had good presentation skills 를 답으로 쓴다.

Ⓒ 빈칸 완성

01 화학식을 기술하는 일반적 상황에 대한 가정이므로 가정법 과거 구문을 이용한다. 가정법 과거 종속절은 'if+주어+과거시제 동사 ~' 형태이므로, had to spell everything out[spell out everything]이 정답이다.

02 '~했다면 ⋯했을 텐데'는 가정법 과거완료의 해석이므로, 종속절은 'if+주어+had p.p. ~' 형태인 If I had known으로 시작할 것이다. 동사 had known의 목적어는 의문사 what을 활용해 what your intention was로 써주면 된다. 이때, 빈칸이 총 7개이므로 한 단어를 줄여야 하는데, 종속절의 If를 생략하고 주어와 동사를 의문문 어순으로 바꾸면 Had I known what your intention was라는 최종 정답이 도출된다.

03 과거시제 단서 back then으로 보아 혼합가정법 구문을 완성하는 문제이다. 혼합가정법의 종속절은 'if+주어+had p.p. ~' 형태이므로, had made up with each other가 정답이다.

04 '마치 ~한 것처럼'은 as if 가정법 과거의 해석이다. 즉 'as if+주어+과거시제 동사 ~'에 맞추어 the counselor were in the room을 답으로 쓴다.

01 One winner (of our dinosaur quiz) / will be given a real
fossil / as a prize.

(우리 공룡 퀴즈의) 우승자는 / 진짜 화석을 받습니다 / 상으로.
➡ 우리 공룡 퀴즈의 우승자는 진짜 화석을 상으로 받습니다.

02 We are taught / from our childhood / that actions have
consequences.

우리는 배운다 / 어린 시절부터 / 행동에는 대가가 따른다고.
➡ 어린 시절부터 우리는 행동에는 대가가 따른다고 배운다.

03 The infants were shown / a screen (with both women)
(speaking Spanish).

유아들은 제시받았다 / (스페인어를 말하고 있는) (두 여자가 나오는) 화면을.
➡ 유아들은 스페인어를 말하고 있는 두 여자가 나오는 화면을 보았다.

04 I was told / that battery is no longer made / and the phone
is no longer manufactured.

나는 들었다 / 그 배터리가 더 이상 만들어지지 않는다고 / 그리고 그 휴대전화도
더 이상 제조되지 않는다고.
➡ 나는 그 배터리가 더 이상 만들어지지 않으며, 그 휴대전화도 더 이상 제조되
지 않는다는 말을 들었다.

05 When she was eleven, / she was told / that the Wright
brothers had flown their first plane.

그녀가 11살이었을 때 / 그녀는 들었다 / Wright 형제가 그들의 첫 비행기를 날
렸다는 사실.
➡ 그녀가 11살이었을 때 그녀는 Wright 형제가 첫 비행을 했다는 것을 들었다.

06 Scientists are allowed / to make mistakes.

과학자들은 허용되어 있다 / 실수를 저지르도록.
➡ 과학자들은 실수를 저질러도 된다.

07 One group was made intellectually superior / by
modifying some genes.

한 집단은 지적으로 우월하게 만들어졌다 / 일부 유전자를 조작하여.
➡ 한 집단은 일부 유전자를 조작하여 지적으로 우월하게 만들어졌다.

08 Rats are considered pests / in much of Europe and North
America / and (are) greatly respected / in some parts (of
India).

쥐는 유해 동물로 여겨진다 / 유럽과 북아메리카의 많은 곳에서 / 그리고 매우 중
시된다 / (인도의) 일부 지역에서.
➡ 쥐는 유럽과 북아메리카의 많은 지역에서 유해 동물로 여겨지고, 일부 인도
지역에서는 매우 중시된다.

09 The penguins are often found / strolling in large groups /
toward the edge (of the water) / in search of food.

그 펭귄들은 흔히 발견된다 / 큰 무리를 지어 거니는 것이 / (물의) 가장자리를 향
해 / 먹이를 찾아서.
➡ 그 펭귄들이 먹이를 찾아 물가를 향해 큰 무리를 지어 거니는 모습이 흔히 발
견된다.

10 As a couple start to form a relationship, / they can be
seen / to develop a set of constructs (about their own
relationship).

커플이 관계를 형성하기 시작할 때 / 그들은 관찰된다 / (그들 자신의 관계에 관
한) 일련의 구성 개념을 발전시키는 것이.
➡ 커플이 관계를 형성하기 시작할 때, 그들이 자신의 관계에 대해 일련의 구성
개념을 발전시키는 것을 볼 수 있다.

11 Eventually / she was brought up / by her uncle and aunt.

결국 / 그녀는 키워졌다 / 자기 삼촌과 숙모에 의해.
➡ 결국 그녀는 자기 삼촌과 숙모에 의해 키워졌다.

12 Musical instruments are not toys / and they must be
looked after.

악기는 장난감이 아니다 / 그리고 그것들은 반드시 관리되어야 한다.
➡ 악기는 장난감이 아니며, 반드시 관리되어야 한다.

13 If he made the speech, / he must have been laughed at / by
his audience.

만일 그가 연설을 했다면 / 그는 분명 비웃음을 당했을 것이다 / 청중들에 의해.
➡ 만일 그가 연설을 했다면 그는 청중들에 의해 분명 비웃음을 당했을 것이다.

14 He was looked up to / by many / as a basketball coach
and school teacher.

그는 존경받았다 / 많은 이들에게 / 농구 코치이자 학교 선생님으로서.
➡ 그는 많은 이들에게 농구 코치이자 학교 선생님으로 존경받았다.

15 Hate crimes, / if charged and prosecuted, / will be dealt
with / in the court system.

증오 범죄는 / 만일 고소 및 기소되면 / 처리될 것이다 / 사법 체계 안에서.
➡ 증오 범죄는 만일 고소 및 기소되면 사법 체계 안에서 처리될 것이다.

16 He is best known / for the design and construction (of the
Thames Tunnel).

그는 가장 잘 알려져 있다 / (Thames 터널의) 설계와 건설로.
➡ 그는 Thames 터널의 설계와 건설로 가장 잘 알려져 있다.

17 One (of our students) / was unfortunately involved / in a
car accident.

(우리 학생 중) 한 명이 / 불행히도 연루되었습니다 / 자동차 사고에.
➡ 우리 학생 중 한 명이 불행히도 자동차 사고에 연루되었습니다.

18 When he killed the deer / with just one shot (of his arrow),
/ the king was filled with pride.

그가 사슴을 잡았을 때 / (그의 화살의) 단 한 발로 / 왕은 자부심으로 가득 찼다.

➡ 왕은 단 한 발의 화살로 그 사슴을 잡고서 의기양양해졌다.

19 The process (of labeling emotional experience) / is related
S — V S.C.
/ to greater emotion regulation and psychosocial well-

being.

(감정적인 경험에 이름을 붙이는) 과정은 / 관련되어 있다 / 더 큰 감정 통제 및
심리사회적인 행복과.

➡ 감정적인 경험에 이름을 붙이는 과정은 더 큰 감정 통제 및 심리사회적인 행
복과 관련되어 있다.

20 The author was deeply interested / in expressing the
S V S.C.
workings (of the human mind) / in symbolic form.

그 저자는 깊은 관심이 있었다 / (인간 사고방식의) 작용을 표현하는 것에 / 기호
형태로.

➡ 그 저자는 기호 형태로 인간 사고방식의 작용을 표현하는 것에 깊은 관심이
있었다.

◀ STEP 3 ▶ 기출 문제로 의미 다시보기 ◀ ▪▪▪▪▪▪▪▪

01 ④   02 ①   03 ③

01 함축 의미

직독직해

There are / more than 700 million cell phones (used in the US
today) / and at least 140 million (of those cell phone users) /
will abandon their current phone / for a new phone / every 14-
18 months.

~이 있다 / (오늘날 미국에서 사용되는) 7억 개 이상의 휴대전화가 / 그리고 (이 휴대전
화 사용자들 중) 적어도 1억 4천만 명은 / 그들의 현재 휴대전화를 버릴 것이다 / 새 휴
대전화를 위해 / 14~18개월마다.

I'm not one (of those people) (who just "must" have the latest
phone).

나는 (최신 휴대전화를 그야말로 '반드시' 가져야 하는) (그런 사람들 중) 한 명은 아니다.

Actually, / I use my cell phone / until the battery no longer
holds a good charge.

사실 / 나는 내 휴대전화를 사용한다 / 배터리가 더 이상 충전이 잘되지 않을 때까지.

At that point, / it's time.

그때라면 / 때가 된 것이다.

So I figure / I'll just get a replacement battery.

그래서 나는 생각한다 / 내가 그저 교체용 배터리를 사야겠다고.

But I'm told / that battery is no longer made / and the phone
is no longer manufactured / because there's newer technology
and better features / in the latest phones.

그러나 나는 듣는다 / 그 배터리가 더 이상 만들어지지 않는다고 / 그리고 그 휴대전화
는 더 이상 제조되지 않는다고 / 더 새로운 기술과 더 나은 기능들이 있기 때문에 / 최
신 휴대전화에.

That's a typical justification.

그것이 전형적인 정당화이다.

The phone wasn't even that old; / maybe a little over one
year?

그 휴대전화는 심지어 그렇게 오래되지 않았다. / 아마도 1년 조금 더 넘게?

I'm just one example.

나는 단지 한 사례일 뿐이다.

Can you imagine / how many countless other people / have
that same scenario?

당신은 상상할 수 있는가 / 얼마나 수많은 다른 사람들이 / 이와 똑같은 시나리오를 갖
는지?

No wonder / cell phones take the lead / when it comes to
"e-waste."

놀랍지 않다 / 휴대전화가 선두에 있다는 것은 / '전자 쓰레기'에 관해.

전문해석

오늘날 미국에서 사용되는 휴대전화는 7억 개가 넘고, 이 휴대전화 사용자
들 중 적어도 1억 4천만 명은 14~18개월마다 새 휴대전화를 위해 지금 쓰
는 휴대전화를 버릴 것이다. 나는 최신 휴대전화를 그야말로 '반드시' 가져
야 하는 그런 사람들 중 한 명은 아니다. 사실 나는 배터리가 더 이상 충전이
잘되지 않을 때까지 휴대전화를 사용한다. 그때라면 때가 된 것이다. 그래서
나는 그저 교체용 배터리를 사야겠다고 생각한다. 그러나 나는 그 배터리가
더 이상 만들어지지 않고, 최신 휴대전화에 더 새로운 기술과 더 나은 기능
들이 있기 때문에 그 휴대전화는 더 이상 제조되지 않는다고 듣게 된다. 그
것이 전형적인 정당화이다. 그 휴대전화는 심지어 그렇게 오래되지 않았다.
1년이나 조금 더 되었나? 나는 단지 한 사례일 뿐이다. 얼마나 수많은 다른
사람들이 이와 똑같은 시나리오를 갖는지 당신은 상상할 수 있는가? '전자
쓰레기'에 관해서는, 휴대전화가 선두에 있다는 것은 놀랍지 않다.

해설

밑줄 부분의 that scenario는 앞에 언급된 필자의 상황을 가리킨다. 즉 충
전이 잘되지 않는 휴대전화를 배터리만 바꾸어서 더 쓰려고 해도 기존 모델
이 더 이상 생산되지 않기에 휴대전화를 바꿀 수밖에 없는 상황을 뜻하는 것
이다. 따라서 밑줄 친 부분의 의미로 가장 적절한 것은 ④ '아직 쓸만한 휴대
전화를 바꿀 수밖에 없다'이다.

① 업데이트 문제가 잦다
② 비용 때문에 신기술을 이용할 여력이 없다
③ 휴대전화를 고치는 데 많은 돈을 쓴다
⑤ 새로 출시된 휴대전화 제품에 실망한다

구문풀이

Can you imagine **how many countless other people have**
that same scenario?

➡ 의문부사 how는 'how+형/부+주어+동사'의 어순으로 쓰인다.

02 제목 추론

직독직해

Some beginning researchers mistakenly believe / that a good
hypothesis is one (that is guaranteed to be right) / (e.g.,
alcohol will slow down reaction time).

일부 처음 시작하는 연구자들은 잘못 믿는다 / 좋은 가설은 (옳다고 보장된) 것이라고 /
(예를 들면, '알코올은 반응 시간을 둔화시킬 것이다').

However, / if we already know / your hypothesis is true / before you test it, / testing your hypothesis / won't tell us anything (new).

하지만 / 여러분이 이미 알고 있다면 / 여러분이 가설이 사실이라고 / 여러분이 그것을 검사해보기 전에 / 여러분의 가설을 검사하는 것은 / 우리에게 (새로운) 아무것도 말해주지 않을 것이다.

Remember, / research is supposed to produce *new* knowledge.

기억하라 / 연구란 '새로운' 지식을 생산해야 한다는 것을.

To get new knowledge, / you, as a researcher-explorer, / need to leave the safety (of the shore) (established facts) / and venture into uncharted waters / (as Einstein said, / "If we knew what we were doing, / it would not be called research, / would it?").

새로운 지식을 얻기 위해서 / 연구자이자 탐험가로서 여러분은 / (해변의) 안전함을 떠나야 한다 / (기정사실) 그리고 미개척 영역으로 과감히 들어가야 한다 / (아인슈타인이 말했듯이, / "우리가 무엇을 하고 있는지 안다면 / 그것은 연구라고 불리지 않을 것이다, / 그렇지 않은가?").

If your predictions (about what will happen / in these uncharted waters) / are wrong, / that's okay:

만일 (무엇이 일어날 것인지에 관한 / 이런 미개척 영역에서) 여러분의 예측이 / 틀린다면 / 그것은 괜찮다.

Scientists are allowed / to make mistakes / (as Bates said, / "Research is the process (of going up alleys) / to see if they are blind").

과학자는 허용되어 있다 / 실수를 저지르도록 / (Bates가 말했듯이, / "연구는 (골목길을 올라가 보는) 과정이다 / 그것들이 막다른 길인지 보려고".)

Indeed, / scientists often learn more / from predictions (that do not turn out) / than from those (that do).

정말로 / 과학자는 흔히 더 많이 배운다 / (결과를 내지 않는) 예측들로부터 / (결과를 내는) 예측들보다는.

전문해석

일부 처음 시작하는 연구자들은 좋은 가설은 옳다고 보장된 것이라고 잘못 믿는다(예를 들면, '알코올은 반응 시간을 둔화시킬 것이다.'). 하지만 여러분이 가설을 검사해보기 전에 이미 그것이 사실임을 알고 있다면 여러분의 가설을 검사하는 것은 우리에게 아무런 새로운 것도 말해주지 않을 것이다. 연구란 '새로운' 지식을 생산해야 한다는 것을 기억하라. 새로운 지식을 얻기 위해서 연구자이자 탐험가로서 여러분은 해변의 안전함(기정사실)을 떠나 미개척 영역으로 과감히 들어가 볼 필요가 있다(아인슈타인이 말했듯이, "우리가 무엇을 하고 있는지 안다면 그것은 연구라고 불리지 않을 것이다, 그렇지 않은가?"). 이런 미개척 영역에서 무엇이 일어날 것인지에 관한 여러분의 예측이 틀린다면 그것은 괜찮다. 과학자는 실수를 저질러도 된다(Bates가 말했듯이, "연구는 막다른 길인지 보려고 골목길을 올라가 보는 과정이다."). 정말로 과학자는 흔히 결과를 내는 예측들보다는 결과를 내지 않는 예측들로부터 더 많이 배운다.

해설

당위의 need to가 포함된 문장에서 연구자가 기정사실의 영역을 벗어나 미개척된 영역으로 과감히 들어가야 새로운 지식이 발견될 수 있다고 한다. 또한 글의 마지막 두 문장에서는 연구자는 실수해도 되는 사람이며, 이 실수로부터 더 많은 것을 배울 수 있다고 언급한다. 따라서 글의 주제로 가장 적절한 것은 ① '연구자여, 틀리는 것을 두려워 말라'이다.

② 가설은 터무니없는 추측과 다르다

③ 연구자가 데이터 공유를 꺼리는 이유

④ 하나의 작은 실수가 여러분의 연구 전체를 망칠 수 있다

⑤ 확실한 사실이 우리의 생각을 바꾸지 않는 이유

구문풀이

Indeed, scientists often learn more from predictions that do not turn out than from those that **do**.

➔ '비교급+than'의 than 뒤에 나오는 대동사 do는 앞에 나온 turn out을 대신한다.

03 내용 불일치

직독직해

George Boole was born / in Lincoln, England / in 1815.

George Boole은 태어났다 / 영국 Lincoln에서 / 1815년에.

Boole was forced / to leave school / at the age (of sixteen) / after his father's business collapsed.

그는 강요받았다 / 학교를 떠나도록 / (16세의) 나이에 / 그의 아버지의 사업이 실패한 후.

He taught himself / mathematics, natural philosophy and various languages.

그는 독학했다 / 수학, 자연 철학, 그리고 여러 언어를.

He began to produce original mathematical research / and made important contributions / to areas (of mathematics).

그는 독창적인 수학적 연구를 만들어내기 시작했고 / 중요하게 공헌했다 / (수학의) 분야에서.

For those contributions, / in 1844, / he was awarded a gold medal for mathematics / by the Royal Society.

그러한 공헌으로 / 1844년 / 그는 수학으로 금메달을 수상했다 / Royal Society에 의해.

Boole was deeply interested / in expressing the workings (of the human mind) / in symbolic form, / and his two books (on this subject), / *The Mathematical Analysis of Logic* and *An Investigation of the Laws of Thought* / form the basis (of today's computer science).

Boole은 깊은 관심이 있었다 / (인간 사고방식의) 작용을 표현하는 것에 / 기호 형태로 / 그리고 (이 주제에 대한) 그의 책 두 권은 / <The Mathematical Analysis of Logic>과 <An Investigation of the Laws of Thought>라는 / (오늘날 컴퓨터 과학의) 기초를 형성한다.

In 1849, / he was appointed the first professor (of mathematics) / at Queen's College in Cork, Ireland / and taught there / until his death in 1864.

1849년 / 그는 (수학과의) 최초 교수로 임명되었다 / 아일랜드 Cork에 있는 Queen's College에서 / 그리고 거기서 가르쳤다 / 1864년 그의 사망 때까지.

전문해석

George Boole은 1815년 영국 Lincoln에서 태어났다. Boole은 아버지의 사업이 실패한 후 16세의 나이에 어쩔 수 없이 학교를 그만두게 되었다. 그는 수학, 자연 철학, 여러 언어를 독학했다. 그는 독창적인 수학적 연구를 만들어내기 시작했고 수학 분야에서 중요한 공헌을 했다. 그러한 공헌으로 1844년 그는 Royal Society에서 수학으로 금메달을 수상했다. Boole은 기호 형태로 인간 사고방식의 작용을 표현하는 것에 매우 관심이

있었으며 이 주제에 대한 그의 책 두 권, <The Mathematical Analysis of Logic>과 <An Investigation of the Laws of Thought>가 오늘날 컴퓨터 과학의 기초를 형성한다. 1849년 그는 아일랜드 Cork 소재의 Queen's College에서 수학과 최초의 교수로 임명되어 1864년 사망할 때까지 그곳에서 가르쳤다.

해설

'~ he was awarded a gold medal for mathematics by the Royal Society.'에서 George Boole이 금메달을 받은 분야는 수학이라고 하므로, 내용과 일치하지 않는 것은 ③ 'Royal Society에서 화학으로 금메달을 받았다.'이다.

구문풀이

For those contributions, in 1844, he **was awarded a gold medal** for mathematics by the Royal Society.
→ 'be awarded+명사' 형태의 4형식 수동태 구조이다.

◆ DAILY REVIEW

Ⓐ 어휘 TEST

unrivaled	독보적인	regulation	통제
fossil	화석	author	작가, 저자
consequence	결과	abandon	버리다
assistance	도움, 원조	feature	기능, 특징
talent	재능	countless	수없이 많은
superior	우수한	hypothesis	가설
bring up	~을 키우다	guarantee	보장하다
instrument	악기, 도구	established	확립된
look up to	~을 존경하다	original	독창적인
pride	자부심	appoint	임명하다

Ⓑ 단어 배열

01 will be given a real fossil

02 are allowed to make mistakes

03 must be looked after

04 was brought up by

Ⓒ 빈칸 완성

01 are taught from our childhood

02 Rats are considered pests

03 involved in a car accident

04 is, known for

Ⓑ 단어 배열

01 '받다'는 4형식 수동태 be given의 해석인데, 시제가 미래이므로(~할 것이다) will be given이 동사이다. 이어서 목적어인 a real fossil을 써준다.

02 '~하도록 허용되다'는 5형식 수동태인 'be allowed+to부정사'의 해석이다. 따라서 are allowed to 뒤에 '실수를 저지르다'라는 뜻의 make mistakes를 써주면 된다.

03 '반드시 ~하다'는 'must+동사원형'의 해석이며, '관리된다'는 look after의 수동태이므로 must be looked after가 정답이다.

04 bring up(~을 키우다)의 과거시제 수동태는 was brought up이며, 행위 주체인 her uncle and aunt 앞에 by를 써준다.

Ⓒ 빈칸 완성

01 '~을 배우다'는 4형식 수동태 be taught의 해석이다. 시제가 현재이므로 are taught가 동사이고, '어린 시절부터'에 해당하는 부사구 from our childhood를 이어서 써준다.

02 주어 Rats가 '여겨지는' 대상이므로 are considered가 동사이며, 주격보어 자리에는 pests를 써준다.

03 '~에 연루되다'는 be involved in의 해석이다. 따라서 involved in a car accident가 정답이다.

04 '~로 가장 잘 알려져 있다'는 be best known for의 해석이므로, best 앞의 빈칸에 is를, best 뒤의 빈칸에 known for를 써준다.

DAY 10 형용사적 수식어구

STEP 1 직독직해로 연습하는 해석 공식

01 Everyone (around him) / was moved by his thoughtfulness.

(그의 주변에 있는) 모든 사람들은 / 그의 사려 깊음에 감동받았다.

➜ 그의 모든 주변 사람들은 그의 사려 깊음에 감동받았다.

02 The search (for the right song) / is associated with considerable effort.

(적절한 노래의) 검색은 / 상당한 노력과 관련 있다.

➜ 적절한 노래를 찾는 것은 상당한 노력과 관련 있다.

03 Five minutes (of terror) (that felt like a lifetime) / passed / before he was on dry land again.

(한평생처럼 느껴졌던) (공포의) 5분이 / 지나갔다 / 그가 육지에 다시 도착하기 전에.

➜ 한평생처럼 느껴졌던 공포의 5분이 지난 후, 그는 다시 육지에 도착했다.

04 Surprise (in the classroom) / is one (of the most effective ways) (of teaching with brain stimulation in mind).

(교실에서의) 놀라움은 / (뇌 자극을 염두에 두고 가르치는) (가장 효과적인 방법 중의) 하나이다.

➜ 교실에서의 놀라움은 뇌 자극을 염두에 두고 가르치는 가장 효과적인 방법 중 하나이다.

05 People engage in typical patterns (of interaction) / based on the relationship (between their roles and the roles of others).

사람들은 (상호 작용의) 전형적 양식에 참여한다 / (그들의 역할과 다른 사람의 역할 사이의) 관계에 근거하여.

➜ 사람들은 자신의 역할과 다른 사람의 역할 사이의 관계에 근거하여 전형적인 양식의 상호 작용에 참여한다.

06 The necessary and useful instinct (to generalize) / can distort our world view.

그 필요하고 유용한 (일반화하려는) 본능은 / 우리의 세계관을 왜곡할 수 있다.

➜ 그 필요하고 유용한 일반화 본능은 우리의 세계관을 왜곡할 수 있다.

07 Impalas have the ability (to adapt to different environments of the savannas).

임팔라는 (대초원의 다양한 환경에 적응할 수 있는) 능력을 지녔다.

➜ 임팔라는 대초원의 다양한 환경에 적응할 수 있는 능력을 지녔다.

08 Fashion contributes to our lives / and provides a medium (for us to develop and exhibit important social virtues).

패션은 우리 생활에 기여한다 / 그리고 (우리가 중요한 사회적 가치를 개발하고 나타낼 수 있는) 수단을 제공한다.

➜ 패션은 우리 생활에 기여하며, 우리가 중요한 사회적 가치를 개발하고 나타낼 수 있는 수단을 제공한다.

09 Sometimes, / you feel the need (to avoid something) (that will lead to success) / out of discomfort.

가끔씩 / 당신은 (성공으로 이어질) (무언가를 피할) 필요를 느낀다 / 불편함 때문에.

➜ 가끔씩 당신은 불편함 때문에 성공으로 이어질 무언가를 피해야겠다고 느낀다.

10 Whatever the proportion (of a work's showing to telling), / there is always something (for readers to interpret).

(작품의 말하기에 대한 보여주기의) 비율이 어떻든 간에 / (독자가 해석할) 것이 항상 존재한다.

➜ 작품 속에서 말하기 대한 보여주기의 비율이 어떻든 간에, 독자가 해석할 것이 항상 존재한다.

11 The number (of children) (looking for the watch) / slowly decreased.

(시계를 찾는) (아이들의) 숫자가 / 천천히 줄어들었다.

➜ 시계를 찾는 아이들의 숫자가 천천히 줄어들었다.

12 On my seventh birthday, / my mom surprised me / with a puppy (waiting on a leash).

나의 일곱 번째 생일에 / 엄마는 나를 놀라게 했다 / (목줄을 매고 기다리고 있는) 강아지를 가지고.

➜ 나의 일곱 번째 생일에, 엄마는 목줄을 매고 기다리고 있는 강아지로 나를 놀라게 했다.

13 Throughout her life, / she created art (representing the voices of people) (suffering from social injustice).

그녀의 평생 동안 / 그녀는 (사회적 부당함으로 고통받는) (사람들의 목소리를 대변하는) 예술 작품을 창작했다.

➜ 평생 동안 그녀는 사회적 부당함으로 고통받는 사람들의 목소리를 대변하는 예술 작품을 창작했다.

14 Sleep clinicians (treating patients) (who can't sleep at night) / will often ask about room temperature.

(밤에 잠을 못 이루는) (환자들을 치료하는) 수면 임상의들은 / 흔히 방 온도에 관해 물어보게 마련이다.

➜ 밤에 잠을 못 이루는 환자들을 치료하는 수면 임상의들은 흔히 방 온도가 어떤지 물어보게 마련이다.

15 For a chance (to win science goodies), / just submit a selfie (of yourself) (enjoying science outside of school)!

(좋은 과학 용품을 받을) 기회를 얻으려면 / 그저 (학교 밖에서 과학을 즐기는) (여러분 자신의) 셀카 사진을 출품하세요!

➜ 좋은 과학 용품을 받을 기회를 얻으려면, 학교 밖에서 과학을 즐기는 셀카 사진을 출품하기만 하면 됩니다!

16 Labels (on food) / are like the table of contents (found in
   ⎿S⎺   V   S.C.
books).

(식품에 대한) 라벨은 / (책에서 발견되는) 목차와 같다.
→ 식품 라벨은 책에서 볼 수 있는 목차와 같다.

17 The natural world provides a rich source (of symbols)
   ⎿___S___⎺   V   ___O___
(used in art and literature).

자연계는 (예술과 문학에서 사용되는) (상징의) 풍부한 원천을 제공한다.
→ 자연계는 예술과 문학에서 사용되는 상징의 풍부한 원천을 제공한다.

18 A spacecraft would need to carry supplies (needed for
   ⎿___S___⎺   V   O
survival on the long journey).

우주선은 (긴 여정에서의 생존을 위해 요구되는) 물자들을 운반해야 할 것이다.
→ 우주선은 긴 여정에서 생존하는 데 필요한 물자들을 운반해야 할 것이다.

19 One (of the big questions) (faced this past year) / was how
   ⎿S⎺   V   S.C.
to keep innovation rolling / when people were working

entirely virtually.

(작년에 직면한) (가장 큰 질문 중의) 하나는 / 어떻게 혁신을 지속할 것인가 하는
것이었다 / 사람들이 완전히 가상으로 일할 때.
→ 작년에 직면한 가장 큰 질문 중 하나는 사람들이 완전히 가상 공간에서 일할
   때 어떻게 혁신을 지속할 것인가 하는 것이었다.

20 Originally, / the refrigerators (located next to the cash
                   ⎿___S___⎺
registers in the cafeteria) / were filled with only soda.
                              V

원래, / (구내식당 내의 금전등록기 옆에 위치한) 냉장고들은 / 탄산음료로만 채
워져 있었다.
→ 원래, 구내식당 내의 금전등록기 옆에 있는 냉장고들은 탄산음료로만 채워져
   있었다.

◀ **STEP 3** ▶ 기출 문제로 의미 **다시보기** ◀ ▪▪▪▪▪▪▪▪▪▪

01 ①   **02** ③   **03** ①

01 심경 변화

직독직해

Dave sat up on his surfboard / and looked around.

Dave는 그의 서핑보드 위에 앉았다 / 그리고 주변을 둘러보았다.

He was the last person (in the water) / that afternoon.

그는 (물에 있었던) 마지막 사람이었다 / 그날 오후.

Suddenly / something (out toward the horizon) / caught his
eye / and his heart froze.

갑자기 / (수평선 위로 나온) 무언가가 / 그의 눈을 사로잡았고 / 그의 심장은 얼어붙었다.

It was every surfer's worst nightmare / — the fin (of a shark).

그것은 모든 서퍼들의 최악의 악몽이었다 / 즉, (상어의) 지느러미.

And it was no more than 20 meters away!

그리고 그것은 고작 20미터 떨어져 있었다!

He turned his board toward the beach / and started kicking his
way to the shore.

그는 자기 보드를 해변 쪽으로 돌렸다 / 그리고 해안가 쪽으로 발차기를 시작했다.

Shivering, / he gripped his board tighter / and kicked harder.

떨면서 / 그는 자기 보드를 더 단단히 붙잡았다 / 그리고 더 세게 발차기를 했다.

'I'm going to be okay,' / he thought to himself.

'난 괜찮을 거야,' / 그는 마음속으로 생각했다.

'I need to let go of the fear.'

'난 공포를 떨쳐내야 해.'

Five minutes (of terror) (that felt like a lifetime) / passed /
before he was on dry land again.

(한평생처럼 느껴졌던) (공포의) 5분이 / 지나갔다 / 그가 육지에 다시 도착하기 전에.

Dave sat on the beach / and caught his breath.

Dave는 해변에 앉았다 / 그리고 숨을 골랐다.

His mind was at ease. // He was safe.

그의 마음은 편안해졌다. // 그는 안전했다.

He let out a contented sigh / as the sun started setting behind
the waves.

그는 만족스러운 한숨을 내쉬었다 / 태양이 파도 뒤로 지기 시작할 때.

전문해석

Dave는 서핑보드 위에 앉아 주변을 둘러 보았다. 그는 그날 오후 마지막으
로 물에 있었던 사람이었다. 갑자기 수평선 위로 무언가가 그의 눈을 사로잡
았고 그의 심장은 얼어붙었다. 그것은 모든 서퍼들에게 최악의 악몽인 상어
의 지느러미였다. 그리고 그것은 고작 20미터 떨어져 있었다! 그는 보드를
해변 쪽으로 돌려 해안가 쪽으로 발차기를 시작했다. 그는 떨면서 보드를 더
단단히 붙잡고 더 세게 발차기를 했다. '괜찮을 거야,' 그는 마음속으로 생각
했다. '공포를 떨쳐내야 해.' 한평생처럼 느껴졌던 공포의 5분이 지난 후, 그
는 다시 육지에 도착했다. Dave는 해변에 앉아 숨을 골랐다. 그의 마음은
편안해졌다. 그는 안전했다. 태양이 파도 뒤로 지기 시작할 때 그는 만족스
러운 한숨을 내쉬었다.

해설

서핑 도중 상어 지느러미를 발견한 Dave가 공포(fear, terror)에 떨
면서(Shivering) 해안가로 돌아와 안도의 한숨을 쉬었다(at ease, a
contented sigh)는 내용이다. 따라서 Dave의 심경 변화로 가장 적절한
것은 ① '겁에 질린 → 안도한'이다.
② 무관심한 → 자랑스러운
③ 놀란 → 겁에 질린
④ 희망에 찬 → 걱정하는
⑤ 수치스러운 → 고마운

구문풀이

And it was **no more than** 20 meters away!
→ no more than은 '고작, 단지 ~인'이라는 뜻이다.

02 주어진 문장 넣기

직독직해

Everyone automatically categorizes and generalizes all the

time. // Unconsciously.

모든 사람들은 항상 자동적으로 분류하고 일반화한다. // 무의식적으로.

It is not a question (of being prejudiced or enlightened).

그것은 (편견이 있다거나 계몽되는 것의) 문제가 아니다.

Categories are absolutely necessary / for us to function.

범주는 반드시 필요하다 / 우리가 기능하려면.

(①) They give structure to our thoughts.

그것들은 우리의 사고에 체계를 준다.

(②) Imagine if we saw every item and every scenario as truly unique / — we would not even have a language (to describe the world around us).

만일 우리가 모든 품목과 모든 있을 법한 상황을 정말로 유일무이한 것으로 여긴다고 상상해보라 / 우리는 (우리 주변의 세계를 설명할) 언어조차 갖지 못할 것이다.

But / the necessary and useful instinct (to generalize) / can distort our world view.

그러나 / 이 필요하고 유용한 (일반화하려는) 본능은 / 우리의 세계관을 왜곡할 수 있다.

(③) It can make us mistakenly group together / things, or people, or countries (that are actually very different).

그것은 우리가 하나로 잘못 묶게 만들 수 있다 / (실제로는 아주 다른) 사물들이나, 사람들, 혹은 나라들을.

(④) It can make us assume / everything or everyone (in one category) is similar.

이것은 우리가 가정하게 만들 수 있다 / (하나의 범주 안에 있는) 모든 사물이나 사람이 비슷하다고.

(⑤) And, maybe, most unfortunate of all, / it can make us jump to conclusions (about a whole category) / based on a few, or even just one, unusual example.

그리고 어쩌면 모든 것 중에서 가장 유감스럽게도 / 그것은 우리가 (전체 범주에 관한) 결론으로 성급히 가게 할 수 있다 / 몇 가지, 또는 심지어 고작 하나의 특이한 사례를 바탕으로.

전문해석

모든 사람들은 항상 자동적으로 분류하고 일반화한다. 무의식적으로 (그렇게 한다). 그것은 편견이 있다거나 계몽되는 것의 문제가 아니다. 범주는 우리가 (제대로) 기능하려면 반드시 필요하다. 그것들은 우리의 사고에 체계를 준다. 만일 우리가 모든 품목과 모든 있을 법한 상황을 정말로 유일무이한 것으로 여긴다고 상상해 보라. 그러면 우리는 우리 주변의 세계를 설명할 언어조차 갖지 못할 것이다. 그러나 이 필요하고 유용한 일반화 본능은 우리의 세계관을 왜곡할 수 있다. 그것은 우리가 실제로는 아주 다른 사물들이나, 사람들, 혹은 나라들을 하나로 잘못 묶게 만들 수 있다. 그것은 우리가 하나의 범주 안에 있는 모든 사물이나 사람이 비슷하다고 가정하게 할 수 있다. 그리고 어쩌면 모든 것 중에서 가장 유감스러운 것은, 이것 때문에 우리가 몇 가지, 또는 심지어 고작 하나의 특이한 사례를 바탕으로 전체 범주에 대해 성급하게 결론 내릴 수 있다는 점이다.

해설

③ 앞은 일반화가 우리 사고 체계에 도움이 된다는 내용인데, ③ 뒤는 우리가 일반화 때문에 대상을 '잘못' 분류하거나 '성급한' 결론에 이른다는 부정적인 내용이다. 즉 ③ 앞뒤로 글의 흐름이 갑자기 반전되는 것으로 보아, 역접의 연결어 But을 포함한 주어진 문장이 ③에 들어가야 한다.

구문풀이

Imagine (that) **if we saw** every item and every scenario as truly unique — **we would not even have** a language to describe the world around us.

→ Imagine의 목적어로 명사절 접속사 that이 이끄는 문장이 나왔다. that은 생략되었다.

→ that절은 'if+주어+과거시제 동사 ~, 주어+조동사 과거형+동사원형 …'의 형태의 가정법 과거 문장이다.

03 문단 요약

직독직해

Anne Thorndike, / a primary care physician (in Boston), / had a crazy idea.

Anne Thorndike는 / (Boston의) 1차 진료의인 / 아주 좋은 생각을 했다.

She believed / she could improve the eating habits (of thousands of hospital staff and visitors) / without changing their willpower or motivation in the slightest way.

그녀는 믿었다 / 그녀가 (수천 명의 병원 직원들과 방문객들의) 식습관을 개선할 수 있다고 / 그들의 의지력이나 동기를 아주 조금도 바꾸지 않고.

In fact, / she didn't plan on talking to them at all.

사실, / 그녀는 그들과 대화해볼 계획도 전혀 없었다.

Thorndike designed a study / to alter the "choice architecture" (of the hospital cafeteria).

Thorndike는 연구를 설계했다 / (병원 구내식당의) '선택 구조'를 바꾸기 위해서.

She started / by changing how drinks were arranged in the room.

그녀는 시작했다 / 공간 안에 음료가 놓여 있는 방식을 바꾸는 것으로.

Originally, / the refrigerators (located next to the cash registers in the cafeteria) / were filled with only soda.

원래 / (구내식당 내의 금전등록기 옆에 위치한) 냉장고들은 / 탄산음료로만 채워져 있었다.

She added water as an option to each one.

그녀는 각각에 선택 사항으로 물을 추가했다.

Additionally, / she placed baskets (of bottled water) / next to the food stations (throughout the room).

게다가, / 그녀는 (물병이 담긴) 바구니들을 놓았다 / (공간 곳곳에 있는) 음식을 두는 장소 옆에.

Soda was still in the primary refrigerators, / but water was now available at all drink locations.

탄산음료는 여전히 본래의 냉장고에 있었지만, / 이제 음료를 둔 모든 곳에서 물이 이용 가능했다.

Over the next three months, / the number (of soda sales) (at the hospital) / dropped by 11.4 percent.

다음 3개월 동안, / (병원에서의) (탄산음료 판매의) 수치는 / 11.4퍼센트만큼 떨어졌다.

Meanwhile, / sales (of bottled water) / increased by 25.8 percent.

반면에, / (물병의) 판매는 / 25.8퍼센트만큼 증가했다.

→ The study (performed by Thorndike) showed / that the (A) placement (of drinks) (at the hospital cafeteria) / influenced the choices (people made), / which (B) lowered the consumption (of soda).

→ (Thorndike에 의해 수행된) 연구는 보여주었다 / (병원 구내식당의) (음료의) 배치가 / (사람들이 내린) 선택에 영향을 주었다는 것을 / 그리고 이것은 (탄산음료의) 소비를 줄였다.

전문해석

Boston의 1차 진료의인 Anne Thorndike는 아주 좋은 생각을 했다. 그녀는 수천 명의 병원 직원들과 방문객들의 의지력이나 동기를 아주 조금도 바꾸지 않고 이들의 식습관을 개선할 수 있다고 믿었다. 사실, 그녀는 그들과 대화해볼 계획도 전혀 없었다. Thorndike는 병원 구내식당의 '선택 구조'를 바꾸기 위해 연구를 설계했다. 그녀는 공간 안에 음료가 놓여 있는 방식을 바꾸는 것으로 시작했다. 원래, 구내식당 내의 금전등록기 옆에 있는 냉장고들은 탄산음료로만 채워져 있었다. 그녀는 각각의 냉장고에 선택 사항으로 물을 추가했다. 게다가, 그녀는 공간 전체에 있는 음식을 두는 장소 옆에 물병이 담긴 바구니들을 놓았다. 탄산음료는 여전히 본래의 냉장고에 있었지만, 이제 음료를 둔 모든 곳에서 물을 이용할 수 있었다. 다음 3개월 동안, 병원의 탄산음료 판매 수치는 11.4퍼센트만큼 떨어졌다. 반면에, 물병 판매는 25.8퍼센트만큼 증가했다.

→ Thorndike에 의해 수행된 연구는 병원 구내식당의 음료 (A) 배치가 사람들의 선택에 영향을 주어, 탄산음료의 소비를 (B) 줄였다는 것을 보여주었다.

해설

마지막 두 문장의 결론에 따르면, 구내식당 곳곳에 물병을 배치해 물을 쉽게 살 수 있게 만들었을 때 탄산음료의 소비가 줄어들었다고 한다. 따라서 요약문의 빈칸 (A), (B)에 들어갈 말로 가장 적절한 것은 ① '배치 – 줄였다'이다.
② 배치 – 증가시켰다
③ 가격 – 줄였다
④ 가격 – 증가시켰다
⑤ 맛 – 유지시켰다

구문풀이

She believed (that) she could improve the eating habits of tousands of hospital staff and visitors **without changing** their willpower or motivation in the slightest way.

→ believed의 목적어로 명사절 접속사 that이 이끄는 명사절이 나왔다. that은 생략되었다.

→ 'without+동명사(~하지 않은 채로)' 구문이다.

DAILY REVIEW

ⓐ 어휘 TEST

harsh	가혹한	lose one's temper	화를 내다
humanize	인간답게 만들다	virtually	가상으로
thoughtfulness	사려 깊음	nightmare	악몽
considerable	상당한	shiver	떨다
strength	강점, 힘	terror	공포
instinct	본능	enlightened	계몽된
medium	수단, 매체	mistakenly	잘못, 실수로

proportion	비율	willpower	의지력
quarrel	싸우다	arrange	배치하다
toad	두꺼비	boost	강화하다

ⓑ 단어 배열

01 Everyone around him was moved

02 to adapt to different environments

03 waiting on a leash

04 supplies needed for survival

ⓒ 빈칸 완성

01 The search for the right song

02 to avoid something that will lead to success

03 children looking for the watch

04 used in art and literature

ⓑ 단어 배열

01 주어인 '모든 사람들'이 '그의 주변의'라는 전치사구의 수식을 받으므로, Everyone around him으로 문장을 시작한다. '감동받았다'는 was moved의 해석이다.

02 ability는 to부정사구의 수식을 받는 명사이므로 to adapt to different environments가 정답이다.

03 a puppy가 '기다리는' 주체이므로 waiting을 먼저 써준다. '목줄에 매인'은 on a leash이다.

04 '물자들'에 해당하는 명사 supplies를 먼저 써준 뒤, '~을 위해 요구되는'이라는 의미의 과거분사구 needed for survival을 연결한다.

ⓒ 빈칸 완성

01 '~의 검색'은 the search for의 해석이므로, 정답은 The search for the right song이다.

02 need(필요, 욕구)는 to부정사구의 수식을 받는 명사이므로, avoid를 to avoid로 변형한다. 이어서 '무언가'에 해당하는 선행사 something을 써주고, 관계대명사 that, 동사구 will lead to success를 연결해 완성한다. '이어질'이 미래시제이므로 will을 추가한다는 점에 유의한다.

03 '아이들의' 숫자이므로 우선 children을 써준 뒤, '시계를 찾는'에 해당하는 현재분사구 looking for the watch를 이어 쓴다.

04 '사용되는'은 과거분사 used의 해석이다. '~에서'에 해당하는 전치사는 in이므로 나머지 빈칸에 in art and literature를 써준다.

◆ STEP 1 ▶ 직독직해로 연습하는 해석 공식 ◀·······

01 The man (who brought those grapes to him) / was very
pleased and left.

(그 포도를 그에게 가져다준) 남자는 / 매우 기뻐하고 떠났다.

→ 그 포도를 그에게 가져다준 남자는 매우 기뻐하며 떠났다.

02 Personal blind spots / are areas (that are visible to others
but not to you).

개인의 맹점은 / (다른 사람들에게는 보이지만 당신에게는 보이지 않는) 부분이다.

→ 개인의 맹점은 다른 사람들에게는 보이지만 당신에게는 보이지 않는 부분이다.

03 A problem has recently occurred (that needs your
attention).

(여러분의 주의를 필요로 하는) 문제가 최근 발생했습니다.

→ 여러분의 주의가 필요한 문제가 최근 발생했습니다.

04 Suppose / you see a friend (who is on a diet / and has
been losing a lot of weight).

가정해보라 / 여러분이 (다이어트 중이며 / 살을 많이 뺀) 친구를 만난다고.

→ 여러분이 다이어트 중이고 살을 많이 뺀 친구를 만난다고 가정해보라.

05 The invention (of the mechanical clock) / was influenced
/ by monks (who lived in monasteries) (that were the
examples of order and routine).

(기계식 시계의) 발명은 / 영향을 받았다 / (질서와 규칙적인 일상의 본보기였던)
(수도원에 살던) 승려들에 의해.

→ 기계식 시계의 발명은 질서와 규칙적인 일상의 본보기였던 수도원의 승려들
에 의해 영향을 받았다.

06 The images (you see in head) / are images (of you
dropping the ball)!

(당신이 머릿속에서 보는) 이미지는 / (당신이 공을 떨어뜨리는) 이미지이다!

→ 당신이 머릿속에서 보는 이미지는 당신이 공을 떨어뜨리는 이미지이다!

07 Many of the leaders (I know in the media industry) / are
intelligent, capable, and honest.

(내가 미디어 업계에서 아는) 많은 지도자들은 / 지적이고, 유능하고, 정직하다.

→ 내가 미디어 업계에서 아는 많은 지도자들은 지적이고, 유능하고, 정직하다.

08 People seek job advancement / even when they are happy
/ with the jobs (they already have).

사람들은 경력개발을 추구한다 / 심지어 그들이 만족할 때조차도 / (그들이 이미
가진) 직업에.

→ 사람들은 심지어 이미 가지고 있는 직업에 만족할 때조차도 경력개발을 추구
한다.

09 Outsiders have the perspective (to see problems) (that the
insiders are too close to really notice).

외부자들은 (내부자가 너무 가깝기에 진정 알아차리지 못하는) (문제들을 볼 수
있는) 관점을 지니고 있다.

→ 외부자들은 내부자가 너무 가깝기에 진정 알아차릴 수 없는 문제들을 볼 수
있는 관점을 지니고 있다.

10 If the person (they see accepting the new idea) / happens
to be a friend, / then social proof has even more power /
by exerting peer pressure.

만약 (그들이 새로운 아이디어를 받아들이고 있다고 보는) 그 사람이 / 우연히도
친구라면, / 그러면 사회적 증거는 훨씬 더 큰 힘을 갖는다 / 또래 압력을 행사함
으로써.

→ 만약 그들이 새로운 아이디어를 받아들이고 있다고 보는 그 사람이 우연히도
친구라면, 사회적 증거는 (그들에게) 또래 압력을 행사함으로써 훨씬 더 큰
힘을 갖는다.

11 So / a patient (whose heart has stopped) / can no longer be
regarded as dead.

그래서 / (그의 심장이 멎은) 환자는 / 더 이상 죽었다고 여겨질 수 없다.

→ 그래서 심장이 멎은 환자는 더 이상 죽었다고 여겨질 수 없다.

12 A book editor is a person (whose job is to prepare
manuscripts for publication).

책 편집자는 (그의 일이 출판을 위해 원고를 준비하는 것인) 사람이다.

→ 책 편집자는 출판용 원고를 준비하는 것이 일인 사람이다.

13 Children (whose parents have high expectations of them)
/ tend to strive to reach them.

(그들의 부모가 그들에 대한 높은 기대를 갖고 있는) 아이들은 / 그것에 미치려고
애쓰는 경향이 있다.

→ 부모가 높은 기대를 갖고 있는 아이들은 그 기대에 미치려고 애쓰는 경향이
있다.

14 A child (whose behavior is out of control) / improves /
when clear limits (on their behavior) are set and enforced.

(그의 행동이 통제되지 않는) 아이는 / 개선된다 / (그의 행동에 대한) 분명한 제
한이 설정되고 시행될 때.

→ 행동이 통제되지 않는 아이는 행동에 대한 분명한 제한이 설정되고 시행될
때 개선된다.

15 The researchers took a bunch of five-month-olds (whose
families only spoke English) / and showed the babies two
videos.

연구자들은 (그들의 가족들이 영어만 구사하는) 한 무리의 5개월 된 아이들을 골
랐다 / 그리고 그 아기들에게 두 개의 영상을 보여주었다.

→ 연구자들은 가족들이 영어만 구사하는 5개월 된 아이들 한 무리를 골라 두
개의 영상을 보여주었다.

16 We cannot predict the outcomes (of sporting contests),
which vary from week to week.

우리는 (스포츠 경기의) 결과를 예측할 수 없다 / 그리고 이것은 매주 달라진다.

→ 우리는 스포츠 경기의 결과를 예측할 수 없는데, 이것은 매주 달라진다.

17 When bacteria make us sick, / we need to see a doctor, / who may prescribe medicines / to control the infection.
<u>S</u> <u>V</u> <u>O</u>

박테리아가 우리를 아프게 하면 / 우리는 의사에게 진찰을 받아야 한다 / 그리고 그는 아마 약을 처방해줄 것이다 / 감염을 다스리기 위해.

➡ 우리는 박테리아 때문에 아프면 의사에게 진찰을 받아야 하는데, 그는 아마 감염을 다스리기 위해 약을 처방해줄 것이다.

18 Language began in earnest / only with the first conversation, / which is both the source and the goal (of language).

언어는 본격적으로 시작되었다 / 오로지 최초의 대화와 함께 / 그리고 이것은 (언어의) 근원이자 목적이다.

➡ 언어는 최초의 대화와 함께 비로소 본격적으로 시작되었는데, 이는 언어의 근원이자 목적이다.

19 Your company took a similar course last year, / which included a lecture (by an Australian lady) (whom you all found inspiring).

당신의 회사는 작년에 비슷한 강좌를 들었습니다 / 그리고 그것은 (여러분 모두가 고무적이라고 생각한) (호주 여성분에 의한) 강의를 포함했습니다.

➡ 귀사에서 작년에 비슷한 강좌를 들으셨는데, 거기에는 귀사의 모든 분들이 고무적이라고 생각한 호주 여성분의 강의가 포함되어 있었습니다.

20 When herbs increase your blood circulation, / you may feel temporarily high, / which makes it seem / as if your health condition has improved.

허브가 혈액 순환을 증가시킬 때 / 여러분은 일시적으로 기분 좋게 느낄 수 있다 / 그리고 이것은 보이게 한다 / 마치 여러분의 건강 상태가 좋아진 것처럼.

➡ 허브가 혈액 순환을 증가시킬 때, 여러분은 일시적으로 기분이 좋을 수 있는데, 이것이 여러분의 건강 상태가 나아진 것처럼 보이게 한다.

◀ **STEP 3** ▶ 기출 문제로 의미 다시보기 ◀ ●●●●●●●●●

01 ⑤   **02** ④   **03** ②

01 글의 요지

직독직해

Personal blind spots / are areas (that are visible to others but not to you).

개인의 맹점은 / (다른 사람들에게는 보이지만 당신에게는 보이지 않는) 부분이다.

The developmental challenge (of blind spots) / is / that you don't know what you don't know.

(맹점의) 발달상의 어려움은 / ~이다 / 당신이 무엇을 모르는지 모른다는 것.

Like that area (in the side mirror of your car) (where you can't see that truck in the lane next to you), / personal blind spots can easily be overlooked / because you are completely unaware of their presence.

(당신이 당신 옆 차선의 트럭을 볼 수 없는) (당신 차의 사이드미러 안의) 그 부분처럼, / 개인의 맹점은 쉽게 간과될 수 있다 / 당신이 그것의 존재를 아예 모르기 때문에.

They can be equally dangerous as well.

그것들은 마찬가지로 똑같이 위험할 수 있다.

That truck (you don't see)? // It's really there!

(당신이 보지 못하는) 그 트럭? // 그것은 정말 존재한다!

So are your blind spots.

당신의 맹점도 그러하다.

Just because you don't see them, / doesn't mean / they can't run you over.

당신이 그것을 볼 수 없다고 해서 / 뜻하지는 않는다 / 그것이 당신을 치지 못한다는 것을.

This is / where you need to enlist the help (of others).

이것이 ~이다 / 당신이 (다른 사람의) 도움을 구해야 할 곳.

You have to develop a crew (of special people), / people (who are willing to hold up that mirror), (who not only know you well enough to see that truck), but (who also care enough about you to let you know that it's there).

당신은 (특별한 사람들의) 무리를 만들어 나가야 한다 / (기꺼이 그 거울을 들고 있을), (그 트럭을 볼 수 있을 정도로 당신을 충분히 잘 알 뿐 아니라), 하지만 (또한 그것이 거기 있다고 당신에게 알려줄 만큼 당신을 충분히 아끼는) 사람들.

▶ 전문**해석**

개인의 맹점은 다른 사람들에게는 보이지만 당신에게는 보이지 않는 부분이다. 맹점이 지닌 발달상의 어려움은 당신이 무엇을 모르는지 모른다는 것이다. 옆 차선의 트럭을 볼 수 없는 당신 차의 사이드미러 속 부분처럼, 개인의 맹점은 당신이 그것의 존재를 아예 모르기 때문에 쉽게 간과될 수 있다. 그것들은 마찬가지로 똑같이 위험할 수 있다. 당신이 보지 못하는 그 트럭? 그것은 정말로 존재한다! 당신의 맹점도 그러하다. 당신이 그것을 볼 수 없다고 해서 그것이 당신을 치지 못한다는 의미는 아니다. 이 점이 당신이 다른 사람의 도움을 구해야 할 부분이다. 당신은 특별한 동료 무리, 즉 기꺼이 그 거울을 들고 있으면서, 그 트럭(맹점)을 볼 수 있을 정도로 당신을 충분히 잘 알 뿐 아니라, 또한 트럭이 거기 있다고 알려줄 만큼 충분히 당신을 아끼는 사람들을 만들어 나가야 한다.

▶ **해설**

'So are your blind spots.' 앞에서 개인의 맹점이란 옆 차선의 트럭을 볼 수 없는 자동차 사이드미러 속 한 부분과 같다는 비유를 제시한다. 이어서 'So are your blind spots.' 뒤에서는 맹점이 보이지 않는다고 해서 존재하지 않는 것이 아니기에, 이것이 보인다고 알려줄 수 있는 가까운 사람들을 곁에 두어야 한다고 조언한다. 따라서 글의 요지로 가장 적절한 것은 ⑤ '자신의 맹점을 인지하도록 도와줄 수 있는 사람이 필요하다.'이다.

▶ **구문풀이**

Just because you don't see them, doesn't mean they can't run you over.

➡ just because(단지 ~한다는 이유로)는 원래 부사절을 이끌지만, 여기서는 doesn't mean의 주어처럼 쓰였다.

02 주어진 문장 넣기

직독직해

Traditionally, / people were declared dead / when their hearts stopped beating, / their blood stopped circulating / and they stopped breathing.

전통적으로 / 사람들은 사망한 것으로 선고되었다 / 그들의 심장이 뛰기를 멈추고 / 그들의 혈액이 순환하기를 멈추고 / 그들이 숨쉬기를 멈췄을 때.

(①) So / doctors would listen for a heartbeat, / or occasionally conduct the famous mirror test / to see if there were any signs (of moisture) (from the potential deceased's breath).

그래서 / 의사들은 심장 박동을 듣곤 했다 / 혹은 간혹 그 유명한 거울 검사를 실시했다 / (잠정적 사망자의 호흡으로부터 나오는) (습기의) 흔적이 있는지를 보기 위해.

(②) It is commonly known / that when people's hearts stop / and they breathe their last, / they are dead.

흔히 알려져 있다 / 사람들의 심장이 멈추거나 / 그들이 마지막으로 호흡할 때 / 그들은 죽은 것이라고.

(③) But in the last half-century, / doctors have proved time and time again / that they can revive many patients (whose hearts have stopped beating) / by various techniques (such as cardiopulmonary resuscitation).

하지만 지난 반세기 동안 / 의사들은 거듭 입증했다 / 그들이 (심장이 멎은) 많은 환자들을 소생시킬 수 있다는 것을 / (심폐소생술과 같은) 여러 기술들로.

So / a patient (whose heart has stopped) / can no longer be regarded as dead.

그래서 / (그의 심장이 멎은) 환자는 / 더 이상 죽었다고 간주될 수 없다.

(④) Instead, / the patient is said / to be 'clinically dead'.

대신에 / 그 환자는 일컬어진다 / '임상적으로 사망했다'고.

(⑤) Someone (who is only clinically dead) / can often be brought back to life.

(오로지 임상적으로 사망한) 사람은 / 종종 소생될 수 있다.

전통적으로 사람들은 심장이 뛰기를 멈추고, 혈액 순환이 그치고, 숨이 멎었을 때 사망한 것으로 선고되었다. 그래서 의사들은 심장 박동을 듣거나, 간혹 그 유명한 거울 검사를 실시해 잠정적 사망자의 호흡으로부터 나오는 습기의 흔적이 있는지를 알아보곤 했다. 사람들의 심장이 멈추거나 이들이 마지막으로 호흡할 때 흔히 그들은 죽은 것이라고 알려져 있다. 하지만 지난 반세기 동안 의사들은 심폐소생술과 같은 여러 기술들로 심장이 멎은 많은 환자들을 소생시킬 수 있다는 것을 거듭 입증했다. 그래서 심장이 멎은 환자는 더 이상 사망한 것으로 간주될 수 없다. 대신에 그 환자는 '임상적으로 사망했다'고 일컬어진다. 임상적으로 사망했을 뿐인 사람은 종종 소생될 수 있다.

해설

③ 앞에서 심정지 및 호흡 정지가 전통적인 사망 기준이었다고 설명하다가, ④ 앞의 문장에서 But으로 흐름을 반전시키며 심정지가 온 환자도 소생 가능하다는 것이 입증되었다고 한다. 주어진 문장은 바로 이 '심정지 환자가 소생 가능하다'는 내용과 So로 연결되어, '그래서' 심정지 환자가 더 이상 죽은 것으로 간주될 수 없다는 결론을 제시한다. 이어서 ④ 뒤의 문장은 심정지 환자가 최종적인 사망 대신에 단지 '임상적 사망'으로 판정받는다는 보충 설명을 이어 간다. 따라서 주어진 문장이 들어가기에 가장 적절한 곳은 ④이다.

구문풀이

But in the last half-century, doctors have proved time and time again that they can revive many patients **whose** hearts have stopped beating by various techniques such as cardiopulmonary resuscitation.

→ whose는 선행사 many patients의 소유격을 나타내는 관계대명사이다.

03 글의 목적

직독직해

Dear Tony,

Tony 씨께

I'm writing to ask / if you could possibly do me a favour.

저는 여쭤보려고 편지를 씁니다 / 당신이 어쩌면 제 부탁을 들어주실 수 있는지.

For this year's workshop, / we would really like to take all our staff on a trip (to Bridgend) / to learn more about new leadership skills (in the industry).

올해의 연수를 위해 / 저희는 저희 모든 직원을 (Bridgend로의) 여행에 정말로 데려가고자 합니다 / (업계의) 새로운 리더십 기술을 더 많이 배우기 위해.

I remember / that your company took a similar course last year, / which included a lecture (by an Australian lady) (whom you all found inspiring).

저는 기억합니다 / 귀사에서 작년에 비슷한 연수 과정을 했고 / 그것은 (여러분 모두가 고무적이라고 생각한) (호주 여성분에 의한) 강연을 포함했다는 것을.

Are you still in contact with her?

당신은 아직도 그분과 연락하고 계십니까?

If so, / do you think / that you could possibly let me have a number (for her), or an email address?

그러시다면 / 당신은 생각하시나요 / 당신이 제가 (그분의) 전화번호나, 이메일 주소를 알게 해줄 수 있다고?

I would really appreciate your assistance.

당신의 도움에 정말 감사드릴 것입니다.

Kind regards, // Luke Schreider

Luke Schreider 올림

Tony 씨께

제 부탁을 들어주실 수 있는지 여쭤보려고 편지를 씁니다. 올해 연수로 저희는 업계의 새로운 리더십 기술을 더 많이 배우기 위해 모든 직원을 데리고 Bridgend로 꼭 가고자 합니다. 귀사에서 작년에 비슷한 연수 과정을 하셨고, 거기에는 귀사의 모든 분들이 고무적이라고 생각한 호주 여성분의 강연이 포함됐던 것으로 기억합니다. 아직도 그분과 연락하고 계십니까? 그러시다면, 그분의 전화번호 또는 이메일 주소를 알려주실 수 있으십니까? 귀하께서 도와주신다면 정말 감사하겠습니다.

Luke Schreider 올림

해설

첫 문장에서 '부탁'을 하려 한다고 언급하는데, 'I remember ~' 뒤를 읽어보면 강사의 연락처를 알려달라는 것이 그 부탁임을 알 수 있다. 따라서 글의 목적으로 가장 적절한 것은 ② '연수 강사의 연락처를 문의하려고'이다.

prepare manuscripts와 같이 연결한다.

04 선행사 the outcomes를 보충 설명하는 계속적 용법의 관계대명사절을 채워넣는 문제이다. 선행사가 사물이므로 which를 먼저 쓰고, 동사 vary, 부사구 from week to week를 연결해준다.

◆ 빈칸 완성

01 선행사 The man이 '포도를 가져다준' 주체이므로, 주격 관계대명사 who[that]를 활용한다. 문장의 시제가 과거이므로 who[that] 뒤의 동사는 과거형인 brought으로 바꾸고, 목적어 those grapes, 전치사구 to him을 연결해 완성한다.

02 선행사인 the jobs가 '그들이 이미 가진(they already have)' 대상이므로 목적격 관계대명사를 활용해야 하는데, the jobs와 they already have 사이에 which[that]를 넣으면 6단어가 된다. 따라서 관계대명사는 생략한 채 the jobs they already have를 답으로 쓴다.

03 선행사인 Children의 부모에 관해 설명하는 소유격 관계대명사절을 영작하는 문제이다. 따라서 whose parents를 먼저 써주고, 동사 have, 목적어 high expectations of them을 차례로 써준다.

04 선행사 the first conversation을 보충 설명하는 계속적 용법의 관계대명사절을 영작하는 문제이다. 선행사가 사물이므로 which부터 써주고, 동사인 is를 써준 뒤, 'A이자 B인'은 both A and B 구문을 활용하여 both the source and the goal이라고 영작한다.

구문풀이

For this year's workshop, we would really like to take all our staff on a trip to Bridgend **to learn** more about new leadership skills in the industry.

→ '~하기 위해'라는 목적의 의미를 나타내기 위해 to부정사를 썼다.

◆ DAILY REVIEW

◆ 어휘 TEST

fire	점화하다	enforce	시행하다
blind spot	맹점	feed on	~을 먹고 살다
lose weight	살을 빼다	vary	달라지다
mechanical	기계의	prescribe	처방하다
endlessly	끝없이	in earnest	본격적으로
daydream	공상하다	run over	(차로) 치다
perspective	관점	enlist	(협조를) 요청하다
be regarded as	~라고 간주되다	clinically	임상적으로
manuscript	원고	in contact with	~와 연락하는
strive to	~하려고 애쓰다	appreciate	감사하다

◆ 단어 배열

01 that needs your attention

02 you see in your head

03 whose job is to prepare manuscripts

04 which vary from week to week

◆ 빈칸 완성

01 who[that] brought those grapes to him

02 the jobs they already have

03 whose parents have high expectations of them

04 which is both the source and the goal

◆ 단어 배열

01 동사 뒤에서 주어를 꾸미는 형용사절을 채우는 문제이다. 먼저 관계대명사 that을 써준 후, '주의를 필요로 하는'에 해당하는 needs your attention을 이어 써준다.

02 '당신이 보는' 대상이 선행사인 The images인 것으로 보아 목적격 관계대명사절을 채우는 문제이다. 이때 관계대명사가 주어지지 않았으므로, 선행사 뒤에 바로 '주어+동사 ~'를 연결해주면 된다. 따라서 you see in your head가 정답이다.

03 소유격 관계대명사 whose를 활용하는 문제이다. whose는 선행사 a person의 소유격을 나타내는 말로, 뒤에 이어지는 job을 수식한다. 이어서 관계대명사절의 동사 is를 써주고, is의 보어인 명사구를 to

STEP 1 직독직해로 연습하는 해석 공식

01 Maria Sutton was a social worker / in a place (where the average income was very low).
S V S.C.

Maria Sutton은 사회복지사였다 / (평균 소득이 매우 낮은) 지역에서.

→ Maria Sutton은 평균 소득이 매우 낮은 지역의 사회복지사였다.

02 There are / parts (of the world) (where, unfortunately, food is still scarce).
V S

있다 / (불행하게도 음식이 여전히 부족한) (세계의) 일부 지역들이.

→ 불행하게도 음식이 여전히 부족한 세계의 일부 지역들이 있다.

03 Many people view sleep / as merely a "down time" (when their brain shuts off).
S V O

많은 사람이 수면을 본다 / 그저 (그들의 뇌가 멈추는) '비가동 시간'으로서.

→ 많은 사람이 수면을 그저 뇌가 멈추는 '비가동 시간'으로 본다.

04 The Barnum Effect / is the phenomenon (where someone reads or hears something very general / but believes that it applies to them).
S V S.C.

바넘 효과는 / (누군가가 매우 일반적인 무언가를 읽거나 듣는 / 하지만 그것이 자신에게 적용된다고 믿는) 현상이다.

→ 바넘 효과는 누군가가 매우 일반적인 것을 읽거나 듣고 그것이 자신에게 적용된다고 믿는 현상이다.

05 There comes / a time (when it's wiser / to stop fighting for your view / and move on to accepting / what a trustworthy group of people think is best).
V S

온다 / (더 현명한 / 당신의 생각을 위해 싸우기를 중단하는 것이 / 그리고 받아들이는 쪽으로 나아가는 것이 / 신뢰할 만한 사람들 무리가 최선이라고 생각하는 것을) 때가.

→ 자기 생각을 위해 싸우는 것을 중단하고, 신뢰할 만한 사람들 무리가 최선이라고 생각하는 것을 받아들이는 쪽으로 나아가는 것이 더 현명한 때가 온다.

06 Relationships and the way (you treat others) / determine your real success.
S1 S2 V
O

관계와 (당신이 다른 사람들을 대하는) 방식이 / 당신의 진정한 성공을 결정한다.

→ 관계와 당신이 다른 사람들을 대하는 방식이 당신의 진정한 성공을 결정한다.

07 There is / a purely logical reason (why science will never be able to explain everything).
V S

있다 / (과학이 결코 모든 것을 설명할 수는 없을) 순전히 논리적인 이유가.

→ 과학이 결코 모든 것을 설명할 수는 없게 되는 순전히 논리적인 이유가 있다.

08 This blood is the reason (why the eyes look red in the photograph).
S V S.C.

이 피는 (눈이 사진 속에서 빨갛게 보이는) 이유이다.

→ 이 피는 눈이 사진 속에서 빨갛게 보이는 이유이다.

09 One reason (we've failed to act on climate change) / is the common belief / that it is far away in time and space.
S V
S.C.

(우리가 기후 변화에 대처하지 못한) 한 가지 이유는 / 통념이다 / 그것이 시공간적으로 멀리 떨어져 있다는.

→ 우리가 기후 변화에 대처하지 못한 한 가지 이유는 그것이 시공간적으로 멀리 떨어져 있다는 통념 때문이다.

10 The word 'welfare' has negative connotations, / perhaps because of the way (many politicians and newspapers portray it).
S V O

'복지'라는 단어는 부정적인 함축된 의미를 가지고 있다 / 어쩌면 (많은 정치인들과 신문들이 그것을 묘사하는) 방식 때문에.

→ '복지'라는 단어는 어쩌면 많은 정치인들과 신문들이 그 단어를 묘사하는 방식 때문에 부정적인 함의를 가지고 있다.

11 World War II began in Europe / on September 1, 1939, / when Germany invaded Poland.
S V

제2차 세계대전은 유럽에서 시작됐다 / 1939년 9월 1일에 / 그리고 그때 독일은 폴란드를 침공했다.

→ 제2차 세계대전은 1939년 9월 1일 유럽에서 시작됐는데, 이날 독일은 폴란드를 침공했다.

12 Seven years later, / he moved to Duke University, / where he developed a psychology department.
S V

7년 뒤 / 그는 듀크대학교로 옮겨 갔다 / 그리고 그곳에서 그는 심리학과를 발전시켰다.

→ 7년 뒤 그는 듀크대학교로 옮겨 가 그곳에서 심리학과를 발전시켰다.

13 He developed his passion (for photography) in his teens, / when he became a staff photographer (for his high school paper).
S V O

그는 십 대 시절에 (사진에 대한) 그의 열정을 키웠다 / 그리고 그때 그는 (그의 고등학교 신문을 위한) 사진 기자가 되었다.

→ 그는 십 대 시절에 사진에 대한 열정을 키웠는데, 이때 그는 그가 다닌 고교 신문의 사진 기자가 되었다.

14 At the age (of 23), / Coleman moved to Chicago, / where she worked at a restaurant / to save money for flying lessons.
S V

(23세의) 나이에 / Coleman은 시카고로 이사했다 / 그리고 그곳에서 그녀는 식당에서 일했다 / 비행 수업을 위해 돈을 모으려고.

→ 23살 때 Coleman은 시카고로 이사했고, 그곳에서 그녀는 비행 수업을 들을 돈을 모으려고 식당에서 일했다.

15 We set up a so-called "filter-bubble" around ourselves, / where we are constantly exposed / only to that material (that we agree with).
S V O

우리는 자기 자신의 주변에 소위 '필터 버블'을 설치한다 / 그리고 그곳에서 우리는 끊임없이 노출된다 / (우리가 동의하는) 그런 자료에만.

→ 우리는 자기 자신의 주변에 소위 '필터 버블'을 설치하는데, 여기서 우리는 우리가 동의하는 자료에만 끊임없이 노출된다.

16 <u>Let's return</u> / to a time (in which photographs were not in living color).

돌아가 보자 / (사진이 생생한 색이 아닌) 시기로.

➡ 사진이 생생한 색이 아니던 시기로 돌아가 보자.

17 <u>Play</u> <u>is a way</u> (in which children learn / about the world
S   V   S.C.
and their place in it).

놀이는 (아이들이 배우는 / 세상과 그 안에서의 자기 위치에 대해) 하나의 방식이다.

➡ 놀이는 아이들이 세상과 그 안에서의 자기 위치를 배우는 하나의 방식이다.

18 To get your new toaster, / simply <u>take</u> <u>your receipt and the</u>
V   O1
<u>faulty toaster</u> / to the dealer (from whom you bought it).
O2

새 토스터를 받으시려면, / 그저 귀하의 영수증과 고장 난 토스터를 가져가시면 됩니다 / (귀하가 그것을 구매했던) 판매인에게.

➡ 새 토스터를 받으시려면, 귀하가 토스터를 구매했던 판매인에게 영수증과 고장 난 토스터를 가져가시기만 하면 됩니다.

19 <u>Friction</u> always <u>works</u> / in the direction (opposite to the
S   V
direction) (in which the object is moving, or trying to move).

마찰은 항상 작용한다 / (물체가 움직이거나 움직이려고 하는) (방향과 반대인) 방향으로.

➡ 마찰은 항상 물체가 움직이거나 움직이려고 하는 방향과 반대쪽으로 작용한다.

20 In his town, / there <u>was</u> / <u>a tradition</u> (in which the leader
V   S
of the town chose a day) (when James demonstrated his skills).

그의 마을에는 / 있었다 / (James가 자신의 기술을 보여주는) (날을 마을 지도자가 정하는) 전통이.

➡ 그의 마을에는 마을의 지도자가 하루를 정해 James가 자신의 기술을 보여주는 전통이 있었다.

◀ **STEP 3** ▶ 기출 문제로 의미 다시보기 ◀·············

01 ④   **02** ②   **03** ③

01 무관한 문장 찾기

▶ **직독직해**

The Barnum Effect / is the phenomenon (where someone reads or hears something very general / but believes that it applies to them).

바넘 효과는 / (누군가가 매우 일반적인 무언가를 읽거나 듣는 / 하지만 그것이 자신에게 적용된다고 믿는) 현상이다.

① These statements / appear to be very personal on the surface / but in fact, / they are true for many.

이러한 진술들은 / 표면적으로는 매우 개인적인 것 같지만 / 실제로는 / 그것은 많은 사람에게 적용된다.

② Human psychology allows / us to want to believe things (that we can identify with on a personal level) / and even seek information / where it doesn't necessarily exist, / filling in the blanks with our imagination for the rest.

인간 심리는 ~하게 한다 / (우리가 개인적 차원에서 동일시할 수 있는) 것을 우리가 믿고 싶어 하게 / 그리고 정보를 찾고 싶어 하게 / 그것이 반드시 존재하지는 않는 경우에도 / 나머지에 대해서는 우리의 상상으로 공백을 채우면서.

③ This is the principle (that horoscopes rely on), / offering data (that appears to be personal / but probably makes sense to countless people).

이것은 (별자리 운세가 의존하는) 원리로, / (개인적인 것처럼 보이지만 / 아마 수많은 사람에게 들어맞을) 정보를 제공한다.

④ Reading daily horoscopes in the morning / is beneficial / as they provide predictions (about the rest of the day).

아침에 매일 별자리 운세를 읽는 것은 / 유익하다 / 그것들이 (남은 하루에 대한) 예측을 제공하기 때문에.

⑤ Since the people (reading them) / want to believe the information so badly, / they will search for meaning / in their lives (that make it true).

(그것들을 읽는) 사람들은 / 그 정보를 너무나도 믿고 싶어 하기 때문에 / 그들은 의미를 찾을 것이다 / (그것을 사실로 만드는) 삶에서.

▶ **전문해석**

바넘 효과는 누군가가 매우 일반적인 것을 읽거나 들으면서 그것이 자신에게 적용된다고 믿는 현상이다. 이러한 진술들은 표면적으로는 매우 개인적인 것 같지만 실제로는 많은 사람에게 적용된다. 인간 심리는 우리가 개인적 차원에서 동일시할 수 있는 것을 믿고, 나머지에 대해서는 우리의 상상으로 공백을 채우면서 그 정보가 반드시 존재하지는 않는 경우에도 심지어 그것을 찾고 싶어 하게 한다. 이것은 별자리 운세가 의존하는 원리로, 이 운세는 개인적인 것처럼 보여도 아마 수많은 사람들에게 들어맞을 정보를 제공한다. (아침에 매일 별자리 운세를 읽는 것은 그것들이 남은 하루에 대한 예측을 제공하기 때문에 유익하다.) 그것(운세)을 읽는 사람들은 그 정보를 너무나도 믿고 싶어 하기에, 그들은 그것을 사실로 만드는(운세가 들어맞는) 삶에서 의미를 찾을 것이다.

▶ **해설**

바넘 효과의 정의를 소개한 첫 문장 이후로, ①은 정의를 보충 설명하고, ②는 이것이 어떤 원리로 작용하는 것인지 설명한다. ③과 ⑤는 이 원리를 확인할 수 있는 예시로 별자리 운세를 언급한다. 하지만 ④는 '바넘 효과'에 관한 언급 없이 '별자리 운세'의 유용성에 관해서만 언급하여 흐름상 어색하다. 따라서 전체 흐름과 관계없는 문장은 ④이다.

▶ **구문풀이**

Human psychology allows us to want to believe things that we can identify with on a personal level and even seek information **where** it doesn't necessarily exist, filling in the blanks with our imagination for the rest.

➡ 여기서 where는 부사절 접속사(~한 경우에, ~한 곳에)로 쓰였다.

02 필자의 주장

In the rush (towards individual achievement and recognition), / the majority of those (who make it) / forget their humble beginnings.

(개인의 성취와 인정을 향한) 질주 속에서, / (성공한) 사람들 대다수는 / 그들의 변변치 않은 시작을 잊는다.

They often forget those (who helped them on their way up).

그들은 종종 (그들이 올라가는 과정에서 그들을 도와준) 사람들을 잊는다.

If you forget where you came from, / if you neglect those (who were there for you / when things were tough and slow), / then your success is valueless.

만약 당신이 자신이 어디서 왔는지 잊어버리고, / 당신이 (당신을 위해 있어준 / 상황이 힘들고 더딜 때) 사람들을 소홀히 한다면, / 당신의 성공은 가치가 없다.

No one can make it up there / without the help (of others).

아무도 올라갈 수 없다 / (다른 사람의) 도움 없이는.

There are parents, friends, advisers, and coaches (that help).

(도움을 주는) 부모님, 친구, 조언자, 코치들이 있다.

You need to be grateful / to all of those (who helped you).

당신은 감사할 필요가 있다 / (당신을 도와준) 사람들 모두에게.

Gratitude is the glue (that keeps you connected to others).

감사는 (당신과 다른 사람들을 계속 연결해주는) 접착제이다.

It is the bridge (that keeps you connected with those) (who were there for you in the past / and who are likely to be there in the end).

그것은 (과거에 당신을 위해 있어줬고 / 마지막에도 있어줄 것 같은) (사람들과 당신을 계속해서 연결해주는) 다리이다.

Relationships and the way (you treat others) / determine your real success.

관계와 (당신이 다른 사람들을 대하는) 방식이 / 당신의 진정한 성공을 결정한다.

개인의 성취와 인정을 향한 질주 속에서, 성공한 사람들 대다수는 그들의 변변치 않은 시작을 잊는다. 그들은 종종 성공으로 가는 과정에서 자신을 도와준 사람들을 잊는다. 당신이 어디서 왔는지 잊어버리고, 상황이 힘들고 더딜 때 곁에 있어준 사람들을 소홀히 한다면, 당신의 성공은 가치가 없다. 아무도 다른 사람의 도움 없이는 성공할 수 없다. 도움을 주는 부모님, 친구, 조언자, 코치들이 있다. 당신은 당신을 도와준 사람들 모두에게 감사할 필요가 있다. 감사는 당신과 다른 사람들을 계속 연결해주는 접착제이다. 그것은 과거에 당신을 위해 있어줬고 마지막에도 있어줄 것 같은 사람들과 당신을 계속해서 연결해주는 다리이다. 관계와 당신이 다른 사람들을 대하는 방식은 당신의 진정한 성공을 결정한다.

당위의 need to가 포함된 'You need to be grateful ~' 문장에서 도움을 줬던 사람들에게 감사하는 마음을 지녀야 한다고 언급하는 것으로 볼 때, 필자의 주장으로 가장 적절한 것은 ② '성공에 도움을 준 사람들에게 감사하는 마음을 가져야 한다.'이다.

It is the bridge **that** keeps you connected with those **who** were there for you in the past and **who** are likely to be there in the end.

→ 보어인 the bridge를 that절이 꾸민다.
→ those를 꾸미는 2개의 who절이 and로 연결되었다.

03 내용 불일치

Eddie Adams was born / in New Kensington, Pennsylvania.

Eddie Adams는 태어났다 / 펜실베이니아 주 New Kensington에서.

He developed his passion (for photography) in his teens, / when he became a staff photographer (for his high school paper).

그는 십 대 시절에 (사진에 대한) 그의 열정을 키웠다 / 그리고 그때 그는 (그의 고등학교 신문을 위한) 사진 기자가 되었다.

After graduating, / he joined the United States Marine Corps, / where he captured scenes from the Korean War / as a combat photographer.

졸업 후, / 그는 미국 해병대에 입대했다 / 그리고 그곳에서 그는 한국전쟁 장면을 촬영했다 / 종군 사진 기자 자격으로.

In 1958, / he became staff at the *Philadelphia Evening Bulletin*, / a daily evening newspaper (published in Philadelphia).

1958년, / 그는 <Philadelphia Evening Bulletin>의 직원이 되었다 / (필라델피아에서 발간된) 석간신문인.

In 1962, / he joined the Associated Press (AP), / and after 10 years, / he left the AP / to work as a freelancer for *Time* magazine.

1962년에 / 그는 연합통신사(AP)에 입사했고, / 10년 뒤, / 그는 연합통신사를 떠났다 / <Time> 잡지사에서 프리랜서로 일하기 위해.

The Saigon Execution photo (that he took in Vietnam) / earned him / the Pulitzer Prize (for Spot News Photography in 1969).

(그가 베트남에서 촬영한) Saigon Execution 사진은 / 그에게 가져다주었다 / (1969년 특종기사 보도 사진 부문의) 퓰리처상을.

He shot more than 350 covers of magazines (with portraits of political leaders) (such as Deng Xiaoping, Richard Nixon, and George Bush).

그는 (Deng Xiaoping, Richard Nixon, George Bush와 같은) (정치 지도자들의 사진이 실린) 잡지 표지를 350장 넘게 촬영했다.

Eddie Adams는 펜실베이니아주 New Kensington에서 태어났다. 그는 십 대 시절에 사진에 대한 열정을 키웠는데, 이때 그는 그가 다닌 고교 신문의 사진 기자였었다. 졸업 후, 그는 미국 해병대에 입대했고, 그곳에서 종군 사진 기자로 한국전쟁 장면을 촬영했다. 1958년, 그는 필라델피아에서 발간된 석간신문 <Philadelphia Evening Bulletin>의 직원이 되었다. 1962년에 그는 연합통신사(AP)에 입사했고, 10년 뒤 그는 연합통신사를 떠나 <Time> 잡지사에서 프리랜서로 일했다. 그가 베트남에서 촬영한 Saigon Execution 사진으로 그는 1969년 특종기사 보도 사진 부문의

풀리처상을 받았다. 그는 Deng Xiaoping, Richard Nixon, George Bush와 같은 정치 지도자들의 잡지 표지용 사진을 350장 이상 촬영했다.

해설

'In 1962, he joined the Associated Press (AP), and after 10 years, he left the AP to work as a freelancer for *Time* magazine.'에 따르면, 1962년은 Eddie Adams가 연합통신사에서 근무를 시작한 해이고, <Time> 잡지사에서 근무를 시작한 것은 그 10년 뒤라고 한다. 따라서 내용과 일치하지 않는 것은 ③ '1962년부터 *Time* 잡지사에서 일했다.'이다.

구문풀이

After graduating, he joined the United States Marine Corps, **where** he captured scenes from the Korean War as a combat photographer.

➡ where는 the United States Marine Corps를 보충 설명하는 계속적 용법의 관계부사이다.

◆ DAILY REVIEW

Ⓐ 어휘 TEST

gender role	성 역할	dwell on	~에 연연하다
strict	엄격한	dealer	판매인
social worker	사회복지사	countless	수없이 많은
scarce	드문	beneficial	이익이 되는
welfare	복지	neglect	소홀히 하다
connotation	함축적 의미	gratitude	감사
washerwoman	세탁부	graduate	졸업하다
satellite	위성	capture	포착하다
invade	침략하다	combat	전투, 전쟁
so-called	소위, 이른바	portrait	초상화

Ⓑ 단어 배열

01 where the average income was very low

02 why we have failed to act on climate change

03 when Germany invaded Poland

04 in which photographs were not in living color

Ⓒ 빈칸 완성

01 where food is still scarce

02 why the eyes look red

03 where he developed a psychology department

04 in which children learn about the world

Ⓑ 단어 배열

01 a place를 꾸미는 형용사절을 완성하는 문제이다. 먼저 관계부사

where를 쓴 뒤, 주어 the average income, 동사 was, 보어 very low를 순서대로 써준다.

02 a reason이 선행사이므로 관계부사 why부터 써준다. 이어서 주어 we, 동사 have failed, 목적어 to act on climate change를 순서대로 써준다.

03 September 1, 1939가 시간의 선행사이므로 관계부사 when을 써준다. 이어서 '주어+동사+목적어'의 어순대로 Germany invaded Poland를 써준다.

04 a time이 시간의 선행사인데, 괄호 안에 관계부사가 주어지지 않았으므로 '전치사+관계대명사' 형태의 in which를 활용한다. 이어서 주어 photographs, 동사 were not, 보어 in living color를 차례대로 써준다.

Ⓒ 빈칸 완성

01 parts of the world가 장소의 선행사이므로 관계부사 where부터 써준다. 이어서 '음식이 아직도 부족하다'라는 뜻의 2형식 문장인 food is still scarce를 써준다.

02 the reason이 선행사이므로 관계부사 why를 활용한다. '눈이 빨갛게 보이다'는 2형식 동사인 look을 활용하여 the eyes look red로 써준다.

03 Duke University가 장소의 선행사이므로, 관계부사 where를 활용한다. where절의 주어는 he이고, 동사는 '발전시켰다'라는 과거시제 해석에 맞추어 developed로 변형해준다. 마지막으로 목적어 a psychology department를 써준다.

04 방법의 선행사 a way는 관계부사 how 대신 '전치사+관계대명사' 형태의 in which와 함께 쓰인다. in which절의 주어는 children, 동사는 learn이며, '세상에 대해'는 about the world이다.

STEP 1 직독직해로 연습하는 해석 공식

01 Students work / to get good grades / even when they have
   S   V
no interest in their studies.

학생들은 노력한다 / 좋은 성적을 얻기 위해서 / 심지어 그들이 공부에 관심이 없
을 때에도.
→ 학생들은 공부에 관심이 없을 때조차 좋은 성적을 얻으려고 노력한다.

02 To regain that passion (for the life) (you want), / you must
                                                        S   V
recover control (of your choices).
   O

(당신이 원하는) (삶에 대한) 열정을 되찾으려면 / 당신은 (당신의 선택에 대한)
통제력을 회복해야 한다.
→ 원하는 삶에 대한 열정을 되찾으려면, 당신은 선택에 대한 통제력을 회복해
야 한다.

03 The plant uses the color (of the fruit) / to signal to
   S   V   O
predators / that it is ripe.

식물은 (열매의) 색깔을 이용한다 / 포식자에게 알려주기 위해 / 그것이 익었다고.
→ 식물은 열매의 색깔을 사용해 포식자에게 그것이 익었음을 알려준다.

04 We hold an annual festival / to give our students a chance
   S   V   O
(to share their music with the community).

저희는 매년 축제를 개최합니다 / 우리 학생들에게 (그들의 음악을 지역 사회와
공유할) 기회를 주기 위해.
→ 저희는 우리 학생들이 그들의 음악을 지역 사회와 공유할 기회를 주고자 매
년 축제를 개최합니다.

05 When gains come quickly / we tend to lose sight of the
                              S   V   O
basic wisdom / that true success, / to really last, / must
                   S'   V
come through hard work.
V'

이익이 빨리 얻어질 때 / 우리는 기본적인 지혜를 놓치는 경향이 있다 / 진정한
성공은 / 정말로 지속되려면 / 노력을 통해 와야 한다는.
→ 이익이 빨리 얻어질 때, 우리는 진정한 성공이 정말로 지속되려면 노력을 통
해 와야 한다는 기본적인 지혜를 놓치는 경향이 있다.

06 She was thrilled / to see him in person.
   S   V   S.C.
그녀는 황홀했다 / 그를 직접 봐서.
→ 그녀는 직접 그를 봐서 황홀했다.

07 The old man was overjoyed / to receive the prize money.
   S   V   S.C.
노인은 매우 기뻤다 / 상금을 받게 되어서.
→ 노인은 상금을 받게 되어서 매우 기뻤다.

08 The customer was amazed / to see tears well up / in the
   S   V   S.C.
eyes (of the man).

손님은 놀랐다 / 눈물이 차오르는 것을 봐서 / (그 남자의) 두 눈에.
→ 손님은 그 남자의 두 눈에 눈물이 차오르는 것을 보고 놀랐다.

09 We (at G&D Restaurant) are honored and delighted / to
   S   S.C.1   S.C.2
invite you to our annual Fall Dinner.

(G&D 식당의) 우리들은 영광이고 기쁩니다 / 우리 연례행사인 Fall Dinner에
귀하를 초대하게 되어서.
→ 우리 G&D 식당은 우리 연례행사인 Fall Dinner에 귀하를 초대하게 되어
영광이고 기쁩니다.

10 Writers are often surprised / to find / that what they end
   S   V   S.C.
up with on the page / is quite different / from what they

thought it would be / when they started.

글 쓰는 사람들은 흔히 놀란다 / 알게 되어서 / 그들이 결국 페이지 위에 적는 내
용이 / 상당히 다르다는 것을 / 그들이 그럴 거라고 생각했던 것과는 / 그들이 시
작할 때.
→ 글을 쓰는 사람들은 결국 페이지 위에 적히는 내용이 처음에 시작할 때 쓰게
될 거라고 생각했던 것과는 상당히 다르다는 것을 알고 흔히 놀란다.

11 He woke up / to find himself lying on a hospital bed.
   S V
그는 깨어나서 / 자신이 병원 침대에 누워있다는 것을 알았다.
→ 그는 깨어나서 자신이 병원 침대에 누워있다는 것을 알았다.

12 Samuel Clemens was the real name (of the kid) (who
   S   V   S.C.
grew up to become Mark Twain).

Samuel Clemens는 (자라서 Mark Twain이 된) (소년의) 진짜 이름이었다.
→ Samuel Clemens는 자라서 Mark Twain이 된 소년의 본명이었다.

13 He scrapped the conclusion (of the first movement) /
   S V   O
because it felt too short, / only to come back to it later.

그는 (1악장의) 결론부를 폐기했다 / 그것이 너무 짧다고 느껴서 / 그리고 결국
나중에 그것으로 돌아왔다.
→ 그는 1악장의 결론부가 너무 짧다고 느껴져서 폐기했다가, 결국 나중에 그것
으로 돌아왔다.

14 You might pick a choice (that looks familiar), / only to
   S   V   O
find later / that it was something (you had read), / but it

wasn't really the best answer (to the question).

여러분은 (익숙해 보이는) 선택지를 고를지도 모른다 / 그리고 결국 나중에 깨닫
게 된다 / 그것이 (여러분이 읽었던) 것이지만 / 그것이 (그 문제에 대한) 최선의
답은 별로 아니었다는 것을.
→ 여러분은 익숙해 보이는 선택지를 고를지도 모르지만, 결국 그것은 여러분이
읽었던 것이고 그 문제에 대한 최선의 답은 아니었다는 것을 나중에 깨닫게
된다.

15 I often check in at a hotel (I've visited frequently), / only
   S   V
for the people (at the front desk) to give no indication /

that they recognize me as a customer.

나는 (내가 자주 방문했던) 호텔에 종종 체크인하는데 / (프런트에 있는) 사람들
은 결국 아무 표시도 보이지 않는다 / 그들이 나를 고객으로 알아본다는.
→ 나는 내가 자주 방문했던 호텔에 종종 체크인하는데, 프런트에 있는 사람들
은 나를 고객으로 알아본다는 아무 표시도 결국 보이지 못한다.

16 The trail is flat enough / to hike without equipment.
   S   V   S.C.
그 길은 충분히 평평하다 / 장비 없이 하이킹을 할 만큼.

→ 그 길은 장비 없이 하이킹을 할 만큼 충분히 평평하다.

17 <u>Social situations</u> <u>may not go</u> well enough / for you to
_S　_V
sense / that things are under control.

사회적 상황은 충분히 잘 흘러가지 않을 수도 있다 / 여러분이 느낄 만큼 / 상황
이 통제되고 있다고.
　→ 사회적 상황은 여러분이 상황을 통제하고 있다고 느낄 만큼 충분히 잘 흘러
　　가지 않을 수도 있다.

18 If <u>the price</u> <u>is</u> still <u>too expensive</u> / to be paid all at once, /
_{S'}　_{V'}　_{S.C.'}
<u>you</u> can <u>choose</u> to pay monthly / over up to six months.
_S　_V　_O

가격이 여전히 너무 비싸서 / 한 번에 다 지불될 수 없다면 / 여러분은 달마다 지
불하기로 선택하셔도 됩니다 / 최대 6개월에 걸쳐서.
　→ 가격이 여전히 너무 비싸 한 번에 다 지불할 수 없다면, 최대 6개월에 걸쳐 할
　　부로 내셔도 됩니다.

19 <u>The poor man</u> <u>was</u> <u>very excited</u> / to be able to bring a gift
_S　_V　_{S.C.}
for the prince / because <u>he</u> <u>was</u> <u>too poor to afford more.</u>
_{S'}　_{V'}　_{S.C.'}

그 가난한 남자는 매우 신났다 / 왕자를 위해 선물을 가져올 수 있어서 / 왜냐하
면 그가 너무 가난하여 그 이상 마련할 여유가 없었기 때문에.
　→ 그 가난한 남자는 왕자를 위해 선물을 가져올 수 있어 매우 신이 났는데, 그가
　　너무 가난하여 그 이상 마련할 여유가 없었기 때문이었다.

20 <u>My future meal</u> <u>was coming</u> to me / in the form (of
_S　_V
molecules) (drifting through the air), / too small for my
eyes to see / but detected by my nose.

나의 미래 식사가 내게 오고 있었다 / (공중을 떠다니는) (분자의) 형태로 / 너무
작아 내 눈이 볼 수 없지만 / 내 코로는 감지되는.
　→ 내가 곧 먹을 식사가, 너무 작아서 눈으로는 볼 수 없지만 코로는 감지되는,
　　공중을 떠다니는 분자 형태로 내게 오고 있었다.

◄ **STEP 3** ▶ 기출 문제로 의미 **다시보기** ◄ ●●●●●●●●●●●

01 ①　　　**02** ③　　　**03** ①

01 글의 순서

▶ 직독**직해**

Students work / to get good grades / even when they have no
interest in their studies.

학생들은 노력한다 / 좋은 성적을 얻기 위해서 / 심지어 그들이 공부에 관심이 없을 때
에도.

People seek job advancement / even when they are happy /
with the jobs (they already have).

사람들은 경력개발을 추구한다 / 심지어 그들이 만족할 때에도 / (그들이 이미 가진) 직
업에.

(A) It's like being in a crowded football stadium, / watching
the crucial play.

그것은 마치 사람들로 붐비는 축구 경기장에 있는 것과 같다 / 중요한 경기를 관람하
면서.

A spectator (several rows in front) / stands up to get a better

view, / and a chain reaction follows.

(몇 줄 앞에 있는) 한 관중이 / 더 잘 보기 위해 일어서고, / 뒤이어 연쇄 반응이 일어난
다.

(C) Soon everyone is standing, / just to be able to see as well
as before.

곧 모든 사람들이 일어선다 / 단지 이전만큼 잘 보려고.

Everyone is on their feet / rather than sitting, / but no one's
position has improved.

모두가 일어서지만, / 앉지 않고 / 그 누구의 입장도 나아지지 않았다.

(B) And if someone refuses to stand, / he might just as well
not be at the game at all.

그리고 만약 누군가가 일어서기를 거부한다면, / 그는 경기에 있지 않는 것이 낫다.

When people pursue goods (that are positional), / they can't
help being in the rat race.

사람들이 (위치에 관련된) 재화를 추구할 때, / 그들은 치열하고 무의미한 경쟁을 하지
않을 수 없다.

To choose not to run / is to lose.

뛰지 않기로 선택하는 것은 / 지는 것이다.

◀ **전문해석**

학생들은 공부에 관심이 없을 때조차 좋은 성적을 얻으려고 노력한다. 사람
들은 심지어 이미 가지고 있는 직업에 만족할 때에도 경력개발을 추구한다.
(A) 그것은 마치 사람들로 붐비는 축구 경기장에서 중요한 경기를 관람하는
것과 같다. 몇 줄 앞에 있는 한 관중이 더 잘 보기 위해 일어서고, 뒤이어 연
쇄 반응이 일어난다.
(C) 곧 모든 사람들이 단지 이전만큼 잘 보려고 일어선다. 모두가 앉지 않고
일어서지만, 그 누구의 입장도 나아지지 않았다.
(B) 그리고 만약 누군가가 일어서기를 거부한다면, 그는 경기에 있지 않는
것이 낫다. 사람들이 위치에 관련된 재화(이익)를 추구할 때, 그들은 치열하
고 무의미한 경쟁을 하지 않을 수 없다. 뛰지 않기로 선택하는 것은 지는 것
이다.

◀ **해설**

주어진 글은 사람들이 공부에 관심이 없거나 이미 가진 직업에 만족하는 순
간에도 더 나은 성적이나 일자리를 위해 노력한다는 내용이다. (A)는 이 상
황을 축구장에서 경기를 보는 상황에 비유(It's like)하며, 앞에 앉은 사람이
일어나면 뒤에 있는 사람들도 다 따라서 일어나게 된다고 언급한다. Soon
으로 연결되는 (C)는 '곧' 모두가 일어서지만, 다 같이 앉아 있을 때에 비해
상황이 낫지 않다고 설명한다. 마지막으로 (B)는 (A)-(C)의 예시를 '위치에
관련된 이익을 추구하는 상황'으로 정리한다. 따라서 글의 순서로 가장 적절
한 것은 ① '(A)-(C)-(B)'이다.

◀ **구문풀이**

A spectator several rows in front stands up **to get** a better
view, and a chain reaction follows.

　→ 'to get ~'은 '~하기 위해'라는 의미로 앞에 나오는 주절을 보충 설명하는 목적의
　　부사구이다.

02 심경 변화

▶ 직독**직해**

One day, / Cindy happened to sit / next to a famous artist / in a

51

café, / and she was thrilled / to see him in person.

어느 날, / Cindy는 우연히 앉게 되었다 / 우연히 유명한 화가 옆에 / 카페에서 / 그리고 그녀는 황홀했다 / 그를 직접 봐서.

He was drawing on a used napkin over coffee.

그는 커피를 마시면서 사용하던 냅킨에 그림을 그리고 있었다.

She was looking on in awe.

그녀는 경외심을 갖고 지켜보고 있었다.

After a few moments, / the man finished his coffee / and was about to throw away the napkin / as he left.

잠시 후에, / 그 남자는 커피를 다 마시고 / 그 냅킨을 버리려고 했다 / 그가 자리를 뜨면서.

Cindy stopped him. // "Can I have that napkin (you drew on)?", / she asked.

Cindy는 그를 멈춰 세웠다. // "제가 (당신이 그림을 그린) 그 냅킨을 가져도 될까요?" 라고 / 그녀는 물었다.

"Sure," he replied. // "Twenty thousand dollars."

"물론이죠,"라고 그가 대답했다. // "2만 달러입니다."

She said, / with her eyes wide-open, / "What? It took you like two minutes to draw that."

그녀는 말했다 / 눈을 크게 뜬 채로 / "뭐라구요? 당신이 그걸 그리는 데 2분 정도밖에 안 걸렸잖아요."

"No," he said. // "It took me over sixty years to draw this."

"아니에요," 라고 그가 말했다. // "내가 이걸 그리는 데 60년이 넘게 걸렸어요."

Being at a loss, / she stood still rooted to the ground.

어쩔 줄 몰라 / 그녀는 그 자리에서 꼼짝도 못했다.

전문해석

어느 날, Cindy는 카페에서 우연히 유명한 화가 옆에 앉게 되었고, 그를 직접 보게 되어 황홀해했다. 그는 커피를 마시면서 사용하던 냅킨에 그림을 그리고 있었다. 그녀는 경외심을 갖고 지켜보고 있었다. 잠시 후에, 그 남자는 커피를 다 마시고 자리를 뜨면서 그 냅킨을 버리려고 했다. Cindy는 그를 멈춰 세웠다. "당신이 그림을 그렸던 냅킨을 가져도 될까요?"라고 그녀가 물었다. "물론이죠,"라고 그가 대답했다. "2만 달러입니다." 그녀는 눈을 크게 뜨고 말했다. "뭐라구요? 그리는 데 2분 정도밖에 안 걸렸잖아요." "아니에요," 라고 그가 말했다. "나는 이걸 그리는 데 60년 넘게 걸린 거예요." 그녀는 어쩔 줄 몰라 그 자리에서 꼼짝도 못했다.

해설

유명한 화가와 우연히 카페 옆자리에 앉아 황홀감과 경외감(thrilled, awe)을 느꼈던 Cindy가 화가의 냅킨을 가지려다가 너무 비싼 값을 듣고 놀랐다(with her eyes wide-open, Being at a loss)는 내용이다. 따라서 Cindy의 심경 변화로 가장 적절한 것은 ③ '흥분한 → 놀란'이다.
① 안도한 → 걱정하는
② 무관심한 → 당황한
④ 실망한 → 만족한
⑤ 질투하는 → 자신 있는

구문풀이

"Can I have that napkin (**that**) you drew on?", she asked.
➡ 선행사 that napkin 뒤에 목적격 관계대명사가 생략된 형용사절이 나왔다.

03 함축 의미

직독직해

If creators knew / when they were on their way (to fashioning a masterpiece), / their work would progress only forward: / they would halt their idea-generation efforts / as they struck gold.

만약 창작자가 안다면 / 언제 그들이 (걸작을 만들어가는) 길에 있는지 / 그들의 작품은 오직 앞으로만 나아갈 것이다 / 즉 그들은 아이디어를 만들어내는 노력을 멈출 것이다 / 그들이 금을 캤을 때.

But in fact, / they backtrack, / returning to versions (that they had earlier discarded as inadequate).

그러나 사실, / 그들은 역추적해서 / (그들이 이전에 부적절하다고 폐기했던) 버전으로 되돌아간다.

In Beethoven's most celebrated work, / the Fifth Symphony, / he scrapped the conclusion (of the first movement) / because it felt too short, / only to come back to it later.

베토벤의 가장 유명한 작품에서 / 즉 5번 교향곡 / 그는 (1악장의) 결론부를 폐기했다 / 그것이 너무 짧다고 느껴서 / 그리고 결국 나중에 그것으로 돌아왔다.

Had Beethoven been able to distinguish an extraordinary from an ordinary work, / he would have accepted his composition immediately as a hit.

베토벤이 비범한 작품과 평범한 작품을 구분할 수 있었더라면 / 그는 자기 작품을 바로 성공으로 받아들였을 것이다.

When Picasso was painting his famous *Guernica* / in protest (of fascism), / he produced 79 different drawings.

피카소가 그의 유명한 <Guernica>를 그릴 당시에, / (파시즘에 대한) 저항으로 / 그는 79점의 각기 다른 스케치들을 그렸다.

Many of the images (in the painting) / were based on his early sketches, / not the later variations.

(이 그림의) 많은 이미지들은 / 그의 초기 스케치에 바탕을 두었다 / 나중에 나온 변주가 아니라.

If Picasso could judge his creations / as he produced them, / he would get consistently "warmer" / and use the later drawings.

만약 피카소가 그의 작품을 판단할 수 있었다면, / 그가 작품을 만들면서 / 그는 일관되게 '더 뜨거워졌을' 것이다 / 그리고 나중에 그린 스케치를 사용했을 것이다.

But in reality, / it was just as common / that he got "colder."

하지만 실제로는 / 그만큼 흔한 일이었다 / 그가 '더 차가워진' 것은.

전문해석

만약 창작자가 자신이 언제 걸작을 만들어내고 있는지 안다면, 그들의 작품은 오직 앞으로만 나아갈 것이다. 즉 그들은 금을 캤을 때 아이디어를 만들어내는 노력을 멈출 것이다. 그러나 사실, 그들은 역추적해서 이전에 부적절하다고 폐기했던 버전으로 되돌아간다. 베토벤의 가장 유명한 작품인 5번 교향곡에서, 그는 1악장의 결론부가 너무 짧다고 느껴져 폐기했다가 결국 나중에 그것으로 돌아왔다. 베토벤이 비범한 작품과 평범한 작품을 구분할 수 있었다면 그는 자기 작품을 바로 성공으로 받아들였을 것이다. 피카소가 파시즘에 저항하고자 그 유명한 <Guernica>를 그릴 당시에, 그는 79점의 각기 다른 스케치들을 그렸다. 이 그림의 많은 이미지들은 나중에 나온 변주작이 아닌, 그의 초기 스케치에 바탕을 두었다. 만약 피카소가 자기 작품을 만드는 도중에 판단할 수 있었다면, 그는 일관되게 '더 뜨거워지고(정답에 근접하고)' 나중에 그린 스케치를 사용했을 것이다. 하지만 실제로는 그가 '더 차가워진' 것은 그만큼 흔한 일이었다.

해설

첫 두 문장에 글의 요지가 있다. 예술가는 자신이 걸작을 만들어가고 있는 순간이 언제인지 모르기 때문에, 과정이 진행될수록 꾸준히 작품을 개선해 나가는 것이 아니라 이전에 버렸던 것으로 되돌아가는 때가 잦다는 것이다. 이를 보여주는 첫 번째 사례로, 베토벤이 5번 교향곡을 작곡할 때 원래 폐기 했던 결론부로 다시 돌아갔다는 이야기가 언급된다. 이를 피카소의 사례에 적용하면, 피카소가 '차가워졌다'는 표현은 그의 작품이 꾸준히 좋아지기만 한 것이 아니라 '원하는 결과와 반대로 갈' 때도 있었다는 의미일 것이다. 따 라서 밑줄 친 부분의 의미로 가장 적절한 것은 ① '원하는 결과로부터 멀어 졌다'이다.
② 대중의 비판 때문에 명성을 잃었다
③ 새로운 미술 경향을 따르는 것이 내키지 않았다
④ 다른 사람들의 작품을 덜 열정적으로 감상했다
⑤ 자기만의 스타일을 만들기보다 거장의 스타일을 모방했다

구문풀이

If creators **knew** when they were on their way to fashioning a masterpiece, their work **would progress** only forward: ~

➡ 'if+주어+과거시제 동사 ~, 주어+조동사 과거형+동사원형 …' 형태의 가정법 과 거 구문이다.

◆ DAILY REVIEW

Ⓐ 어휘 TEST

brief	간결한	crucial	아주 중요한
ripe	익은	spectator	관중
as promised	약속한 대로	positional	위치와 관련된
well up	차오르다	awe	경외심
vehicle	차량, 탈것	fashion	만들다
scrap	버리다	halt	중단하다
indication	조짐, 암시	strike gold	금을 캐다
miserable	비참한	discard	버리다
flat	평평한	inadequate	부적절한
drift	떠다니다	unwilling	내키지 않는

Ⓑ 단어 배열

01 to share our music with the community

02 to see tears well up

03 to find himself lying on a hospital bed

04 well enough for you to sense

Ⓒ 빈칸 완성

01 To regain that passion

02 to receive the prize money

03 grew up to become

04 flat enough to hike

Ⓑ 단어 배열

01 '~하기 위해'는 목적을 나타내는 to부정사구의 해석이므로 to share 를 먼저 써주고, '~을'에 해당하는 목적어 our music, '~와'에 해당하 는 with the community를 차례로 써준다.

02 감정의 원인을 나타내는 to부정사구를 영작하는 문제이므로, to see tears well up이 정답이다. well up은 to see의 목적격보어 역할을 하는 원형부정사이다.

03 '(~해서) …하다'라는 결과의 의미를 나타내는 to부정사구를 영작하 는 문제이므로, woke up 뒤에 to find를 먼저 연결해준다. to find 의 목적어는 himself이고, 목적격보어는 현재분사구인 lying on a hospital bed이다.

04 '~할 만큼 충분히 …하게'는 enough to-V의 해석이다. 먼저 '부사 +enough' 어순에 맞추어 well enough를 써준 후 to부정사구를 연 결해야 하는데, 해석상 '느끼는' 주체가 '여러분'이므로 의미상 주어 for you를 앞에 추가해야 한다. 따라서 정답은 well enough for you to sense이다.

Ⓒ 빈칸 완성

01 '~하려면, ~하기 위해'는 목적을 나타내는 to부정사구의 해석이다. 따 라서 To regain that passion이 정답이다.

02 감정 형용사 뒤로 그 원인을 설명하는 to부정사구를 완성하는 문제이 므로, to receive the prize money가 정답이다.

03 '자라서 ~이 되다'는 grow up to become의 해석인데, 문장이 과거 시제이므로 정답은 grew up to become이다.

04 '~할 만큼 충분히 …한'은 enough to-V의 해석이다. 따라서 flat enough to hike가 정답이다.

01 He let out a contented sigh / as the sun started setting
S   V   O   S'   V   O'
behind the waves.

그는 만족스러운 한숨을 내쉬었다 / 태양이 파도 뒤로 지기 시작할 때.
➡ 태양이 파도 뒤로 지기 시작할 때, 그는 만족스러운 한숨을 내쉬었다.

02 Since I joined your youth sports program several years
S' V'   O'
ago, / I have really enjoyed swimming.
S   V   O

제가 몇 년 전에 귀하의 청소년 스포츠 프로그램에 합류한 이후로 / 저는 수영을
정말 즐겨왔어요.
➡ 저는 몇 년 전에 귀하의 청소년 스포츠 프로그램에 합류한 이후 수영을 정말
즐겨왔어요.

03 Many runners stop training / as soon as they cross the
S   V   O   S'   V'
finish line.
O'

많은 달리기 선수들이 훈련을 중단한다 / 그들이 결승선을 통과하자마자.
➡ 많은 달리기 선수들이 결승선을 통과하자마자 훈련을 중단한다.

04 While other competitors were in awe of this incredible
S'   V'   S.C.'
volume, / Henry Ford dared to ask, / "Can we do even
S   V   O
better?"

다른 경쟁사들이 이 놀라운 분량에 감탄하는 동안 / Henry Ford는 감히 물었
다 / "우리가 훨씬 더 잘할 수 있을까?"
➡ 다른 경쟁사들이 이 놀라운 분량에 감탄하는 동안, Henry Ford는 감히 "우
리가 훨씬 더 잘할 수 있을까?"라고 물었다.

05 Next time you hear a politician say / 'surveys prove that
S'   V'   O'   O.C.'
the majority of the people agree with me', / be very wary.
V   S.C.

다음번에 당신이 한 정치인이 말하는 것을 듣는다면 / '설문조사는 대다수의 국
민들이 제게 동의한다는 것을 입증합니다'라고 / 매우 조심하라.
➡ 다음번에 한 정치인이 '설문조사가 입증하기로, 대다수의 국민들이 제게 동
의합니다'라고 말하는 것을 듣는다면, 매우 조심하라.

06 Information is worthless / if you never actually use it.
S   V   S.C.   S'   V'   O'
정보는 가치가 없다 / 여러분이 그것을 실제로 쓰지 않는다면.
➡ 정보를 실제로 쓰지 않는다면, 그 정보는 가치가 없다.

07 Please send us your logo design proposal / once you are
V I.O.   D.O.   S'   V'
done with it.
S.C.'
여러분의 로고 디자인 제안서를 저희한테 보내주세요 / 일단 여러분이 그것을 다
끝내시면.
➡ 일단 다 되시면, 여러분의 로고 디자인 제안서를 저희한테 보내주세요.

08 We do not provide refunds / unless class is cancelled due
S   V   O   S'   V'
to low registration.

우리는 환불을 제공하지 않습니다 / 수업이 적은 등록으로 인해 취소되지 않는 한.
➡ 등록이 적어 수업이 취소되지 않는 한, 환불은 제공되지 않습니다.

09 We attribute causes to events, / and as long as these
S1   V1   O1
cause-and-effect pairings make sense, / we use them / to
V'   S2 V2 O2
understand future events.

우리는 사건에 원인을 귀착시키고 / 이러한 인과 짝이 이치에 맞는 한 / 우리는
이것들을 사용한다 / 미래 사건을 이해하기 위해.
➡ 우리는 사건에 원인을 귀착시키고, 이러한 인과 짝이 이치에 맞는, 이것들
을 이용해 미래 사건을 이해한다.

10 If we don't succeed the first time, / or if it feels a little
S'   V'   S'   V'
awkward, / we'll tell ourselves it wasn't a success / rather
S.C.'   S+V   I.O.   D.O.
than giving it another shot.

만일 우리가 처음에 성공하지 못한다면 / 혹은 그것이 약간 어색하게 느껴지면 /
우리는 그것이 성공이 아니었다고 우리 자신에게 말할 것이다 / 그것을 다시 한
번 해보기보다는.
➡ 만일 우리가 처음에 성공하지 못하거나 약간 어색한 느낌이 든다면, 우리는
다시 한번 해보기보다는 성공하지 못했다고 스스로에게 말할 것이다.

11 As the machinery was new, / it continued to produce
S'   V' S.C.'   S   V
satisfying results.

그 기계가 새것이었기 때문에, / 그것은 만족스러운 결과물을 생산하기를 계속
했다.
➡ 그 기계는 새것이었기에 계속해서 만족스러운 결과물을 생산했다.

12 Though we are all experienced shoppers, / we are still
S' V'   S.C.'   S   V
fooled.

비록 우리 모두 경험 많은 쇼핑객임에도 불구하고 / 우리는 여전히 속는다.
➡ 우리 모두 경험 많은 쇼핑객임에도 불구하고 여전히 (상술에) 속는다.

13 Chimps quickly overheat; / humans do not, / because they
S1   V1   S2   V2   S'
are much better at shedding body heat.
V'   S.C.'

침팬지는 빠르게 과열되지만 / 인간들은 그렇지 않은데 / 그들은 체온을 떨어뜨
리는 것을 훨씬 잘하기 때문이다.
➡ 침팬지는 체온이 빨리 오르지만 인간들은 그렇지 않은데, 인간은 체온을 훨
씬 잘 떨어뜨리기 때문이다.

14 Chances are good / that you remember stories, anecdotes,
S   S.C.   S'   V'   O'
and examples (from the event), / even if you can't think
S'   V'
of their exact context.

가능성이 크다 / 여러분이 (그 사건의) 이야기, 일화, 그리고 예시를 기억할 / 비
록 여러분이 그것의 정확한 맥락을 기억하지는 못하더라도.
➡ 비록 여러분이 사건의 정확한 맥락을 기억하지는 못하더라도, 아마 여러분은
그 사건의 이야기, 일화, 그리고 예시를 기억할 것이다.

15 It is so important / for us to identify context (related to
가S V   S.C.   진S
information) / because if we fail to do so, / we may judge
S" V"   O"   S'   V'
and react too quickly.

너무 중요하다 / 우리가 (정보와 관련된) 맥락을 확인하는 것은 / 왜냐하면 만약
우리가 그렇게 하지 못하면 / 우리는 아마 너무 성급하게 판단하고 반응할 것이
기 때문에.
➡ 우리가 정보와 관련된 맥락을 확인하는 것은 매우 중요한데, 만약 그렇게 하
지 못하면 우리는 아마 너무 성급하게 판단하고 반응할 것이기 때문이다.

16 You show your mistakes off / so that everybody can learn

S V O S' V'
from them.

당신은 당신의 실수를 드러내 보여준다 / 모두가 그것으로부터 배울 수 있게.

➡ 당신은 모두가 실수로부터 배울 수 있도록 실수를 드러내 보여준다.

17 There was so much gold there / that the shoemaker was

V S S' V'
afraid / to let it out of his sight.

S.C.'

거기에는 너무 많은 금화가 있어서 / 구두 만드는 사람은 겁났다 / 그것을 자기 눈에 보이지 않게 두는 것.

➡ 거기에 금화가 너무 많아서 구두 만드는 사람은 그것을 자기 눈에 보이지 않게 두기가 겁났다.

18 As he loved to play outside, / he ate his breakfast and got

S' V' O' S V1 O V2
dressed quickly / so they could go.

S.C. S' V'

그는 밖에 나가 노는 것을 좋아했기 때문에, / 그는 서둘러 아침을 먹고 옷을 입었다 / 그들이 나갈 수 있도록.

➡ 그는 밖에 나가 노는 것을 좋아했기 때문에, 그들이 나갈 수 있도록 서둘러 아침을 먹고 옷을 입었다.

19 The volunteers had to wear a special watch for seven days

S V O
/ so the researchers could collect data (on their sleeping

S' V' O'
and waking times).

그 자원자들은 7일간 특별한 시계를 착용해야만 했다 / 연구원들이 (그들의 수면 및 기상 시간에 대한) 데이터를 수집할 수 있도록.

➡ 그 자원자들은 연구원들이 수면 및 기상 시간에 대한 데이터를 수집할 수 있도록 7일간 특별한 시계를 착용해야만 했다.

20 Many of the manufactured products (made today) /

S
contain so many chemicals / that it is sometimes difficult

V O 가S' V' S.C.'
/ to know exactly what is inside them.

진S'

(오늘날 만들어진) 많은 제조품 / 너무 많은 화학물질을 포함하고 있어서 / 때로 어렵다 / 그 안에 무엇이 들었는지 정확히 알기.

➡ 오늘날 만들어진 많은 제조품에는 너무 많은 화학물질이 들어 있어서, 때로 그 안에 무엇이 들어 있는지 정확히 알기 어렵다.

◀ **STEP 3** ▶ 기출 문제로 의미 **다시보기** ◀ ▪▪▪▪▪▪▪▪▪

01 ②   **02** ③   **03** ①

01 주어진 문장 넣기

직독직해

Ransom Olds, / the father (of the Oldsmobile), / could not produce his "horseless carriages" fast enough.

Ransom Olds는 / (Oldsmobile의) 창립자인 / 자신의 '말 없는 마차'를 충분히 빨리 생산할 수 없었다.

In 1901 / he had an idea (to speed up the manufacturing process) / — instead of building one car at a time, / he created the assembly line.

1901년에, / 그는 (생산 과정의 속도를 높일) 아이디어를 냈다 / 한 번에 한 대의 자동차를 만드는 대신에 / 그는 조립 라인을 고안했다.

(①) The acceleration (in production) was unheard-of / — from an output (of 425 automobiles) in 1901 / to an impressive 2,500 cars the following year.

(생산에서의) 가속은 전례 없는 것이었다 / — 1901년 (425대의) 자동차 생산량으로부터 / 이듬해에 인상적인 2,500대의 자동차로.

While other competitors were in awe of this incredible volume, / Henry Ford dared to ask, / "Can we do even better?"

다른 경쟁자들이 이 놀라운 분량에 감탄하는 동안, / Henry Ford는 감히 물었다 / "우리가 훨씬 더 잘할 수 있을까?"라고.

(②) He was, in fact, able to improve upon Olds's clever idea / by introducing conveyor belts to the assembly line.

그는 실제로 Olds의 훌륭한 아이디어를 개선할 수 있었다 / 조립 라인에 컨베이어 벨트를 도입하여.

(③) As a result, / Ford's production went through the roof.

그 결과, / Ford사의 생산은 최고조에 달했다.

(④) Instead of taking a day and a half / to manufacture a Model T, / as in the past, / he was now able to spit them out / at a rate (of one car every ninety minutes).

1.5일이 걸리는 대신에 / Model T를 제작하는 데 / 과거에 그랬듯이 / 그는 그것들을 뽑아낼 수 있게 됐다 / (90분마다 한 대씩이라는) 속도로.

(⑤) The moral (of the story) is / that good progress is often the herald (of great progress).

(이 이야기의) 교훈은 ~이다 / 좋은 진보가 흔히 (위대한 진보의) 선구자라는 것.

전문해석

Oldsmobile의 창립자인 Ransom Olds는 '말 없는 마차'를 충분히 빨리 생산할 수 없었다. 1901년에, 그는 생산 과정의 속도를 높일 아이디어를 냈다. 한 번에 한 대의 자동차를 만드는 대신에, 조립 라인을 고안했던 것이다. (그 결과 이룩된) 생산의 가속은 전례 없는 것이었는데, 1901년 425대였던 자동차 생산량이 이듬해 인상적이게도 2,500대로 늘었다. 다른 경쟁사들이 이 놀라운 분량에 감탄하는 동안, Henry Ford는 대담하게도 "우리가 훨씬 더 잘할 수 있을까?"라고 물었다. 실제로 그는 조립 라인에 컨베이어 벨트를 도입하여 Olds의 훌륭한 아이디어를 개선할 수 있었다. 그 결과, Ford사의 생산은 최고조에 달했다. 과거처럼 Model T를 제작하는 데 1.5일이 걸리는 대신에, 그는 90분마다 한 대씩의 속도로 차를 뽑아낼 수 있게 됐다. 이 이야기의 교훈은 좋은 진보는 종종 위대한 진보의 선구자라는 것이다.

해설

자동차 제조 속도의 혁신을 논한 글로, ② 앞에는 Ransom Olds가 조립 라인을 처음 개발해 자동차 제조 공정 속도를 앞당겼다는 내용이 전개된다. 하지만 ② 뒤의 문장에서 주어인 He는 Ransom Olds가 아닌 다른 인물이므로 흐름이 어색하게 끊긴다. 이때 주어진 문장을 보면 새로운 인물인 Henry Ford가 등장하는데, 이 인물이 바로 ② 뒤의 He임을 알 수 있다. 따라서 주어진 문장이 들어가기에 가장 적절한 곳은 ②이다.

구문풀이

In 1901 he had an idea **to speed up** the manufacturing process — **instead of** building one car at a time, he created the assembly line.

➡ to부정사구가 '~할'의 의미로 an idea를 꾸민다.

➡ instead of V-ing(~하는 대신에) 구문이다.

02 글의 요지

Information is worthless / if you never actually use it.

그 정보는 가치가 없다 / 여러분이 그것을 실제로 쓰지 않는다면.

Far too often, / companies collect valuable customer information (that ends up buried and never used).

너무도 흔히 / 기업들은 (결국에는 묻히고 절대로 사용되지 않는) 귀중한 고객 정보를 수집한다.

They must ensure / their data is accessible for use / at the appropriate times.

그들은 보장해야 한다 / 그들의 정보가 사용을 위해 접근 가능하도록 / 적절한 때에.

For a hotel, / one appropriate time (for data usage) / is check-in (at the front desk).

호텔의 경우, / (정보 사용을 위한) 하나의 적절한 때는 / (프런트에서의) 체크인이다.

I often check in at a hotel (I've visited frequently), / only for the people (at the front desk) to give no indication / that they recognize me as a customer.

나는 (내가 자주 방문했던) 호텔에 종종 체크인하는데, / (프런트에 있는) 사람들은 결국 아무 표시도 보이지 않는다 / 그들이 나를 고객으로 알아본다는.

The hotel must have stored a record (of my visits), / but they don't make that information accessible to the front desk clerks.

그 호텔은 틀림없이 (내 방문에 관한) 기록을 저장했을 것이다 / 하지만 그들은 프런트 직원들이 그 정보에 접근할 수 있게 해주지 않는다.

They are missing a prime opportunity (to utilize data to create a better experience) (focused on customer loyalty).

그들은 (고객 충성도에 초점을 맞춘) (더 나은 경험을 만들기 위해 정보를 활용할) 최적의 기회를 놓치고 있다.

Whether they have ten customers, ten thousand, or even ten million, / the goal is the same: / create a delightful customer experience (that encourages loyalty).

그들이 열 명, 만 명 혹은 심지어 천만 명의 고객을 두고 있든, / 목표는 같다 / (충성도를 높이는) 즐거운 고객 경험을 만든다는 것.

여러분이 정보를 실제로 쓰지 않는다면 그 정보는 가치가 없다. 너무도 흔히 기업들은 결국에는 묻히고 절대로 사용되지 않는 귀중한 고객 정보를 수집한다. 그들은 고객의 정보가 적절한 때 이용 가능할 수 있도록 보장해야 한다. 호텔의 경우, 정보 사용의 적절한 시기 중 하나는 프런트 체크인이다. 나는 내가 자주 방문했던 호텔에 종종 체크인하는데, 프런트에 있는 사람들은 나를 고객으로 알아본다는 아무 표시도 결국 보이지 않는다. 그 호텔은 틀림없이 내 방문 기록을 저장했을 것이지만, 프런트 직원들이 그 정보에 접근할 수 있게 해주지 않는다. 그들은 고객 충성도에 초점을 맞춘 더 나은 경험을 만들 수 있도록 정보를 활용할 최적의 기회를 놓치고 있다. 그들이 열 명, 만 명 혹은 심지어 천만 명의 고객을 두고 있든, 충성도를 높이는 즐거운 고객 경험을 만든다는 목표는 같다.

첫 문장과 마지막 문장에서 아무리 중요한 정보도 쓰지 않으면 소용이 없기 때문에, 고객 충성도를 높일 수 있는 경험을 제공하려면 고객 정보를 적절히 활용해야 한다고 언급하고 있다. 따라서 글의 요지로 가장 적절한 것은 ③ '고객 충성도를 높이기 위해 고객 정보가 활용될 필요가 있다.'이다.

The hotel **must have stored** a record of my visits, ~

→ must have p.p.(~했음에 틀림없다)를 기억해 둔다.

03 빈칸 추론

One big difference (between science and stage magic) / is / that while magicians hide their mistakes from the audience, / in science you make your mistakes in public.

(과학과 무대 마술 사이의) 큰 차이점 하나는 / ~이다 / 마술사들이 그들의 실수를 관중에게 숨기는 반면 / 과학에서는 당신이 실수를 공공연하게 한다는 것.

You show them off / so that everybody can learn from them.

당신은 그것을 드러내 보여준다 / 모두가 그것으로부터 배울 수 있게.

This way, / you get the advantage (of everybody else's experience), / and not just your own idiosyncratic path (through the space of mistakes).

이런 식으로, / 당신은 (다른 모든 사람들의 경험이라는) 이익을 얻는다 / 단지 (실수라는 영역을 지나온) 당신만의 특유한 길뿐만 아니라.

This, / by the way, / is another reason (why we humans are so much smarter than every other species).

이것은 / 한편으로 / (우리 인간이 다른 모든 종보다 훨씬 더 영리한) 또 다른 이유이다.

It is not that our brains are bigger or more powerful, / or even that we have the ability (to reflect on our own past errors), / but that we share the benefits (that our individual brains have earned / from their individual histories of trial and error).

이것은 우리 뇌가 더 크거나 더 강력해서가 아니다 / 혹은 심지어 우리가 (우리 자신의 과거 실수를 반추할 수 있는) 능력을 지녀서가 아니다 / 오히려 우리가 (우리 각자의 뇌가 얻어낸 / 그들 각자의 시행착오의 역사로부터) 이익들을 공유해서이다.

과학과 무대 마술 사이의 한 가지 큰 차이점은 마술사들은 그들의 실수를 관중에게 숨기는 반면, 과학에서는 실수를 공공연하게 저지른다는 것이다. 당신은 모두가 실수로부터 배울 수 있도록 실수를 드러내 보여준다. 이런 식으로, 당신은 단지 실수라는 영역을 지나온 당신만의 특유한 길뿐만 아니라, 다른 모든 사람들의 경험이라는 이익을 얻는다. 한편, 이는 우리 인간이 다른 모든 종보다 훨씬 영리한 또 다른 이유이다. 이것은 우리 뇌가 더 크거나 더 강력해서, 혹은 심지어 우리가 과거 실수들을 반추할 수 있는 능력을 지녀서가 아니라, 우리 각자의 뇌가 각자의 시행착오의 역사로부터 얻어낸 이익들을 공유해서이다.

첫 두 문장에서 과학자는 마술사와 달리 '실수를 공공연하게 드러내 보인다'고 언급한 후, 세 번째 및 네 번째 문장에서는 이러한 '실수의 공유'가 인간을 더 똑똑하게 만들어준다고 한다. 따라서 빈칸에 들어갈 말로 가장 적절한 것은 ① '이익들을 공유해서'이다.

② 통찰력을 간과해서
③ 창의력을 발달시켜서
④ 업적을 과장해서
⑤ 지식을 과소평가해서

One big difference between science and stage magic is **that** while magicians hide their mistakes from the audience, in science you make your mistakes in public.

→ 접속사 that과 연결되는 절은 in science you make your mistakes in public이다. 이 that절은 문장의 주격보어이다.

DAILY REVIEW

ⓐ 어휘 TEST

make the bed	잠자리를 정돈하다	show off	~을 과시하다
bite	물다	manufacture	제조하다
seek	찾다	assembly	조립
attribute	귀착시키다	acceleration	가속
awkward	어색한	unheard-of	전례 없는
give it another shot	다시 한번 해보다	automobile	자동차
experienced	경험 있는	bury	매장하다
shed	떨어뜨리다	appropriate	적절한
anecdote	일화	in public	공공연하게
suspect	의심하다	exaggerate	과장하다

ⓑ 단어 배열

01 as the sun started setting

02 once you are done with it

03 Though we are all experienced shoppers

04 so they could go

ⓒ 빈칸 완성

01 Since I joined your swimming program

02 unless class is cancelled

03 As the machinery was new

04 so much gold, that the shoemaker was afraid

ⓑ 단어 배열

01 '~할 때'는 시간의 접속사 as의 해석이며, '~하기 시작하다'는 start V-ing이므로 as the sun started setting이 정답이다.

02 '일단 ~하면'은 조건의 접속사 once의 해석이다. '~을 끝내다'는 be done with를 활용해 쓴다. 따라서 once you are done with it이 정답이다.

03 '~에도 불구하고'는 양보의 접속사 though의 해석이므로, Though we are all experienced shoppers가 정답이다.

04 '~할 수 있도록'은 목적의 접속사 so that의 해석인데, 여기서는 that 이 생략되어 있다. 따라서 so they could go가 정답이다.

ⓒ 빈칸 완성

01 since(~한 이후로)를 활용하여 시간의 부사절을 영작하는 문제이다. since절 안에는 과거시제 동사를 써야 하므로, join을 과거형으로 바꾸어 Since I joined your swimming program을 답으로 쓴다.

02 '~하지 않는 한'은 조건의 접속사 unless의 해석이다. unless에 부정의 의미가 포함되어 있으므로, unless 뒤에 나오는 동사는 부정형이 아닌 긍정형으로 써야 한다. 따라서 정답은 unless class is cancelled이다.

03 이유의 접속사 as 뒤로 '주어+동사+주격보어'를 차례로 열거한 As the machinery was new가 정답이다.

04 '너무 많은 금화'에 해당하는 명사구는 so much gold이며, 결과의 부사절은 so와 짝을 이루는 접속사 that을 이용해 that the shoemaker was afraid라고 영작한다.

◀ STEP **1** ▶ **직독직해로 연습하는** 해석 공식 ◀·······

01 Through gossip, / we bond with our friends, / sharing
　　　　　　　　　S　V
interesting details.

가십을 통해 / 우리는 우리 친구들과 유대를 형성한다 / 흥미로운 세부사항을 공유하며.

➜ 가십을 통해 우리는 친구들과 흥미로운 세부사항을 공유하면서 유대를 형성한다.

02 She lay there, / sweating, / listening to the empty thunder
　　　S　V
(that brought no rain).

그녀는 그곳에 누워있었다 / 땀을 흘리며 / (비를 부르지 않는) 공허한 천둥소리를 들으면서.

➜ 그녀는 그곳에 누워 땀을 흘리며 비를 부르지 않는 공허한 천둥소리를 듣고 있었다.

03 She joined them for a little, / moving with the gentle
　　　S　V　　O
breeze, / feeling the warm sun feed her.

그녀는 그것들과 잠시 함께했다 / 미풍을 따라 움직이면서 / 따뜻한 햇살이 자신을 채워주는 것을 느끼며.

➜ 그녀는 미풍을 따라 움직이면서, 따뜻한 햇살이 자신을 채워주는 것을 느끼며 그것들과 잠시 함께했다.

04 Within minutes, / the plane shakes hard, / and I freeze, /
　　　　　　　　　S1　V1　　　　　　S2　V2
feeling like I'm not in control of anything.

몇 분 만에 / 비행기는 심하게 흔들리고, / 나는 몸이 굳는다 / 내가 아무것도 통제할 수 없는 것 같다고 느끼며.

➜ 몇 분 만에 비행기는 심하게 흔들리고, 나는 내가 아무것도 통제할 수 없는 것 같은 기분으로 몸이 굳는다.

05 Knowing that he was the only person (living in the
house), / he was always prepared / in case thieves came to
　　　　　　S　V　　　S.C.
his house.

그가 (그 집에 사는) 유일한 사람이란 것을 알았기 때문에, / 그는 항상 준비하고 있었다 / 자기 집에 도둑이 드는 상황에 대비해.

➜ 그는 그 집에 사는 사람이 자기밖에 없다는 것을 알았기 때문에, 자기 집에 도둑이 드는 상황에 항상 대비하고 있었다.

06 When assessing results, / think about any biases (that may
　　　　　　　　　　　　V
be present)!

결과들을 평가할 때 / (있을지도 모르는) 편향들에 관해 생각하라!

➜ 결과들을 평가할 때, 있을지도 모르는 편향들에 관해 생각하라!

07 While in high school / he edited his high school
　　　　　　　　　　　S　V　　O
newspaper.

고등학교에 다니는 동안 / 그는 학교 신문을 편집했다.

➜ 고등학교에 다니는 동안 그는 학교 신문을 편집했다.

08 Proud of him, / I wondered / how he had had the courage
　　　　　　　　S　V　　　O
(to deliver such a speech).

그를 자랑스러워하며 / 나는 궁금했다 / 그가 (그런 연설을 할) 용기를 어떻게 냈었는지.

➜ 그가 자랑스러운 한편 나는 그가 그런 연설을 할 용기를 어떻게 냈었는지 궁금했다.

09 Creative and experimental, / he incorporated authentic
　　　　　　　　　　　　　　　　S　V1　　　O1
dialect in his work / and wrote about themes (that
　　　　　　　　　　　　　V2
reflected elements of lower-class black culture).

창의적이고 실험적이었기에 / 그는 진짜 사투리를 자기 작품에 포함시켰고, / (하층 흑인 문화의 요소를 반영한) 주제에 관해서 썼다.

➜ 창의적이고 실험적이었던 그는 진짜 사투리를 자기 작품에 포함시켰고, 하층 흑인 문화의 요소를 반영한 주제에 관해 글을 썼다.

10 While reflecting on the needs (of organizations, leaders,
and families today), / we realize / that one (of the unique
　　　　　　　　　　　　S　V　　　　　O
characteristics) is inclusivity.

(오늘날 조직, 지도자, 그리고 가족의) 요구에 관해 곰곰이 생각해볼 때 / 우리는 깨닫는다 / (독특한 특성들 중) 하나가 포용성이라는 것을.

➜ 오늘날 조직, 지도자, 그리고 가족의 요구에 관해 곰곰이 생각할 때 우리는 독특한 특성 중 하나가 포용성임을 깨닫는다.

11 All things considered, / it's the wrong time (for us to start
　　　　　　　　　　　　비인칭S+V　S.C.
our own business).

모든 것이 고려될 때 / (우리가 우리만의 사업을 시작하기에는) 부적절한 시기다.

➜ 모든 것을 고려하면, 우리가 우리 사업을 하기에는 부적절한 시기다.

12 No pre-registration necessary, / just show up and have
　　　　　　　　　　　　　　　　　　　V1　　　　　V2
fun.
　O

사전 등록은 필요 없으므로 / 그냥 오셔서 즐겨주세요.

➜ 사전 등록은 필요 없으므로, 그냥 오셔서 즐겨주세요.

13 We decided to have our picnic, / the weather being warm
　　S　V　　　　　O
and clear.

우리는 소풍을 가기로 마음 먹었다 / 날씨가 따뜻하고 맑았기 때문에.

➜ 날씨가 따뜻하고 맑았기 때문에, 우리는 소풍을 가기로 마음 먹었다.

14 If you hit snooze enough times, / you'll end up being late
　　　　　　　　　　　　　　　　　　S+V
and racing for the office, / your day and mood ruined.

여러분이 알람 정지 버튼을 많이 누른다면 / 여러분은 결국 늦어서 사무실까지 뛰어갈 것이고 / 여러분의 하루와 기분이 망쳐질 것이다.

➜ 알람 정지 버튼을 많이 누른다면, 여러분은 결국 늦어서 사무실까지 뛰어갈 것이고, 여러분의 하루와 기분을 망치게 된다.

15 Men tend to have a more limited range of conversation
　　S　V　　　　　　　　　　　　O
topics, / the most popular being work, sports, jokes, and
cars.

남자들은 더 제한된 범위의 대화 주제를 갖는데 / 가장 인기 있는 것은 일, 스포츠, 농담, 그리고 자동차다.

➜ 남자들은 더 제한된 범위의 대화 주제를 갖는데, 가장 인기 있는 것은 일, 스포츠, 농담, 그리고 자동차다.

16 She was sitting / with her back against the trunk (of a
　　S　V

fallen tree).

그녀는 앉아 있었다 / (쓰러진 나무의) 몸통에 그녀의 등을 기댄 채로.

➡ 그녀는 쓰러진 나무 몸통에 등을 기대고 앉아 있었다.

17 With technology advancing rapidly, / <u>networks</u> <u>are</u>
   　　　　　　　　　　　　　　　　　　　　　　　 S　　　V
<u>becoming</u> <u>more complex and diverse</u>.
　　　　　　　　S.C.

기술이 빠르게 발전함에 따라 / 네트워크는 점점 복잡하고 다양해지고 있다.

➡ 기술이 빠르게 발전함에 따라, 네트워크는 점점 복잡하고 다양해지고 있다.

18 Finally, / <u>she</u> <u>showed up</u> at the venue / with her right leg
　　　　　　　S　　V
bandaged from ankle to thigh.

마침내 / 그녀는 행사장에 나타났다 / 오른쪽 다리가 발목부터 허벅지까지 붕대로 감긴 채로.

➡ 마침내 그녀는 오른쪽 다리에 발목부터 허벅지까지 붕대를 감은 채로 행사장에 나타났다.

19 <u>The owner</u> (of the food) <u>will be</u> <u>center stage</u>, / with a
　　　 S　　　　　　　　　　　　 V　　　　S.C.
group of others around him or her.

(그 음식의) 소유자는 주목받는 대상이 될 것이다 / 한 무리의 다른 개체들이 자기 주변을 둘러싼 채로.

➡ 그 음식의 소유자는 한 무리의 다른 개체에 둘러싸인 채로 주목받는 대상이 될 것이다.

20 <u>She</u> <u>lay</u> <u>spiritless</u> and <u>exhausted</u>, / with her eyes nearly
　　　 S　 V　　S.C.1　　　 S.C.2
closed, / and her lips slightly moving in secret prayer.

그녀는 맥없고 기진맥진한 상태로 누웠다 / 그녀의 눈이 거의 감긴 채로 / 그리고 그녀의 입술은 남몰래 기도하며 조금씩 움직이는 상태로.

➡ 그녀는 맥없고 기진맥진한 상태로 누워서 눈을 거의 감고 있었고, 그녀의 입술은 남몰래 기도하며 조금씩 움직이고 있었다.

◀ **STEP 3** ▶ **기출 문제로 의미 다시보기** ◀

01 ② 　　 **02** ② 　　 **03** ⑤

01 어휘 추론

◀ **직독직해** ━━━━

Social connections are so essential / for our survival and well-being / that we not only cooperate with others / to build relationships, / we also compete with others for friends.

사회적 관계는 매우 필수적이어서 / 우리의 생존과 행복을 위해 / 그 결과 우리는 다른 사람과 협력할 뿐만 아니라 / 관계를 형성하기 위해 / 우리는 또한 친구를 얻기 위해 다른 사람과 경쟁하기도 한다.

And often we do both at the same time.

그리고 흔히 우리는 동시에 둘 다 한다.

Take gossip.

가십을 생각해보자.

Through gossip, / we bond with our friends, / sharing interesting details.

가십을 통해 / 우리는 친구들과 유대를 형성한다 / 흥미로운 세부사항을 공유하면서.

But at the same time, / we are <u>creating</u> potential enemies / in the targets (of our gossip).

그러나 동시에 / 우리는 잠재적인 적을 만들어낸다 / (우리 가십의) 대상들 속에서.

Or / consider rival holiday parties (where people compete / to see who will attend *their* party).

또는 / (사람들이 경쟁하는 / 누가 '그들의' 파티에 참석할 것인지를 알기 위해) 라이벌 관계의 휴일 파티를 생각해 보라.

We can even see this <u>tension</u> in social media / as people compete for the most friends and followers.

우리는 심지어 소셜 미디어에서도 이러한 긴장을 볼 수 있다 / 사람들이 가장 많은 친구들과 팔로워들을 얻기 위해 경쟁할 때.

At the same time, / competitive exclusion can also <u>generate</u> cooperation.

동시에 / 경쟁적 배제는 협력 또한 만들어낼 수 있다.

High school social clubs and country clubs / use this formula to great effect:

고등학교 친목 동아리와 컨트리클럽은 / 이러한 공식을 사용해 큰 효과를 발휘한다.

It is through selective inclusion *and exclusion* / that they produce loyalty and lasting social bonds.

바로 선택적인 포함 '그리고 배제'를 통해서이다 / 그들이 충성과 지속적인 사회적 유대를 형성하는 것은.

◀ **전문해석**

사회적 관계는 우리의 생존과 행복에 매우 필수적이어서, 우리는 관계를 형성하기 위해 다른 사람과 협력할 뿐만 아니라 친구를 얻기 위해 다른 사람과 경쟁하기도 한다. 그리고 흔히 우리는 동시에 둘 다 한다. 가십을 생각해보자. 가십을 통해 우리는 친구들과 흥미로운 세부사항을 공유하면서 유대를 형성한다. 그러나 동시에 우리는 가십의 대상들 속에서 잠재적인 적을 만들어낸다. 또는, 누가 '자신의' 파티에 참석할 것인지를 알기 위해 경쟁하는 라이벌 관계의 휴일 파티를 생각해 보라. 우리는 심지어 소셜 미디어에서도 사람들이 가장 많은 친구들과 팔로워들을 얻기 위해 경쟁할 때 이러한 긴장을 볼 수 있다. 동시에 경쟁적 배제는 협력도 만들어낼 수 있다. 고등학교 친목 동아리와 컨트리클럽(골프장, 테니스장 등 야외 운동시설)은 이러한 공식을 사용해 큰 효과를 발휘한다. 다시 말해, 그들이 충성과 지속적인 사회적 유대를 형성하는 것은 바로 선택적인 포함 '그리고 배제'를 통해서이다.

◀ **해설**

첫 문장에서 우리는 사회적 연결을 위해 협력과 경쟁을 둘 다 이용한다고 한다. 즉 협력이 있으면 경쟁이 있고, 경쟁이 있으면 협력도 있다는 것이다. 이를 근거로 볼 때, 가십으로 유대감도 쌓지만 적도 '만들어내며' 경쟁한다는 의미로 (A)에는 creating을 넣어야 한다. 이런 상황을 요약할 수 있는 말은 '긴장'이므로 (B)에는 tension을 넣어야 한다. 한편 글 후반부는 경쟁 속에서 협력 또한 '생겨난다'는 내용이므로, (C)에는 generate를 넣어야 한다. 따라서 문맥에 맞는 낱말로 가장 적절한 것은 ② '(A) 만들어낸다 – (B) 긴장 – (C) 만들어낼'이다.

① 만들어낸다 – 조화 – 막을
③ 만들어낸다 – 긴장 – 막을
④ 용서한다　 – 긴장 – 막을
⑤ 용서한다　 – 조화 – 만들어낼

Social connections are **so** essential for our survival and well-being **that** we **not only** cooperate with others to build relationships, we **also** compete with others for friends.

→ 결과의 부사절인 'so ~ that …(너무 ~해서 …하다)' 구문이다. that절 안에는 2개의 '주어+동사'가 not only A (but) also B(A뿐만 아니라 B도)로 연결되었다.

02 빈칸 추론

직독직해

When reading another scientist's findings, / think critically about the experiment.

다른 과학자의 실험 결과물을 읽을 때, / 그 실험에 대해 비판적으로 생각하라.

Ask yourself: // Were observations recorded during or after the experiment? // Do the conclusions make sense? // Can the results be repeated? // Are the sources (of information) reliable?

스스로에게 물어보라. // 관찰들이 실험 도중에, 아니면 후에 기록되었나? // 결론은 합리적인가? // 그 결과들은 반복될 수 있는가? // (정보의) 출처는 신뢰할 만한가?

You should also ask / if the scientist or group (conducting the experiment) was unbiased.

여러분은 역시 물어야 한다 / (실험을 수행한) 그 과학자나 그룹이 편향되지 않았는지.

Being unbiased means / that you have no special interest (in the outcome) (of the experiment).

편향되지 않다는 것은 의미한다 / 여러분이 (실험의) (결과에 관한) 특별한 이익이 없다는 것을.

For example, / if a drug company pays for an experiment / to test how well one (of its new products) works, / there is a special interest (involved):

예를 들면, / 만약 한 제약회사가 실험 비용을 지불한다면 / (그곳의 새로운 제품 중의) 하나가 얼마나 잘 작용하는지 검증하기 위해 / (관련된) 특별한 이익이 있다.

The drug company profits / if the experiment shows / that its product is effective.

그 제약회사는 이익을 본다 / 만약 실험이 보여준다면 / 그 제품이 유효하다는 것을.

Therefore, / the experimenters aren't <u>objective</u>.

따라서, / 그 실험자들은 <u>객관적</u>이지 않다.

They might ensure / the conclusion is positive and benefits the drug company.

그들은 보장할지도 모른다 / 결론이 긍정적이고 제약회사에 이익이 되도록.

When assessing results, / think about any biases (that may be present)!

결과들을 평가할 때, / (있을지도 모르는) 편향들에 관해 생각하라!

전문해석

다른 과학자의 실험 결과물을 읽을 때, 그 실험에 대해 비판적으로 생각하라. 스스로에게 (다음과 같이) 물어보라. 관찰들이 실험 도중에 기록되었나, 아니면 후에 기록되었나? 결론은 합리적인가? 그 결과들은 반복될 수 있는가? 정보의 출처는 신뢰할 만한가? 여러분은 실험을 수행한 그 과학자나 그룹이 편향되지 않았는지도 물어야 한다. 편향되지 않다는 것은 여러분이 실

험의 결과로 특별한 이익을 얻지 않는다는 것을 의미한다. 예를 들면, 만약 한 제약회사가 회사의 새로운 제품 중 하나가 얼마나 잘 작용하는지 검증하기 위한 실험 비용을 지불한다면, 특별한 이익이 관련되어 있다. 즉, 만약 실험에서 그 제품이 유효함을 보여준다면, 그 제약회사는 이익을 본다. 따라서, 그 실험자들은 객관적이지 않다. 그들은 결론이 긍정적이고 제약회사에 이익이 되도록 보장할지도 모른다. 결과들을 평가할 때, 있을지도 모르는 편향들에 관해 생각하라!

해설

결론을 제시하는 마지막 문장에서 실험 결과를 평가할 때는 실험에 내재했을 수도 있는 편향을 생각해봐야 한다고 조언하고 있다. 실험에 편향이 있다는 것은 실험이 '객관적이지' 않다는 의미이므로, 빈칸에 들어갈 말로 가장 적절한 것은 ② '객관적'이다.

① 독창적인
③ 믿을만하지 않은
④ 신뢰할 수 없는
⑤ 결정적인

When reading another scientist's findings, think critically about the experiment.

→ 분사구문은 부사절 'When you read ~'로 바꿀 수 있다.

03 안내문 불일치

직독직해

Silver Aqua Classes
Silver Aqua 수업

Are you bored with your current exercise routine?
여러분은 지금의 운동 루틴이 지루하신가요?

Parkside Pool will host special one-day water exercise classes for senior customers.
Parkside Pool은 노인 고객들을 위한 특별한 일일 수중 운동 강좌를 열 예정입니다.

Please come and enjoy our senior-friendly pool.
오셔서 우리의 노인 친화적 수영장을 즐겨보세요.

Program // Date: Tuesday, June 9
프로그램 // 날짜: 6월 9일 화요일

Special Classes // 9:00 a.m. - 10:00 a.m.: water walking
특별 수업 // 오전 9:00 - 오전 10:00 : 수중 걷기

10:30 a.m. - 11:30 a.m.: recreational swimming
오전 10:30 - 오전 11:30 : 오락 수영

2:00 p.m. - 3:00 p.m.: water aerobics
오후 2:00 - 오후 3:00 : 수중 에어로빅

Admission Fee // $5 per person (This includes all classes.)
입장료 // 1인당 5달러(이것은 모든 수업을 포함합니다.)

Notes
주의사항

No pre-registration necessary, / just show up and have fun!
사전 참가 등록은 필요 없으므로 / 그냥 오셔서 즐겨주세요!

For more information, / please visit our website at www.parksidepool.org.

더 많은 정보가 필요하시면, / 우리 웹 사이트 www.parksidepool.org를 방문하세요.

전문해석

Silver Aqua 수업

지금의 운동 루틴이 지루하신가요? Parkside Pool에서 노인 고객들을 위한 특별한 일일 수중 운동 강좌를 엽니다. 오셔서 우리의 노인 친화적 수영장을 즐겨보세요.

프로그램
- 날짜: 6월 9일 화요일
- 특별 수업
  오전 9:00 - 오전 10:00 : 수중 걷기
  오전 10:30 - 오전 11:30 : 오락 수영
  오후 2:00 - 오후 3:00 : 수중 에어로빅

입장료 - 1인당 5달러(모든 수업이 포함됩니다.)

주의사항
- 사전 참가 등록은 필요 없으므로 그냥 오셔서 즐겨주세요!
- 더 많은 정보가 필요하시면, 우리 웹 사이트 www.parsidepool.org를 방문하세요.

해설

'No pre-registration necessary, just show up and have fun!'에서 사전 참가 등록은 필요 없다고 하므로, 내용과 일치하지 않는 것은 ⑤ '사전 참가 등록이 필요하다.'이다.

구문풀이

Are you **bored with** your current exercise routine?
→ be bored with(~에 지루해하다) 구문이다.

◆ DAILY REVIEW

A 어휘 TEST

clap	박수치다	trunk	(나무의) 몸통
bond with	~와 유대를 맺다	venue	장소
gentle	부드러운	thigh	허벅지
courage	용기	spiritless	기운 없는
experimental	실험적인	exclusion	배제
incorporate	포함시키다	formula	공식
authentic	진짜의	critically	비판적으로
set out on	~에 착수하다	unbiased	편향되지 않은
snooze	알람 정지 버튼	recreational	오락의
ruin	망치다	admission fee	참가비

B 단어 배열

01 listening to the empty thunder

02 Proud of him

03 All things considered

04 with her right leg bandaged

C 빈칸 완성

01 moving with the gentle breeze

02 Creative and experimental

03 the weather being warm and clear

04 With technology advancing rapidly

B 단어 배열

01 '~을 듣다'는 'listen to+명사구'의 해석이므로, listening to the empty thunder가 정답이다.

02 괄호 안에 분사가 없는 것으로 보아 being이 생략된 분사구문을 영작해야 한다. 따라서 being의 보어인 형용사로 시작하는 Proud of him이 정답이다.

03 '모든 것을 고려하면'은 '의미상 주어+분사구문'의 형태인 All things considered로 표현한다.

04 '~한 채로'는 'with+명사+분사'의 해석이다. 따라서 전치사 with, 명사구 her right leg, 분사 bandaged를 차례로 써준다.

C 빈칸 완성

01 '~하면서'는 분사구문의 해석이므로 move with를 moving with로 변형하고, 명사구인 the gentle breeze를 이어서 써준다.

02 주어를 보충 설명하는 분사구문을 영작해야 하는데, 형용사구 Creative and experimental만으로 빈칸이 모두 채워진다. 즉 Being이 생략된 분사구문이다.

03 분사구문의 주어인 '날씨'가 주절의 주어인 We와 다르므로, 독립분사구문을 영작해야 한다. 따라서 콤마 뒤에 의미상 주어인 the weather를 먼저 써주고, 분사 being을 쓴 뒤, being의 보어인 warm and clear를 써주면 답이 완성된다.

04 'with+명사+분사' 구문을 영작하는 문제이므로, 자동사 advance를 advancing으로 변형하여 With technology advancing rapidly를 답으로 쓴다.

STEP 1 ▶ 직독직해로 연습하는 해석 공식

01 We enjoyed the pasta dish as much / as the rice dish.

우리는 파스타 요리를 맛있게 먹었다 / 밥 요리만큼.
➡ 우리는 파스타 요리를 밥 요리만큼 맛있게 먹었다.

02 Though not as old / as the bridges (of Rome), / it was absolutely a work of art.

비록 그렇게 오래되지는 않았지만 / (로마의) 다리만큼 / 그것은 확실히 예술 작품이었다.
➡ 비록 로마의 다리만큼 오래되지는 않았지만, 그것은 확실히 예술 작품이었다.

03 While asleep, / your body is recharged with as much energy / as you spent the previous day.

잠자는 동안 / 여러분의 몸은 그렇게 많은 에너지로 재충전된다 / 여러분이 전날 쓴 만큼.
➡ 잠자는 동안 여러분의 몸은 여러분이 전날 쓴 만큼의 에너지로 재충전된다.

04 In many regions (of the world) / there are as many types of dances / as there are communities (with distinct identities).

(세계의) 많은 지역에 / 그렇게 많은 종류의 춤이 있다 / (뚜렷한 정체성을 가진) 지역사회가 있는 것만큼.
➡ 세계 많은 지역에는 뚜렷한 정체성을 가진 지역사회만큼이나 많은 종류의 춤이 있다.

05 If you did not study as hard / as you should have or wanted to, / accept that / as beyond your control for now.

만약 여러분이 그렇게 열심히 공부하지 않았다면 / 여러분이 그랬어야 하거나 그러기를 원했던 만큼 / 그것을 받아들이라 / 여러분이 지금은 통제할 수 없는 것이라고.
➡ 만약 여러분이 했어야 하거나 원했던 만큼 열심히 공부하지 않았다면, 그것이 여러분이 지금은 어쩌지 못하는 것임을 받아들이라.

06 All five countries / had more electric car stock in 2016 / than in 2014.

5개국 모두 / 2016년에 더 많은 전기차 재고량을 가졌다 / 2014년보다.
➡ 5개국 모두 2014년보다 2016년에 전기차 재고량이 더 많았다.

07 Unmanned space explorations are less expensive / than ones (involving astronauts).

무인 우주 탐사는 비용이 덜 든다 / (우주비행사를 포함하는) 것보다.
➡ 무인 우주 탐사는 우주비행사를 포함한 탐사보다 비용이 덜 든다.

08 The influence (of peers), / she argues, / is much stronger / than that (of parents).

(또래들의) 영향은 / 그녀는 주장한다 / 훨씬 더 강하다고 / (부모의) 그것보다.
➡ 그녀가 주장하기로, 또래들의 영향은 부모의 영향보다 훨씬 더 강하다.

09 Disaster-preparation planning is more like training (for a marathon) / than training (for a sprinting event).

재난 대비 계획 세우기는 (마라톤을 위한) 훈련과 더 비슷하다 / (단거리 경주를 위한) 훈련보다는.
➡ 재난 대비 계획 세우기는 단거리 경주 훈련보다는 마라톤 훈련과 더 비슷하다.

10 You are far more likely to purchase items (placed at eye level in the grocery store), / than items (on the bottom shelf).

여러분은 (식료품점에서 눈높이에 배치된) 상품을 구매할 가능성이 훨씬 더 크다 / (아래쪽 선반에 있는) 상품보다.
➡ 식료품점에서 아래쪽 선반에 있는 상품보다 눈높이에 배치된 상품을 구매할 가능성이 훨씬 더 크다.

11 The more you drink energy drinks, / the more you become dependent on them.

네가 에너지 드링크를 더 많이 마실수록 / 너는 그것에 더 의존하게 돼.
➡ 네가 에너지 드링크를 더 많이 마실수록, 너는 그것에 더 의존하게 돼.

12 Score as many points as possible / by answering the puzzles / while moving around the city.

최대한 많은 점수를 얻으세요 / 수수께끼에 응답함으로써 / 도시를 이곳저곳 다니는 동안.
➡ 도시 이곳저곳을 다니는 동안 수수께끼에 응답하여 최대한 많은 점수를 얻으세요.

13 Vegetarian eating is moving into the mainstream / as more and more young adults say no to meat, poultry, and fish.

채식은 주류 쪽으로 향하고 있다 / 점점 더 많은 젊은이들이 고기, 가금류, 생선을 거부함에 따라.
➡ 채식은 점점 더 많은 젊은이들이 고기, 가금류, 생선을 거부함에 따라 주류가 되어가고 있다.

14 Fast fashion refers to trendy clothes (designed, created, and sold to consumers / as quickly as possible / at extremely low prices).

패스트 패션은 (디자인되고, 만들어지고, 소비자에게 판매되는 / 가급적 빨리 / 매우 낮은 가격에) 유행 의류를 가리킨다.
➡ 패스트 패션은 매우 낮은 가격에 가급적 빨리 디자인되고 제작되어 소비자에게 판매되는 유행 의류를 가리킨다.

15 The more active you are today, / the more energy you spend today / and the more energy you will have (to burn tomorrow).

여러분이 오늘 더 활동적일수록 / 여러분은 오늘 더 많은 에너지를 소비한다 / 그리고 여러분은 (내일 태울) 더 많은 에너지를 갖게 될 것이다.
➡ 오늘 더 활동적일수록 여러분은 오늘 더 많은 에너지를 소비하고, 내일 태울 수 있는 에너지가 더 많아질 것이다.

16 English is the most spoken language worldwide, / with 1,500 million total speakers.

영어는 전 세계에서 가장 많이 사용되는 언어이다 / 15억 명의 총 사용자가 있는.

➡ 영어는 전 세계에서 가장 많이 사용되는 언어로, 총 사용자가 15억 명이다.

17 In 2005, / Korea's average class size was the largest (of
all the countries), / with more than 30 students in a class.

2005년에 / 한국의 평균 학급 크기는 (그 모든 나라 중의) 최대였다 / 한 학급에
30명이 넘는 학생이 있는.

➡ 2005년에 한국의 평균 학급 크기는 모든 나라 중 최대로, 한 학급에 30명이
넘는 학생이 있었다.

18 Last year's was the largest (ever held in this area) / with
more than 80 employers and over 1,000 job seekers.

작년 것이 (여지껏 이 지역에서 열린) 가장 큰 행사로, / 80명이 넘는 고용주와
1,000명이 넘는 구직자가 함께했다.

➡ 작년 행사는 여지껏 이 지역에서 열린 가장 큰 행사로, 80명이 넘는 고용주
와 1,000명이 넘는 구직자가 참가했다.

19 Of the six listed regions, / Europe was the most visited
place for wellness tourism / in both 2015 and 2017, /
followed by Asia-Pacific.

열거된 여섯 지역 중 / 유럽은 웰니스 관광을 위해 가장 많이 방문된 곳이었다 /
2015년과 2017년에 모두 / 그리고 아시아 태평양 지역이 뒤를 이었다.

➡ 열거된 여섯 지역 중, 유럽은 2015년과 2017년 두 해에 모두 웰니스 관광
목적으로 가장 많이 방문된 장소였고, 아시아 태평양 지역이 그 뒤를 이었다.

20 Advice (from a friend or family member) / is the most
well-meaning (of all), / but it's not the best way (to match
yourself with a new habit).

(친구나 가족으로부터의) 조언은 / (모든 것 중) 가장 선의에서 나오는 말이지만
/ 그것은 (여러분 자신을 새로운 습관에 맞추기 위한) 최선의 방법은 아니다.

➡ 친구나 가족의 조언은 모든 것 중 가장 선의에서 나오는 말이지만, 새로운 습
관에 자신을 맞추기 위한 최선의 방법은 아니다.

◀ **STEP 3** ▶ **기출 문제로 의미 다시보기** ◀▪▪▪▪▪▪▪

01 ① **02** ⑤ **03** ①

01~02 장문의 이해

◀ **직독직해** ─────────

Marketers have known for decades / that you buy what you
see first.

마케팅 담당자들은 수십 년 동안 알고 있었다 / 여러분이 먼저 눈에 보이는 것을 사
는 것을.

You are far more likely to purchase items (placed at eye
level in the grocery store), / for example, / than items (on the
bottom shelf).

여러분은 (식료품점에서 눈높이에 배치된) 상품을 구매할 가능성이 훨씬 더 크다 / 예
를 들어 / (아래쪽 선반에 있는) 상품보다.

There is an entire body of research (about the way) ("product
placement" in stores influences your buying behavior).

(매장에서의 '제품 배치'가 여러분의 구매 행동에 영향을 미치는) (방식에 대한) 매우 많
은 연구가 있다.

This gives you a chance (to use product placement to your
advantage).

이것은 (여러분에게 유리하게 제품 배치를 사용할) 기회를 여러분에게 준다.

Healthy items (like produce) / are often the least visible foods
at home.

(농산물과 같은) 건강한 식품은 / 흔히 집에서 가장 눈에 띄지 않는 음식이다.

You won't think to eat / what you don't see.

당신은 먹으려고 생각하지 않을 것이다 / 여러분이 보지 못하는 것을.

This may be part of the reason (why 85 percent of Americans
do not eat enough fruits and vegetables).

이것은 (85%의 미국인들이 과일과 채소를 충분히 먹지 않는) 부분적인 이유일지도 모
른다.

If produce is hidden in a drawer (at the bottom of your
refrigerator), / these good foods are out of sight and mind.

만약 농산물이 (냉장고의 아래쪽) 서랍에 숨겨져 있으면, / 이 좋은 음식들은 시야와
마음에서 벗어난다.

The same holds true for your pantry.

같은 것이 여러분의 식료품 저장실에도 적용된다.

I used to have a shelf (lined with salty crackers and chips at
eye level).

나는 (눈높이에 짠 크래커와 칩이 줄지어 놓여 있는) 선반을 과거에 가지고 있었다.

When these were the first things (I noticed), / they were my
primary snack foods.

이것들이 (내가 보는) 첫 번째 것이었을 때, / 그것들은 나의 주된 간식이었다.

That same shelf is now filled with healthy snacks, / which
makes good decisions easy.

바로 그 선반이 이제는 건강에 좋은 간식으로 가득 차 있다 / 그리고 이것은 좋은 결정
을 내리기 쉽게 만들어준다.

Foods (that sit out on tables) / are even more critical.

(식탁에 나와 있는) 음식들은 / 훨씬 더 중요하다.

When you see food / every time you walk by, / you are likely
to avoid(→ grab) it.

당신이 음식을 보면 / 당신이 지나갈 때마다 / 당신은 그것을 피하기(→ 집어들기) 쉽다.

So to improve your choices, / leave good foods (like apples
and pistachios) sitting out / instead of crackers and candy.

따라서 당신의 선택을 개선하려면 / (사과와 피스타치오 같은) 좋은 음식이 나와 있게
두라 / 크래커와 사탕 대신.

▶

◀ **전문해석** ─────

마케팅 담당자들은 여러분이 먼저 눈에 보이는 것을 산다는 사실을 수십 년
동안 알고 있었다. 예를 들어, 식료품점에서 아래쪽 선반에 있는 상품보다
눈높이에 배치된 상품을 구매할 가능성이 훨씬 더 크다. 매장에서의 '제품
배치'가 구매 행동에 영향을 미치는 방식에 대한 연구가 매우 많다. 이것은
여러분이 제품 배치를 유리하게 사용할 기회를 준다. 농산물과 같은 건강한
식품은 흔히 집에서 가장 눈에 띄지 않는 음식이다. 여러분은 보이지 않는
것을 먹으려고 생각하지 않을 것이다. 이것은 85%의 미국인들이 과일과 채
소를 충분히 먹지 않는 부분적인 이유일지도 모른다.
만약 농산물이 냉장고의 아래쪽 서랍에 숨겨져 있으면, 이 좋은 음식들은 시
야와 마음에서 벗어난다. 여러분의 식료품 저장실에서도 마찬가지다. 나는

과거에 눈높이에 짠 크래커와 칩이 줄지어 놓여 있는 선반을 가지고 있었다. 이것들이 맨 먼저 내게 눈에 띄는 것이었을 때, 그것들은 나의 주된 간식이었다. 바로 그 선반이 이제는 건강에 좋은 간식으로 가득 차 있어, 좋은 결정을 내리기가 쉬워진다. 식탁에 나와 있는 음식들은 훨씬 더 중요하다. 여러분이 지나갈 때마다 음식을 보면, 여러분은 그것을 피하기(→ 집어들기) 쉽다. 따라서 여러분의 선택을 개선하려면, 크래커와 사탕 대신 사과와 피스타치오 같은 좋은 음식을 놓아두라.

◀ 해설 ▶

01 음식 배치가 음식 구매 또는 선택에 영향을 미칠 수 있기 때문에, 식습관을 개선하고 싶다면 음식 배치를 바꾸어야 한다는 내용의 글이다. 마지막 문장이 필자의 주장을 잘 제시한다. 따라서 글의 제목으로 가장 적절한 것은 ① '왜 우리는 음식 배치를 고려해야 하는가'이다.
   ② 쾌락은 여러분이 사는 물건에서 비롯되지 않는다
   ③ 여러분은 눈에 보이는 것과 보이지 않는 것 중 무엇을 믿는가?
   ④ 건강을 위한 비결: 더 적게 먹고 더 많이 움직이라
   ⑤ 물건을 깔끔하게 정리하는 효과적인 방법 세 가지

02 첫 문단에서 우리는 눈에 보이지 않는 것을 먹겠다고 생각하지 않는다고 언급하는 것으로 보아, (e)가 포함된 문장은 매번 지나갈 때마다 어떤 음식을 보면 그것을 '먹기' 쉽다는 내용이 되어야 한다. 따라서 ⑤ (e)의 avoid를 grab으로 고쳐야 한다.

◀ 구문풀이 ▶

That same shelf is now filled with healthy snacks, **which** makes good decisions easy.
➡ 콤마 앞의 절을 선행사로 받기 위해 계속적 용법의 관계대명사 which를 썼다.

03 글의 요지

◀ 직독직해 ▶

Imagine / that your body is a battery / and the more energy this battery can store, / the more energy you will be able to have within a day.
상상해 보라 / 여러분의 몸이 배터리라고 / 그리고 이 배터리가 더 많은 에너지를 저장 가능할수록, / 여러분이 하루 동안 더 많은 에너지를 낼 수 있게 된다고.

Every night when you sleep, / this battery is recharged with as much energy / as you spent during the previous day.
매일 밤 여러분이 잠잘 때, / 이 배터리는 그만큼 많은 에너지로 재충전된다 / 여러분이 전날 쓴 만큼.

If you want to have a lot of energy tomorrow, / you need to spend a lot of energy today.
여러분이 내일 많은 에너지를 갖기를 원한다면, / 여러분은 오늘 많은 에너지를 소비할 필요가 있다.

Our brain consumes only 20% (of our energy), / so it's a must / to supplement thinking activities / with walking and exercises (that spend a lot of energy), / so that your internal battery has more energy tomorrow.
우리의 뇌는 (우리 에너지의) 겨우 20퍼센트만을 소비한다 / 그래서 필수이다 / 사고 활동을 보충하는 것이 / (많은 에너지를 소비하는) 걷기와 운동으로 / 여러분의 내부 배터리가 내일 더 많은 에너지를 갖도록.

Your body stores as much energy / as you need: / for thinking, / for moving, / for doing exercises.

여러분의 몸은 그렇게 많은 에너지를 저장한다 / 여러분이 필요한 만큼 / 사고하기 위해 / 움직이기 위해 / 운동하기 위해.

The more active you are today, / the more energy you spend today / and the more energy you will have (to burn tomorrow).
여러분이 오늘 더 활동적일수록 / 여러분은 더 많은 에너지를 오늘 소비한다 / 그리고 여러분은 (내일 태울) 더 많은 에너지를 갖게 될 것이다.

Exercising gives you more energy / and keeps you from feeling exhausted.
신체 활동은 여러분에게 더 많은 에너지를 주고 / 여러분이 지친 기분을 느끼지 않게 해준다.

◀ 전문해석 ▶

여러분의 몸이 배터리이고, 이 배터리가 더 많은 에너지를 저장할수록, 여러분이 하루 동안 더 많은 에너지를 낼 수 있다고 상상해 보자. 매일 밤 여러분이 잠잘 때, 여러분의 몸은 여러분이 전날 쓴 만큼의 에너지로 재충전된다. 여러분이 내일 많은 에너지를 갖기를 원한다면, 오늘 많은 에너지를 소비할 필요가 있다. 우리의 뇌는 우리 에너지의 겨우 20퍼센트만을 소비하므로, 많은 에너지를 소비하는 걷기와 운동으로 사고 활동을 보충하여 여러분의 내부 배터리가 내일 더 많은 에너지를 갖게 하는 것이 필수이다. 여러분의 몸은 여러분이 사고하고 움직이고 운동하는 데 필요한 만큼의 에너지를 저장한다. 오늘 더 활동적일수록 여러분은 오늘 더 많은 에너지를 소비하고, 내일 태울 수 있는 에너지가 더 많아질 것이다. 신체 활동은 여러분에게 더 많은 에너지를 주고 여러분이 지친 기분을 느끼지 않게 해준다.

◀ 해설 ▶

마지막 두 문장에서 더 많은 신체 활동을 할수록 더 많은 에너지를 얻을 수 있다고 하므로, 글의 요지로 가장 적절한 것은 ① '많은 에너지를 얻기 위해 적극적인 신체 활동이 필요하다.'이다.

◀ 구문풀이 ▶

Your body stores **as much** energy **as** you need: for thinking, for moving, for doing exercises.
➡ 동등한 대상을 서로 비교하는 원급 비교 구문이다.

◆ DAILY REVIEW

Ⓐ 어휘 TEST

adequate	충분한, 적절한	mainstream	주류
work of art	예술 작품	job seeker	구직자
distinct	뚜렷한	well-meaning	선의에서 하는
injury	부상	a body of	많은
unmanned	무인의	placement	배치
exploration	탐사	pantry	식료품 저장실
astronaut	우주비행사	critical	중요한
rough	거친	tidy up	~을 정리하다
puzzle	수수께끼	store	저장하다
vegetarian	채식주의자	internal	내부의

Ⓑ 단어 배열

01 not as old as the bridges

64

02 are less expensive than

03 The more you drink

04 was the largest ever held

◆ **빈칸 완성**

01 did not study as hard as

02 much stronger than that of parents

03 Score as many points as possible

04 the most well-meaning of all

◆ 단어 배열

01 '…만큼 ~하지 않은'은 'not as+원급+as'의 해석이므로, not as old as the bridges가 정답이다. 첫 번째 as를 so로 바꿔도 된다는 점을 기억해 둔다.

02 '…보다 덜 ~한/하게'는 'less+원급+than'의 해석이므로, are less expensive than이 정답이다.

03 '~할수록 더 …하다'는 'the+비교급 ~, the+비교급 …' 구문의 해석이다. 따라서 비교급 more 앞에 the를 붙이고, 뒤에 '주어+동사'를 붙여 The more you drink를 답으로 쓴다.

04 '가장 ~한/하게'는 'the+최상급'의 해석이며, '여지껏'은 최상급을 강조하는 부사 ever의 해석이다. 뒤이어 최상급을 꾸미는 과거분사를 연결해주면, 정답은 was the largest ever held이다.

◆ 빈칸 완성

01 '…만큼 ~하지 않은'은 'not as+원급+as'를 활용해 영작한다. 이때 동사의 시제는 과거이므로 did not을 함께 활용하면, 정답은 did not study as hard as이다.

02 '훨씬 더 ~한/하게'는 'much+비교급+than'의 해석이다. 또한, than 앞뒤로 친구와 부모의 '영향'이 비교되는 것이므로, than 뒤에는 The influence를 받는 지시대명사 that을 활용해 that of parents를 써주어야 한다. 따라서 정답은 much stronger than that of parents 이다.

03 문장이 '~하세요'로 끝나므로 동사 score를 활용해 명령문을 영작해야 한다. '최대한 ~한/하게'는 원급 비교의 관용표현인 'as ~ as possible'의 해석이다. 따라서 정답은 Score as many points as possible이다.

04 '가장 ~한/하게'는 'the+최상급'의 해석이며, 최상급 뒤에 'of+명사' 형태의 범위 표현을 써준다. 정답은 the most well-meaning of all 이다.

◀ DAY 17 강조/도치

◀ STEP 1 ▶ **직독직해로 연습하는 해석 공식** ◀ ▪▪▪▪▪▪▪

01 I expect / she does love you in her own way.
S V O

나는 예상해 / 그녀가 자기 나름대로 너를 정말 좋아한다고.

➡ 나는 그녀가 자기 나름대로는 너를 정말 좋아한다고 예상해.

02 Even if you did see someone, / you can't be sure it was
S V S.C.
him.

네가 누군가 정말 봤더라도 / 넌 그게 그였다고 확신할 수는 없어.

➡ 네가 누군가 정말 봤더라도 그게 그였다고 확신할 수는 없어.

03 Any variation (that does exist) / becomes part of the story
S V S.C.
itself, / regardless of its origin.

(실제로 존재하는) 어떤 변형이든 / 그 자체로 이야기의 일부가 된다 / 그것의 기원과 상관없이.

➡ 실제로 존재하는 어떤 변형이든, 그것의 기원과 상관없이 그 자체로 이야기의 일부가 된다.

04 If you do say the title by accident, / you have to go
S' V' O' S V1
outside, / (have to) turn around three times, / and (have
V2
to) come back into the theater.
V3

여러분이 우연히 그 제목을 정말로 말한다면 / 여러분은 밖으로 나가서 / 세 바퀴를 돌고 / 다시 극장으로 돌아와야 한다.

➡ 우연히 그 제목을 정말 말하게 된다면, 여러분은 밖으로 나가 세 바퀴를 돌고 극장으로 돌아와야 한다.

05 They do, however, / show great care (for each other),
S V O
/ since they view harmony as essential to relationship
improvement.

하지만 그들은 정말로 / (서로에 대한) 큰 배려를 보인다 / 그들이 조화가 관계 개선에 필수적이라고 여기기 때문에.

➡ 하지만 그들은 조화가 관계 개선에 필수적이라고 여기기 때문에 서로를 진실로 매우 배려한다.

06 It is the uncertainty (of the result) / that consumers finds
O S V
attractive.
O.C.

바로 (결과의) 불확실성이다 / 소비자들이 매력적이라고 여기는 것은.

➡ 소비자들이 매력적이라고 여기는 것은 바로 결과의 불확실성이다.

07 Sometimes it is the simpler product / that gives a business
S V I.O.
a competitive advantage.
D.O.

때때로 바로 더 단순한 제품이다 / 기업에게 비교우위를 주는 것은.

➡ 때때로 기업에게 비교우위를 주는 것은 바로 더 단순한 제품이다.

08 Ultimately, / it is your commitment (to the process) / that
S
will determine your progress.
V O

궁극적으로, / 바로 (그 과정에 대한) 당신의 헌신이다 / 당신의 발전을 결정지을 것은.

➡ 궁극적으로, 당신의 발전을 결정지을 것은 바로 그 과정에 대한 당신의 헌신이다.

09 It is through selective inclusion *and exclusion* / that they
S
produce loyalty and lasting social bonds.
V O1 O2

바로 선택적인 포함 '그리고 배제'를 통해서이다 / 그들이 충성과 지속적인 사회적 유대를 형성하는 것은.

➡ 그들이 충성과 지속적인 사회적 유대를 형성하는 것은 바로 선택적인 포함 '그리고 배제'를 통해서이다.

10 It wasn't until that minor detail was revealed / — the
world is round — / that behaviors changed on a massive
S V
scale.

바로 그 사소한 세부사항이 드러나고 나서였다 / 세상이 둥글다는 / 행동이 대대적으로 변화한 것은.

➡ 세상이 둥글다는 그 사소한 세부사항이 드러나고 나서야 비로소 행동이 대대적으로 변화했다.

11 In front of the main gate / was a woman (in a red dress).
V S

정문 앞에 / (빨간 옷을 입은) 여자가 있었다.

➡ 정문 앞에 빨간 옷을 입은 여자가 있었다.

12 Happy are those (who know the pleasure of doing good to
S.C. V S
others).

(다른 사람에게 선을 행하는 것의 즐거움을 아는) 사람들은 행복하다.

➡ 타인에게 선을 행하는 것의 즐거움을 아는 사람들은 행복하다.

13 Once upon a time, / there lived a young king (who had a
V S
great passion for hunting).

옛날 옛적에 / (사냥에 엄청난 열정을 가진) 젊은 왕이 살았다.

➡ 옛날 옛적에 사냥에 엄청난 열정을 가진 젊은 왕이 살았다.

14 Our parents and families are powerful influences (on us),
S1 V1 S.C.1
/ but even stronger are our friends.
S.C.2 V2 S2

우리의 부모와 가족은 (우리에 대한) 강력한 영향력이지만 / 하지만 우리의 친구들은 훨씬 더 강력하다.

➡ 우리의 부모와 가족은 우리에게 강력한 영향을 미치지만, 훨씬 더 강력한 (영향을 끼치는) 것은 우리의 친구들이다.

15 Gone are the days (of musicians) (waiting for some TV
S.C. V S
show to say / they are worthy of the spotlight).

(어떤 TV쇼가 말해주기를 기다리던 / 그들이 스포트라이트를 받을 가치가 있다고) (뮤지션들의) 시대는 가버렸다.

➡ 뮤지션들이 어떤 TV쇼에서 그들이 스포트라이트를 받을 만하다고 말해주기를 기다리던 시대는 지났다.

16 Never in my life / have I thought / that I could win a game
조V S p.p. O

against him.

살면서 한 번도 / 나는 생각해본 적이 없다 / 내가 그를 상대로 경기를 이길 수 있을 거라고.

➡ 나는 내가 그를 상대로 경기를 이길 수 있을 거라고 생각해본 적이 살면서 한 번도 없다.

17 Only after the meeting / did he recognize the seriousness
　　　　　　　　　　　　　조V　S　　V　　　　O
(of the financial crisis).

회의 이후에야 / 그는 (이 재정 위기의) 심각성을 깨달았다.

➡ 회의 이후에야 그는 이 재정 위기의 심각성을 깨달았다.

18 Not only does social science have no exact laws, / but it
　　　　　　　 조V　　S1　　　V1　　O1　　　　　S2
also has failed to eliminate great social evils.
　　　V2　　　　O2

사회과학은 아무 정확한 법칙도 갖고 있지 않을 뿐 아니라 / 그것은 또한 거대한 사회악을 제거하지도 못했다.

➡ 사회과학에는 정확한 법칙도 없을뿐더러, 이것은 거대한 사회악을 제거하지도 못했다.

19 When people think about the development (of cities),
/ rarely do they consider the critical role (of vertical
　　　 조V　S　　V　　　　O
transportation).

사람들이 (도시의) 발전에 대해 생각할 때, / 그들은 (수직 운송 수단의) 중요한 역할을 좀처럼 고려하지 않는다.

➡ 사람들은 도시 발전에 대해 생각할 때 수직 운송 수단의 중요한 역할을 좀처럼 고려하지 않는다.

20 Nowhere does the label tell consumers / that more than
　　　　　 조V　　S　　V　　I.O.　　　　　D.O.
one-third (of the cereal box) contains added sugar.

라벨 어디에서도 소비자에게 알려주지 않는다 / (이 시리얼 박스의) 3분의 1 이상이 첨가당을 함유하고 있다는 것을.

➡ 라벨 어디에서도 이 시리얼 박스의 3분의 1 이상이 첨가당이 들었다는 점을 소비자에게 알려주지 않는다.

◀ **STEP 3** ▶ 기출 문제로 의미 다시보기 ◀ ▪▪▪▪▪▪▪▪

01 ③　　**02** ①　　**03** ③

01 무관한 문장 찾기

◀ 직독직해 ▶

There are many superstitions (surrounding the world of the theater).

(연극계를 둘러싸고 있는) 많은 미신이 있다.

① Superstitions can be anything (from not wanting to say the last line of a play / before the first audience comes, / to not wanting to rehearse the curtain call / before the final rehearsal).

미신은 (연극의 마지막 대사를 말하지 않으려는 것부터 / 첫 관객이 오기 전에 / 커튼콜을 예행연습하지 않으려는 것까지 / 마지막 예행연습 전에) 무엇이든 될 수 있다.

② Shakespeare's famous tragedy *Macbeth* / is said to be cursed, / and to avoid problems / actors never say the title (of

the play) out loud / when inside a theater or a theatrical space / (like a rehearsal room or costume shop).

셰익스피어의 유명한 비극 <Macbeth>는 / 저주받았다고 이야기되며, / 문제를 피하기 위해 / 배우들은 (그 연극의) 제목을 절대 소리 내어 말하지 않는다 / 극장 또는 극장 공간 내에서 / (예행연습실이나 의상실 같은).

③ The interaction (between the audience and the actors in the play) / influences the actors' performance.

(연극에서의 관객과 배우들 사이의) 상호작용은 / 배우들의 연기에 영향을 미친다.

④ Since the play is set in Scotland, / the secret code (you say / when you need to say the title of the play) / is "the Scottish play."

그 연극은 스코틀랜드를 배경으로 하고 있기 때문에, / (여러분이 말하는 / 여러분이 그 연극의 제목을 말해야 할 때) 암호는 / '스코틀랜드 연극'이다.

⑤ If you do say the title by accident, / legend has it / that you have to go outside, / turn around three times, / and come back into the theater.

여러분이 우연히 그 제목을 정말로 말한다면 / ~라는 전설이 있다 / 여러분은 밖으로 나가서 / 세 바퀴를 돌고 / 다시 극장으로 돌아와야 한다는.

◀ 전문해석 ▶

연극계를 둘러싸고 있는 많은 미신이 있다. 미신은 첫 관객이 오기 전에 연극의 마지막 대사를 말하지 않으려는 것부터, 마지막 예행연습 전에 커튼콜을 예행연습하지 않으려는 것까지 무엇이든 될 수 있다. 셰익스피어의 유명한 비극 <Macbeth>는 저주받았다는 이야기가 있으며, 문제를 피하고자 배우들은 극장이나 (예행연습실이나 의상실 같은) 극장 공간 내에서 그 연극의 제목을 절대 소리 내어 말하지 않는다. (연극에서 이루어지는 관객과 배우들 사이의 상호작용은 배우들의 연기에 영향을 미친다.) 그 연극은 스코틀랜드를 배경으로 하고 있기 때문에, 연극의 제목을 말해야 할 때 쓰는 암호는 '스코틀랜드 연극'이다. 우연히 제목을 정말 말하게 된다면, 밖으로 나가 세 바퀴를 돌고 극장으로 다시 돌아와야 한다는 전설이 있다.

◀ 해설 ▶

첫 문장에서 '연극계의 미신'을 화제로 제시한 뒤 ①, ②, ④, ⑤에서 그 예시를 들고 있다. 하지만 ③은 '미신'에 관한 언급 없이 관객과의 상호작용이 배우의 연기에 영향을 미친다는 내용만을 제시한다. 따라서 전체 흐름과 관계없는 문장은 ③이다.

◀ 구문풀이 ▶

Shakespeare's famous tragedy *Macbeth* **is said to be cursed**, ~

➡ 원래 문장은 'It is said that Shakespeare's famous tragedy *Macbeth* is cursed ~'인데, that절의 주어인 Shakespeare's famous tragedy *Macbeth*를 문장 전체의 주어로 올리고 that절의 동사를 to부정사로 바꾸어 구조를 간소화했다.

02 문단 요약

◀ 직독직해 ▶

We cannot predict the outcomes (of sporting contests), / which vary from week to week.

우리는 (스포츠 경기의) 결과를 예측할 수 없고, / 이것은 매주 달라진다.

This heterogeneity is a feature (of sport).

이러한 이질성이 (스포츠의) 특징이다.

It is the uncertainty (of the result) and the quality (of the contest) / that consumers find attractive.

바로 (결과의) 불확실성과 (경기의) 질이다 / 소비자들이 매력적이라고 여기는 것은.

For the sport marketer, / this is problematic, / as the quality (of the contest) cannot be guaranteed, / no promises can be made in relations to the result / and no assurances can be given in respect of the performance (of star players).

스포츠 마케팅 담당자에게 / 이것은 문제가 된다 / 왜냐하면 (경기의) 수준이 보장될 수 없기에 / 경기 결과에 관해 어떤 약속도 만들어질 수 없기에 / 그리고 (스타 선수의) 경기력에 관해 어떤 확신도 주어질 수 없다는 것 때문에.

Unlike consumer products, / sport cannot and does not display consistency / as a key feature (of marketing strategies).

소비재와 다르게, / 스포츠는 일관성을 보여줄 수도 없고 보여주지도 않는다 (마케팅 전략의) 중요한 특징으로서.

The sport marketer / therefore must avoid marketing strategies (based solely on winning), / and must instead focus on developing product extensions (such as the facility, parking, merchandise, souvenirs, food and beverages) / rather than on the core product (that is, the game itself).

스포츠 마케팅 담당자는 / 따라서 (순전히 승리에만 기반한) 마케팅 전략을 피해야 한다 / 그리고 대신에 (시설, 주차, 상품, 기념품, 식음료 같은) 제품 확장 개발에 집중해야만 한다 / 핵심 제품(즉, 시합 그 자체)보다는.

→ Sport has the essential nature (of being (A) unreliable), / which requires / that its marketing strategies (B) feature products and services / more than just the sports match.

→ 스포츠는 (불확실하다는) 본질적 속성을 갖고 있다 / 그리고 이것은 요구한다 / 그것의 마케팅 전략이 상품과 서비스를 특징으로 삼아야 한다고 / 단지 스포츠 경기를 넘어서.

전문해석

우리는 스포츠 경기의 결과를 예측할 수 없는데, 이것은 매주 달라진다. 이러한 이질성이 스포츠의 특징이다. 소비자들이 매력적이라고 여기는 것은 바로 결과의 불확실성과 경기 질이다. 스포츠 마케팅 담당자에게 이것은 문제가 되는데, 왜냐하면 경기의 수준이 보장될 수 없고, 경기 결과에 관해 어떤 약속도 할 수 없으며, 스타 선수의 경기력에 관해 어떤 확신도 줄 수 없기 때문이다. 소비재와 다르게, 스포츠는 마케팅 전략의 중요한 특징인 일관성을 보여줄 수도 없고 보여주지도 않는다. 따라서 스포츠 마케팅 담당자는 순전히 승리에만 기반한 마케팅 전략을 피해야 하고, 대신에 핵심 제품(즉, 시합 그 자체)보다는 시설, 주차, 상품, 기념품, 식음료 같은 제품 확장 개발에 집중해야만 한다.

→ 스포츠는 (A) 불확실하다는 본질적 속성을 갖고 있으며, 이로 인해 스포츠 마케팅 전략은 단지 스포츠 경기보다는 상품과 서비스를 (B) 특징으로 삼아야 한다.

해설

스포츠는 결과나 경기 질을 장담할 수 없다는 특징을 갖고 있으며, 이 때문에 스포츠 마케팅 전략은 경기 승리에만 바탕을 두기보다 상품, 기념품 등 부수적 요소를 함께 신경써야 한다는 내용이다. 강조구문이 사용된 세 번째 문장과 must가 포함된 마지막 문장에 핵심 내용이 잘 제시된다. 따라서 요약문의 빈칸 (A), (B)에 들어갈 말로 가장 적절한 것은 ① '불확실하다 - 특징으로 삼아야이다.

② 불확실하다 – 제외해야

③ 위험하다 – 무시해야
④ 일관적이다 – 포함해야
⑤ 일관적이다 – 홍보해야

구문풀이

For the sport marketer, this is problematic, **as** the quality of the contest cannot be guaranteed, no promises can be made in relations to the result **and** no assurances can be given in respect of the performance of star players.

➡ 이유의 접속사 as 뒤로 3개의 '주어+조동사 수동태'가 'A, B, and C' 형태로 병렬 연결되었다.

03 주어진 문장 넣기

직독직해

Some people believe / that the social sciences are falling behind the natural sciences.

어떤 사람들은 믿는다 / 사회과학이 자연과학에 뒤처지고 있다고.

(①) They maintain / that not only does social science have no exact laws, / but it also has failed to eliminate great social evils (such as racial discrimination, crime, poverty, and war).

그들은 주장한다 / 사회과학이 아무 정확한 법칙도 갖고 있지 않을 뿐만 아니라 / 그것은 또한 (인종 차별, 범죄, 가난, 그리고 전쟁과 같은) 거대한 사회악을 제거하지도 못했다고.

(②) They suggest / that social scientists have failed to accomplish / what might reasonably have been expected of them.

그들은 주장한다 / 사회과학자들이 달성하지 못했다고 / 그들에게 마땅히 기대되었을지도 모르는 것을.

Such critics are usually unaware of the real nature (of social science) / and of its special problems and basic limitations.

이러한 비판자들은 대체로 (사회과학의) 진정한 본질을 모르고 있다 / 그리고 그것의 특수한 문제와 기본적 한계를.

(③) For example, / they forget / that the solution (to a social problem) / requires not only knowledge but also the ability (to influence people).

예를 들어, / 그들은 잊고 있다 / (사회 문제에 대한) 해결책이 / 지식뿐만 아니라 (사람들에게 영향력을 행사할) 능력도 요구한다는 것을.

(④) Even if social scientists discover the procedures (that could reasonably be followed / to achieve social improvement), / they are seldom in a position (to control social action).

비록 사회과학자들이 (마땅히 따라질 수 있을 / 사회 발전을 이루기 위해) 절차를 발견한다 해도, / 이들이 (사회적 행동을 통제할) 위치에 있는 경우가 드물다.

(⑤) For that matter, / even dictators find / that there are limits (to their power) (to change society).

그 점에서는 / 심지어 독재자들도 알게 된다 / (사회를 변화시킬 수 있는) (자신의 권력에 대한) 한계가 있다는 것을.

전문해석

어떤 사람들은 사회과학이 자연과학에 뒤처지고 있다고 믿는다. 그들은 사회과학이 정확한 법칙을 가지고 있지 않을 뿐만 아니라 인종 차별, 범죄, 가난, 그리고 전쟁과 같은 거대한 사회악을 제거하지도 못했다고 주장한다. 그들은 사회과학자들이 그들에게 마땅히 기대되었을지도 모르는 것을 달성하지 못했다고 주장한다. 이러한 비판자들은 대체로 사회과학의 진정한 본질을 모르고 있고, 그것의 특수한 문제와 기본적 한계를 알지 못하고 있다. 예를 들어, 그들은 사회 문제에 대한 해결책은 지식뿐만 아니라 사람들에게 영향력을 행사할 수 있는 능력도 필요로 한다는 사실을 잊고 있다. 비록 사회과학자들이 사회적 발전을 이루기 위해 마땅히 따를 수 있을 절차를 발견한다 해도, 이들이 사회적 행동을 통제할 위치에 있는 경우는 드물다. 그 점에서는 심지어 독재자들도 사회를 변화시킬 수 있는 자신들의 권력에 한계가 있다는 것을 알게 된다.

해설

첫 문장에서 사회과학을 비판적으로 보는 사람들이 있음을 언급한 후, ③ 앞까지 그 비판의 내용을 소개한다. 하지만 ③ 뒤는 바로 이 사람들(they)이 '잊거나 간과하고 있는' 점을 지적하는 내용이다. 즉 ③을 기점으로 사회과학을 비판하는 이들에 대한 '소개 → 한계 지적'으로 내용이 전환되므로, 주어진 문장이 들어가기에 가장 적절한 곳은 ③이다.

구문풀이

Such critics **are** usually **unaware of** the real nature of social science and **of** its special problems and basic limitations.

→ 등위접속사 and 앞뒤로 be aware of(~을 모르다)의 of 전치사구가 병렬 연결되었다. 즉 전체 문장은 '~도 모르고 …도 모른다'의 의미로 해석된다.

◆ DAILY REVIEW

◆ 어휘 TEST

work-related	일과 관련된	do good	선행하다
on the rise	증가하는	restricted area	제한구역
knit	뜨개질하다	seriousness	심각성
origin	기원	eliminate	제거하다
fragility	연약함	social evil	사회악
commitment	헌신	superstition	미신
selective	선택적인	secret code	암호
massive	거대한	merchandise	상품
field of vision	시야	reasonably	마땅히
squirrel	다람쥐	dictator	독재자

◆ 단어 배열

01 you did see someone

02 It is your commitment to the process that

03 was a woman in a red dress

04 did he recognize the seriousness

◆ 빈칸 완성

01 Any variation that does exist

02 not until that minor detail was revealed that

03 there lived a young king

04 have I thought

◆ 단어 배열

01 정말 ~했다'는 'did+동사원형'의 해석이므로, 동사 did see 앞뒤에 주어와 목적어를 붙여 you did see someone을 답으로 작성한다.

02 '~한 것은 바로 …이다'라는 해석으로 보아 it is that 강조구문이다. 따라서 It is에 이어 강조되는 말인 your commitment를 쓴 뒤, your commitment를 꾸미는 to the process를 연결해준다. 마지막으로 that을 써주면 답이 마무리된다.

03 문장 맨 앞에 장소 부사구가 있으므로 '동사+주어' 어순이 나와야 한다. 따라서 동사 was부터 써주고, 주어 a woman을 써준 뒤, 주어를 꾸미는 in a red dress를 써주면 답이 완성된다.

04 문장 맨 앞에 only 부사구가 있으므로 '조동사+주어+동사원형'의 의문문 어순이 나와야 한다. 따라서 did he recognize를 써주고, 목적어인 the seriousness를 연결해 답을 완성한다.

◆ 빈칸 완성

01 주어는 '어떤 변형'에 해당하는 Any variation이며, 이 주어를 꾸미는 형용사절을 연결하기 위해 관계대명사 that을 써준다. that절의 동사에 해당하는 '정말로 ~하다'는 'do+동사원형'을 활용해 does exist로 써준다.

02 It was not until A that B(A하고 나서야 비로소 B했다) 구문을 영작하는 문제이다. 우선 not until을 쓴 뒤, 부사절의 주어 that minor detail, 동사 was revealed를 차례로 쓴다. 주어가 '밝혀진' 대상이므로 동사를 수동태로 바꾼다. 마지막으로 강조구문의 that을 써주면 답이 완성된다.

03 'there+동사+주어' 어순에 따라 there lived a young king을 차례로 써준다. 앞에 과거 부사구(Once upon a time)가 나오므로 동사를 과거형으로 써야 한다.

04 Never in my life라는 부정어구 뒤로 의문문 어순의 도치 구문이 나와야 한다. 조동사 have가 주어졌고 해석이 '~한 적이 없다'라는 경험을 나타내는 것으로 보아 think를 현재완료 시제로 변형해야 한다. 따라서 정답은 have I thought이다.

◀ **STEP 1** ▶ 직독직해로 연습하는 해석 공식 ◀••••••

01 A mouse's heart beats / six hundred times a minute / —
ten times a second.

쥐의 심장은 뛴다 / 1분에 100회 / 즉 1초에 10회.
➜ 쥐의 심장은 1분에 100회, 즉 1초에 10회 뛴다.

02 Pianist, composer, and big band leader, / Claude Bolling, /
was born in France in 1930.

피아니스트이자 작곡가이고 빅 밴드 리더인 / Claude Bolling은 / 1930년 프
랑스에서 출생했다.
➜ 피아니스트이자 작곡가이고 빅 밴드 리더인 Claude Bolling은 1930년
프랑스에서 출생했다.

03 Consider the mind (of a child): / having experienced so
little, / the world is a mysterious and fascinating place.

(아이의) 마음을 생각해보라 / 즉 경험한 것이 거의 없기에 / 세상은 신비하고 흥
미로운 장소이다.
➜ 아이의 마음을 생각해보라. 경험한 것이 거의 없기에, 세상은 신비하고 흥미
로운 장소이다.

04 Every person (who makes us miserable) is like us / — a
human being, / most likely doing the best (they can), /
deeply loved by their parents, a child, or a friend.

(우리를 비참하게 만드는) 모든 사람은 우리와 같다 / 즉 한 인간이다 / 아마도
(자신이 할 수 있는) 최선을 다하면서 / 자기 부모나 자녀, 친구로부터 깊이 사랑
받고 있는.
➜ 우리를 비참하게 만드는 모든 사람은 우리와 같다. 즉 이들은 아마도 자신이
할 수 있는 한 최선을 다하며 부모나 자녀, 친구로부터 깊이 사랑받고 있는
한 인간일 것이다.

05 The color (of a glowing object) is related to its
temperature: / as the temperature rises, / the object is
first red and then orange, / and finally it gets white, / the
"hottest" color.

(빛나는 물체의) 색은 그것의 온도와 관련이 있다 / 즉 온도가 상승함에 따라 / 그
물체는 먼저 빨갛게 되었다가 이후 주황색이 된다 / 그리고 마침내 그것은 흰색
이 된다 / 즉 '가장 뜨거운' 색.
➜ 빛나는 물체의 색은 온도와 관련이 있는데, 즉 온도가 상승함에 따라 물체는
먼저 빨갛게 되었다가 이후 주황색이 되고, 마침내 '가장 뜨거운' 색인 흰색이
된다.

06 Consider the idea / that your brain has a network (of
neurons).

개념을 생각해보라 / 여러분의 뇌가 (뉴런의) 연결망을 갖고 있다는.
➜ 여러분의 뇌가 뉴런의 연결망을 가지고 있다는 개념을 생각해 보라.

07 The police haven't ruled out the possibility / that it was an
accident.

경찰은 가능성을 배제하지 않았다 / 그것이 사고였다는.
➜ 경찰은 그것이 사고였다는 가능성을 배제하지 않았다.

08 She had a feeling / that something (she had been waiting
for) / was about to happen.

그녀는 느낌을 받았다 / (그녀가 기다려오고 있던) 것이 / 곧 일어날 것이라는.
➜ 그녀는 자신이 기다려 왔던 것이 곧 일어날 거라고 느꼈다.

09 A 10-year-old boy decided to learn judo / despite the fact /
that he had lost his left arm in a devastating car accident.

어느 열 살짜리 소년이 유도를 배우기로 마음먹었다 / 사실에도 불구하고 / 그가
끔찍한 자동차 사고에서 왼팔을 잃었다는.
➜ 어느 열 살짜리 소년이 끔찍한 자동차 사고로 왼팔을 잃었다는 사실에도 불
구하고 유도를 배우기로 마음먹었다.

10 The belief / that it will rain tomorrow / can be tested for
truth / by waiting until tomorrow / and seeing whether it
rains or not.

믿음은 / 내일 비가 올 것이라는 / 진실인지 검증될 수 있다 / 내일까지 기다림으
로써 / 그리고 비가 오나 안 오나 지켜봄으로써.
➜ 내일 비가 올 것이라는 믿음은 내일까지 기다려 비가 오나 안 오나 지켜보면
진실인지 검증할 수 있다.

11 There are, / of course, / still millions of people (who
equate success with money and power).

있다 / 물론 / (성공을 돈과 권력과 동일시하는) 수백만의 사람들이 여전히.
➜ 물론, 성공을 돈과 권력과 동일시하는 사람들이 여전히 수백만 명 있다.

12 We forget / — how easily we forget — / that love and loss
are intimate companions.

우리는 잊는다 / 얼마나 쉽게 우리는 잊는가 / 사랑과 상실이 친밀한 동반자라는
것을.
➜ 우리는 사랑과 상실이 친밀한 동반자라는 것을 잊는다. 그것도 너무나 쉽게.

13 A law could be passed (allowing everyone, / if they so
wish, / to run a mile in two minutes).

(모두에게 허용하는 / 그들이 그러기를 원한다면 / 2분 안에 1마일을 달리도록)
법이 통과될 수도 있다.
➜ 원한다면 모두가 2분 안에 1마일을 달릴 수 있도록 허용하는 법이 통과될 수
도 있다.

14 It is due, also, to the knowledge / that, in an insecure
world, / pleasure is uncertain.

그것은 또한 인식 때문이다 / 불안정한 세상에서 / 즐거움이 불확실하다는.
➜ 또한, 그것은 불안정한 세상에서 즐거움이 불확실하다는 인식 때문이다.

15 We use twenty-seven times more industrial minerals, /
such as gold, copper, and rare metals, / than we did just
over a century ago.

우리는 27배 더 많은 산업 광물을 사용한다 / 금, 구리, 회귀 금속과 같은 / 우리
가 불과 한 세기 전에 그랬던 것보다.
➜ 우리는 금, 구리, 회귀 금속과 같은 산업 광물을 불과 한 세기 전에 비해 27배
더 많이 사용한다.

16 She has become a person (who I think is filled with grievance and anger).
<small>S V S.C.</small>

그녀는 (내가 생각하기로 불만과 화로 가득 찬) 사람이 되었다.

➔ 그녀는 내가 생각하기로 불만과 화로 가득 찬 사람이 되었다.

17 Something (which you think is impossible now) / is not impossible in another decade.
<small>S V S.C.</small>

(당신이 생각하기로 지금 불가능한) 것은 / 앞으로 10년 뒤에도 가능하지 않다.

➔ 당신이 지금 불가능하다고 생각하는 것은 앞으로 10년 뒤에도 가능하지 않다.

18 People may give answers (that they feel are more socially desirable / than their true feelings).
<small>S V O</small>

사람들은 (그들이 느끼기로 사회적으로 더 바람직한 / 그들의 실제 생각보다) 답을 줄 수도 있다.

➔ 사람들은 자신의 실제 생각보다 사회적으로 더 바람직하다고 느끼는 답을 줄 수도 있다.

19 Over the past 60 years, / mechanical processes have replicated behaviors and talents (that we thought were unique to humans).
<small>S V O</small>

지난 60년 동안 / 기계식 공정은 (우리가 생각하기로 인간에게 고유했던) 행동과 재능을 복제해 왔다.

➔ 지난 60년 동안, 기계식 공정은 우리가 인간에게 고유하다고 생각했던 행동과 재능을 복제해 왔다.

20 In an experiment, / researchers presented participants with two photos (of faces) / and asked participants to choose the photo (that they thought was more attractive).
<small>S V1 O1 V2 O2 O.C.</small>

한 실험에서 / 연구자들은 참가자들에게 (얼굴이 있는) 사진 두 장을 제시했다 / 그리고 참가자들에게 (그들이 생각하기로 더 매력적인) 사진을 골라 달라고 요청했다.

➔ 한 실험에서, 연구자들은 참가자들에게 두 장의 얼굴 사진을 제시하고, 더 매력적이라고 생각하는 사진을 골라 달라고 요청했다.

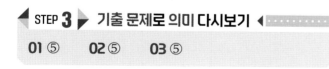

STEP 3 ▶ 기출 문제로 의미 다시보기 ◀

01 ⑤ **02** ⑤ **03** ⑤

01~02 장문의 이해

◀직독직해▶

The longest journey (we will make) / is the eighteen inches (between our head and heart).

(우리가 갈) 가장 긴 여정은 / (우리 머리부터 가슴까지의) 18인치이다.

If we take this journey, / it can shorten our misery (in the world).

우리가 이 여행을 하면, / 이것은 (세상 속) 우리의 비참함을 줄여줄 수 있다.

Impatience, judgment, frustration, and anger / reside in our heads.

조급함, 비난, 좌절, 그리고 분노가 / 우리 머릿속에 있다.

When we live in that place too long, / it makes us unhappy.

우리가 그곳에서 너무 오래 살면, / 그것은 우리를 불행하게 만든다.

But when we take the journey (from our heads to our hearts), something shifts inside.

그러나 우리가 (머리부터 가슴까지의) 여정을 간다면, / 내면에서 무엇인가 바뀐다.

What if we were able to love everything (that gets in our way)?

만일 우리가 (우리를 가로막는) 모든 것을 사랑할 수 있다면 어떨까?

What if we tried loving the shopper (who unknowingly steps in front of us in line), / the driver (who cuts us off in traffic), / the swimmer (who splashes us with water during a belly dive), / or the reader (who pens a bad online review of our writing)?

만일 (줄 서 있는 우리 앞에 무심코 들어오는) 그 쇼핑객을 우리가 사랑하려고 해보면 어떨까 / (운전 중 우리 앞에 끼어드는) 그 운전자를, / (배로 다이빙하면서 우리에게 물을 튀기는) 그 수영하는 사람을, / 혹은 (우리 글에 관해 나쁜 온라인 후기를 쓰는) 그 독자를?

Every person (who makes us miserable) is like us / — a human being, / most likely doing the best (they can), / deeply loved by their parents, a child, or a friend.

(우리를 비참하게 만드는) 모든 사람은 우리와 같다 / 즉 한 인간이다 / 아마도 (자신이 할 수 있는) 최선을 다하면서 / 자기 부모나 자녀, 친구로부터 깊이 사랑받고 있는.

And how many times have we unknowingly stepped in front of someone (in line)? // Cut someone off in traffic? // Splashed someone in a pool? // Or made a negative statement about something (we've read)?

그리고 우리는 (줄 서 있는) 사람 앞에 몇 번이나 무심코 들어갔을까? // 운전 도중 누군가의 앞에 끼어든 적은? // 수영장에서 누군가에게 물을 튀긴 적은? // 혹은 (우리가 읽은) 것에 대해 부정적으로 말한 적은?

It helps to deny(→ remember) / that a piece (of us) resides / in every person (we meet).

부정하는(→기억하는) 것은 도움이 된다 / (우리의) 일부가 있다는 것을 / (우리가 만나는) 모든 사람 속에.

◀전문해석▶

우리의 가장 긴 여정은 우리 머리부터 가슴까지의 18인치이다. 우리가 이 여행을 하면, 이것은 세상 속에서의 우리의 비참함을 줄여줄 수 있다. 조급함, 비난, 좌절, 그리고 분노가 우리 머릿속에 있다. 우리가 그곳에서 너무 오래 살면, 그것은 우리를 불행하게 만든다. 그러나 우리가 머리부터 가슴까지의 여정을 간다면, 내면에서 무엇인가 바뀐다. 만일 우리가 우리를 가로막는 모든 것을 사랑할 수 있다면 어떨까? 만일 줄 서 있는 우리 앞에 무심코 들어오는 그 쇼핑객을, 운전 중 우리 앞에 끼어드는 그 운전자를, 배로 다이빙하면서 우리에게 물을 튀기는 그 수영하는 사람을, 우리 글에 관해 온라인 후기를 나쁘게 쓰는 그 독자를 우리가 사랑하려고 해보면 어떨까?

우리를 비참하게 만드는 모든 사람은 우리와 같다. 즉 이들은 아마도 자신이 할 수 있는 한 최선을 다하며 부모나 자녀, 친구로부터 깊이 사랑받고 있는 한 인간일 것이다. 그리고 우리는 줄 서 있는 사람 앞에 몇 번이나 무심코 들어갔을까? 운전 도중 누군가의 앞에 끼어든 적은? 수영장에서 누군가에게 물을 튀긴 적은? 혹은 우리가 읽은 것에 대해 부정적으로 말한 적은 몇 번이었을까? 우리가 만나는 모든 사람 속에 우리의 일부가 있다는 것을 <u>부정하는(→ 기억하는)</u> 것은 도움이 된다.

◀해설▶

01 첫 문단에서 '머리부터 가슴까지의 여행'이 언급되는데, 두 번째 문단을

참고하면 이것이 '타인을 이해하는 과정'을 나타내는 비유임을 알 수 있다. 특히 두 번째 문단 첫 문장과 마지막 문장에서, 타인은 우리와 같은 존재이며 그 안에 우리 모습이 있다는 말을 통해 타인을 '사랑하고 이해하는' 것의 중요성을 말한다. 따라서 글의 제목으로 가장 적절한 것은 ⑤ '여러분 자신을 불행에서 구하려면 다른 사람들을 이해하라'이다.

① 다른 사람들을 용서하기는 왜 너무도 어려운가
② 친절한 행동도 누군가에게 상처를 줄 수 있다
③ 시간은 실연의 아픔에 최고의 치유제이다
④ 일상에서의 행복한 순간을 기념하라

02 타인에 대한 이해와 사랑을 강조하는 글의 전체 흐름으로 볼 때, 타인 안에 우리 자신이 있다는 것을 '기억하면' 도움이 된다는 결론이 적합하다. 따라서 ⑤ (e)의 deny를 remember로 고쳐야 한다.

구문풀이

What if we tried loving <u>the shopper</u> **who** unknowingly steps in front of us in line, <u>the driver</u> **who** cuts us off in traffic, <u>the swimmer</u> **who** splashes us with water during a belly dive, **or** <u>the reader</u> **who** pens a bad online review of our writing?

➡ 「try+동명사(~하기를 시도하다)」 뒤로 '선행사+who ~'의 구조가 「A, B, C, or D」형태로 병렬 연결되었다.

03 주어진 문장 넣기

직독직해

Most beliefs / — but not all — / are open to tests (of verification).

대부분의 믿음은 / 하지만 전부는 아닌 / (검증의) 시험을 받을 수 있다.

This means / that beliefs can be tested / to see if they are correct or false.

이것은 의미한다 / 믿음이 시험될 수 있다는 것을 / 그것이 옳거나 그른지를 확인하기 위해.

(①) Beliefs can be verified or falsified / with objective criteria (external to the person).

믿음은 진실 또는 거짓임이 입증될 수 있다 / (그 사람의 외부에 있는) 객관적인 기준을 가지고.

(②) There are people (who believe the Earth is flat and not a sphere).

(지구는 평평하며 구가 아니라고 믿는) 사람들이 있다.

(③) Because we have objective evidence / that the Earth is in fact a sphere, / the flat Earth belief can be shown to be false.

우리는 객관적인 증거를 가지고 있기 때문에 / 지구가 사실은 구라는 / 평평한 지구에 관한 믿음은 거짓임이 밝혀질 수 있다.

(④) Also, / <u>the belief</u> / <u>that it will rain tomorrow</u> / <u>can be tested for truth</u> / <u>by waiting until tomorrow</u> / <u>and seeing whether it rains or not.</u>

또한, / 믿음은 / 내일 비가 올 것이라는 / 진실인지 검증될 수 있다 / 내일까지 기다림으로써 / 그리고 비가 오나 안 오나 지켜봄으로써.

<u>However, / some types of beliefs cannot be tested for truth / because we cannot get external evidence in our lifetimes / (such as a belief / that the Earth will stop spinning on its axis by the year 9999 / or that there is life on a planet (100-million light-years away)).</u>

하지만, / 어떤 종류의 믿음은 진실인지 확인될 수 없다 / 우리가 평생 외부 증거를 얻을 수 없기 때문에 / (믿음 같은 / 9999년 무렵에는 지구가 축을 중심으로 돌기를 멈출 것이라는 / 혹은 (1억 광년 떨어진) 행성에 생명체가 있다는).

(⑤) Also, / metaphysical beliefs (such as the existence and nature of a god) / present considerable challenges / in generating evidence (that everyone is willing to use / as a truth criterion).

또한, / (신의 존재와 본질과 같은) 형이상학적 믿음은 / 상당한 난제를 제시한다 / (모든 사람들이 기꺼이 사용할 / 진리 기준으로) 증거를 만드는 데.

전문해석

전부는 아니지만, 대부분의 믿음은 검증 시험을 받을 수 있다. 이것은 믿음이 옳거나 그른지를 확인하기 위해 그 믿음을 시험할 수 있다는 것을 의미한다. 믿음은 그 사람의 외부에 있는 객관적인 기준을 통해 진실 또는 거짓임이 입증될 수 있다. 지구는 평평하며 구가 아니라고 믿는 사람들이 있다. 우리는 지구가 사실은 구라는 객관적인 증거를 가지고 있어서, 지구가 평평하다는 믿음이 거짓임을 밝힐 수 있다. 또한, 내일 비가 올 것이라는 믿음은 내일까지 기다려 비가 오나 안 오나 지켜보면 진실인지 검증할 수 있다. 하지만, (9999년 무렵이면 지구가 자전을 멈출 것이라거나, 1억 광년 떨어진 행성에 생명체가 있다는 것 같은) 어떤 종류의 믿음은 우리가 평생 외부 증거를 얻을 수 없기 때문에 진실인지 확인될 수 없다. 또한, (신의 존재와 본질과 같은) 형이상학적 믿음은 모든 사람이 진리 기준으로 기꺼이 사용할 증거를 만드는 데 상당한 난제가 된다.

해설

'믿음을 검증하는' 것에 관한 글로, ⑤ 앞까지는 대부분의 믿음을 '검증할 수 있다'는 내용이 주를 이룬다. 하지만 ⑤ 뒤는 형이상학적 믿음의 경우 검증에 있어 '난제가 된다'는 내용이다. 즉, ⑤ 앞뒤로 역접의 연결어 없이 상반된 내용이 연결되어 흐름이 단절되므로, 주어진 문장이 들어가기에 가장 적절한 곳은 ⑤이다.

구문풀이

Also, metaphysical beliefs (such as the existence and nature of a god) present considerable challenges in generating evidence **that** everyone is willing to use as a truth criterion.

➡ evidence 뒤의 that이 동격의 접속사처럼 보이지만, 여기서 that은 목적격 관계대명사이다. to use 뒤에 목적어가 빠져 있다.

Ⓐ 어휘 TEST

enthusiastic	열정적인	insecure	불안정한
basic necessity	기본 필수품	grievance	불만
fascinating	매력적인	replicate	복제하다
glow	빛나다	impatience	조급함
ample	충분한	in line	줄을 선
hostile	적대적인	splash	물을 튀기다
rule out	~을 배제하다	belly	배, 복부
devastating	참담한	spin on	~을 중심으로 돌다
reciprocity	상호성	metaphysical	형이상학의
equate	동일시하다	criterion	기준

Ⓑ 단어 배열

01 ten times a second

02 a feeling that something was about to happen

03 that they feel are more socially desirable

04 which you think is impossible now

Ⓒ 빈칸 완성

01 the hottest color

02 the possibility that it was an accident

03 how easily we forget

04 who I think is filled with

Ⓑ 단어 배열

01 앞의 six hundred times a minute와 동격을 이루는 어구를 완성하는 문제로, '숫자+times+시간 단위' 어순의 ten times a second가 정답이다.

02 '~하다는 느낌'은 추상명사 a feeling과 이를 보충 설명하는 동격절의 해석이다. '곧 ~하다'는 'be about to+동사원형'을 활용해 영작한다. 따라서 정답은 a feeling that something was about to happen 이다.

03 answers를 꾸미는 관계대명사절을 영작하는 문제인데, 해석에 '그들이 느끼기로'가 있으므로 삽입절을 활용해야 한다. 우선 선행사 뒤에 관계대명사 that부터 써주고, 삽입절인 they feel을 연결한 뒤, 동사 are, 보어 more socially desirable을 차례로 쓰면 답이 완성된다.

04 Something을 꾸미는 관계대명사절을 영작하는 문제인데, 해석에 '당신이 생각하기로'가 있으므로 삽입절을 활용해야 한다. 우선 선행사 뒤에 관계대명사 which부터 써주고, 삽입절인 you think를 연결한 뒤, 동사 is, 보어 impossible, 시간 부사구 now를 차례로 쓰면 답이 완성된다. 혹은 now를 보어 앞에 써도 무방하다.

Ⓒ 빈칸 완성

01 흰색을 보충 설명하는 동격의 명사구 '가장 뜨거운 색'은 영어로 the hottest color이다.

02 '~하다는 가능성'은 추상명사 the possibility와 동격의 that절을 활용해 영작한다. 접속사 that 뒤에 '그것이 사고였다'에 해당하는 it was an accident를 써주면 답이 완성된다.

03 '얼마나 ~하는가'는 'how+형/부+주어+동사'의 해석이다. 따라서 삽입절 자리에 how easily we forget을 답으로 써준다.

04 a person을 꾸미는 관계대명사절을 영작하는 문제로, '내가 생각하기로'라는 해석에 맞춰 삽입절을 활용한다. 우선 선행사 뒤에 관계대명사 who부터 써주고, 삽입절인 I think를 연결한 뒤, 동사구인 is filled with를 써주면 답이 완성된다.

Memo

Memo

Memo